# A filosofia da linguagem de John Searle

Savas L. Tsohatzidis
(org.)

# A filosofia da linguagem de John Searle

## Força, significação e mente

Tradução de
Luiz Henrique de Araújo Dutra

editora
unesp

Título original: *John Searle's Philosophy of Language: Force, Meaning, and Mind*

Direitos de publicação reservados à:
Fundação Editora da Unesp (FEU)
Praça da Sé, 108
01001-900 – São Paulo – SP
Tel.: (0xx11) 3242-7171
Fax: (0xx11) 3242-7172
www.editoraunesp.com.br
www.livrariaunesp.com.br
feu@editora.unesp.br

CIP – Brasil. Catalogação na fonte
Sindicato Nacional dos Editores de Livros, RJ

F524

A filosofia da linguagem de John Searle: força, significação e mente / Savas L. Tsohatzidis (org.); tradução de Luiz Henrique de Araújo Dutra. – São Paulo: Editora Unesp, 2012.

Tradução de: John Searle's Philosophy of Language
ISBN 978-85-393-0356-4

1. Searle, John R. 2. Linguagem e línguas – Filosofia. I. Tsohatzidis, Savas L., 1955-.

12-6444. CDD: 121.68
CDU: 164.02

Editora afiliada:

Asociación de Editoriales Universitarias de América Latina y el Caribe

Associação Brasileira de Editoras Universitárias

# Sumário

## Parte II
## Da significação à força

# Agradecimentos

O organizador deseja expressar sua gratidão aos autores dos artigos pelas contribuições estimulantes, a John Searle por seu apoio e participação, a Hilary Gaskin da Cambridge University Press pela acolhida e por encorajar este projeto e a Charis-Olga Papadopoulou por sua paciência e gentileza.

# Introdução

*Savas L. Tsohatzidis*

Este volume apresenta onze ensaios originais que examinam de forma crítica aspectos das contribuições seminais de John Searle para a Filosofia da Linguagem e exploram novas formas pelas quais alguns de seus temas poderiam ser desenvolvidos. Após o ensaio de abertura, no qual Searle resume os pontos essenciais de sua concepção da linguagem e o que considera ser suas implicações mais importantes, são relacionados os ensaios críticos, agrupados em duas partes inter-relacionadas – "Da mente à significação" e "Da significação à força" – que refletem a alegação de Searle de que uma análise da significação não seria adequada se não se pudesse integrar uma análise apropriada da força ilocutória e se não pudesse ser integrada a uma consideração satisfatória acerca da mente.

A concepção de Searle a respeito de como a força, a significação e a mente estão inter-relacionadas forma parte da consideração geral acerca da intencionalidade (no sentido amplo de uma entidade *dizer respeito a* outras entidades distintas dela) que ele desenvolveu ao longo dos anos. O ensaio de abertura inclui um esboço acerca dessa consideração, enfatizando três ideias básicas. Primeiro, a ideia de que a intencionalidade linguística não requer apenas a expressão de proposições e a existência das condições sob as quais estas podem ou não ser satisfeitas, mas também a associação dessas proposições às forças ilocutórias de vários tipos, os quais determinam os diversos tipos de atos (asseverar, pedir, prometer etc.) que, de forma característica, a posse de uma língua torna possíveis. Segundo, a ideia de que, de forma semelhante, a intencionalidade mental não apenas requer a apreensão de proposições e a existência de condições sob as quais estas podem ou não ser satisfeitas, mas também a associação dessas proposições aos modos psicológicos de vários tipos, os quais determinam os vários tipos de estados (acreditar, desejar, tencionar etc.) que, de forma característica, a posse de uma mente torna possíveis. E, terceiro, a ideia de que a significação linguística deriva da instalação de procedimentos convencionais conduzidos pela comunicação, por meio dos quais as condições de satisfação que têm as proposições mentalmente entretidas sob modos psicológicos diversos se tornam as condições de satisfação que têm as proposições linguisticamente expressas sob espécies diversas de forças ilocutórias (por exemplo, procedimentos por meio dos quais as condições de satisfação das crenças se tornem as condições de satisfação de asserções, as condições de satisfação dos desejos se tornem as condições de satisfação dos pedidos, as condições de satisfação das intenções se tornem as condições de satisfação das promessas etc.).

Sem se limitar a recapitular essas ideias básicas, o ensaio de abertura de Searle explora duas direções que oferecem, na visão do autor, vantagens explanatórias, por conta do retrato da linguagem que possibilitam. Primeiro, por fundamentar firmemente a significação linguística nas formas de intencionalidade disponíveis pré-linguisticamente (preenchendo, assim, o requisito de continuidade que uma explicação naturalisticamente adequada acerca da significação linguística deveria, na visão do autor, preencher). De acordo com Searle, essa imagem permite uma solução para o problema da *unidade* semântica da sentença, bem como uma explanação dos papéis fundamentalmente distintos da referência e da predicação nessa unidade. Searle sugere que essa unidade semântica é uma consequência da tese de que a intencionalidade das sentenças deriva da intencionalidade dos estados mentais, haja vista a tese, de motivação independente, de que a condição necessária da posse de um estado mental é a capacidade de reconhecer quando ele é ou não satisfeito, e haja vista que apenas estados de coisas inteiras, em vez de constituintes individuais desses estados de coisas, podem satisfazer possíveis estados mentais. Os papéis fundamentalmente distintos da referência e da predicação na sentença derivam, afirma Searle, do fato de que o tipo mais básico de estado mental consciente é um estado *perceptivo*, cuja posse envolve a capacidade de reconhecer objetos salientes e aspectos salientes desses objetos como constituintes dos estados de coisas que atuam como o que satisfaz um estado perceptivo. O segundo tipo de vantagem apresentada por essa concepção da linguagem, sugere Searle, é que ela pode identificar e explicar o sentido distintivo pelo qual a significação linguística é normativa: o fato de uma criatura estar em um estado mental com certas condições de satisfação não implica que essa criatura, em virtude de estar em tal estado, assuma quaisquer *compromissos* em relação a outras criaturas a respeito do preenchimento dessas condições de satisfação. Contudo, o fato de uma criatura produzir um proferimento linguístico com as mesmas condições de satisfação de um de seus estados mentais, de acordo com Searle, realmente implica que essa criatura, por fazer esse proferimento, assume certos *compromissos* em relação a outras criaturas a respeito do preenchimento dessas condições, uma vez que a imposição de quaisquer condições de satisfação a um objeto não *intrinsecamente* intencional, como um proferimento, seria impossível fora de um sistema de *convenções* que um certo grupo de criaturas tenha adotado para o único propósito de permitir a *comunicação* entre seus membros sobre o mundo externo. A existência desses compromissos, de acordo com Searle, confere uma normatividade especial aos conteúdos linguísticos, o que falta aos conteúdos mentais dos quais eles derivam em última instância (e que, segundo o autor, é a fonte de todo tipo de normatividade social).

Os ensaios críticos deste volume não chegam a abordar todos os aspectos da multifacetada obra sobre a intencionalidade linguística e seu pano de fundo mental que Searle produziu nas últimas quatro décadas. Porém, os aspectos dessa obra que eles examinam são claramente importantes, tanto em termos do papel central destes no sistema de ideias de Searle, quanto em termos das conexões destes com questões de interesse filosófico proeminente. Portanto, esses ensaios pretendem contribuir tanto para um melhor entendimento da obra de Searle, quanto para um melhor entendimento dos debates filosóficos mais amplos nos quais essa obra se encaixa.

A primeira parte do volume, "Da mente à significação", contém seis ensaios, dos quais os três primeiros examinam aspectos da consideração acerca da intencionalidade da experiência perceptiva, que Searle coloca na base de sua consideração acerca da mente (e, como acabamos de comentar, da própria linguagem). François Recanati reconhece a importância da condição de autorreferencialidade causal que Searle introduz em sua análise dos estados perceptivos conscientes, mas ele argumenta que Searle interpreta mal essa condição quando a atribui ao conteúdo proposicional do estado perceptivo mais do que à modalidade psicológica deste. O requisito de que, na percepção verídica, a cena percebida deve ser a causa de sua própria percepção, argumenta Recanati, diz respeito não ao conteúdo proposicional do estado perceptivo (isto é, aquilo que o sujeito percebe), mas antes à modalidade psicológica desta (isto é, ao fato de que o sujeito esteja em um estado de percepção e não, digamos, em um estado de expectativa). Depois de argumentar que atribuições malfeitas similares ocorrem não apenas na análise de Searle dos estados mentais, mas também na análise deste a respeito dos atos de fala (nos quais as condições que dizem respeito propriamente à força ilocutória do ato de fala são mal representadas como algo que diz respeito ao conteúdo proposicional), Recanati alega que esses problemas requerem a substituição da pressuposição básica da abordagem de Searle à intencionalidade mental e linguística por uma outra. As pressuposições a serem substituídas são a de que apenas o conteúdo (como algo distinto da modalidade) de um estado mental determina as condições de satisfação desse estado e a de que apenas o conteúdo (como algo distinto da força) de um ato de fala determina as condições de satisfação desse ato. A pressuposição alternativa recomendada por Recanati (dentro de um quadro cujos detalhes ele desenvolveu em outro trabalho) é a que admite a determinação, conjuntamente à modalidade e ao conteúdo destas, das condições de satisfação de um estado mental e a determinação, *conjuntamente* ao conteúdo e à força destas, das condições de satisfação dos atos de fala. Recanati aplica então essa ideia à análise de estados intencionais específicos, comentando que essa aplicação é capaz de fazer justiça ao fato de que, em muitos casos, o conteúdo (enquanto algo distinto da modalidade) de um estado intencional, ao contrário do que Searle admite, *não* é uma proposição completa, mas, em vez disso, uma entidade semelhante a uma função proposicional (cujos argumentos são tomados de elementos determinados pela modalidade do estado). Recanati conclui mostrando como essa abordagem proposta por ele soluciona um problema importante na análise da relação entre percepção e memória. A ideia de que as lembranças episódicas *retêm* o conteúdo das percepções conduz naturalmente à visão de que uma lembrança e uma percepção na qual essa lembrança se baseia devem ter o mesmo conteúdo, mas isso parece estar em conflito com a concepção igualmente natural de que uma lembrança e uma percepção na qual essa lembrança está baseada não podem possuir o mesmo conteúdo, uma vez que as lembranças dizem respeito a experiências passadas, enquanto as percepções dizem respeito a experiências presentes. Recanati argumenta que a solução desse conflito requer a adoção da perspectiva de que uma percepção e uma lembrança que dela deriva possuem, sim, o mesmo conteúdo, mas que o conteúdo em questão *não* é uma proposição completa, e sim apenas um esquema proposicional cujos parâmetros temporais não especificados são ajustados para o presente ou para o passado, a depender de esse esquema estar associado à modalidade de percepção ou à modalidade de lembrança.

Uma das principais motivações da análise de Searle da intencionalidade da percepção era a de mostrar que uma abordagem claramente internista às questões relacionadas ao conteúdo mental e linguístico pode dar conta com sucesso de certos fatos amplamente reconhecidos como explicáveis apenas com base em premissas externistas. Especificamente, o fato raramente discutível de que as experiências perceptivas colocam os indivíduos que percebem em relação com objetos *particulares* no mundo pareceu a muitos impedir uma análise do conteúdo intencional das experiências perceptivas como algo que consiste em elementos inteira e puramente conceituais dados pela mente do indivíduo que percebe. A análise de Searle tinha por objetivo refutar a tão conhecida *objeção de particularidade* às análises internistas do conteúdo mental (e, assim, abrir caminho para uma resposta internista para as explicações externistas da referência linguística), ao alegar que a análise internista dele abre sim espaço para a particularidade dos objetos das experiências perceptivas, porque ela insiste que, quando um sujeito percebe um objeto particular, não apenas julga que há ali um objeto, mas também que o objeto que ali está é a causa da experiência *particular* que ele (sujeito) tem.

A objeção de particularidade e suas implicações para a posição de Searle no debate entre o internismo e o externismo são pontos centrais nos ensaios de Kent Bach e de Robin Jeshion. Tanto Bach quanto Jeshion argumentam que a análise de Searle, tal como formulada, não é bem-sucedida em refutar a objeção de particularidade, mas cada um desses autores localiza a fonte da principal dificuldade de Searle em um lugar diferente e apresenta uma apreciação diferente da importância do desafio que, com isso, a explicação de Searle enfrenta.

De acordo com Bach, Searle não consegue enfrentar a objeção de particularidade porque a condição de autorreferencialidade causal que ele atribui ao conteúdo dos estados perceptivos garante apenas a particularidade da *experiência* do sujeito de um objeto de percepção e não a particularidade do próprio *objeto*. (O leitor notará que se essa crítica for válida, então uma crítica análoga será válida contra a análise de Searle dos dêiticos e demonstrativos em termos de reflexividade de ocorrência, que é inspirada diretamente em sua análise da experiência perceptiva; nesse caso, a crítica seria que, embora a análise em termos de reflexividade de ocorrência tenha por objetivo garantir a particularidade do *referente* de um dêitico [*indexical*] ou demonstrativo, ela garante apenas a particularidade do *proferimento* que contém uma ocorrência de dêitico ou de demonstrativo.) A solução que Bach preferiria para o problema, na medida que este diz respeito a objetos das experiências perceptivas, não procura assegurar a particularidade desses objetos, seja por adicionar ao conteúdo das experiências outras proposições gerais do tipo apresentado por Searle, seja por colocar no lugar de tais proposições uma proposição singular do tipo preferido pelos oponentes externistas de Searle. A solução preferida por Bach, ao contrário, consiste em negar que a particularidade do objeto de uma experiência perceptiva seja um aspecto determinado por seu conteúdo (que, na perspectiva de Bach, não é uma proposição completa) e sugerir, em vez disso, que seja um aspecto determinado por seu modo psicológico. Bach reconhece que uma experiência perceptiva não pode ser a respeito de um objeto particular a menos que este cause a experiência, mas ele insiste que esse requisito especifica o que ele toma como perceptivo em uma experiência e não aquilo que um sujeito que experimenta a experiência perceptiva. A sugestão de Bach então é a de que Searle poderia e deveria procurar enfrentar a objeção de particularidade explorando a distinção que ele próprio estabelece entre a modalidade e o conteúdo dos estados mentais e rejeitando a pressuposição que, em geral, fazem tanto ele quanto seus oponentes externistas, a saber, de que o conteúdo das experiências perceptivas seja o único terreno no qual a particularidade de seus objetos possa ser capturada.

O ensaio de Robin Jeshion argumenta que a objeção de particularidade é, em última instância, inevitável para o internismo e que é significativamente maior do que se estima, o quanto a consideração internista feita por Searle acerca da experiência perceptiva é suscetível a desafios externistas. Recapitulando primeiro algumas preocupações comuns com relação ao fato de que a condição de autorreferencialidade causal introduzida por Searle possa ser muito complicada ou muito sofisticada para que se possa supor que ela estaria disponível para os sujeitos das experiências perceptivas, Jeshion sugere que tais preocupações não são decisivas e que, de fato, Searle pode fazer face a elas. Contudo, em seguida, Jeshion argumenta que a objeção de particularidade pode ser levantada contra Searle em bases inteiramente diferentes daquelas que desencadeou a introdução da condição de autorreferencialidade causal, e que Searle não pode lidar com a forma específica que a objeção de particularidade toma quando é levantada em tais novas bases, a menos que ele abandone ou seu internismo ou sua convicção fundamental e amplamente compartilhada de que as experiências perceptivas colocam seus sujeitos diretamente em contato com o mundo exterior. A principal alegação de Jeshion é que a experiência perceptiva dos objetos através da visão envolve necessariamente a identificação consciente das *localizações* dos objetos no mundo real em relação ao sujeito que tem tal experiência, e que, ao contrário do que requer a consideração feita por Searle, a consciência do sujeito de sua relação com tais localizações externas não pode ser especificada completamente em termos puramente internos – em outras palavras, o conteúdo da experiência do sujeito não pode conter uma especificação completamente especificadora daquilo de que o sujeito está consciente quando ele julga que está *ali* um objeto, se a especificação da localização denotada por "ali" deve estar formulada em termos puramente conceituais. (Jeshion nota que um problema paralelo surge no contexto da explicação de Searle da referência linguística: mesmo reconhecendo a parte referente à reflexividade de ocorrência da explicação de Searle da significação de dêiticos e demonstrativos, não se pode supor que a referência a *localizações* particulares por meio de dêiticos e demonstrativos possa ser permitida, argumenta Jeshion, pelo tipo de significação que Searle atribui aos dêiticos e demonstrativos, uma vez que essa significação deixa de especificar suficientemente em virtude de ser puramente conceitual.) Tendo apresentado razões *a priori* detalhadas contra uma explicação puramente internista do conteúdo da experiência perceptiva, Jeshion completa sua discussão levando em conta um vasto corpo de resultados de recente pesquisa experimental que sugere que os sujeitos são capazes de rastrear conscientemente as sucessivas localizações de múltiplos objetos que se movem sob condições que impedem a hipótese de que a habilidade deles para fazer isso seja baseada em alguma codificação conceitual de sua mudança de propriedades espaciais. Ela conclui, portanto, que há boas razões empíricas e não empíricas para duvidar de que Searle possa refutar toda a gama de argumentos externistas que podem ser colocados contra a explicação internista que ele faz acerca do conteúdo das experiências perceptivas, mesmo que a condição de autorreferencialidade causal que ele introduziu possa muito bem constituir uma caracterização adequada de um aspecto dessas experiências.

É claro que o externismo não pode ser uma alternativa adequada ao internismo a respeito da análise de todo tipo de conteúdo intencional. No ensaio seguinte, cujo tópico é a análise de Searle acerca do sentido e da referência dos nomes próprios, argumenta Wayne A. Davis, ao presumir que alguns dos elementos-chave destes sejam substituídos por certos elementos originais que ele próprio recomenda, que a análise internista de Searle dos nomes próprios não apenas pode evitar as objeções externistas que foram amplamente admitidas como fatais para essa análise, mas que ela é claramente superior a suas rivais externistas. Davis entende que a intuição básica da discussão inicial de Searle acerca dos nomes próprios reside na insistência deste último de que as propriedades semanticamente relevantes destes não podem ser completamente elucidadas sem a referência aos conteúdos conceituais que os usuários deles associam a eles. Davis afirma ainda que as explicações externistas puramente referenciais acerca da semântica dos nomes – mesmo que elas possam ser utilizadas para levantar objeções válidas contra certos aspectos da consideração feita por Searle –, por sua vez, encontram dificuldades insuperáveis precisamente porque elas ignoram o papel semântico que esses conteúdos conceituais encenam. Contudo, Davis argumenta em seguida que a pressuposição central de Searle de que o conteúdo conceitual semanticamente relevante dos nomes seja *descritivamente* especificável torna impossível para ele evitar as objeções externistas ou explorar as reais vantagens de seu internismo, e que essa pressuposição deveria ser substituída pela ideia de que os nomes expressam convencionalmente conceitos *atômicos* que, precisamente por causa de sua atomicidade, não podem ser reduzidos a qualquer descrição ou combinação de descrições de seus supostos referentes. Davis mostra então como a visão de que os nomes expressam considerações acerca de conceitos atômicos para aspectos do comportamento semântico desses nomes, aspectos estes impossíveis de explicar com base em premissas externistas; como essa perspectiva pode explicar certos aspectos do comportamento semântico desses nomes, aspectos estes para os quais os externistas têm razão de chamar a atenção (mas que eles tentaram erroneamente explicar negando que os nomes possuam sentidos semanticamente relevantes e não por aceitarem que esses nomes tenham sentidos *não descritivos* semanticamente relevantes), e, por fim, como essa concepção permite a reafirmação do internismo básico de Searle, por remover o ônus real, mas desnecessário, criado por seu descritivismo.

Os últimos dois ensaios da primeira parte do volume discutem certas pressuposições sobre a mente e a linguagem a respeito das quais Searle não contesta outros filósofos, mas, ao contrário, está fundamentalmente de acordo com a grande maioria deles. Esses ensaios procuram questionar aquelas pressuposições amplamente compartilhadas, em parte, escrutinando a própria maneira como Searle as defende.

O ensaio de Christopher Gauker critica a pressuposição – fundamental para a obra de Searle e para muitas outras obras contemporâneas sobre a mente e a linguagem – de que o pensamento conceitual tem prioridade ontológica e explanatória sobre a linguagem. De acordo com a perspectiva de Gauker, os processos de pensamento que são independentes da linguagem realmente existem – os processos de pensamento *imagísticos*, em particular, são desse tipo –, mas eles são precisamente aqueles que *não* são conceituais. O processo de pensamento propriamente *conceitual*, argumenta Gauker, é essencialmente linguístico e, assim, não se pode supor que ele preexista à linguagem, ou que contribua para uma explanação não circular desta. (O pensamento conceitual, na perspectiva de Gauker, consiste simplesmente em um processo de *conversação imaginária*, com o propósito de preparar alguém para resolver problemas do mesmo tipo que aqueles que ordinariamente são resolvidos graças aos efeitos coordenativos das conversações reais.) O ensaio de Gauker volta-se, basicamente, não para expor sua perspectiva positiva (que ele explorou longamente em outra parte), mas sim para rebater uma série representativa de argumentos influentes que normalmente são assumidos para fazer desta uma perspectiva insustentável, ao estabelecer, para além de qualquer dúvida, que o pensamento conceitual é independente da linguagem. Gauker examina e rejeita alguns dos argumentos em favor da independência da linguagem em relação ao pensamento (por exemplo, aqueles que começam pelas ponderações a respeito da aprendizagem da linguagem e conduzem à tão falada hipótese da "linguagem do pensamento") que, como ele nota, o próprio Searle repudiaria, uma vez que eles pressupõem perspectivas – em particular, a concepção computacional da mente – que este último notoriamente atacou em bases independentes. Mas alguns outros argumentos (por exemplo, aqueles que giram em torno da ideia de que a intencionalidade dos estados mentais é intrínseca, enquanto não é intrínseca a intencionalidade dos proferimentos linguísticos) são devidos especificamente a Searle e determinam muito da estrutura e do conteúdo de sua explicação da significação (por exemplo, a ideia de que a intencionalidade mental é intrínseca enquanto a intencionalidade linguística não é intrínseca, que subjaz à alegação fundamental de Searle de que a significação linguística surge de um processo de *transferência* das condições de satisfação dos estados mentais para os proferimentos linguísticos). Gauker argumenta em detalhe que todos esses argumentos em favor da independência da linguagem em relação ao pensamento estão sujeitos a objeções empíricas, conceituais e metodológicas, e sugere que a apreciação da força dessas objeções, ainda que ela possa não converter imediatamente alguém à concepção de que todo pensamento conceitual é essencialmente linguístico, seria suficiente para que alguém ficasse bastante cético sobre a legitimidade da concepção ortodoxa comum, da qual Searle é um representante proeminente: a concepção de que o pensamento conceitual tem prioridade ontológica e explicativa sobre a linguagem.

O ceticismo acerca da dependência dos conteúdos linguísticos em relação aos conteúdos mentais, provavelmente, seria tomado como fraco se comparado àquele acerca da própria existência, como propriedades dos pensamentos ou dos proferimentos dos indivíduos que seriam *independentes da comunidade*, de conteúdos mentais ou linguísticos. Este último tipo de ceticismo, juntamente com a sugestão de que as práticas de acordo comunitário são constitutivas dos conteúdos dos pensamentos e dos proferimentos de um indivíduo, é notoriamente associado à interpretação de Saul Kripke das considerações de Wittgenstein acerca do "seguir regras". Searle, juntamente com a maioria dos outros filósofos contemporâneos, pretendeu resistir à interpretação de Kripke argumentando tanto que esta representa mal a perspectiva de Wittgenstein quanto que, independentemente de sua acuidade exegética, não é bem-sucedida ao apresentar – por meio da explicação comunitarista de seguir regras, que ela advoga –, uma solução aceitável para o paradoxo sobre as atribuições de conteúdo identificado por Kripke ao longo de sua discussão de Wittgenstein. O ensaio de Martin Kusch examina em detalhe essa crítica de Searle a Kripke e argumenta que a posição deste último é defensável contra todos os aspectos da crítica do primeiro. A posição de Kripke não representa mal a real perspectiva de Wittgenstein; ela é correta ao sugerir que o paradoxo acerca das atribuições de conteúdo identificado por Kripke é inevitável para todas as concepções individualísticas do conteúdo mental ou linguístico e ela pode com sucesso enfrentar todas as objeções que Searle achou que enfraquecem as tentativas comunitaristas de resolver aquele paradoxo. Kusch conclui que Searle não foi bem-sucedido em mostrar que as concepções individualísticas do conteúdo, tais como aquela que ele assume, são imunes aos desafios colocados pela interpretação comunitarista de Kripke a respeito de Wittgenstein, e sugere que o que Searle analisou como o "pano de fundo" da intencionalidade – isto é, o conjunto de capacidades e práticas *pré*-intencionais que tornam possível a intencionalidade mental e linguística – seria um elemento importante para um desenvolvimento ulterior de uma concepção comunitarista do conteúdo mental e linguístico, desde que não fosse interpretada nos próprios termos caracteristicamente internistas de Searle.

A segunda parte do volume, "Da significação à força", começa com o ensaio de Kepa Korta e John Perry, no qual, depois de reconhecerem (juntamente com Searle e a maior parte de outros filósofos da linguagem) a necessidade de uma distinção entre conteúdo proposicional e força ilocutória como componentes distintos da significação, os autores argumentam que a maneira padrão de conceitualizar o conteúdo proposicional como algo que corresponda a "o que é dito" no proferimento de uma sentença é bastante inadequada e pede modificações com consequências teóricas importantes. A noção comum de "o que é dito", argumentam Korta e Perry, congrega vários tipos diferentes de informação que, normalmente, podem ser transmitidas pelo proferimento de uma sentença. Esses tipos de informação deveriam ser conservados estritamente separados um do outro, não apenas porque eles não são necessariamente coinstanciados em todo evento de proferimento, mas também porque, mesmo quando o são, eles desempenham papéis muito diferentes tanto na atividade do falante de planejar um proferimento quanto na atividade do ouvinte de interpretá-lo. Tendo argumentado que um único construto teórico pode recobrir adequadamente os diversos fenômenos que os teóricos pretenderam elucidar fazendo uso da noção comum de "o que é dito", Korta e Perry propõem substituir essa noção, para propósitos de análise, por uma série de conceitos teóricos distintos, cada um dos quais determina um *tipo* diferente de conteúdo proposicional que um único proferimento é capaz de transmitir, e mostram como essa concepção multiproposicional do conteúdo de um proferimento pode se tornar exata utilizando os recursos da teoria reflexivo-referencial da significação e da significância cognitiva de Perry (da qual é apresentado um esboço no apêndice do ensaio). Os tipos mais importantes de conteúdo proposicional que a referida teoria está em posição de atribuir ao proferimento de uma sentença são o conteúdo proposicional *reflexivo* e o conteúdo proposicional *referencial* deste. A diferença principal entre esses tipos é que o primeiro interpreta o próprio proferimento como um constituinte proposicional e o segundo, não. Korta e Perry mostram então em detalhe por que esses tipos de conteúdo proposicional precisam ser atribuídos a um proferimento para que diferentes aspectos de sua significância sejam adequadamente capturados. Argumentam ainda que uma consequência da concepção multiproposicional do conteúdo de um proferimento que eles defendem é que ela motiva uma modificação importante na concepção de Searle e em muitas outras abordagens sobre os atos ilocutórios. Os diversos requisitos que a análise de Searle desses atos colocam sobre o que ele descreve como seu "conteúdo proposicional", apontam os autores, não podem ser satisfeitos por um único *tipo* de conteúdo proposicional, mas, ao contrário, alguns desses tais requisitos *só* podem ser satisfeitos pelo conteúdo proposicional *reflexivo* de um ato ilocutório, enquanto alguns outros *só* podem ser satisfeitos pelo conteúdo proposicional *referencial* do mesmo ato ilocutório. Uma vez que Korta e Perry concordam com Searle que todos os requisitos são legítimos, eles concluem que, ao contrário do que o último (e, seguindo-o, muitos outros) assume, um ato ilocutório típico deveria ser representado como algo que consiste não na aplicação de uma força ilocutória a um conteúdo proposicional supostamente único, mas, ao invés disso, na aplicação simultânea dessa força a diversos conteúdos proposicionais de vários *tipos* diferentes, dos quais os tipos reflexivo e referencial são os mais importantes.

A concepção multiproposicional do conteúdo proposicional, claramente, constitui um distanciamento importante da concepção do conteúdo que é característica tanto da consideração de Searle acerca da significação, quanto da maior parte das outras, mas essa concepção ainda conserva a ideia fundamental de Searle, herdada de Frege, de que os conteúdos proposicionais são componentes da significação de uma natureza inteiramente diferente das forças ilocutórias que a eles se aplicam e que o aparato veritativo-teórico que é apropriado para a análise dos primeiros é irredutível ao aparato ativo-teórico que é apropriado para a análise das últimas. Essa ideia fundamental fica sob ataque a partir de dois ângulos diferentes nos ensaios de Stephen J. Barker e de Nicholas Asher. O ensaio de Barker identifica cinco razões principais que Searle e outros deram a favor de colocar as proposições como componentes necessários da significação irredutíveis às forças ilocutórias. Barker argumenta em detalhe que essas razões não são convincentes e, ao rejeitá-las, desenvolve uma concepção alternativa da significação livre de proposições, cujos conceitos primitivos relevantes são ativo-teóricos, em vez de veritativo-teóricos, e que, alega ele, é uma consideração igualmente boa e – para os fenômenos que têm sido considerados a demandar proposições de forma indispensável –, em alguns casos, melhor. Barker considera que a ideia básica que motiva o apelo às proposições seja a ideia de que são as crenças, e não as asserções, que são portadoras básicas da verdade. Ele constrói uma proposta alternativa em torno da ideia oposta, de que são as asserções, e não as crenças, que são portadoras básicas da verdade (sendo as crenças meras disposições para desempenhar atos de asserção). Segundo a análise de Barker, uma asserção é o *compromisso expressivo* de um falante de sustentar um estado mental (funcionalmente concebido) que, como tal, *não* é capaz de ser verdadeiro, e uma asserção é avaliada como *verdadeira* se e somente se os ouvintes desse falante comprometem-*se* expressivamente com a sustentação de um estado mental de tipo idêntico (e intrinsecamente não capaz de ser verdadeiro) no que lhes diz respeito. Baker mostra então por que sua concepção da valoração veritativa, enquanto resultado de fazer convergirem atos de compromisso expressivo, não é passível das objeções que os defensores das proposições possam estar inclinados a colocar contra ela, como a de considerar que a asserção que incorpora tal concepção possa ser aplicada à análise de uma ampla variedade de sentenças logicamente simples e complexas com a devida atenção aos requisitos de composicionalidade, e como a de que, quando essa concepção é suplementada por uma explicação paralela da *proto*asserção (esta não é o compromisso de sustentar um estado mental funcional, mas o anúncio da intenção de assumir o compromisso de sustentar tal estado mental), ela pode enfraquecer as razões remanescentes que foram dadas para postular o conteúdo proposicional como um componente irredutível da significação de uma sentença, independentemente da força ilocutória (em particular, aquelas relacionadas com o tratamento adequado do encaixamento de sentenças e do modo das sentenças).

Enquanto o ensaio de Barker procura reforçar a tese de que *não é preciso* apelar para as proposições tal como concebidas tradicionalmente para construir uma teoria semântica adequada, o ensaio de Nicholas Asher procura reforçar a tese de que *não se deve* depender das proposições tal como concebidas tradicionalmente para se alcançar completamente o resultado almejado. Asher comenta que as definições padrão de condição de verdade [*truth conditional*] dos conectivos sentenciais poderiam ser encaradas como semanticamente adequadas *apenas se* as sentenças nestes encaixadas fossem exclusivamente declarativas, mas ele mostra que há significativa evidência de que diversos tipos de sentenças não declarativas – em particular, sentenças imperativas e interrogativas –, de fato, encaixam-se semanticamente nesses conectivos de maneiras que tornam impossível uma abordagem de condição de verdade acerca desses conectivos. O autor argumenta, portanto, que se uma consideração *unificada* acerca da significação dos conectivos sentenciais tiver de ser alcançada, ela terá de se referir às diversas forças ilocutórias que são constitutivas das significações distintivas dos diversos tipos de sentença, e não a seus supostos conteúdos proposicionais independentes da força. Asher prossegue então mostrando que tal explicação unificada é não apenas teoricamente desejável, mas, de fato, realizável. Um passo essencial para sua construção, segundo a concepção de Asher, é a adoção de uma estrutura semântica dinâmica que, em virtude de representar as sentenças de *todos* os tipos gramaticais como tipos de *ação* que afetam os contextos de entrada de informação de formas características, dá uma base para um tratamento semântico unificado dos conectivos sentenciais como operadores que se aplicam a tipos de ação daquelas várias categorias. Uma vez que a maneira pela qual uma sentença, tomada como um tipo de ação, afeta o contexto de entrada de informação depende não apenas do tipo de ação que ela é, mas também do tipo de estrutura do contexto de informação particular que ela modifica, uma consideração semântica inteiramente explícita acerca dos conectivos sentenciais também requer, argumenta Asher, uma representação formal das estruturas discursivas nas quais podem ocorrer as sentenças encaixadas nos conectivos. Ele propõe uma combinação original da semântica dinâmica com a teoria representacional do discurso, que fornece uma estrutura na qual esses requisitos possam ser satisfeitos, e mostra então como essa estrutura permite uma consideração unificada e composicionalmente precisa acerca da significação dos conectivos sentenciais que não seria possível se os conteúdos proposicionais independentes da força fossem tomados como os únicos alvos apropriados da análise semântica.

Em minha contribuição ao volume, eu começo por adotar uma interpretação fraca da distinção força-conteúdo, distinção esta que, embora seja sensível a algumas das motivações que estão por trás da distinção padrão, não faz dela uma questão de definição, como o faz a distinção padrão – para esta é proposicional o conteúdo, ao qual uma força ilocutória pode ser aplicada, que pode ser expresso por sentenças – e, dessa forma, cria-se espaço para uma disputa, a partir de princípios diversos, acerca de se qualquer conteúdo particular daquele tipo pode ou não ser tomado propriamente como proposicional. Examino então em detalhe a tese de Searle, inspirada em Frege e amplamente compartilhada, de que uma questão sim-não e sua asserção gramaticalmente correspondente não apenas possuem conteúdos que são proposicionais, mas, de fato, possuem o *mesmo* conteúdo proposicional. Mostro que essa tese possui um amplo espectro de consequências claramente inaceitáveis tanto para a análise proposta por Searle para os atos ilocutórios quanto para a classificação que ele propõe destes em cinco classes, as quais, conjuntamente, são exaustivas. (Em particular, essa classificação conduz a uma análise das questões sim-não que não pode ser preservada a menos que se assuma que proposições inconsistentes podem possuir o mesmo conteúdo, ou que a identidade de um ato ilocutório é ao mesmo tempo dependente e independente da identidade da proposição à qual está ligada sua força e, apesar das aparências em contrário, torna estritamente impossível incluir as questões sim-não em quaisquer das cinco categorias de atos ilocutórios que Searle propõe como conjuntamente exaustivas.) A solução que recomendo envolve a alegação de que uma questão sim-não não apenas não possui o mesmo conteúdo proposicional que sua asserção gramaticalmente correspondente, mas, diferentemente de sua asserção gramaticalmente correspondente, não possui qualquer conteúdo *proposicional* (sendo seu conteúdo, ao contrário, um conjunto de atos ilocutórios possíveis, cujos membros são tais que se um deles for desempenhável exitosamente para a exclusão dos outros, a questão terá sido decidida). Ao admitir a interpretação fraca da distinção força-conteúdo originariamente introduzida, eu incorporo então essa alegação em uma distinção sugerida entre dois tipos fundamentais de atos ilocutórios: aqueles de *primeira ordem* (por exemplo, as asserções), cujas forças são aplicadas a proposições, e aqueles de *ordem superior* (em particular, as questões), cujas forças são aplicadas não a proposições, mas, em vez disso, a conjuntos de possíveis atos ilocutórios de primeira ordem.

O volume se conclui com o ensaio de Mitchell Green, que volta ao tema favorito de Searle, da conexão entre a intencionalidade mental e linguística, concentrando-se na alegação de que cada tipo de ato ilocutório é a expressão de um tipo particular de estado mental, a saber, do estado no qual o falante deve estar se o ato deve ser sincero. Green duvida de que todos os tipos de atos ilocutórios expressem estados mentais (ou possuam condições de sinceridade), mas aceita que a maior parte deles os possui. Ele está principalmente preocupado em mostrar por que é insatisfatória a consideração de Searle acerca da atividade de expressar um estado mental por meio de um proferimento e em como uma consideração satisfatória poderia ser dada. De acordo com Green, a consideração feita por Searle é insatisfatória porque, além de ser não especificada em certos aspectos cruciais, ela interpreta a expressão de um estado mental por um proferimento como uma das propriedades *convencionais* do proferimento – uma interpretação que, argumenta Green, não pode ser correta, uma vez que a expressão de um estado mental é fundamentalmente a produção de *evidência* para a existência de tal estado, e uma vez que as relações de evidência não podem ser convencionais. A consideração alternativa que Green apresenta é inspirada em certos conceitos desenvolvidos na Biologia Evolutiva da comunicação – em particular, a noção técnica de *handicap* como um tipo de sinal que não pode ser simulado por um organismo a não ser com grande custo – e analisa a expressão pelo falante de um estado mental por meio de um proferimento como, de fato, a conclusão de certo tipo de *inferência* que os ouvintes fazem para poderem conservar a hipótese de que o falante é sensível às normas da comunidade que foram formuladas para assegurar a confiabilidade dos tipos de sinais linguísticos, penalizando a produção de ocorrências não confiáveis disso. Pressupondo que uma norma comunitária estipule que qualquer falante que produza proferimento de certo tipo e que deixe de corresponder a um estado mental de certo tipo seja passível de sofrer uma perda de credibilidade dentro da comunidade, os ouvintes vão interpretar o uso deliberado do falante de um proferimento daquele tipo e, consequentemente, sua exposição deliberada à perda de credibilidade dentro da comunidade, como *evidência* de que, provavelmente, o falante não possui o estado mental que a norma prescreve como apropriada para os proferimentos do tipo que o falante utilizou. E a produção de evidência para uma inferência desse tipo que possa ser invalidada é precisamente, de acordo com Green, aquilo em que consiste a expressão por um falante de um estado mental por meio de um proferimento.

Esperamos que os ensaios deste volume aprofundem o entendimento do leitor sobre os aspectos-chave da Filosofia da Linguagem de Searle e, ao mesmo tempo, encorajem a exploração inovadora das principais questões dessa área.

# 1
# O que é a linguagem: algumas observações preliminares

*John R. Searle*

## 1 Naturalizando a linguagem

Eu acredito que as maiores realizações em Filosofia nos últimos cem ou 125 anos foram feitas na Filosofia da Linguagem. Começando com Frege, que inventou o assunto, e continuando com Russell, Wittgenstein, Quine, Austin e seus sucessores, até os dias de hoje, não há nenhum ramo da Filosofia com tanto trabalho de alta qualidade como a Filosofia da Linguagem. Do meu ponto de vista, a única realização comparável àquelas dos grandes filósofos da linguagem é a reinvenção do assunto da filosofia política (e, portanto, implicitamente, do assunto da ética) por Rawls. Mas, com essa única possível exceção, acho que o trabalho da Filosofia da Linguagem está no topo de nossas realizações.

Contudo, dito isso, tenho de registrar uma séria inquietação sobre esse assunto. O problema é que seus praticantes, em geral, não tratam a linguagem como um fenômeno natural. Isso pode parecer uma acusação estranha, dado que tantos filósofos da linguagem contemporâneos se preocupam em enfatizar o caráter empírico de suas teorias. Quine e Davidson são exemplos evidentes de um empirismo resoluto. Nossa objeção é que poucos desses pensadores tentam tratar a linguagem como extensão natural de capacidades biológicas não linguísticas. A linguagem não é vista em continuidade com o resto de nossa herança biológica especificamente humana, nem como uma extensão dela. Pensamos que há uma forte razão, tanto histórica como intelectual, para a linguagem não ter sido tratada naturalisticamente: porque a Filosofia da Linguagem se desenvolveu em estreita colaboração com a lógica matemática. De fato, Frege realmente inventou tanto a Filosofia da Linguagem como a Lógica moderna. E o crescimento da Filosofia da Linguagem com Russell e o primeiro Wittgenstein foi bastante encarado como uma aplicação da lógica matemática. No entanto, mesmo o segundo Wittgenstein e Austin, os quais reagiram contra o logicismo excessivo da Filosofia da Linguagem, não encaravam a linguagem como um fenômeno biológico natural. Não é difícil pensá-la como uma extensão de capacidades biológicas, mas se por "lógica" se quer dizer sistemas formais do tipo desenvolvido por Frege e seus sucessores, então, definitivamente, a Lógica não é um fenômeno biológico. Ao contrário, a biologia especificamente humana existiu por dezenas de milhares de anos antes que a Lógica nesse sentido fosse inventada.

Como seria tentar tratar a linguagem naturalisticamente, no meu sentido? O primeiro passo seria o que muitos filósofos têm resistido a dar, isto é, ver a significação linguística – a significação de sentenças e de atos de fala – como uma extensão de formas de intencionalidade biologicamente mais fundamentais que as que temos nas crenças, desejos, lembranças e intenções, e ver essas coisas, por sua vez, como desenvolvimentos de formas de intencionalidade ainda mais fundamentais, especialmente a percepção e ação intencional. Dentre as formas mais básicas de intencionalidade, aquelas biologicamente mais primitivas, juntamente com a fome, a sede e o desejo sexual, estão a percepção e a intenção-na-ação. Dadas as percepções e as ações, os animais possuem a capacidade de desenvolver lembranças e intenções precedentes, assim como crenças, desejos e outras formas de intencionalidade, tais como a expectativa e o medo, a raiva e a agressão. Eu acredito que podemos ver os fundamentos biológicos da linguagem na intencionalidade pré-linguística. Nossa questão inicial deveria então ser: quais são as similaridades e as diferenças entre as formas pré-linguísticas de consciência e intencionalidade e as formas linguísticas? Não sabemos como, de fato, a linguagem evoluiu e, na falta de evidência fóssil, podemos não saber nunca exatamente como ela evoluiu, mas sabemos que, de fato, ela evoluiu, e devemos pelo menos ser capazes de responder à questão:

quais são as relações lógicas e conceituais entre as formas pré-linguísticas de consciência e intencionalidade e as formas linguísticas evoluídas?

Eu quero enfatizar que essa abordagem é totalmente diferente das abordagens padrão. Davidson, por exemplo, pensava que apenas um ser que possui uma linguagem pode ter estados mentais intencionais tais como crenças e desejos. Eu penso que ele tomou a Biologia exatamente de trás pra frente. Muitas espécies de animais possuem percepções, desempenham ações e são capazes de adquirir crenças, desejos e intenções, embora não possuam qualquer linguagem. Além disso, diversas espécies são capazes de processos pré-linguísticos de pensamento. Eu sugiro que pensemos a linguagem humana como uma extensão dessas capacidades pré-linguísticas.

O objetivo deste capítulo é o de explicar alguns dos aspectos essenciais da linguagem humana, e eu enfatizarei especialmente aqueles aspectos da linguagem que estão relacionados à sociedade humana. Note-se que eu digo "o que é a linguagem?" e não "o que é *uma* linguagem, como o francês, o alemão ou o inglês?". Não estarei interessado naquilo que torna uma linguagem diferente de outras, mas naquilo que todas elas têm em comum. Além do naturalismo propugnado nos parágrafos anteriores, um segundo tema central deste capítulo será que as considerações padrão da linguagem pela Filosofia da Linguagem e pela Linguística tendem a subestimar – e, portanto, a representar mal – o papel da sociedade e das convenções sociais. As considerações gerais da sociedade dadas em disciplinas como a Sociologia tendem a subestimar – e, portanto, a representar mal – o papel especial da linguagem na sociedade. Entre outras coisas, argumentarei que a linguagem é essencialmente social, não apenas de uma maneira antiga, mas também de uma maneira que torna a sociedade humana essencialmente linguística. A ligação-chave entre a linguagem e a sociedade é a noção de *deontologia*, uma noção que envolve compromissos de diversos tipos, acerca dos quais voltarei mais adiante. Por razões que ainda tentarei enunciar, a linguagem requer uma deontologia. Essa deontologia introduzida pela linguagem torna possível as formas especificamente humanas de sociedade e de civilização.

Uma das questões essenciais tratadas por este capítulo é a seguinte: uma vez que as sociedades humanas são significativamente diferentes das sociedades animais, como exatamente essas diferenças são levadas em conta pela existência de linguagens humanas?

## 2 A linguagem como fonologia, sintaxe e semântica

As considerações acerca da linguagem feitas pelos livros de referência dizem que linguagens específicas como o francês ou o alemão consistem em três componentes: um componente fonológico, que determina como as palavras e sentenças são pronunciadas; um componente sintático, que determina os arranjos de palavras e morfemas nas sentenças; e um componente semântico, que atribui uma significação ou interpretação às palavras e sentenças. Considerações mais sofisticadas acrescentam que deve haver também um componente pragmático, que não é um componente de linguagens específicas, mas, em vez disso, estabelece certas restrições acerca do *uso* da linguagem e não é interno a linguagens específicas da maneira como a sintaxe do francês é interna ao francês e a sintaxe do alemão é interna ao alemão. Para os nossos propósitos, podemos ignorar a fonologia, porque não é essencial à linguagem ser falada. (É importante, contudo, que qualquer linguagem, falada ou não, deva ser pensável. Diz-se algumas vezes que as pessoas pensam em palavras. A menos que elas estejam falando de viva voz para si mesmas, isso não é verdadeiro. Elas pensam em *imagens* de palavras.) Contudo, a relação da sintaxe para com a semântica é crucial. A sintaxe organiza a semântica de acordo com três princípios: distinção, composicionalidade e generalidade. A distinção é aquele aspecto pelo qual os elementos sintáticos conservam sua identidade sob as diversas operações sintáticas. Assim, por exemplo, quando se modifica a ordem de uma sentença, as palavras (e morfemas) não perdem sua identidade. Diferentemente de fazer um bolo, quando os ingredientes são modificados ao serem misturados, formar uma sentença não modifica as palavras e morfemas que estão sendo colocados juntos; pode-se ter uma sentença contendo oito ou doze palavras, mas não se pode ter uma sentença contendo nove palavras e meia. A composicionalidade é tanto uma propriedade sintática como semântica. Do ponto de vista sintático, um elemento complexo como sentença é construído a partir de elementos simples, palavras e morfemas, de acordo com as regras de formação da linguagem. Do ponto de vista semântico, a significação da sentença inteira é determinada pela significação dos elementos simples juntamente com a estrutura sintática da sentença. Por exemplo, entendemos a sentença "John ama Mary" de maneira diferente da sentença "Mary ama John", mesmo que ambas as sentenças possuam os mesmos elementos, porque os elementos estão arranjados de maneiras diferentes. A generalidade, tal como utilizo o termo, implica que as operações sintáticas de uma linguagem permitem aos falantes gerar um número indefinido de novas sentenças. Estritamente falando, não há limitação para o número de sentenças em qualquer linguagem natural humana.

Essa averiguação até aqui é OK, mas incompleta. Eu argumento que ela deixa de fora uma dimensão crucial da linguagem, a saber, o elemento que, numa linguagem comum, poderíamos descrever como o *compromisso*, e que eu descreverei de maneira mais geral como a deontologia. A deontologia é essencial para a natureza da linguagem humana segundo modos que eu preciso explicar.

## 3 Sociedade e linguagem

Na Linguística e na Filosofia, há uma concepção mais ou menos ortodoxa da linguagem, mas não há esse ponto comum nas considerações acerca da sociedade feitas pela ciência social. Parece-me que as considerações acerca da sociedade com as quais estou familiarizado, percorrendo o longo caminho desde Aristóteles até hoje, concebem radicalmente mal o papel da linguagem de maneira que, em um sentido importante, elas consideraram pacífica a existência da linguagem e então se perguntam: "Como a sociedade funciona?", "Como ela é construída?" e assim por diante. Quando digo que elas dão por pacífica a existência da linguagem, quero dizer que, ao explicarem a natureza da sociedade, elas não se perguntam: "O que é a linguagem?". Em vez disso, elas simplesmente presumem a existência da linguagem e prosseguem a partir daí. Talvez os piores a esse respeito sejam os teóricos do contrato social, que pressupõem seres como nós, que possuem linguagem, e então se perguntam como esses seres puderam formar a sociedade com base em um contrato social. O ponto acerca do qual quero argumentar é que, uma vez que uma sociedade possui uma linguagem comum, ela já possui um contrato social. A situação de autores como Bourdieu, Foucault e Habermas não é realmente melhor que esta. Eles veem a si mesmos como profundamente conscientes da linguagem e da importância desta para a sociedade, mas não se perguntam o que é a linguagem de uma maneira que lhes permitisse perguntar: "Como exatamente a linguagem é constitutiva da sociedade?".

## 4 O que a linguagem acrescenta à cognição pré-linguística?

Eu não estou certo como é melhor argumentar em favor das teses que quero sustentar. Penso que uma maneira de argumentar em favor delas é, por assim dizer, geneticamente. Proponho tratar a questão como uma questão de engenharia ou de projeto. Imagine-se que haja uma espécie como a nossa, possuidora de uma grande variedade de experiências pré-linguísticas conscientes, ações voluntárias e processos pré-linguísticos de pensamento, mas nenhuma linguagem. Quais capacidades esses seres teriam de criar para si uma linguagem e o que exatamente eles criariam quando criassem uma linguagem rudimentar? Houve época em que animais mais ou menos como nós, certos hominídeos, habitavam a terra sem ter linguagem. Agora, temos linguagem. O que aconteceu entre os dois momentos? E quando perguntamos o que aconteceu, não queremos nos referir à questão histórica, mas à conceitual. Que capacidades conceituais (lógicas, cognitivas) aqueles seres adquiriram quando adquiriram a linguagem? E que tipos de capacidades cognitivas eles precisavam ter de antemão para que, a partir delas, a linguagem pudesse evoluir? Nós possuímos uma linguagem que outras espécies não possuem. O que é que nós possuímos e como é que conseguimos isso? Eu devo enfatizar que não tento especular no campo da Biologia Evolutiva, em vez disso, procuro fazer uma análise conceitual das relações entre as capacidades cognitivas pré-linguísticas e a linguagem, com o objetivo de descobrir o que é linguagem.

Em reação a rascunhos deste capítulo, algumas pessoas pensaram que tentava entrar na atual discussão sobre a cognição animal e sobre a real evolução da linguagem. Isso é um mal-entendido. Eu, repito, não estou engajado na Biologia Evolutiva especulativa, nem na cognição animal. Há hoje uma boa quantidade de pesquisas sobre a cognição animal[1] e trabalhos importantes são feitos a respeito da evolução da linguagem.[2] Não me direciono para as questões empíricas desses campos. Por comparação, farei às vezes referência a outros animais, mas se acontecer de ser falso tudo o que hoje acredito, por exemplo, acerca das linguagens das abelhas e dos processos de pensamento dos primatas, isso seria apenas marginalmente relevante para

1 Para um levantamento, ver Vauclair (1996).

2 Para um levantamento, ver Fitch (2005).

as minhas questões. E mesmo que aconteça que alguns animais possuam linguagens completamente desenvolvidas no sentido que nós possuímos, e que a linguagem humana não tenha evoluído gradualmente, mas tenha sido o resultado de um único *big bang* evolutivo que produziu cérebros com gramáticas generativas plenamente desenvolvidas, esses fatos seriam apenas marginalmente relevantes para as questões que coloco sobre as dependências lógicas. Eu devo enfatizar que não argumento em favor da superioridade de nossa espécie. Se acontecer de outros animais terem o que temos, eu lhes darei boas-vindas ao nosso clube.

Quando levanto a questão: "Como a linguagem pôde evoluir?", quero dizer algo totalmente diferente dos pesquisadores empíricos, que se colocam uma questão distinta através da mesma sentença. Eles estão se perguntando: dado o que sabemos da história evolutiva humana e da cognição animal, como puderam as linguagens humanas ter se desenvolvido em nossa história evolutiva? Minha questão é conceitual. Subtraia-se a linguagem de uma espécie como a nossa, o que se tem? Agora, adicione-se a linguagem, o que se acrescenta?

Note-se que a maneira como coloco a questão pressupõe que a *natureza* da linguagem e a questão das *funções* e *usos* da linguagem por falantes humanos não podem ser separadas. Podemos explorar que aspectos estruturais da linguagem são úteis ou mesmo essenciais ao explorarmos o uso que os humanos fazem dessas estruturas.

Aparentemente, há casos intermediários entre os humanos e as espécies que se comunicam, mas não possuem linguagem em um sentido humano. As abelhas são o exemplo mais bem-conhecido. Quando uma abelha retorna para a colmeia, ela desempenha uma dança ziguezagueante que transmite diferentes tipos de informação, dependendo das variações da dança. Ela transmite que há néctar nas vizinhanças, que ele está em determinada direção e a certa distância da colmeia. Na época de calor, ela pode comunicar a localização de água e mesmo, na época da reprodução da colmeia, possíveis locais para isso. Diferentes combinações dos elementos da dança transmitem diferentes elementos de informação. Em um experimento, os pesquisadores prenderam um barco com flores no meio de um lago. A abelha que voltou à colmeia transmitiu essa informação. Suas companheiras de colmeia não mostraram o menor interesse em voar para o que, aparentemente, elas sabiam estar no meio de um lago.

Prosseguirei tratando de quatro questões específicas: Que aspectos da linguagem já estão presentes na consciência pré-linguística? Que aspectos da linguagem faltam à consciência pré-linguística? Que aspectos específicos da consciência faltam à linguagem? Que funções os humanos precisam que a linguagem desempenhe, dada a consciência pré-linguística?

## 5 Aspectos comuns à intencionalidade pré-linguística e à linguagem

Afirmei que os hominídeos têm percepções conscientes e ações intencionais juntamente com processos conscientes de pensamento – tudo isso em uma forma pré-linguística. Isso implica que, no mínimo, os animais têm crenças, desejos, intenções e, pelo menos, alguma forma de memória, suficiente para capacitá-los a reconhecer objetos e situações familiares.

Essas formas pré-linguísticas de intencionalidade já possuem algumas propriedades lógicas cruciais. Porque percepções, intenções, crenças, desejos, e assim por diante, são formas de intencionalidade, elas trazem em si especificamente a determinação das condições de sucesso ou fracasso. Por exemplo, um animal faminto tem o desejo de comer e, patologias à parte, assim, ele tem a capacidade de reconhecer quando esse desejo é satisfeito e quando não o é. Podemos generalizar esse ponto da seguinte maneira: qualquer estado intencional determina suas condições de satisfação, e um animal normal que tem estados intencionais deve ser capaz de reconhecer quando as condições de satisfação são, de fato, preenchidas. Se estiver sedento, ele deve ser capaz de dizer quando bebeu; se estiver faminto, deve ser capaz de dizer quando comeu; se estiver tentando fazer algo, deve saber quando conseguiu fazê-lo, e assim por diante. Podemos resumir esse ponto dizendo que, quando supomos que nossos animais têm estados intencionais, já supomos que eles têm representações mentais com conteúdos proposicionais e condições de satisfação. Mas, quando digo isso, falo de maneira lógica, e não ontológica. Não afirmo que os animais têm um conjunto de entidades do tipo pictórico ou sentencial em suas cabeças, entidades chamadas "representações". Em vez disso, ter crenças e desejos, por exemplo, já é ter algo que determina condições de satisfação e que implica a capacidade de reconhecer o sucesso ou o fracasso. Presumivelmente, essas capacidades são percebidas em estruturas neuronais, mas, para nossa investigação, não importa como essas capacidades são percebidas, desde que essa percepção seja rica o suficiente para conter as propriedades lógicas. Quando digo que as representações são proposicionais, não indico nada de linguístico. Quero dizer que há algo que estabelece as condições de satisfação; e uma vez que uma condição é sempre uma condição *disso e daquilo*, segue-se trivialmente que as condições são proposicionais.

Podemos resumir os aspectos formais da intencionalidade – pré-linguística e também linguística – explicando as seguintes noções e as relações entre elas: *conteúdo proposicional, condições de satisfação, modalidade psicológica* e *direção de ajuste*. Nossa história evolutiva nos legou diferentes formas pelas quais nossos estados mentais se relacionam com a realidade. O objetivo das crenças é o de representar como as coisas são; portanto, pode-se dizer que as crenças são verdadeiras ou falsas. O objetivo dos desejos e intenções não é o de representar como as coisas são, mas como gostaríamos que elas fossem ou como tencionamos fazer com que elas sejam. Por essa razão, os desejos e as intenções não são verdadeiros ou falsos, mas realizados ou frustrados. Achamos útil caracterizar as crenças como coisas que têm a *direção de ajuste mente-para-mundo* (supõe-se que a crença na mente se ajuste ao estado de coisas no mundo) e os desejos e as intenções como coisas que têm a *direção de ajuste mundo-para-mente* (se tudo dá certo com os desejos e as intenções, o mundo vem a se ajustar ao que é representado na mente). Não é de surpreender que essas distinções se apliquem exatamente aos atos de fala. Afirmações, asserções etc. – a classe assertiva de atos de fala – são expressões de crenças e se supõe que, assim como as crenças, elas representem como o mundo é e, assim, elas têm a direção de ajuste *palavra-para-mundo*. Pedidos, ordens, comandos etc. – a classe diretiva dos atos de fala – são expressões de desejos e, assim, têm a direção de ajuste *mundo-para-palavra*. Promessas, oferecimentos etc. – a classe comissiva dos atos de fala – são expressões de intenções e, assim, têm a direção de ajuste *mundo-para-palavra*. Essas diferentes direções de ajuste são função não do próprio conteúdo proposicional em si, mas de como o conteúdo proposicional é apresentado no ato de fala. Por isso, na notação padrão de um ato de fala, o ato de fala total é representado com uma distinção entre a força ilocutória, ou tipo, de ato de fala e o conteúdo proposicional.

Assim:

$F(p)$

representa o conteúdo proposicional *p*, apresentado com a força ilocutória *F*. E isso corresponde exatamente à representação do estado intencional como:

$S(p)$.

A letra *p* representa o conteúdo proposicional e a letra *S* representa o tipo de estado intencional, ou seja, modalidade psicológica deste, se é crença, desejo ou o que for.

Nossa questão é então: como vamos do estado intencional $S(p)$ para os recursos linguísticos que nos capacitariam a desempenhar o ato de fala $F(p)$? Nossa tarefa é facilitada pelo fato de que o aparato formal do conteúdo e do tipo, juntamente com as condições de satisfação e a direção de ajuste, já está presente na intencionalidade pré-linguística.

Até aqui, tudo bem. Mas e quanto àqueles atos de fala expressivos nos quais o ajuste é presumido, tais como desculpar-se e agradecer? Se examinarmos as formas de intencionalidade que correspondem a esses atos de fala, e que são expressas pelo desempenho desses últimos, tais como o arrependimento e a gratidão, parece-nos que estas são tipicamente combinações de crenças e desejos. Isto é, elas são formas de desejo baseadas na pressuposição da verdade da crença.[3] Por exemplo, se alguém lamenta ter feito algo, deve acreditar que o fez e desejar não ter feito. Assim, a existência de atos de fala em que o ajuste é pressuposto, aqueles que têm o que chamamos de direção nula de ajuste, não coloca um problema insuperável para passarmos da intencionalidade pré-linguística para os atos de fala, porque as formas pré-linguísticas também incluem casos em que o ajuste é pressuposto. Esses casos, tais como o orgulho e a vergonha, a gratidão e o arrependimento, contêm crenças e desejos, que, de fato, possuem uma direção de ajuste mente-mundo ou mundo-mente.

Além do problema dos atos de fala expressivos, há um problema especial com as *declarações*: os atos de fala que fazem com que algo seja o caso

3 Em geral, isso é verdade a respeito da maior parte do que chamamos de "emoções". O conceito de emoção não é muito claro porque não estamos certos sobre o que conta como uma emoção e o que não conta. Mas penso que os casos paradigmáticos de emoções, formas fortes de amor, ódio, desejo, desgosto, vergonha e orgulho, são todas formas agitadas de desejos que pressupõem crenças.

por meio de declarar que é o caso, tal como adiar uma reunião dizendo: "A reunião está adiada". As declarações têm ambas as direções de ajuste simultaneamente, porque elas fazem algo ser o caso ao representarem isso como sendo o caso. Não podemos exagerar a importância desse fenômeno para respondermos à questão que o título deste capítulo coloca. Isso não tem eco no pensamento pré-linguístico, e o discutirei mais adiante.

## As categorias

Outro aspecto da consciência pré-linguística – e isso irá se mostrar crucial para a evolução da linguagem – é que qualquer animal que tenha o aparato intencional biologicamente primitivo dos hominídeos pré-linguisticamente conscientes possui um número considerável das categorias filosóficas tradicionais (por exemplo, aristotélicas e kantianas). Ele já possui *espaço, tempo, causação, agência* e *objeto* e, com *objeto,* ele possui *identidade* e *individuação,* juntamente com *propriedade* e *relação.* Não queremos dizer que ele tenha de possuir os conceitos correspondentes a essas categorias, mas, em vez disso, por exemplo, que ele deve ser capaz de reconhecer que um objeto está ali a sua frente e outro objeto, à esquerda (espaço); ele tem de reconhecer que comeu em uma sequência temporal (tempo); que ele fez algo, em oposição a algo que apenas aconteceu (agência); que algumas coisas que ele fez fizeram outras acontecerem (causação). Talvez o mais importante: se ele pode perceber e reconhecer os objetos, inclusive outros hominídeos, ele deve possuir identidade e individuação, porque ele deve ser capaz de perceber que esse é o mesmo objeto de antes (identidade) e que esse objeto é um objeto separado daquele objeto (individuação). Mas, uma vez que ele possua objetos, com identidade e individuação, já possui as propriedades e relações dos objetos. Ele pode ver que essa pessoa está próxima daquela outra (uma relação espacial) e pode ver que esse objeto é marrom (propriedade). Dado todo esse aparato, ele também possui a categoria de mudança; assim, pode ver que esse hominídeo, que antes estava ali, agora se moveu para cá (mudança de um objeto de um lugar para outro). Finalmente, ele pode reconhecer objetos do mesmo tipo. Por exemplo, pode reconhecer outros animais como sendo ou não da mesma espécie que ele próprio.

## 6 Aspectos da linguagem que a consciência não tem

O que falta à consciência pré-linguística? Acima de tudo, talvez ela careça de estruturas *internas* e *controláveis* em seus processos de pensamento. Assim, um cão pode perceber e, logo, pensar, como nós diríamos, que "alguém está se aproximando da porta". Mas, diferentemente de nós, ele não pode distinguir esse pensamento do pensamento: "a porta está sendo aproximada por alguém". Além disso, ele não pode utilizar seu pensamento verdadeiro, "alguém está se aproximando da porta", para formar o pensamento falso: "a porta está se aproximando de alguém". Este é um ponto importante. As formas pré-linguísticas de intencionalidade têm estrutura, mas elas não têm os tipos de *estruturas indefinidamente manipuláveis com conteúdo semântico* que a sintaxe da linguagem fornece. Assim, a percepção é estruturada pelo mero impacto físico dos objetos percebidos e pela fisiologia do aparato perceptivo. Por exemplo, o animal vê um homem caminhar em direção à porta. A estrutura da memória é similarmente modelada pelos meros eventos físicos e pelo aparato fisiológico. Mas sem os elementos sintáticos, o animal não possui um rico aparato estrutural de elementos que ele possa manipular à vontade e de um indefinido número de maneiras. Os pássaros podem desempenhar novas permutações de seus cantos, e um animal ao construir uma ferramenta pode distinguir entre remover as folhas de um ramo e remover o ramo das folhas. Nenhum desses casos é, do meu ponto de vista, um caso de manipulação livre de estruturas sintáticas com conteúdo semântico. A beleza das linguagens humanas não é apenas que elas possuem composicionalidade e generalidade, mas que o usuário pode manipular livremente os elementos sintáticos *semanticamente carregados* conforme a vontade.

Pensamos que o que acabamos de dizer é, obviamente, verdadeiro, mas que é controverso. Alguns filósofos, especialmente Fodor (1975), acham que todo pensamento requer uma sintaxe linguística, e que os humanos podem adquirir uma linguagem natural apenas porque eles já possuem uma "linguagem do pensamento" inata, com uma sintaxe tão rica quanto a de qualquer linguagem humana. Outros, especialmente Davidson (1975), acreditam que, sem a linguagem, o pensamento é impossível. Assim, inacreditavelmente, eles negam que os animais possam ter estados intencionais tais como crenças e desejos. Eu, ao contrário, penso que é óbvio que muitos animais – meu cão Gilbert, por exemplo – têm percepções, intenções, crenças e desejos, e, todavia, eles não têm nada parecido com uma linguagem com estrutura sintática livremente manipulável. E mesmo que eu esteja enganado a respeito de Gilbert, há evidência biológica abundante acerca da cognição animal para que a perspectiva de Davidson seja crível (cf. Vauclair, 1996).

## Estrutura e segmentação

Outra diferença entre o linguístico e o pré-linguístico é que o fluxo de consciência no pensamento pré-linguístico e na percepção, embora seja estruturado em todos os tipos de maneiras, não ocorre – ou não ocorre necessariamente – em segmentos discretos da maneira como acontece com a linguagem. O pensamento pré-linguístico é um fluxo contínuo, ou pelo menos pode ser, sendo quebrado apenas pelo sono ou por outras formas de não consciência. Contudo, a linguagem é essencialmente segmentada. O proferimento de sentenças não pode ser um fluxo contínuo e indiferenciado, mas cada sentença, e mesmo cada fragmento de sentença, se for proferido como um ato de fala completo, deve ser discreto. Assim, a situação em que nos encontramos quando passamos da experiência para a linguagem é análoga à situação em que passamos de um filme para uma série de imagens paradas. Ao pensar por meio da linguagem, quebramos nosso pensamento em palavras e segmentos sentenciais. Embora o discurso real ocorra no tempo, a intencionalidade do discurso está em segmentos discretos, de maneira que o fluxo do pensamento pré-linguístico e da percepção em ação na vida consciente não está dessa mesma maneira em segmentos discretos. Um ato de fala típico, embora seja desempenhado no tempo, semanticamente falando, é instantâneo. Por isso, para a identidade do ato de fala, não importa se, por exemplo, a linguagem falada requer que o sintagma verbal venha antes ou depois do sintagma nominal do sujeito. Essa diferença entre a consciência não segmentada e o discurso segmentado é dissimulada para nós, ou pelo menos ficou assim por um longo tempo, pelo fato de que naturalmente falamos das crenças e desejos como se eles fossem unidades discretas. Mas quando eles estão, por assim dizer, em ação, quando estamos realmente olhando, ou agindo, ou percebendo, então eles se tornam parte de um fluxo contínuo. Suponhamos, por exemplo, que estejamos tendo o seguinte pensamento em uma linguagem comum: "Agora tenho de ir porque está na hora do jantar". Embora esse pensamento ocorra no tempo, porque ele é expresso em uma sentença da linguagem natural, ele possui um tipo de distinção que os pensamentos pré-linguísticos não possuem. Por exemplo, se estamos dançando ou esquiando, a cadeia de pensamento consciente não precisa conter quaisquer palavras e pode estar em um fluxo contínuo.

## Declarações

O terceiro aspecto especial da linguagem que não existe na intencionalidade pré-linguística é que, na linguagem, temos o tipo de ato de fala que denominamos "declarações". Estas têm uma dupla direção de ajuste, tanto palavra-para-mundo quanto mundo-para-palavra no mesmo ato de fala. Estes não são dois ajustes independentes, mas um ajuste que ocorre em ambas as direções. Consideremos os casos em que, por exemplo, uma pessoa autorizada adia uma reunião ou declara guerra, dizendo: "A reunião está adiada" ou "A guerra está declarada". Ou consideremos as declarações linguísticas em que alguém faz uma promessa dizendo: "Eu prometo", ou dá uma ordem dizendo: "Eu ordeno". Estes são proferimentos performativos; e todos os performativos são declarações (embora nem todas as declarações sejam performativas). Nesses casos, temos a dupla direção de ajuste, porque fazemos algo ser o caso e, assim, realizamos a direção de ajuste mundo-para-palavra, ao representarmos aquilo como sendo o caso, isto é, representando o caso com a direção de ajuste palavra-para-mundo. Este é um dos poderes mais importantes da linguagem: o poder de criar a realidade ao declarar que ela existe. Não há nada análogo a isso nas formas pré-linguísticas de intencionalidade. Assim, precisamos ser capazes de mostrar como uma extensão das formas pré-linguísticas para a linguagem nos confere a capacidade de criar formas de realidade institucional e social que existem apenas porque, coletiva e linguisticamente, nós as representamos como existentes. Precisamos mostrar como as formas pré-linguísticas de intencionalidade puderam evoluir até a realidade humana social e institucional. Para explicar essa evolução, nós requereremos a noção de significação e a noção de convenção. Eu logo chegarei a elas.

## 7 Alguns aspectos especiais da consciência. A unidade da proposição e a saliência dos objetos com suas características

Ao explicarmos a transição da intencionalidade pré-linguística para a linguística, temos na consciência alguns recursos maravilhosos que vão além da posse do aparato da intencionalidade e das diversas categorias filosóficas – espaço, tempo, causação, identidade etc. – que mencionei na seção 5. Na intencionalidade pré-linguística especificamente, o problema da unidade da proposição não surge. Por quê? Porque a sequência de pensamento e experiência conscientes é tal que a representação das condições de satisfação é incorporada a cada passo desse caminho. Não há qualquer problema a respeito de como posso colocar os elementos de minha experiência juntos para formar uma unidade da mesma maneira que há um problema a respeito de como posso colocar palavras discretas juntas para formar uma sentença unificada. A experiência acontece com a unidade embutida. Por exemplo, na fome, na sede e na percepção visual conscientes, a determinação das condições de satisfação é interna à experiência. Outro recurso que temos é a estrutura real de nossas experiências conscientes perceptivas que produz os objetos com seus aspectos salientes. Nós vemos conscientemente e, de outras formas, percebemos objetos distintos e suas propriedades. Por exemplo, vemos árvores altas, maçãs maduras e montanhas cobertas de neve.

A combinação da unidade da proposição com a saliência de alguns aspectos de nossa experiência nos apresenta um aparente paradoxo, mas pensamos que esse seja um paradoxo que podemos resolver. Nossas experiências nos dão uma unidade embutida correspondente à unidade da proposição na linguagem, mas, ao mesmo tempo, elas nos dão objetos distintos e seus aspectos como salientes, e isso corresponde a uma estrutura com sintagmas nominais e sintagmas verbais na linguagem. Como esses dois aspectos aparentemente inconsistentes se relacionam um com o outro? Só podemos ter sucesso em ver quando vemos *que algo é o caso*, vemos *isso e aquilo*. Mas, de qualquer forma, o que vemos são objetos, vemos *aquele objeto*. Eu tentarei resolver esse paradoxo aparente na seção 10.

Outra maneira de colocar o problema é a seguinte. É bem fácil imaginar uma linguagem que segmenta os objetos de maneira diferente daquela que a nossa o faz, que trata uma árvore não como um todo unificado, mas como uma metade do topo e uma metade da base; e que tenha palavras separadas para cada uma dessas coisas. Isso é certamente uma possibilidade lógica. Também é possível imaginar uma linguagem que não permita a referência a objetos, mas apenas a processos como estados de coisas. Poderíamos imaginar uma linguagem na qual, em vez de dizermos: "aquilo é uma árvore" ou "aquilo é uma pedra", disséssemos: "está arvorando aqui" ou "está pedrando aqui", em analogia com "está chovendo aqui" ou "está nevando aqui", uma linguagem em que uma palavra que faça a função de sujeito da oração não se refira a qualquer objeto.[4] Poderíamos imaginar tal linguagem, mas ela, se existe, é contrária a nossa fenomenologia perceptiva. Nosso aparato perceptivo real é construído de tal modo que nós, naturalmente, tratamos entidades espaçotemporais discretas como unidades simples, e estas são representadas por típicos sintagmas nominais de nossa linguagem. Além disso, tal como preservada na memória, a identidade é crucial para o desenvolvimento da referência ao longo do tempo, porque um animal pré-linguístico pode, não obstante, reconhecer o mesmo objeto em diferentes ocasiões, e reconhecer o mesmo objeto como tendo diferentes aspectos em diferentes ocasiões. O paradoxo que mencionamos antes é que a unidade necessariamente representada pelo estado intencional é todo um estado de coisas, não um objeto. Todavia, perceptivamente, são os objetos, e não os estados de coisas, que são fenomenologicamente salientes. Na linguagem, o problema é o de explicar a unidade da proposição, dada a representação sintática separada da referência e da predicação.

## 8 As funções da linguagem: representação *versus* expressão

Até aqui tentamos responder a três questões que dizem respeito a: (1) aspectos comuns à linguagem e à consciência, (2) aspectos especiais da linguagem e (3) aspectos especiais da consciência.

Agora vamos à última de nossas quatro questões. Para que funções básicas precisamos de linguagem? Por funções básicas, quero dizer aque-

---

4 Como "*It's raining here*" ou "*It's snowing here*", que são os exemplos originais do texto, nos quais ocorre o termo "*it*", que desempenha gramaticalmente a função de sujeito da oração. As sentenças equivalentes em português, obviamente, não exibem isso, uma vez que são orações sem sujeito. Isso nos obrigou a fazer uma pequena modificação no texto, para torná-lo compreensível em português. (N. T.)

las funções que são essenciais para que algo seja uma linguagem qualquer. Temos de especificar as funções básicas antes de explicarmos as estruturas que são necessárias e suficientes para desempenhar tais funções.

A primeira função básica é a seguinte: precisamos da linguagem para nos dar um mecanismo pelo qual nossas criaturas possam se comunicar umas com as outras. O que significa "comunicar"? E o que é comunicado? A resposta padrão à segunda questão é que, ao falar, comunicamos informação. Mas "informação" é umas das noções mais confusas e mal definidas da vida intelectual contemporânea. Assim, eu terei a cautela de utilizá-la apenas ocasionalmente. Enunciarei simplesmente que, tipicamente, o que é comunicado nos atos de fala são os estados intencionais, e isso porque os estados intencionais já representam o mundo. Assim, o que é comunicado, ao se comunicar estados intencionais, tipicamente, é informação *a respeito do mundo*. Se comunicamos a alguém nossa crença de que está chovendo, tipicamente, o objetivo *não* é dizer a essa pessoa algo acerca de nós mesmos ou nossas crenças, mas acerca do tempo. Mas não há qualquer modo pelo qual possamos intencionalmente dizer a alguém algo acerca do tempo a não ser por meio do uso de nossas representações mentais do tempo, nossos estados intencionais direcionados para o tempo, tais como nossas crenças.

Nossos hominídeos pré-linguísticos já possuem percepção, ação intencional e processos de pensamento pré-linguístico. Tudo isso são estados intencionais com pleno conteúdo proposicional. E quando uma dessas criaturas intencionalmente se comunica com outra, ela tenta reproduzir seu próprio conteúdo intencional na cabeça da outra pessoa. Por exemplo, quando ela comunica: "há perigo aqui", ela tem a crença de que há perigo naquele lugar e age de forma a transmitir essa crença para o outro animal.

O tipo mais simples de comunicação seriam os casos em que um animal comunica a outro animal informação acerca do mundo ao comunicar uma proposição não estruturada. Por não estruturada quero dizer que o conteúdo proposicional até então não possui qualquer sintaxe interna. Não há ali nada que corresponda às palavras das linguagens naturais. Esse tipo de comunicação já é muito comum entre os animais. Pense-se nos gritos de alerta dos pássaros, os chamados de acasalamento de todos os tipos de espécies e mesmo os latidos de alguns cães. Todos esses exemplos são aquilo que Peter Strawson (1959, p.202 et seq.; 214 et seq.) uma vez denominou "indicação de elemento". Apenas comunicamos a presença de um elemento no ambiente. Nas linguagens reais, esses proferimentos de indicação de elemento podem ser feitos frequentemente com uma palavra: "perigo!", "chuva!", "fogo!". E quando expandimos um deles para uma sentença inteira, as outras partes da sentença são às vezes semanticamente vazias, como quando dizemos, em inglês: *"it's raining"*, embora nada haja que possa ser referido pelo termo *"it"*. Esses casos simples de comunicação intencional realmente transferem um conteúdo intencional de um animal para outro, mas eles são um passo muito pequeno no caminho para a linguagem real, porque são muito limitados. O fato de que todos os tipos de animais possuem esse tipo de comunicação deveria nos dizer que este ainda não é linguístico, ou algo semelhante.

Poderíamos dizer que o primeiro passo no caminho para a linguagem seria o de introduzir dispositivos convencionais para a comunicação de conteúdos intencionais de um animal para outro. Na maior parte dos casos que consideramos, os animais já possuem alguns dispositivos naturais para a comunicação, mas podemos facilmente imaginar que nossos hominídeos desenvolvem dispositivos convencionais para estados intencionais que não possuem qualquer expressão natural externa. Um cão não necessita de um dispositivo convencional para transmitir agressão. Ele pode simplesmente latir agressivamente. Mas os humanos, por exemplo, não possuem uma maneira natural desse tipo para transmitir o fato de que está chovendo. Eu acho que essas reflexões acerca da distinção entre maneiras naturais de transmitir estados intencionais e formas convencionais evoluídas vão nos forçar a distinguir representação de expressão. Precisamos distinguir entre aqueles atos comunicativos que envolvem intencionalidade e representam um estado de coisas no mundo daqueles que simplesmente expressam (no sentido original de colocar para fora, de dar vazão a) o estado interno de um animal, sendo que tal expressão pode transmitir informação sobre o mundo, mas ela não o faz porque representa que algo é o caso ou porque representa outros tipos de condições de satisfação. Assim, se eu digo: "chuva!", represento o tempo, mesmo que essa representação não seja estruturada. Mas se digo "ai!" como uma expressão espontânea de dor, transmito informação, mas não represento coisa alguma. Façamos agora uma generalização que tornará nossa tarefa mais simples: os atos de fala expressivos simples, mesmo quando desempenhados intencionalmente, não são "linguísticos" no sentido que estamos tentando tornar explícito, e as palavras correspondentes das linguagens reais não são "palavras" no nosso sentido. "Ai!", "droga!", "eca!", "uau!" são todas utilizadas para expressar estados mentais, tanto intencionais quanto não intencionais, mas elas não são o tipo de fenômeno linguístico que tentamos explicar. Por que não? Porque, embora elas deem vazão a estados intencionais ou não do falante, elas não representam. Queremos entender como podem nossos hominídeos criar a *representação* linguística.

Qual é exatamente a diferença entre representar e expressar? Se digo: "chuva!", meu proferimento pode ser literalmente verdadeiro ou falso, porque ele representa um estado atual do tempo. Eu posso, por exemplo, mentir quando faço o proferimento. Mas se digo "ai!", embora transmita informação a meu próprio respeito, não digo nada que seja literalmente verdadeiro ou falso. Se digo "ai" quando não estou com dor, posso enganar ou informar mal, mas não minto.[5]

Assim, a primeira coisa que nossos hominídeos têm de criar são alguns dispositivos convencionais para representar os mesmos estados de coisas do mundo que seus estados intencionais já existentes representam. Um tipo de dispositivo assim representaria o mesmo estado de coisas, as mesmas condições de satisfação, que "há comida aqui", outro, "é perigoso aqui", outro ainda, "está chovendo" etc. Ao produzir uma instância de tal dispositivo, naquilo que poderíamos chamar de "um proferimento", uma pessoa pode transmitir a outra pessoa o mesmo conteúdo que ela possui em seu estado intencional existente. Por exemplo, ela acredita que está chovendo; assim, ela produz o dispositivo apropriado para seu interlocutor e, desse modo, comunica que está chovendo.

Há um grande peso filosófico nesse relato simples; assim, vamos mais devagar e dar um passo de cada vez. Presumimos que as pessoas pré-linguísticas podem reconhecer ocorrências do mesmo tipo. Esta é uma pressuposição razoável, porque o aparato cognitivo que presumimos de que elas sejam dotadas implica a capacidade de reconhecer exemplares do mesmo em diferentes ocasiões. Presumimos que o falante seja capaz de proferir uma ocorrência intencionalmente. Isso é implicado por sua capacidade estipulada para o comportamento intencional. Mas agora, para os propósitos da comunicação, o que exatamente é acrescentado quando ele profere o dispositivo? Bem, ele já tem um estado intencional com condições de satisfação;

5 Podemos construir exemplos nos quais o que é uma fala normal e puramente expressiva pode ser realizada de maneira representativa. Se nosso dentista nos diz para dizer "ai" se doer muito, então, ao dizermos "ai", estamos fazendo um enunciado para dizer que dói muito.

por exemplo, a crença de que está chovendo. Assim, o que ele faz é impor intencionalmente essas condições de satisfação ao proferimento. O proferimento agora possui as mesmas condições de satisfação de sua crença, e uma vez que supomos que tanto ele quanto seu ouvinte conhecem a convenção para utilizar o símbolo em questão, ele pode fazer o proferimento com confiança de que o ouvinte reconhecerá que o proferimento possui aquelas condições de satisfação.

A introdução de dispositivos convencionais para representar estados de coisas já pressupõe a noção de significação de falante [*speaker meaning*]. Qualquer agente que seja capaz de utilizar esses dispositivos deve ser capaz de utilizá-los significativamente.

## 9 A significação de falante como a imposição de condições de satisfação sobre condições de satisfação

Podemos agora esclarecer a noção de significação. Precisamos distinguir entre a significação convencional de palavras, sentenças e outros símbolos e a significação de falante, aquela que o falante expressa ao fazer um proferimento intencional. No caso que discutimos, o símbolo em questão possui uma significação convencional: está chovendo; e quando o falante faz um proferimento com esse símbolo, ele expressa um significado de falante, um significado de ato de fala: está chovendo. Quando o falante profere intencionalmente uma instância do símbolo, a produção da instância é a condição de satisfação da sua intenção de proferi-lo. E quando ele o profere *significativamente*, está impondo outra condição de satisfação sobre a instância proferida. Essa condição de satisfação é: que está chovendo. Essa imposição intencional de condições de satisfação sobre condições de satisfação é a essência da significação de falante.

A capacidade de fazer isso é um elemento crucial nas capacidades cognitivas humanas. Ela requer a habilidade de pensar em dois níveis ao mesmo tempo, de uma maneira que é essencial para o uso da linguagem. Em um nível, o falante produz intencionalmente um proferimento físico, mas, em outro nível, o proferimento representa algo. E a mesma dualidade se transfere para o próprio símbolo. Em um nível, ele é uma ocorrência física como qualquer outra; em outro nível, ele possui uma significação, ele representa um tipo de estado de coisas.

Há dois aspectos separados para o que eu disse até aqui. Primeiro, a significação de falante consiste no duplo nível de intencionalidade que tentamos descrever. O falante produz intencionalmente um proferimento, e ele pretende que o próprio proferimento possua condições de satisfação, por exemplo, condições de verdade. Mas, e este é o outro ponto crucial, se ele for bem-sucedido de uma forma rotineira, então terá de haver algum *dispositivo convencional socialmente reconhecido*, algum dispositivo repetível, cuja produção possa ser regular e convencionalmente tomada por seus interlocutores como algo que transmita a mensagem. Agora chegamos muito perto da linguagem, porque o primeiro fenômeno é essencial para o desempenho de atos de fala, e o segundo fenômeno, os dispositivos repetíveis, tipicamente, consiste em palavras e sentenças de uma língua.

Em benefício da simplicidade explanatória, introduzi a ideia de uma convenção antes da significação de falante. Mas o que realmente vem primeiro, a significação de falante ou a convenção? Na ordem de dependência lógica, a intencionalidade de falante deve ser logicamente precedente, porque essas convenções, para proposições não estruturadas, codificam significações de falante preexistentes. Contudo, sem a linguagem e suas convenções, só se pode ter significações de falante muito simples. Pode-se pensar e querer dizer, por exemplo, "está chovendo aqui". Mas não se pode nem mesmo pensar, e muito menos dizer ou querer dizer, por exemplo, "seria legal visitar o zoológico no próximo domingo, mas tenho de ficar em casa e fazer minha declaração de imposto de renda". Na próxima seção, chegaremos a esse ponto, a dependência da significação e do pensamento complexos em relação à linguagem, quando chegarmos aos símbolos que possuem uma estrutura composicional. Por ora, eu apenas sublinharei o seguinte: se os falantes e ouvintes forem criar um sistema no qual podem se comunicar com eficiência, eles terão de desenvolver um conjunto de dispositivos convencionais para transmitir a significação de falante.

Quando nossos animais desenvolvem uma linguagem, eles estão desenvolvendo um conjunto de dispositivos para a representação pública e social. Isso significa que eles desenvolvem um conjunto de dispositivos cuja produção será a imposição de condições de satisfação sobre condições de satisfação, *por convenção*.

Este é um primeiro passo em direção à linguagem, mas é apenas o primeiro passo, porque até aqui não temos a sintaxe. Os dispositivos que imaginamos correspondem a proposições não estruturadas, e não possuem qualquer estrutura sintática interna. Em uma linguagem natural, teríamos de traduzi-las para sentenças de uma palavra só: "chuva!", "perigo!", "comida!" etc.

## 10 Mais um passo: a composicionalidade sintática

Outro passo no caminho para a linguagem (e lembremos que a metáfora dos "passos" não implica nada de histórico – eu falo de componentes lógicos; não tenho ideia alguma acerca da ordem em que eles ocorreram historicamente) é a introdução de dispositivos sintáticos simples que podem ser combinados com outros dispositivos sintáticos para produzir dispositivos sintáticos complexos, e cada um dos dispositivos complexos será usado para comunicar um estado intencional inteiro. Esta é outra forma de dizer que os hominídeos precisam desenvolver elementos que correspondam a nossas palavras e morfemas, e formas de combiná-los em sentenças de uma maneira composicional, de modo a capacitar os participantes a descobrir a significação das sentenças a partir das significações dos elementos e seu arranjo na sentença. Para nós, a unidade mínima de comunicação, a unidade mínima do ato de fala, é a sentença completa. O princípio que guia a seleção dos dispositivos sintáticos na sentença é que eles devem desempenhar uma função semântica. Eles devem ser dispositivos repetíveis, cada um dos quais pode funcionar como uma possível unidade de comunicação (sentença) e as sentenças devem ser compostas de elementos (palavras) que são tais que o conteúdo comunicativo do todo seja determinado pelos elementos e pelos princípios de sua combinação na sentença.

Como introduzimos esses elementos – palavras e sentenças – sendo que as sentenças são sistematicamente construídas a partir de palavras? Devemos construir com base em recursos que o animal já possui, e estes são, de fato, muito ricos. Porque nossos animais já possuem a capacidade de identificar e reidentificar objetos, podemos introduzir nomes de objetos; porque eles possuem a capacidade de reconhecer diferentes ocorrências do mesmo tipo, podemos introduzir nomes gerais tais como "cão", "gato", "homem" etc.; porque os objetos possuem aspectos, podemos introduzir algo que corresponda aos adjetivos e verbos. Mas notemos os requisitos cruciais sobre estes. Não presumimos que a referência e a predicação, os atos de fala que correspondem aos sintagmas nominais e verbais, sejam de forma alguma elementos simples independentes, mas, em vez disso, que, uma vez que tenhamos o ato de fala total, podemos abstraí-los como elementos componentes. Seguindo Frege, pensamos que os sintagmas nominais e verbais são derivados da sentença total, e não que a sentença total seja algo a que chegamos combinando sintagmas nominais e verbais.

O que isso significa? Nossos animais já possuem conteúdos proposicionais não estruturados. Mas, correspondendo a eles, há elementos estruturados do mundo real, e os animais possuem a capacidade de reconhecer essas estruturas *e seus elementos*. Assim, não recaímos em uma petição de princípio quando damos ao animal uma estrutura que corresponde às condições de satisfação que ele já possui. A função semântica vem de graça porque já introduzimos a significação. Aqui está a ideia básica. O animal possui conteúdos e crenças perceptivos que carecem de estrutura sintática; ele pode ver e, portanto, acreditar em algo que podemos relatar (e que o animal não pode) como "aquilo está vindo em minha direção". Ora, se o animal possui a capacidade de criar eventos significativos, isto é, atos de fala, então ele já pode representar esse estado de coisas com a intencionalidade de duplo nível que descrevemos antes. Do ponto de vista do animal, a representação poderia ser da seguinte forma: "vindo-em-minha-direção-coisa-agora", sendo que devemos pensar isso até aqui como se fosse uma única palavra, sem elementos repetíveis.

O animal possui indicação de elementos, mas ainda não a referência e a predicação. Para ter a referência e a predicação, ele precisa de dispositivos simbólicos que quebrem o conteúdo proposicional em componentes. Mas ele já possui o material para construir esses componentes a partir de sua intencionalidade pré-linguística. Ele pode ver alguma coisa chegando em sua direção agora e, assim, acreditar que alguma coisa está vindo em sua direção agora. Mas isso é suficiente para nos dar pelo menos a possibilidade de introduzir dispositivos que possam desempenhar as funções de referência e de predicação, dispositivos que são formas de sintagmas nominais e verbais. Acrescentaremos regras ou procedimentos para arranjar esses dispositivos (palavras) em estruturas complexas resultantes (sentenças). Não importa muito como construímos esses elementos subsentenciais ou como os combinamos, desde que eles dividam a sentença em componentes repetíveis e que esses componentes correspondam aos componentes dos conteúdos intencionais pré-linguísticos. Tenho presumido que eles são quebrados de uma forma semelhante à das linguagens europeias que eu conheço, mas esta não é uma pressuposição necessária. Tenho presumido que a forma pressintática *vindo-em-minha-direção-coisa-agora* se quebre em um dispositivo que se refira a um objeto específico do contexto, tal como um homem, e que a predicação de vir em minha direção agora como na sentença:

O homem está vindo em minha direção.

Não é logicamente necessário que isso seja feito dessa maneira, mas, feito assim, corresponde melhor à nossa fenomenologia pré-linguística que algumas maneiras que poderíamos imaginar. Como dissemos antes, podemos imaginar uma linguagem na qual aquilo que concebemos como objetos seja tratado como processos recorrentes e repetíveis; de forma que resultasse algo assim:

Está homendo agora em minha direção vindamente,

em analogia com:

Está chovendo agora em mim fortemente.

Mas tal linguagem não refletiria a saliência de objetos de nossa fenomenologia perceptiva.

Além do mais, há elementos intencionais embutidos na intencionalidade humana que trazem a solução para o paradoxo que mencionamos antes, e qualquer consideração evolutiva tem de enfrentar esse paradoxo. O paradoxo é o seguinte: como alcançamos a unidade da sentença (e, logo, a unidade da proposição expressa) quando a sentença é inteiramente composta de entidades discretas, a sequência de palavras e morfemas que a constitui? Uma segunda questão relacionada com esta é a seguinte: como explicamos a ubiquidade de sintagmas nominais e verbais nas linguagens humanas e como explicamos que, tipicamente, as sentenças contenham tanto sintagmas nominais quanto sintagmas verbais? A solução para o primeiro problema, da unidade da proposição, é dada pelo fato de que, por causa da natureza da significação de falante, é um requisito para que algo seja uma sentença qualquer, que seja capaz de codificar uma significação de falante, que isso deva codificar um estado intencional completo. Toda intencionalidade – consciente ou não consciente, perceptiva ou não perceptiva – nos vem proposicionalmente no sentido trivial de que cada estado intencional discriminável possui condições de satisfação, e uma condição é sempre que isso e aquilo seja o caso. A sentença é destinada a codificar o conteúdo proposicional completo do estado intencional. Assim, uma vez que requeiramos que as sentenças codifiquem estados intencionais completos, a unidade da proposição expressa vem de graça. A unidade da proposição é construída dentro da própria estrutura lógica da intencionalidade biológica.

Agora vamos para a segunda questão. Se olharmos para a estrutura fenomenológica de nossa experiência, particularmente, a experiência perceptiva consciente, veremos que *objetos e seus aspectos* são salientes. Embora as condições de satisfação de nossas experiências visuais requeiram estados de coisas completos, de modo que nunca vejamos apenas um objeto, mas, por exemplo, vejamos que um objeto com tais e tais aspectos está ali; de qualquer forma, fenomenologicamente, estamos cientes de ver objetos e vemos que eles possuem tais e tais aspectos. Assim, a unidade proposicional expressa pela sentença completa já está dada pela intencionalidade pré-linguística, e a estrutura interna sujeito-predicado é providenciada pela maneira pela qual nossa fenomenologia nos apresenta o conteúdo proposicional.

Até aqui, então, demos três passos no caminho para a linguagem: primeiro, a criação da significação de falante, isto é, a imposição de condições de satisfação sobre condições de satisfação. Segundo, a criação de dispositivos convencionais para desempenhar atos de significação de falante, o que nos dá algo que se aproxima da significação de uma sentença, sendo que a significação da sentença seria a possibilidade constante de haver significação de falante. A significação da sentença é convencionada. A significação de falante é tipicamente o emprego ou o uso daquelas convenções no desempenho do ato de fala. Terceiro, adicionamos uma estrutura interna ao ato de fala, na forma de elementos sintáticos discrimináveis que possuem significações, conteúdo semântico, mas que não podem se sustentar por si mesmos nos proferimentos. Eles são partes de sentenças e, assim, correspondem a palavras; mas eles ainda não são sentenças completas. Também precisamos de regras para a combinação desses dispositivos em sentenças completas e para distinguirmos entre sequências gramaticalmente corretas e incorretas. Ambas as coisas são cruciais para qualquer consideração da linguagem. A primeira nos dá unidades significativas grandes o suficiente para funcionarem na comunicação; a segunda nos dá a composicionalidade. A sentença é composta de elementos significativos, e esses elementos significativos juntamente com suas regras de combinação nos capacitam a gerar novas sentenças e a descobrir as significações das sentenças e dos proferimentos que nunca ouvimos antes.

Ainda não temos a generalidade, isto é, a capacidade dos falantes de produzirem e entenderem um número potencialmente infinito de novas sentenças, mas é fácil acrescentar a generalidade à composicionalidade simplesmente adicionando algumas regras recursivas, regras que se aplicam umas sobre as outras indefinidamente. Exemplos de formas de providenciar a generalidade são expressões tais como: "é possível que", "Sally acredita que" ou regras para formarmos cláusulas relativas. E quanto aos conectivos sentenciais? Eles também não parecem difíceis de serem acrescentados. De fato, já temos um conectivo sentencial implícito quando juntamos duas sentenças no ato de fala. Se eu digo: "Está chovendo. Estou com fome", já disse algo equivalente a: "Está chovendo e estou com fome". E podemos acrescentar conectivos explícitos para fazer essas tarefas, conectivos correspondentes a: "e", "ou", "se... então" e "não".

Note-se que com a adição da sintaxe linguística à intencionalidade animal, capacitamos os falantes a fazerem algo que nenhum animal não linguístico pode fazer. O falante pode construir intencionalmente várias representações diferentes de estados de coisas reais, possíveis e mesmo impossíveis no mundo. O falante pode então pensar e dizer não apenas que o homem está vindo em sua direção agora, mas que o homem virá em sua direção na próxima semana, ou que a montanha virá em sua direção e assim por diante, indefinidamente.

Com o aparato desenvolvido até aqui, os hominídeos podem criar um vocabulário que irá capacitá-los a pensar pensamentos e desempenhar atos de fala que são literalmente impensáveis sem a linguagem. O animal pré-linguístico pode contar em seus dedos. Dados os numerais, inicialmente introduzidos para corresponderem aos dedos, ele pode contar indefinidamente e ter pensamentos com componentes numéricos que ele não pode ter na forma pré-linguística. Sem a linguagem, ele pode pensar: "há três cães no campo", mas, com a linguagem, ele pode pensar: "eu gostaria que houvesse mil cães no campo".

## 11 O próximo passo: a deontologia

Assim, com as convenções de significação mais a composicionalidade e a generalidade, estamos diretamente a caminho da linguagem.

Por que isso ainda não é suficiente? Por que ainda estamos a caminho e ainda não chegamos lá? Eu penso que há um sentido no qual já estamos lá, se entendermos as implicações da averiguação que fiz até aqui de uma maneira muito específica. É essencial compreendermos que, na averiguação feita até aqui, está implícito que o falante, ao empregar o dispositivo convencional em um contexto social para o propósito, por exemplo, de transmitir alguma verdade acerca do mundo ao ouvinte, com isso, ele se *compromete* com essa verdade. Isto é, não entenderemos um aspecto essencial da linguagem se não compreendermos que ela envolve necessariamente compromissos sociais e que a necessidade desses compromissos sociais deriva do caráter social da situação de comunicação, do caráter social dos dispositivos utilizados e da intencionalidade da significação de falante. Esse aspecto capacita a linguagem a formar o fundamento da sociedade humana em geral. Se um falante transmite intencionalmente informação a um ouvinte utilizando convenções aceitas socialmente com o propósito de produzir uma crença no ouvinte acerca de um estado de coisas no mundo, então o falante está comprometido com a verdade de seu proferimento. Eu tentarei agora explicar esse ponto.

Vimos anteriormente que a estrutura formal do estado intencional, $S(p)$, se parece muito com a estrutura formal do ato de fala correspondente, $F(p)$. Mas $F(p)$ representa um ato intencional e, nos casos que consideramos, ele representa um ato deliberadamente desempenhado de acordo com convenções de uma linguagem socialmente aceita. Lembremos que a essência da significação de falante é a imposição intencional de condições de aceitação a proferimentos, a imposição das mesmas condições de satisfação que o estado intencional expresso no proferimento. Assim, se eu acredito que está chovendo e se quero dizer que está chovendo, expresso minha crença fazendo um proferimento que tenciono que tenha as mesmas condições de satisfação que a crença original. E esse proferimento herda a direção de ajuste da crença, de forma que, assim como a crença, o proferimento pode ser verdadeiro ou falso. Quando digo "está chovendo", meu proferimento tem uma direção de ajuste palavra-para-mundo, e ele será verdadeiro ou falso dependendo de ser satisfeito ou não o conteúdo proposicional. E é assim em todos os outros casos.

Mas agora surge um problema interessante a respeito da relação entre o ato de fala e o estado intencional correspondente. O ato de fala envolve um compromisso que vai muito além dos compromissos do estado intencional expresso. Isso é bastante óbvio no caso dos enunciados e promessas, mas é também verdadeiro a respeito de outros tipos de atos de fala, tais como as ordens e os pedidos de desculpas. Quando eu faço um enunciado, não apenas expresso uma crença, mas me comprometo com sua verdade. Quando eu faço uma promessa, não apenas expresso uma intenção, mas me comprometo a levá-la a cabo. De onde vêm esses compromissos? A crença e a intenção não possuem nada semelhante aos compromissos do enunciado e da promessa. Se tentamos explicar a evolução lógica e conceitual de uma linguagem que possui enunciados e promessas, não é suficiente que expliquemos como o falante pode transmitir sua crença e sua intenção ao ouvinte. Precisamos saber como o falante acrescenta essas deontologias especiais ao ato de fala. É tentador dizer, e, de fato, isso é verdadeiro, que as regras constitutivas das instituições de fazer enunciados e promessas transformam cada enunciado em um compromisso com a verdade e cada promessa em uma obrigação de fazer alguma coisa. Tipicamente, as regras têm a forma "*X* conta como *Y* em *C*" (por exemplo, fazer tal ou qual proferimento *X* no contexto *C* conta como fazer uma promessa, *Y*). A questão é então: Como obtemos essas regras?

Note-se que uma resposta comum, mas errada, consiste em pensar que os requisitos deônticos são de algum modo externos ao tipo de ato de fala. Primeiro, temos o fazer de enunciados, e então temos uma regra que nos compromete a fazer apenas as verdadeiras; primeiro, temos o fazer de promessas, e então temos uma regra que nos obriga a cumprir nossas promessas. Essa perspectiva da relação entre enunciados e a verdade é sustentada por filósofos tão diferentes como Bernard Williams (2002), Paul Grice (1975) e David Lewis (1972). Mas essa perspectiva não é correta. Não se pode explicar o que são um enunciado e uma promessa sem se explicar que um enunciado compromete aquela pessoa que o faz com sua verdade, e que uma promessa compromete aquela pessoa que a faz a cumpri-la. Em ambos os casos, o compromisso é *interno* ao tipo de ato de fala que se desempenha, sendo que por "interno" quero dizer que o ato de fala não poderia ser o tipo de ato de fala que ele é, ele não poderia ser aquele próprio tipo de ato de fala se não tivesse aquele compromisso. Mas repetindo a pergunta: como criamos o poder deôntico a partir do ato de significar algo por meio de um proferimento? O ato de representar as mesmas condições de satisfação que aquelas de uma crença, de algum modo, essencialmente, envolve o compromisso que vá além do compromisso da crença? A ação de representar as mesmas condições de satisfação que uma intenção, necessariamente, envolve um compromisso que vai além do compromisso da intenção? Ou esses outros compromissos são apenas suplementos dispensáveis? Eles são acréscimos adicionais que vêm com o desenvolvimento histórico das instituições linguísticas? Eu penso que eles são internos.

Para se ver o porquê, precisamos compreender que um ato de fala é mais que apenas a expressão de uma intenção ou a expressão de uma crença. Acima de tudo, ele é um desempenho público. Eu digo algo a alguém. Mas não digo apenas a essas pessoas que tenho uma crença ou que tenho uma intenção; digo a elas algo a respeito do mundo representado por essas crenças e intenções. Ao comprometer a mim mesmo com as condições de satisfação da crença, digo a elas que é assim que o mundo é; ao lhes falar das condições de satisfação de minha intenção, lhes digo o que realmente farei. (A autorreferencialidade das promessas entra aqui. Não prometo fazer algo simplesmente, mas ao prometer, prometo *fazer* aquilo porque *prometi* fazê-lo.) Em linguagem comum: dei minha palavra.

Podemos resumir essa parte de nossa discussão da seguinte maneira. Ao evoluir uma língua, descobrimos que precisávamos de significação de falante, de convenções e de estrutura sintática interna. Mas se entendermos estas como relacionadas de algum modo com a intencionalidade humana, podemos compreender os diferentes tipos de atos ilocutórios e, ao fazer isso, já temos os compromissos que, tipicamente, vão junto com esses tipos de atos ilocutórios. Nada mais é necessário para garantir que os falantes vão se comprometer com seus proferimentos. Ao seguirmos a ideia do senso comum de que a linguagem poderia ter evoluído, e que pode, de fato, ter evoluído, a partir de formas pré-linguísticas de intencionalidade, descobrimos que a linguagem evoluída assim nos dá algo que não está presente na intencionalidade pré-linguística: a presunção pública de compromissos.

## 12 A extensão da deontologia à realidade social: como a linguagem nos capacita a criarmos as instituições sociais

O argumento fornecido até aqui é o de que os atos intencionais de significação, que são a imposição intencional de condições de satisfação sobre condições de satisfação, desempenhados de acordo com convenções aceitas e com a intenção de que eles estejam de acordo com tais convenções, envolvem necessariamente a deontologia. Ora, uma vez que essa deontologia é criada coletivamente por essas ações intencionais, então é muito fácil, de fato, é praticamente inevitável, que ela deva ser estendida à realidade social de forma geral. Assim, uma vez que se tenha a capacidade de representar, então já se tem a capacidade de criar a realidade que consiste em parte em representações. Deixem-me dar alguns exemplos disso. Se se tem a capacidade de dizer: "ele é nosso líder", "ele é meu homem", "ela é minha mulher", "esta é minha casa", então se tem a capacidade de fazer algo mais que representar estados de coisas preexistentes. Tem-se a capacidade de criar estados de coisas com uma nova deontologia; tem-se a capacidade de criar direitos, deveres e obrigações ao desempenharmos certos tipos de atos de fala e ao fazermos outras pessoas os aceitarem. Uma vez que alguns de nós reconheçamos alguém como líder, e um objeto como a propriedade de alguém, e um homem ou uma mulher como pessoas com quem temos uma ligação especial, criou-se já uma deontologia pública. Criaram-se já razões públicas para a ação, razões que são independentes de desejos. Mas note-se o funcionamento da linguagem que utilizamos para descrever esses fenômenos. Ela os cria. A linguagem os constitui de uma forma importante. Por quê? Porque os fenômenos em questão são aquilo que são apenas em virtude de serem representados da forma como são representados. As representações parcialmente constitutivas da realidade institucional – a realidade do governo, da propriedade privada, do casamento, assim como do dinheiro, das universidades e das festas – são essencialmente linguísticas. A linguagem não apenas descreve essas coisas; ela cria e, em parte, constitui aquilo que descreve.

A composicionalidade figura essencialmente na criação da realidade social e institucional. Dada a composicionalidade, o animal pode fazer muito mais que apenas representar estados de coisas existentes; ele pode representar estados de coisas que não existem, mas que podem ser trazidos à existência por meio de fazer com que uma comunidade aceite certa classe de atos de fala. Assim, por exemplo, o homem que diz: "isso é minha propriedade", ou a mulher que diz: "esse é o meu marido", podem estar fazendo mais que apenas relatar um estado de coisas antes existente; eles podem estar criando o estado de coisas por meio daquelas declarações. Uma pessoa que pode fazer com que outras aceitem essa declaração será bem-sucedida em criar uma realidade institucional que não existia antes da declaração.

Ainda não temos os performativos, porque eles requerem verbos performativos específicos ou outras expressões performativas, mas temos, sim, declarações com uma dupla direção de ajuste. Se eu declaro: "isso é minha propriedade", então represento a mim mesmo como possuidor de um direito à propriedade (a direção de ajuste palavra-para-mundo) e se faço com que outros aceitem minha representação, então crio o direito, porque o direito existe apenas por meio da aceitação coletiva (a direção de ajuste mundo-para-palavra). E essas coisas não são independentes: crio um direito por meio da representação de mim mesmo como alguém que já o possui.

Esse ato básico subjaz muito da sociedade. Não é fácil compreender esse ponto, mas eu penso que ele é essencial para o entendimento da sociedade. Os proferimentos criam razões independentes de desejos para a ação, e tais razões são então reconhecidas pela coletividade. Esse mesmo ato, aquele mesmo ato de *X*-contar-como-*Y*-no-contexto-*C*, pelo qual criam-se razões independentes de desejos para a ação no caso do ato de fala individual, é agora generalizável. Assim, aquilo que consideramos uma propriedade privada, por exemplo, é o tipo de ato de permanência. Ele é o tipo de ato de fala permanentemente afixado a um objeto. Ele diz: o proprietário desse objeto possui certos direitos e deveres, e outras pessoas que não os proprietários desse objeto não têm esses direitos e deveres. E pensemos no dinheiro como um tipo de ato de fala de permanência contínua. (Às vezes, o ato de fala está publicado. Nas notas de dólar americano, está escrito: "Esta nota tem valor legal para todos os débitos públicos e privados".)[6]

Ao longo deste capítulo, chamei atenção para diversos aspectos notáveis da linguagem humana. Nenhum deles é mais notável do que o seguinte: nas linguagens humanas, temos a capacidade não apenas de representar a realidade, tanto como ela é, quanto como desejamos fazer com que ela seja, mas temos a capacidade de criar uma nova realidade ao representarmos aquela realidade como algo existente. Criamos a propriedade privada: dinheiro, propriedade, governo, casamento e mil outros fenômenos desse tipo, ao representarmos esses fenômenos como coisas existentes.

## 13 Resumo do argumento até aqui

Há três pontos essenciais que quero esclarecer neste capítulo, além da análise das relações entre a intencionalidade não linguística e a intencionalidade linguística. Primeiro, quero enfatizar como a estrutura da intencionalidade pré-linguística nos permite resolver os problemas da relação

6 Esses pontos são mais desenvolvidos em Searle (1995).

entre referência e predicação e o problema da unidade da proposição. O segundo ponto trata da deontologia. A motivação intelectual fundamental que dirige essa segunda parte de meu argumento é a seguinte: há algo que fica de fora das considerações padrão dos manuais acerca da linguagem como algo que consiste em sintaxe, semântica e fonologia, com uma pragmática extralinguística acrescentada. Basicamente, o que é deixado de fora é o elemento essencial do compromisso envolvido em ter um conjunto de dispositivos convencionais que codificam a imposição de condições de satisfação sobre condições de satisfação. O terceiro ponto deste capítulo trata da criação de uma ontologia social e institucional por meio da representação linguística de certos fatos como algo existente, criando assim esses fatos. Quando entendemos esse terceiro ponto, temos uma compreensão mais profunda do papel constitutivo da linguagem na construção da sociedade e das instituições sociais. Deixem-me repor os passos do argumento de maneira que ele esteja tão claro quanto eu possa torná-lo.

Passo 1. Imaginamos uma espécie de animais capazes de consciência e de intencionalidade pré-linguística. E, de igual importância, esses animais são dotados da capacidade de ação livre e de intencionalidade coletiva. Eles podem cooperar e têm livre-arbítrio.

Passo 2. Temos de presumir que esses animais são capazes de criar procedimentos para a representação de estados de coisas, sendo que tais representações possuem significação de falante, como isso foi definido. Eles podem representar estados de coisas que acreditam existirem, estados de coisas que eles desejam que existam, estados de coisas que eles pretendem ocasionar etc.

Passo 3. Esses procedimentos, ou pelo menos alguns deles, se tornam coisas convencionadas. O que isso significa exatamente? Significa que, dada a intencionalidade coletiva, se alguém se consagra intencionalmente em um desses procedimentos, então outros membros do grupo têm o direito de esperar que esses procedimentos sejam seguidos corretamente. Consideramos este como o ponto essencial acerca das convenções. As convenções são arbitrárias, mas, uma vez que elas estejam estabelecidas, elas dão aos participantes um direito a expectativas.

Passo 4. Podemos também imaginar que aqueles animais dividem as representações em componentes repetíveis e manipuláveis que desempenham as funções de referência e de predicação.

Passo 5. A ideia central nesse argumento é a seguinte: apenas ter uma crença, ou um desejo, ou uma intenção, isso por si só não compromete uma pessoa de qualquer forma pública. É claro que uma crença é um compromisso com a verdade e que um desejo é um compromisso com a satisfação desse desejo, assim como uma intenção é um compromisso com uma ação, mas nenhuma dessas coisas, como tais, são empreendimentos públicos. Não há nenhuma deontologia envolvida, nenhuma obrigação publicamente reconhecida. Mas, uma vez que compromete-se livremente com as condições de satisfação dos estados intencionais correspondentes a essas coisas, e uma vez que se faça isso de uma maneira pública por meio da imposição de condições de satisfação sobre condições de satisfação, e uma vez que se faça isso de acordo com as convenções do grupo, então se tem um sistema para criar obrigações e outros tipos de compromissos deônticos. Note-se que os compromissos são com estados de coisas no mundo e não apenas com os estados intencionais correspondentes. Assim, se eu faço um enunciado, comprometo-me com a existência de um fato; se faço uma promessa, comprometo-me com o desempenho de uma ação futura, e assim por diante.

Passo 6. O mesmo ato linguístico fundamental que permite aos atos de fala trazerem uma deontologia de direitos, deveres, compromissos etc. pode se estender para criar a realidade social e institucional do dinheiro, governo, casamento, propriedade privada, e assim por diante. E cada uma dessas coisas é um sistema de deontologias. Uma vez que introduzamos os elementos da composicionalidade e da generalidade na linguagem, não há literalmente limite para as realidades institucionais que podemos criar apenas por meio de concordarmos, na linguagem, com a criação destas. Criamos universidade, festas e férias de verão, por exemplo. Os limites do poder institucional são os limites da própria deontologia. Os poderes deônticos são poderes que existem apenas porque eles são reconhecidos e aceitos como existentes. Às vezes, os reforçamos com a força física, no caso do direito criminal, por exemplo, mas a polícia e os exércitos são também sistemas de deontologias.

## 14 Por que as teorias semânticas padrão deixam de explicar esses aspectos

Agora completei os principais argumentos deste capítulo. Nesta seção e na próxima, responderei a algumas questões remanescentes.

Afirmei antes que as considerações tradicionais da linguagem são incapazes de atingir esse aspecto deôntico essencial. Ora, por que não poderiam, por exemplo, as considerações acerca das condições de verdade atingir esse aspecto? As considerações acerca das condições de verdade com as quais estou familiarizado fazem uma relação entre verdade e significação. Elas não compreendem como essa relação é necessariamente mediada pelo compromisso. Não é suficiente que haja uma correspondência ou uma relação de satisfação entre a sentença ou o proferimento, de um lado, e suas condições de verdade, de outro. Deve haver também uma relação de representação, e essa relação de representação não é explicada por um tipo de correspondência ou satisfação. A única maneira de ter a relação de representação consiste em compreender que um proferimento com uma significação não apenas corresponde às condições de verdade ou é satisfeito pelas condições de verdade, mas, em vez disso, é um *compromisso* com a existência dessas condições de verdade. Pode-se ver essa deficiência em sua forma mais extrema no caso da teoria pictórica da significação. O *Tractatus* de Wittgenstein é o enunciado clássico dessa concepção. O problema é que se devemos tentar conceber uma sentença como o retrato de um fato, sendo que esse retratar é definido em termos do isomorfismo da estrutura do retrato e da estrutura do fato correspondente, então, igualmente, o fato é um retrato da sentença. O isomorfismo é uma relação simétrica: se *A* é isomorfo a *B*, então *B* é isomorfo a *A*. Se essa sentença é, de alguma maneira, uma modalidade estrutural do fato, então o fato é igualmente um modelo estrutural da sentença, e perdemos a relação de representação que é essencial à linguagem. Ora, muito estranhamente, uma dificuldade similar afeta as considerações em termos da teoria de modelo no estilo de Tarski, tal como a de Davidson, porque se devemos dizer que a noção-chave é a satisfação, e se podemos explicar a satisfação recursivamente, então o problema é que se um objeto satisfaz uma sentença aberta, deve haver uma relação na qual uma sentença aberta representa um objeto, a relação de ser satisfeita por aquele objeto. Mas nenhuma dessas coisas, nem o que satisfaz, nem o que é satisfeito, nos dá a representação ou o compromisso. A forma particular de assimetria que é requerida entre a representação e a coisa representada envolve essencialmente um compromisso da parte do ato de fala com a existência do estado de coisas representado. Não é suficiente apresentar a linguagem e a realidade simplesmente como coisas que estão uma diante da outra de maneira neutra. A linguagem é usada para representar a realidade, e a noção de representação envolve essencialmente mais que as noções de verdade e de correspondência, ou de satisfação. Ela envolve a noção de um *compromisso* com a verdade ou com a satisfação.

## 15 Por que a linguagem é essencialmente convencional e por que há tantas linguagens diferentes

Se a linguagem tem base biológica, então por que ocorre que falemos tantas linguagens diferentes? Se a Biologia Evolutiva nos deu a capacidade de linguagem, por que ela não nos deu uma única linguagem que todos os humanos pudessem falar? Com pequenas variações, os humanos possuem a mesma maneira de ver porque eles todos têm o mesmo aparato visual, mas eles certamente não têm o mesmo modo de falar. Por que não? A resposta provém em parte do fato de que falar é uma atividade voluntária, talvez a forma mais paradigmática de liberdade da vontade humana, e onde estão envolvidas ações voluntárias livres as pessoas desempenham essas ações de sua própria maneira voluntária livre. A Biologia pode nos dar uma base para a fala, mas de nós depende como falamos e de nós depende o que dizemos.

Suponhamos que tenha havido exatamente uma linguagem primordial com sua própria sintaxe e léxico. Sabemos pela linguística histórica que ela teria evoluído para diferentes dialetos, todos os quais seriam convencionais. Mesmo que todos tentassem o mais que pudessem imitar aquilo que eles considerassem o modo "correto" de falar, variações deveriam surgir. Em certo sentido, o Império Romano deu a seus súditos uma linguagem comum, mas ao longo de 2 mil anos ela evoluiu para as contemporâneas e mutuamente incompreensíveis: francês, português, espanhol, romeno etc. Assim, mesmo presumindo uma linguagem biologicamente determinada, o livre-arbítrio dos falantes da linguagem teria feito evoluir essa *Ursprache* para alguns dialetos convencionais, sendo que "convencional" implica tanto arbitrariedade quanto normatividade. Há um jeito certo e um jeito errado de falar em qualquer língua, mas a maneira como uma linguagem fixa a correção e o erro é convencional e, portanto, arbitrária.

# Parte I
## Da mente à significação

# 2
# Conteúdo, modalidade e autorreferência

*François Recanati*

## 1 Força ilocutória, modalidade psicológica e a falácia da informação mal colocada

É famosa a caracterização que Searle fez dos tipos de ato de fala em termos de certo número de "condições" ou "regras" que se supõe que eles obedeçam, inclusive as condições acerca do conteúdo proposicional deles. Se eu digo para John lavar a louça, o conteúdo da ordem dada é a proposição de que John lavará a louça – a mesma proposição que seria o conteúdo de uma asserção se eu *dissesse que* John lavará a louça, ou de uma questão se eu *perguntasse se* John lavará a louça. Embora as asserções e as questões possam ter qualquer proposição como seu conteúdo, contudo, as ordens e, mais geralmente, os atos de fala diretivos são considerados mais determinados: *conteúdo destes pode ser apenas uma proposição que diz respeito a um ato futuro do falante*, como nesse caso particular. Igualmente, as promessas são tais que os conteúdos destas podem ser apenas um ato futuro do falante (Searle, 1969, p.57-8).

Em meu próprio livro acerca dos atos de fala, critiquei a alegação de Searle e argumentei que ela depende daquilo que Barwise e Perry (1983, p.38, 164) denominaram mais tarde de "falácia da informação mal colocada":

> A noção do comportamento futuro do ouvinte (ou do falante) realmente tem um papel a ser desempenhado na análise das comissivas e diretivas, mas [...] o lugar apropriado para essa noção é na análise da *força ilocutória* das diretivas e comissivas, não na análise de seu conteúdo proposicional. Qualquer proposição que seja pode ser o conteúdo de uma diretiva ou de uma comissiva; basta que o proferimento do falante expresse sua intenção de que o ouvinte (ou o falante), em virtude desse proferimento que expressa essa intenção, se comporte de maneira a tornar a proposição verdadeira. O "comportamento futuro do ouvinte (ou do falante)" consiste em ocasionar o estado de coisas que é o conteúdo do ato de fala. Não se trata de um aspecto intrínseco desse estado de coisas. (Recanati, [1981] 1987, p.163)[1]

Como indiquei no mesmo livro, a perspectiva de Searle tem consequências infelizes: ela força o teórico a tratar como indireto o ato ilocutório de prometer desempenhado por meio de uma sentença tal como "você vencerá" (isso dito por um jogador de tênis a seu oponente), enquanto o mesmo ato poderia ser desempenhado diretamente se o falante tivesse, em vez daquilo, proferido "eu perderei". Isso soa arbitrário. Mais uma vez, qualquer estado de coisas futuro pode ser o conteúdo de uma ordem (ou de uma promessa) se o proferimento manifestar a intenção do falante de que, por causa de seu proferimento, aquele a quem ele se dirige (ou o falante mesmo) ocasionará o estado de coisas. Mesmo o caráter futuro do estado de coisas não é uma restrição genuína ao conteúdo proposicional de comissivos ou diretivos. Com certeza, trata-se de uma restrição natural que os humanos só possam atualizar o futuro – já que o passado está fora de seu controle –, mas esta não é uma restrição convencional, linguística.

Em sua obra mais recente, Searle enfatiza a similaridade entre os atos de fala e os estados mentais. Ambos possuem um conteúdo proposicional e ambos possuem uma estrutura dual, com a "modalidade psicológica" correspondendo, do lado dos estados mentais, à força ilocutória do lado dos atos de fala. Asseverar que *p* é desempenhar um ato de fala cujo conteúdo corresponde à proposição de que *p* e sua força são de uma asserção. Da mesma maneira, acreditar que *p* é estar em um estado intencional corresponde à proposição de que *p* e sua modalidade psicológica são de crença.

1 A esse respeito, ver também Sperber (1982, p.47).

Ora, por causa desse aspecto dual, é sempre muito fácil "mal colocar" algumas das informações trazidas por um estado mental, ao imputar ao conteúdo de tal estado uma peça de informação que, de fato, é portada pela modalidade deste – assim como Searle, confusamente, atribuiu ao conteúdo proposicional dos atos de fala diretivos e comissivos o que, de fato, diz respeito a um aspecto de sua força ilocutória.

Eu realmente penso que o próprio Searle tem culpa por tais colocações errôneas em sua penetrante análise das experiências perceptivas (uma subclasse dos estados intencionais). Além disso, ao fazer a distinção que acabo de apresentar, entre o conteúdo de um estado e a modalidade deste, Searle distingue duas condições de maneira que se considera satisfeita (verídica) a experiência se e somente se ambas as condições são preenchidas: a *condição básica* e a *condição autorreferencial* (termos meus, não de Searle). Para ele, tanto a condição básica quanto a condição autorreferencial são determinadas pelo conteúdo proposicional da experiência. Portanto, ele interpreta o conteúdo proposicional como autorreferencial. Se eu estiver correto, contudo, o conteúdo proposicional da experiência determina apenas o primeiro componente de suas condições gerais de verdade – o que denomino condição básica. A condição autorreferencial não é determinada pelo conteúdo proposicional do estado, mas pela modalidade deste. Segue-se que o conteúdo proposicional de um estado perceptivo não é autorreferencial, mesmo que suas condições gerais de verdade o sejam.

## 2 O conteúdo da experiência perceptiva: a análise de Searle

As experiências visuais possuem conteúdo proposicional, alega Searle. O sujeito não apenas vê uma flor, ele vê uma flor ali, e isso, inteiramente explicado, significa que ele vê *que há uma flor* ali. Entendo a alegação de Searle da seguinte maneira: o sujeito, como parte de sua experiência visual, produz certos juízos perceptivos, juízos que determinam o conteúdo (conceitual) da experiência. Assim, o conteúdo proposicional da experiência é o conteúdo do juízo que se baseia nela imediatamente (isto é, não inferencialmente).[2]

2 Sei que esta não é a forma como o próprio Searle coloca o assunto, mas a diferença de formulação não é importante no contexto da presente discussão.

Perguntemos quais são as condições de verdade do juízo perceptivo. Para que a experiência perceptiva seja verídica, diz Searle, deve haver realmente uma flor ali, mas isso não é suficiente. Além dessa condição básica de que há uma flor ali, uma condição extra deve ser satisfeita: deve ser o caso que a presença de uma flor ali cause a experiência visual (inclusive o juízo que é parte integrante da experiência). Na medida em que o conteúdo proposicional do estado é o que determina suas condições de verdade, o conteúdo da experiência visual resulta mais complexo do que se poderia pensar. O conteúdo da experiência visual não é a simples proposição *há uma flor ali*, mas a proposição conjuntiva *de que há uma flor ali e haver uma flor ali causa essa experiência visual* (sendo que "essa experiência visual" se refere reflexivamente à experiência da qual isso é o conteúdo proposicional). Searle, portanto, apresenta a seguinte análise da experiência perceptiva de ver uma flor ali (como na teoria dos atos de fala, as letras maiúsculas indicam a modalidade, enquanto o que está dentro dos parênteses especifica o conteúdo):

EXP VIS (que há uma flor ali e que haver uma flor ali causa essa experiência visual)

De acordo com essa análise, o estado intencional é uma experiência visual (modalidade) e seu conteúdo, a proposição conjuntiva cujo segundo conjunto se refere à própria experiência da qual ele é o conteúdo, enquanto o primeiro conjunto especifica "o estado de coisas percebido" (Searle, 1983, p.48).[3] O primeiro conjunto determina uma parte própria das condições de verdade do juízo, a saber, a condição básica: de que há uma flor ali. Mas há outra condição de verdade, determinada pelo segundo conjunto. Esta é a condição autorreferencial: que a experiência perceptiva seja causada pelo "resto de suas condições de verdade", isto é, pelo estado de coisas cuja existência é a condição básica. Por causa da segunda condição, as condições de verdade gerais do juízo perceptivo são autorreferenciais: para que o juízo perceptivo seja verídico, o estado de coisas que o falante considera que ele mesmo esteja percebendo deve realmente existir (a condição básica), e ele deve ser o que causa o juízo perceptivo do falante de que aquele estado de coisas existe (a condição autorreferencial).

3 Suponho que isso signifique algo como: o estado de coisas que o falante considera que ele próprio percebe.

## 3 O que há de errado com a análise de Searle

Eu concordo com Searle que haja esses dois componentes nas condições de verdade dos juízos perceptivos. Mas deploro a alegação de Searle de que o conteúdo da condição geral de verdade do juízo, com seus dois componentes, seja o conteúdo proposicional da experiência visual (enquanto distinta da modalidade deste). Tanto quanto posso dizer, esta é, de novo, a falácia da informação mal colocada.

Que o estado de coisas representado (haver uma flor ali) cause a representação desse estado de coisas, trata-se de uma condição que tem de ser satisfeita para que a representação em questão conte como uma *percepção* (em vez de, digamos, uma expectativa). Segue-se que a condição autorreferencial é determinada pela modalidade perceptiva do estado, e não por seu conteúdo.[4] Para uma representação *p* contar como uma percepção *p*, a representação deve ser causada pelo fato *p*, sendo que apenas o fato *p* é representado. Em outras palavras: o conteúdo do estado (a saber, a proposição *p*) determina apenas a condição básica; a natureza perceptiva do estado é o que determina a condição autorreferencial. Juntos, o conteúdo e a modalidade determinam as condições gerais de verdade do estado.

Searle poderia insistir que, para ele, o conteúdo proposicional de um estado simplesmente *é* o que determina suas condições de verdade. Consideremos a seguinte passagem na qual ele introduz a ideia de conteúdo proposicional:

> Todo estado Intencional consiste em um *conteúdo Intencional* em uma *modalidade psicológica*. Quando esse conteúdo é uma proposição completa e quando há uma direção de ajuste, o conteúdo Intencional determina as *condições de satisfação*. As condições de satisfação são aquelas que, enquanto determinadas pelo conteúdo Intencional, devem se cumprir se o estado deve ser satisfeito. Por essa razão, a *especificação* do conteúdo já é uma *espe-*

4 Assim, eu endosso o que diz Kent Bach em sua contribuição a este volume (cf. próximo capítulo): "Não é o conteúdo da experiência visual que determina a causa e o objeto desta, mas sim a modalidade psicológica [dessa experiência]. O fato de que a experiência é perceptiva é que determina que o(s) objeto(s) desta sejam aquilo que causa, da maneira apropriada, o próprio estado".

> *cificação* das condições de satisfação. Assim, se temos a crença de que está chovendo, o conteúdo de nossa crença é: que está chovendo. E as condições de satisfação são: que está chovendo. (Searle, 1983, p.12-3)

Dada essa caracterização do conteúdo, é legítimo utilizar as condições gerais de verdade das experiências perceptivas como evidência para determinar do que se trata o conteúdo destas. Seguindo esse procedimento, chegamos à conclusão de Searle: o conteúdo proposicional de uma experiência visual é autorreferencial.

Mas penso que não possamos aceitar esse argumento. Searle não pode simplesmente "definir" o conteúdo proposicional de um estado como aquilo que determina suas condições de verdade. Ou, ao invés disso, ele pode, mas então a alegação de que o conteúdo assim definido seja (em alguma medida) independente da modalidade se torna uma alegação empírica, e rejeito essa alegação.[5] Há um sentido de "conteúdo" no qual o conteúdo dos juízos perceptivos são autorreferenciais, mas, nesse sentido, o "conteúdo" é determinado em parte pela modalidade e, em parte, pelo [...] conteúdo do estado em um sentido *diferente*, a saber, o sentido no qual "conteúdo" e "modalidade" são duas dimensões independentes que, juntas, constituem o estado. Meu ponto consiste, portanto, em que Searle não pode manter ao mesmo tempo que o conteúdo é o que determina as condições de satisfação e que o conteúdo é independente da modalidade. Há duas noções distintas de conteúdo: uma que envolve distinção modalidade/conteúdo e inspirada na teoria dos atos de fala e outra que envolve a alegação de que o conteúdo de um estado é o que determina suas condições (gerais) de verdade.

5 Em resposta a isso, Searle apontaria que ele nunca alegou que o conteúdo fosse independente do outro componente (modalidade ou força); a própria ideia de uma "condição de conteúdo proposicional" depõe contra essa independência. Esse ponto está bem colocado, mas respondo que a distinção entre "conteúdo" e "modalidade" (ou "força"), por si mesma, implica que elas sejam dimensões relativamente independentes. Contudo, se interpretarmos essa condição de "independência" de forma fraca, ela não será satisfeita (afirmo eu) se seguirmos Searle e *definirmos* o conteúdo como aquilo que determina as condições de satisfação. O próprio Searle utiliza de forma alternativa uma noção distinta de conteúdo, a saber (para qualquer tipo de ato de fala ou estado intencional *F*), *o que* o sujeito *Fs*: (n)o que ele acredita, o que ele assevera, o que ele promete, o que ele percebe etc. O conteúdo do ato/estado, nesse sentido, satisfaz a condição de independência e não é autorreferencial (como o próprio Searle admite).

A segunda linha de resposta está ao alcance de Searle. Ele pode insistir que *é parte da experiência perceptiva do sujeito* que essa experiência seja causada por seu objeto. O componente "causal" não é externo ao conteúdo da experiência, mas parte integrante dela. Concordo com isso – mas não penso que a posição de Searle esteja com isso justificada. O sujeito está *ciente* da natureza perceptiva de sua experiência; ele sabe que percebe em vez de, digamos, que espera ou que imagina. Assim, há um sentido no qual o conteúdo completo de sua experiência é autorreferencial; mas o "conteúdo completo" da experiência envolve mais que o conteúdo proposicional – ele envolve também a modalidade psicológica, da qual o sujeito está ciente e que determina a condição adicional, autorreferencial.

Mais uma vez, a analogia com os atos de fala pode ser esclarecedora. Há um elemento autorreferencial nos atos de fala também, como diversos autores apontaram. Por exemplo, uma ordem representa certo estado de coisas como um estado de coisas tal que aquele a quem se dirige o falante aceita a ordem apenas se ele a cumpre. Mas ocasionar o estado de coisas em questão não é suficiente para a aceitação; deve ser o caso que quem recebe a ordem ocasione o estado de coisas *como resultado de ter recebido a ordem para fazê-lo*. Portanto, uma ordem apresenta um estado de coisas como algo que o ouvinte deve fazer como resultado dessa ordem. Assim, há dois componentes nas condições de obediência de uma ordem: o ouvinte deve fazer algo (a condição básica), e a ordem deve ser aquilo que causa o ouvinte a fazer aquilo (a condição autorreferencial). Mas seria um erro considerar a segunda condição, autorreferencial (de que a ordem seja aquilo que causa o ouvinte a fazer *x*), como determinada pelo *conteúdo* da ordem (isto é, o que se ordena), em oposição a sua força. O falante ordena ao ouvinte que faça *x*, e ponto final. Ele não ordena que o ouvinte *faça x por causa dessa ordem*. Todavia, o fato de que o proferimento *seja* uma ordem (ao invés de uma asserção) significa que o ouvinte fazer *x* será considerado como a satisfação do ato de fala apenas se o ouvinte fizer *x* por causa do ato de fala no sentido apropriado. Este é um aspecto da força ilocutória de ordenar. Assim, a representação correta do ato de fala, digamos, *de ordenar ao ouvinte que lave a louça* não é:

ORDEM (que o ouvinte lave a louça e que seu ato de lavar a louça seja causado por essa ordem), mas simplesmente:

ORDEM (que o ouvinte lave a louça).[6]

Achamos que as mesmas considerações se aplicam exatamente ao caso da percepção. A representação apropriada da experiência perceptiva do sujeito que vê uma flor ali não é:

EXP VIS (que há uma flor ali e que haver uma flor ali causa essa experiência visual),

mas simplesmente:

EXP VIS (que há uma flor ali).

Em outras palavras, o conteúdo da percepção de uma flor é o fato de que há uma flor ali. O fato pode ser representado em todas as modalidades, e, para que ele seja representado na modalidade perceptiva, deve ser o caso que o próprio fato cause a representação. Mas esse aspecto – e daí vem o componente autorreferencial, cuja importância Searle enfatiza corretamente – trata-se de uma propriedade da modalidade perceptiva da representação, e não uma propriedade do conteúdo das representações perceptivas. Ou, ao invés disso: *trata-se de* uma propriedade de seu conteúdo, mas *não* no sentido no qual "conteúdo" contrasta com "modalidade". Podemos distinguir o conteúdo estrito de um estado Intencional (ou, a esse respeito, de um ato de fala) e seu conteúdo "geral" ou "completo", que inclui os aspectos do conteúdo determinado pela modalidade.

## 4 Condições de verdade reflexiva sem conteúdo reflexivo

A distinção entre os dois níveis de conteúdo é o cerne de uma perspectiva que tento desenvolver há anos, dentro de um quadro referencial com base numa teoria da situação (Recanati, 1996, 1997, 1999, 2000, 2007). A ideia básica é a seguinte: quando pensamos ou falamos, o conteúdo do que pensamos ou dizemos deve ser avaliado com relação a alguma situação

6 Como Savas Tsohatzidis me indicou, a análise das diretivas que critico aqui como incorreta (aquela que interpreta conteúdo destas como autorreferencial) é explicitamente endossada por Searle (1983, p.86).

(ou classe de situações), e o valor de verdade do que dizemos ou pensamos depende tanto do conteúdo do que dizemos e pensamos *quanto* da situação com relação à qual se supõe que isso deva ser avaliado. Não se trata apenas de *valor* de verdade. Como veremos, as *condições* de verdade de um proferimento/pensamento dependem crucialmente da situação, e elas correspondem ao segundo nível do conteúdo: o conteúdo "completo" ou "geral" do proferimento/pensamento.

No caso da linguagem, a situação frequentemente se relaciona com as intenções do falante: a situação é indicada tacitamente pelo falante. Por exemplo, imagine-se que o falante e aquele a quem ele se dirige estejam observando quatro pessoas que jogam pôquer, e que o falante diz: "Claire tem uma boa mão!". Isso é verdadeiro se e somente se Claire tem uma boa mão *no jogo de pôquer que eles observam*. A situação à qual o falante se refere tacitamente encontra seu caminho para as condições de verdade do proferimento mesmo que nada na sentença represente essa situação. A sentença expressa a proposição de que Claire tem uma boa mão, uma proposição que seria verdadeira se Claire estivesse jogando *bridge* do outro lado da cidade e, naquela situação, tivesse uma boa mão, mas o conteúdo (completo) do proferimento é mais rico que isso. Ele envolve essa proposição mais a situação à qual o falante se refere tacitamente: ela é verdadeira se e somente se a proposição em questão for verdadeira na situação em questão.

Enquanto, na fala, a situação com respeito à qual o proferimento deve ser avaliado é tacitamente indicada, no pensamento, ela é frequentemente determinada pela arquitetura do sistema. Assim, a percepção deve ser avaliada na situação que causalmente afeta os sentidos do sujeito e que é responsável pela percepção. No exemplo da flor dado por Searle, o conteúdo da percepção, no sentido estrito, é simplesmente o fato de que há uma flor, mas, para que a percepção seja verídica, esse fato deve se dar *na situação que o sujeito vê, isto é, aquela que causa sua experiência visual*. Segundo essa perspectiva, a condição autorreferencial é um aspecto crucial das condições de verdade da percepção, como alega Searle, mas ela é capturada dentro do componente "situacional" do conteúdo geral.

Podemos estender essa análise a toda a classe de estados Intencionais que envolvem um componente autorreferencial – os "estados reflexivos", como Higginbotham (2003) os chama. Na sequência, discutirei dois exemplos para os quais Higginbotham apresenta uma análise autorreferencial detalhada no espírito da análise de Searle da experiência perceptiva.

O primeiro exemplo é a memória episódica. Para que a memória do sujeito *p* seja verídica, Searle alerta, este deve ser o caso de *p*, mas isso não é o bastante: o fato é que *p* deve ter causado a percepção deixou *a memória* como um traço.[7] Ao enunciarmos as condições de verdade de uma memória, não podemos evitar a referência ao próprio estado mnemônico. De acordo com Higginbotham, o sujeito que se lembra de ter sido eleito conserva a memória $e_1$, cujo conteúdo é a seguinte proposição:

(1) $(\exists e_2)$ está eleito $(\sigma(e_1), e_2)$ e $e_2 < e_1$.

Esta é a proposição de *que há um evento a ser eleito, cujo sujeito é o sujeito desse estado mnemônico e cujo momento é anterior ao momento desse estado mnemônico.* A proposição em questão é duplamente reflexiva: ela se refere ao sujeito que experimenta o estado mnemônico do qual ela é o conteúdo, e ela localiza o evento $e_2$ como anterior a esse estado mnemônico (< trata-se da relação de precedência temporal). Searle, presumivelmente, acrescentaria outro componente, pertencente à relação causal entre o evento $e_2$ e o estado mnemônico $e_1$.

Em contraste com Searle e Higginbotham, considero o conteúdo da memória do sujeito, no exemplo de Higginbotham, como simplesmente o evento a ser eleito. No quadro de referência davidsoniano que Higginbotham favorece, esse conteúdo simples pode ser representado como (2):

(2) $(\exists e)$ está eleito $(x, e)$.

Uma interessante consequência dessa perspectiva segundo a qual o conteúdo geral de uma representação se divide entre o conteúdo propriamente e um componente situacional é que o conteúdo propriamente pode se tornar muito simples, tão simples que, em muitos casos, ele será menos que inteiramente proposicional (no sentido clássico de "proposição"). Aqui (2) *não* é uma proposição completa, pelos padrões de Frege; ela é apenas uma função proposicional. Ou então: se ela contar como uma proposição, ela será isso no sentido em que a lógica temporal de Prior (1967, 1968)

7 "A lembrança de ver uma flor representa tanto a experiência visual quanto a flor e é autorreferencial no sentido de que – a menos que a lembrança tenha sido causada pela experiência visual –, por sua vez, foi causada pela presença da flor (e de aspectos dela), realmente, não nos lembraríamos de ter visto uma flor" (Searle, 1983, p.95).

postula "proposições" que são verdadeiras com relação a momentos, e das "proposições" da lógica egocêntrica de Prior (1977), que são verdadeiras com relação a pessoas. De fato, (2) é a "proposição" *de que alguém foi eleito* – uma proposição que (dado um mundo estipulado) é verdadeira com respeito a todos os pares pessoa-momento <*x*, *t*> e apenas a eles, tal que *x* esteja eleito em *t*. Em contraste com as proposições clássicas, que são verdadeiras ou falsas *tout court*, tal proposição "relativizada" é verdadeira (ou falsa) apenas com respeito ao par indivíduo-momento.

Para que uma memória que tenha aquela proposição como conteúdo seja verdadeira *tout court*, a proposição em questão deve ser verdadeira com respeito ao sujeito que se lembra e um momento anterior a essa memória.[8] Segue-se que se John tem, no momento *t**, uma memória cujo conteúdo é (2), a memória de John é verdadeira apenas se John foi eleito antes de *t**. Segundo essa perspectiva, tanto o caráter passado do evento relembrado quanto o envolvimento do sujeito nesse evento derivam do fato de que o que está representado, está representado na modalidade mnemônica. Mais uma vez, descobrimos que as condições de verdade são reflexivas, mas o elemento de autorreferência provém da modalidade. O conteúdo propriamente – aquilo de que o sujeito se lembra – é muito simples, e isso não é autorreferencial.

O segundo exemplo é o estado de alívio, exemplificado pelo proferimento de Prior (1963) "Felizmente, acabou!". De acordo com Higginbotham (1995), trata-se de um estado complexo que envolve uma emoção (alívio) e, causando a emoção, um estado doxástico (a crença de que um episódio doloroso acabou). O conteúdo do estado doxástico se refere ao estado complexo do qual ele é parte: o episódio doloroso cuja cessação traz alívio deve ter sido doloroso para o sujeito do estado complexo de alívio, e ele deve ser passado com relação a esse próprio estado. Tal estado é reflexivo porque seu conteúdo envolve uma referência ao próprio estado.

Mais uma vez, mesmo que concorde que esse estado seja reflexivo em certo sentido, eu ofereceria uma análise muito mais simples. Seguindo Prior, diríamos que em "Felizmente, acabou!", a sentença "acabou" expressa uma proposição relativa ao tempo, verdadeira em qualquer tempo *t* se e

8 Mais uma vez (corretamente), Searle acrescentaria uma condição causal: o evento recordado deve ser a fonte causal da lembrança atual.

somente se o episódio doloroso estiver terminado em *t*. O que traz alívio é a crença do sujeito, em *t**, de que essa proposição se aplica. A crença do sujeito será de fato verdadeira se e somente se a proposição relativa ao tempo em questão for verdadeira no momento do episódio de pensamento, isto é, em *t**, mas isso não torna *t** (ou o episódio de pensamento) um constituinte da proposição que é o conteúdo (estrito) da crença que causa alívio. *t** apenas entra em cena por meio do ato de *asseverar* aquela proposição, linguística ou mentalmente. Asseverar a proposição é, de fato, aplicá-la ao momento atual.

Esse tipo de análise tem diversas vantagens sobre a análise de Searle e Higginbotham. Dentre os estados reflexivos, muitos são compartilhados com todos os tipos de animais (por exemplo, cães) aos quais não se quer atribuir a habilidade de sustentar conteúdos reflexivos complexos do tipo postulado pela análise autorreferencial.[9] É muito mais plausível considerar a autorreferência em questão como algo garantido pela arquitetura do sistema. Outra vantagem de minha análise é que ela fornece uma solução simples para um problema difícil para a análise da memória episódica. Na última seção deste capítulo, apresentarei rapidamente o problema e sua solução.

## 5 Tempo e memória

As memórias de episódios são estados mentais que pressupõem outros estados mentais, a saber, experiências perceptivas, com as quais as primei-

9 Devo a Ned Block a ênfase nesse ponto. O próprio Searle respondeu a uma preocupação semelhante expressa por Burge (1991), mas acho que essa resposta é confusa. Searle diz que o que ele apresenta como conteúdo autorreferencial da experiência visual não é algo que o sujeito da experiência (possivelmente um cão ou uma criança pequena) tenha de sustentar ou de representar de alguma forma. Searle diz que apenas ele afirma que "a própria experiência visual funciona autorreferencialmente, fixando suas condições de verdade" (Searle, 1991b, p.228). Mas este é precisamente o meu ponto: a autorreferência resulta da forma em que a percepção funciona, mas ela não é um aspecto do conteúdo das representações do sujeito, no sentido estrito de conteúdo. Se Searle estiver correto de que a objeção de Burge se baseia em uma má compreensão, então talvez este capítulo devesse ser considerado um esclarecimento da posição de Searle, ao invés de uma crítica a ela.

ras se relacionam tanto causal (a memória deriva de uma experiência perceptiva, que a deixa como um "traço") quanto semanticamente (a memória herda o conteúdo da experiência perceptiva). Como Evans (1982) aponta, precisamos ser capazes de utilizar em um tempo posterior a informação reunida através da percepção e, para isso, precisamos de um mecanismo para reter a informação. A memória é esse mecanismo. Ou, ao invés disso, ela é uma família de mecanismos, correspondendo a maneiras distintas de reter a informação. Na *memória semântica*, retemos as crenças que foram alguma vez formadas com base na percepção (ou em qualquer outra base: o que se retém é apenas o resultado do mecanismo de fixação de crença, assim, a etiologia da crença é irrelevante). Na *memória episódica*, retemos as próprias experiências perceptivas. Eu me preocuparei apenas com esse segundo tipo de memória, sendo que um estado mnemônico é uma experiência similar à experiência perceptiva da qual ela deriva.

O aspecto crucial das memórias episódicas, além de serem estados experimentados, é que elas compartilham seu conteúdo com as experiências perceptivas das quais derivam: representam o mesmo evento ou cena que a experiência perceptiva que as antecedem. A memória episódica serve para isso – supõe-se que ela *reproduza* a experiência perceptiva. Contudo, isso não é tudo a se dizer sobre a memória. Mesmo que a função da memória seja a de reproduzir a experiência perceptiva e, em particular, de trazer o mesmo conteúdo que aquele da experiência perceptiva, ainda há uma diferença fundamental de conteúdo entre a memória e a percepção na qual ela está baseada.

Eu vejo uma grande árvore à nossa frente. Mais tarde, eu lembro que havia uma grande árvore à minha frente. Essa maneira de colocar as coisas revela a diferença essencial: a percepção e a memória são relativas à mesma cena ou evento, mas, na memória, a cena ou evento é *apresentado como algo no passado*. Eu lembro que *havia* uma grande árvore à nossa frente.

Há uma óbvia tensão entre os dois elementos que acabei de mencionar. Um estado mnemônico possui o mesmo conteúdo que o estado perceptivo do qual ele deriva, ou ele possui um conteúdo diferente? A resposta parece ser: ambas as coisas! A cena ou evento de que tenho uma memória trata-se claramente da mesma cena ou evento a respeito de que a percepção inicial se deriva (aquilo que faz com que uma memória seja uma memória), mas ela não é a mesma cena ou evento, uma vez que a percepção representa um evento atual (e o representa *como atual*), enquanto a memória representa um evento passado (e o representa *como passado*).

Diante dessa tensão, a saída óbvia consiste em distinguir dois componentes do conteúdo de uma memória. Um componente é comum à memória e à percepção da qual ela deriva. Uma vez que esse componente é compartilhado, a memória "tem o mesmo conteúdo que" a percepção. Mas o conteúdo da memória envolve um elemento adicional, que é responsável pela diferença entre a memória e o estado perceptivo. Assim, William James define a memória como "o conhecimento de um evento [...] no qual, nesse meio-tempo, não pensamos, *com a consciência adicional de que pensamos nele ou o experimentamos antes*" (apud Hoerl, 2001, p.326; grifos meus). Aqui o "conhecimento do evento" trata-se do que é comum ao estado perceptivo e ao estado mnemônico. Esse componente adicional é responsável pelo "sentimento de algo passado" que diferencia uma memória de uma percepção.

Segundo essa perspectiva, o conteúdo da memória é conjuntivo. O primeiro conjunto é o que se compartilha com a percepção; o segundo conjunto diferencia a memória da percepção. O primeiro conjunto representa uma cena ou evento no mundo; o segundo conjunto representa a experiência perceptiva passada do sujeito daquela cena ou evento, logo, o segundo conjunto é metarrepresentacional. Isso se parece muito com a análise de Searle acerca do conteúdo das experiências perceptivas.

Embora ela seja atraente, há um problema sério com a análise conjuntiva. Ela toma o conteúdo da experiência mnemônica como algo que consiste no conteúdo da experiência perceptiva juntamente com um elemento adicional. Mas em que sentido o conteúdo da experiência mnemônica contém aquele da experiência perceptiva? Ao perceber uma flor, eu julgo que há uma flor ali. Ao lembrar da flor, *não* julgo que haja uma flor ali – apenas que havia uma flor ali. Assim, não parece que alguém pode chegar ao conteúdo de uma memória simplesmente adicionando algo ao conteúdo de uma percepção.

Em resposta a essa objeção, podemos revisar a análise e interpretar de outra maneira a ideia de que o conteúdo da memória contém o conteúdo da percepção como uma parte sua. Podemos abandonar a análise conjuntiva e considerar o conteúdo da experiência perceptiva como algo que ocorre no conteúdo da memória não como um conjunto independente, mas como um elemento subordinado, uma parte aí encaixada. Ao invés de: "*p* e uma vez eu percebi que *p*", esse conteúdo seria simplesmente o seguinte: "uma vez eu percebi que *p*". (A isso, seguindo Searle, podemos acrescentar a outra ideia de que o estado mnemônico atual é causado por aquela percepção anterior: "uma vez percebi que *p* e essa percepção é causalmente responsável por essa experiência mnemônica".) O conteúdo da percepção ocorre aqui como algo *mencionado* no componente metarrepresentacional, que agora esgota o conteúdo da memória, ao invés de ser apenas uma parte dela. A essa perspectiva, denomino análise metarrepresentacional.[10]

Essa solução para o problema acarreta outro, contudo. A teoria metarrepresentacional apresenta a memória como, basicamente, algo acerca de nossa experiência perceptiva e, apenas indiretamente, acerca do mundo. Compartilhamos o protesto de Evans de que:

> Na memória, não temos mais informação que seja primordialmente acerca de nossas experiências passadas do que temos, na percepção, informação que seja primordialmente acerca de nossas experiências atuais. Assim como a percepção deve ser encarada como uma capacidade para obter informação sobre o mundo, da mesma maneira, a memória deve ser encarada como uma capacidade para reter informação sobre o mundo. (Evans, 1982, p.240)

A esse respeito, a teoria conjuntiva se sai melhor que a teoria metarrepresentacional. A teoria conjuntiva integra um componente metarrepresentacional (que corresponde à consciência do sujeito de estar em um estado

---

10 Para que essa análise possa ser feita, alguns ajustes são necessários. Primeiro, a paráfrase "uma vez percebi que *p*" é enganadora. Ela não capta o componente experiencial da memória – o fato de que, na memória, o conteúdo não conceitual da experiência perceptiva é retido. Uma paráfrase melhor seria: "tivemos a experiência perceptiva XXX", sendo que "XXX" não apenas especifica o conteúdo conceitual do juízo perceptivo, mas, por assim dizer, "cita" a experiência perceptiva diretamente. Outro ajuste é necessário para apreender o valor epistêmico da memória, a saber, o fato de que, se lembro de que *p*, com isso, estou justificado por julgar que era o caso que *p*. Isso não seria o caso se o conteúdo da memória fosse simplesmente uma representação de uma experiência perceptiva passada (possivelmente, não verídica). Por essa razão, Jordi Fernandez (2006) sugeriu acrescentar a condição de que a experiência perceptiva passada que a memória representa seja *representada como verídica*.

que causalmente deriva de uma percepção anterior), mas ela também incorpora a representação direta de um estado de coisas no mundo e, diretamente, apreende a ideia de que o estado mnemônico retém o conteúdo do estado perceptivo.

O problema que levantamos para a teoria conjuntiva era que a memória não preserva o conteúdo da percepção, mas o transforma ao colocá-lo, por assim dizer, no tempo verbal passado. Por isso, não parece que alguém pode chegar ao conteúdo da memória simplesmente acrescentando algo ao conteúdo da percepção. Acrescentar não é suficiente. É necessário subtrair algo também, a saber, o tempo verbal presente ou, de maneira menos metafórica, o sentimento de algo presente que colore a percepção da cena. Ao mudarmos da percepção para a memória, esse sentimento é removido e substituído pelo sentimento de passado que colore a representação da cena na memória.

No esquema conceitual que delineei, esse problema simplesmente não ocorre. Assim como na análise conjuntiva, há dois componentes, um dos quais representa um estado de coisas no mundo. Mas em meu esquema, esse componente é temporalmente neutro – ele é uma proposição relativa ao tempo que, por si, não especifica um momento. Assim, não há objeção a se dizer que ela é comum à percepção e à memória resultante dela.

O conteúdo completo de um estado perceptivo é analisado em (i) um conteúdo no sentido estrito e (ii) uma situação com respeito à qual se supõe que aquele conteúdo seja avaliado. O conteúdo completo é distribuído, e isso significa que o que o componente situacional fornece não precisa ser reproduzido no conteúdo propriamente. Ora, o conteúdo de uma experiência perceptiva é relativo à situação de percepção (isto é, a situação que afeta os sentidos do sujeito e que é causalmente responsável pelo estado perceptivo). Essa relatividade se estende ao tempo: o conteúdo da percepção é temporalmente neutro, mas ele é avaliado com relação ao momento da experiência perceptiva. Assim, o sujeito tem, em *t*, uma experiência perceptiva cujo conteúdo é a proposição relativa ao tempo de que há uma flor ali, e essa proposição é apresentada como verdadeira em *t*, o momento da experiência perceptiva atual.

Uma vez que o conteúdo da percepção, no sentido estrito, é temporalmente neutro, não há objeção em dizer que ele seja preservado na memória. Na memória, a mesma proposição relativa ao tempo de que há uma flor ali é apresentada como verdadeira com respeito à situação (e ao momento) da experiência perceptiva *anterior*, ao invés da situação (e do momento) da experiência mnemônica *atual*. Na análise da memória, assim como na análise da percepção, o elemento temporal é trazido pela situação de avaliação.[11]

11 Nesse ponto, o teórico da metarrepresentação pode dar a mesma resposta inadequada que, na seção 3, dissemos que Searle poderia dar. E ela seria a seguinte: o sentimento de passado, assim como o sentimento de presente que acompanha a percepção, é um aspecto do *conteúdo* da memória. Há uma clara diferença *fenomenológica* entre a memória e a percepção, que tem relação com as respectivas orientações temporais destas. Isso não pode ser eliminado do conteúdo, por mais que interpretemos de maneira estrita a noção de conteúdo. Assim, por exemplo, Mike Martin diz: "A mera possibilidade de que uma recordação e uma experiência possam coincidir em conteúdo faz surgir o temor de que a fenomenologia da recordação possa *então* ter de ser identificada com aquela da experiência perceptiva" (2001, p.278; grifos nossos). Mas não há absolutamente qualquer razão para acharmos que a fenomenologia sobrevenha ao conteúdo no sentido estrito. O modo contribui para com a fenomenologia, uma vez que o modo é algo de que o sujeito está ciente. No modo mnemônico, o conteúdo é apresentado como verdadeiro com respeito a uma situação perceptiva passada; logo, a cena representada é sentida como algo passado. No modo perceptivo, o conteúdo é apresentado como verdadeiro com respeito à situação perceptiva atual; logo, a cena representada é sentida como algo presente. Isso introduz uma diferença no conteúdo completo dos respectivos estados, uma diferença que a fenomenologia reflete.

# 3
# Searle contra o mundo: como as experiências podem encontrar seus objetos?*

*Kent Bach*

Eis uma velha questão da filosofia da percepção: aqui estou eu, olhando para uma caneta sobre minha mesa. Presumivelmente, vejo mesmo esta caneta. Mesmo assim, poderia ter uma experiência igual a esta que tenho sem que haja qualquer coisa ali. Assim, como pode a experiência que tenho realmente envolver a consciência direta da caneta? Tudo se passa como se a presença da caneta fosse inessencial para a maneira como a experiência se dá.

Tradicionalmente, essa questão foi utilizada para levantar preocupações céticas acerca da experiência perceptiva e para motivar a tese de dados dos sentidos, de acordo com a qual as experiências perceptivas, mesmo as verídicas, são diretamente de objetos mentais ou privados e apenas indiretamente de seus objetos físicos. Ocupei-me desses problemas epistemológicos e ontológicos em minha dissertação, algumas décadas atrás, mas ainda não chegou o momento de retomá-los. Aqui interessa-me o que pode ser chamado de problema semântico da experiência perceptiva. Ele diz respeito

* Este é o texto de uma palestra dada em um pequeno colóquio sobre a filosofia de John Searle realizado na Universidade de Notre Dame em abril de 1997. Se fosse escrevê-lo hoje, eu usaria "caráter" em lugar de "conteúdo", e "conteúdo" de maneira intercambiável à "condição de satisfação".

ao fato de que as experiências estão direcionadas a objetos. Isso é o que John Searle e muitos outros filósofos denominam de intencionalidade da experiência.

Aqui estou eu olhando para essa caneta. O que faz com que seja o caso que é *desta* caneta que tenho experiência, que *ela* seja aquilo que me aparece com tal ou qual formato, tamanho e cor? O problema aqui é que não há nada no caráter de minha experiência visual que permita distinguir essa caneta de qualquer outra caneta que possa ser como ela. Se essa caneta fosse substituída instantaneamente por outra, não iria poder dizer a diferença. Consequentemente, a resposta usual para a questão de por que essa caneta é aquela da qual tenho experiência, é que essa caneta causa (de certa maneira característica) minha experiência visual. Se outra caneta estivesse em seu lugar, essa outra caneta seria aquilo de que estaria tendo experiência. Se essa caneta fosse substituída instantaneamente por outra, a outra caneta teria imediatamente se tornado aquela da qual estaria tendo experiência.

John Searle acha que essa resposta pode receber objeções, não tanto quanto à incorreção desta, mas quanto a ela se dar "da perspectiva de terceira pessoa". Trata-se do tipo de resposta que seria dada à questão: o que faria com que certa fotografia de uma caneta fosse a fotografia *desta* caneta? Nesse caso, uma resposta diretamente causal é claramente a resposta certa. Para ser a caneta "da" fotografia, uma caneta teria de ter refletido a luz para a câmera e para o filme nela etc. etc. Se uma caneta diferente tivesse feito isso, ela seria a caneta da fotografia. Apelar para um fato causal análogo no caso da experiência visual, de acordo com Searle, "deixa de responder à questão de como esse fato passa para o conteúdo Intencional" (Searle, 1983, p.63). Searle chama isso de questão "interna em primeira pessoa".

Claramente, Searle considera que, na percepção visual (e tátil), nos damos conta de coisas particulares do mundo. Estamos cientes desta caneta, e não simplesmente que existe uma coisa de certo tipo. Ao contrário, se vemos uma sombra ou uma pegada, não estamos cientes da coisa que projeta a sombra ou da pessoa que deixou a pegada. Ver uma sombra nos permite pensar na coisa que a projeta apenas mediante uma descrição como: "a coisa que projeta esta sombra". Ver uma pegada nos permite pensar na pessoa que a imprimiu apenas mediante uma descrição como: "a pessoa que deixou esta pegada". De maneira similar, se víssemos as coisas apenas em fotografias e filmes, nosso acesso cognitivo a elas seria igualmente indireto. Estaríamos em uma posição pior ainda do que aquela de Chauncey

Gardiner, o herói de Jerzy Kozinski no romance *Being There* [Estar ali],[1] cujo acesso às coisas fora de seu quarto se dá apenas por meio da televisão. Pelo menos ele conseguia ver as coisas em seu quarto.

Se ver as coisas fosse realmente como vê-las em fotos e filmes, a ligação entre as coisas do mundo e nossa experiência seria meramente causal. Não tenho nada contra relações causais, mas, como diz William Alston: "A causalidade não é nenhum substituto para a consciência" (1997, p.12). É claro que Searle concordaria com isso. Quando ele vê um objeto como sua magnífica perua amarela, ele diz que a experiência que tem

> é diretamente do objeto. Ela não "representa" simplesmente o objeto; ela dá acesso direto a ele. A experiência tem um tipo de direcionalidade, imediatidade e caráter involuntário que não é compartilhado por uma crença que possamos ter acerca do objeto na ausência dele. (Searle, 1983, p.45)

Por isso Searle prefere chamar as experiências perceptivas de "apresentações" ao invés de "representações" (1983, p.46). A questão, contudo, é se a consideração oficial que ele faz dos conteúdos da experiência perceptiva faz justiça ao fato de que essas experiências são dirigidas para coisas particulares. Logo chegarei a essa explicação.

## 1 O quebra-cabeça da experiência e o problema da particularidade

Alston menciona a linha de argumentação que vai da premissa de que "as experiências alucinatórias podem ser [subjetiva e qualitativamente] indistinguíveis das coisas reais" à conclusão de que "não podemos considerar como algo intrínseco das experiências perceptivas que haja uma consciência direta dos objetos" (1997, p.4). Afinal, o argumento assim continua, como pode um objeto nos ser apresentado na experiência se uma experiência qualitativamente indistinguível não envolve a presença de qualquer objeto? Mesmo quando o objeto está ali, parece que ele não é indispensável para a experiência, pois a experiência poderia ser bem como ela é sem que o objeto estivesse ali.

1 O romance foi filmado na década de 1980, tendo como ator principal Peter Sellers, e o filme recebeu em português o título de *Muito além do jardim*. (N. T.)

Por outro lado, realmente parece que, na experiência perceptiva comum, estamos diretamente conscientes de objetos externos – eles nos aparecem, eles estão presentes diante de nós. Assim, temos o dilema, aquilo que J. J. Valberg denomina "o quebra-cabeça da experiência" (isso está no título de seu livro de 1992): como pode uma experiência perceptiva ser a consciência direta de um objeto se ela é indistinguível de alguma alucinação possível? Para Valberg, o que intriga é o objeto parecer "potencialmente irrelevante". Para deixar esse quebra-cabeça mais claro, ele chega a ponto de imaginar que, durante o curso de uma experiência de certo objeto, digamos, essa caneta, Deus intervém, eliminando a caneta em um instante, mas preservando nossa experiência. Consequentemente, prossegue o argumento, a experiência poderia ser tal como é sem a presença do objeto. (Possivelmente, esta é meramente uma possibilidade doxástica, não uma possibilidade metafísica, pelo menos mediante a pressuposição plausível de que dado evento [ocorrência], tal como uma experiência, pudesse não ter tido uma causa diferente de sua causa real, mas isso não afeta o ponto de Valberg – sempre podemos comparar uma experiência verídica com uma alucinação.)

É realmente verdade então que essa caneta se "apresenta" a nós? O aparecer é realmente uma relação direta como Alston diz que é? O suporte fenomenológico para esse caráter direto do aparecer dá a impressão de ser compensado por simples considerações causais, por exemplo, de que a experiência de uma pessoa da caneta pudesse ser exatamente como é, mesmo se o estado cerebral subjacente fosse causado por uma droga, um gênio maligno ou um cientista maluco que tivesse colocado o cérebro da pessoa em uma cuba efervescente. Como Searle é um internista inveterado, ele quer dizer que "pode ter exatamente aquela [experiência] mesmo que ela seja uma alucinação, mesmo que a [caneta] não exista" (1991b, p.239). A esse respeito, ele distingue o conteúdo da experiência de seu objeto, e sustenta que "o conteúdo pode ser exatamente igual mesmo que o objeto não exista". Ele concorda com os epistemólogos tradicionais que não há nada a respeito do caráter de uma experiência perceptiva que impeça a possibilidade de que ela não tenha o objeto – ou a causa – que ela parece ter.

Ora, para fazer com que tudo isso faça sentido, não é suficiente reconhecer o fato fenomenológico de que as experiências parecem ter objetos. Não podemos fazer justiça ao fato de que as experiências perceptivas comuns envolvem a presença imediata a nós de objetos físicos se não podemos reconciliar isso com o fato de que as experiências com o mesmo caráter poderiam ocorrer na ausência de quaisquer objetos físicos.

Relacionado com o quebra-cabeça da experiência está o problema da particularidade. Esse problema é colocado pela seguinte questão de Searle: "O que há nessa experiência que requer que ela seja satisfeita pela presença desta [caneta] e não simplesmente de qualquer [caneta] com tais ou quais características idênticas em tipo a [esta]?" (1983, p.63). Infelizmente, a discussão explícita de Searle do problema da particularidade (Searle, 1983, p.62-71) não enfrenta essa questão. Como John McDowell apontou, ela se "limita a casos nos quais a particularidade se relaciona com a identificação *prévia*" (McDowell, 1991, p.223). E, como nota Alston:

> este não é o problema anunciado inicialmente – como o conteúdo proposicional pode ser singular na forma – mas, ao invés disso, o problema da reidentificação – como o particular a que nos referimos pode ser identificado como o mesmo que tínhamos identificado antes [...] Deveria ser óbvio que esse último problema pressupõe o primeiro. (Alston, 1997, p.18)

Assim, repetiremos a questão tal como o próprio Searle a formula, colocando o problema da particularidade:

(PdP) O que há nessa experiência que requer que ela seja satisfeita pela presença desta [caneta] e não simplesmente de qualquer [caneta] com tais ou quais características idênticas em tipo a esta?

É fácil ver que o problema é o seguinte: parece não haver nada a respeito da própria experiência, nenhum aspecto de seu caráter ou conteúdo, que faça com que ela seja uma experiência dessa caneta em particular. Parece que o único fato relevante para isso é a relação causal entre a caneta e a experiência, mas citar esse fato, diz Searle, não resolve "o problema interno em primeira pessoa". Então, o que o resolve?

## 2 A solução inerentemente descritivista de Searle

Parece que estamos diante de um dilema. Podemos tentar caracterizar o conteúdo de uma experiência visual ou de maneira que faça referência ao objeto da experiência, ou de uma maneira que não o faça. Se caracterizarmos esse conteúdo de uma maneira que realmente faça referência ao objeto, então teremos violado o requisito de que "o conteúdo pode ser exatamente igual mesmo que nenhum objeto exista". Chamemos isso de requisito da "independência em relação à existência". Por outro lado, se tentarmos caracterizar esse conteúdo de uma maneira que satisfaça esse requisito, parecerá que podemos fazer isso apenas em termos gerais. O dilema é análogo àquele acerca dos nomes próprios na filosofia da linguagem. Há uma forte intuição de que os nomes próprios "se referem diretamente" a seus portadores, de que eles não possuem sentidos fregeanos e de que não são equivalentes a descrições definidas russellianas. Por outro lado, parece que os nomes sem portadores, como "Pégaso" e "Papai Noel", são perfeitamente significativos. Não apenas é significativo, mas verdadeiro, dizer, por exemplo, que Papai Noel não existe. Em geral, parece que o fato de um nome próprio ter uma significação não depende de ele possuir referência. Por outro lado, parece a muitos filósofos que as sentenças que contêm nomes próprios expressam proposições singulares ou proposições que envolvem objetos. Mas como isso pode ser no caso em que o nome não representa qualquer coisa real? Não podemos entrar nesse problema dos nomes próprios aqui, mas gostaríamos de notar que tanto Searle (1983) quanto eu (Bach, 1981; 1994a) apresentamos soluções que rejeitam os termos do dilema. Menciono esse dilema aqui apenas para fazer uma analogia. O dilema análogo é que uma experiência visual pode ter seu conteúdo sem ter um objeto e, todavia, ela parece se dar diretamente com relação ao objeto.

Searle rejeita a perspectiva de que os conteúdos das experiências sejam proposições singulares. Concordo totalmente com ele sobre esse ponto, porque tais proposições não contêm nada a respeito da forma na qual o objeto é (re/a)presentado (Bach, 1994a, p.14-5). Searle rejeita qualquer perspectiva na qual os conteúdos das experiências sejam "dependentes de objetos", tais como a teoria de Evans (1982) e McDowell (1984a) de sentidos *de re*. Além disso, Searle possui uma aversão antiga pela noção de crença *de re*. Por exemplo, ele levanta contra a perspectiva de Tyler Burge (1977) a objeção de que uma crença *de re* ou, para o mesmo efeito, uma experiência visual seja algo "cuja atribuição correta coloca uma [pessoa] em uma relação apropriada não conceitual e contextual com o objeto [relevante]" (Burge, 1977, p.346). Searle sustenta que uma crença *de re* ou uma experiência visual podem ser inteiramente caracterizadas em termos de seu conteúdo. Mais que isso, ele rejeita a pressuposição de Burge de que, para ser completamente enunciável, o conteúdo deva ser puramente conceitual e completamente analisável em termos gerais. Searle pensa que "há uma terceira possibilidade [...] formas de Intencionalidade que não são gerais, mas particulares e que, todavia, estão inteiramente na cabeça, que são inteiramente internas" (Searle, 1983, p.211). Para conceber essa possibilidade, ele invoca a ideia engenhosa de "autorreferencialidade causal", um recurso que é desconsiderado por uma abordagem fregeana ou russelliana. Esse tipo de abordagem, segundo a qual o objeto da experiência é qualquer coisa que satisfaça certa condição geral especificada pela experiência, nos deixaria com material insuficiente para determinarmos qualquer objeto como aquele objeto para o qual a experiência se direciona. Como John McDowell discute o assunto, a estratégia de Searle consiste em explorar "a possibilidade de ancorar a diretividade ao particular das [experiências] em questão na particularidade das próprias experiências relevantes" (McDowell, 1991, p.216). Isso é indicado pela frase "essa experiência visual" na especificação de Searle das condições de satisfação de uma experiência visual (Searle, 1983, p.48; 1991b, p.228):

(CEV) Exp Vis (que há uma perua amarela ali e o fato de haver uma perua amarela ali causa essa experiência visual).

A ideia aqui é que qualquer experiência visual de mesmo caráter determina uma condição de satisfação dessa forma, mas, uma vez que a condição faz referência à experiência (ocorrência) particular, o requisito de que cada uma dessas experiências especifique é distinto – a própria experiência, e não simplesmente qualquer experiência como ela, deve causar para ser o objeto daquela experiência. CEV será satisfeita apenas se houver um objeto do tipo que a experiência representa que há e se o fato de haver tal objeto causar a experiência.

A perspectiva de Searle não é apenas uma nova versão da antiga teoria causal da percepção. Segundo essa perspectiva, a causação é uma "causação Intencional" e a experiência é "autorreferencial". Como a experiência é causada, isso entra nas condições de satisfação que seu conteúdo determina. (A certa altura, Searle [1983, p.49] descreve tanto o conteúdo quanto, três linhas depois, a experiência como autorreferencial; ele também descreve [1991b, p.232] a condição de satisfação como autorreferencial, mas não vamos fazer objeções a isso aqui.) A questão diz respeito a se essa "autorreferencialidade causal" é suficiente para resolver o problema da particularidade. Ela faz justiça ao fato fenomenológico de que, na experiência visual, os objetos que nos aparecem, estão "presentes" a nós? Ela faz justiça ao fato psicossemântico de que a experiência visual realmente nos coloca em posição de pensar em coisas particulares no mundo e a elas nos referirmos diretamente, e a fazermos isso não apenas mediante uma descrição, por exemplo, "aquela coisa que causa essa experiência visual" ou "aquela coisa que parece ser de certo jeito ou de outro"? Em resumo, Searle resolveu o problema da particularidade?

Em minha opinião, ele não o resolveu. Não estou preocupado com aquilo que preocupa Burge (1991, p.198): a autorreferencialidade requerida pela consideração de Searle seria "complexa demais ou sofisticada demais". Este último é cuidadoso ao apontar que não quer dizer que a experiência se refira literalmente a si mesma, isto é, na descrição "a causa dessa experiência". Obviamente, as crianças pequenas e os animais possuem experiências visuais de coisas particulares, mas Searle alega que eles podem tê-las sem o benefício dos conceitos de causa ou de experiência. Inclino-me a concordar que podemos experimentar relações causais – entre objetos, entre objetos e nós mesmos e, quando fazemos coisas, entre nós mesmos e objetos – sem termos os conceitos necessários para articularmos essas experiências. E não me preocupo com a objeção cética de que alguém pode achar que vê relações causais que não se dão realmente. Isso não é mais preocupante que o fato de que alguém pode achar que vê objetos que realmente não estão ali.

O que me preocupa são dois outros aspectos na consideração feita por Searle. Primeiro, a formulação dada por CEV não acomoda o caso de percepções errôneas. Suponha-se que eu tenha a experiência de uma perua amarela, mas que aquilo para o que estou olhando não seja uma perua amarela, mas um rabecão laranja visto sob luz amarela. Experiencio esse rabecão, mas CEV requer que haja uma perua amarela causando essa experiência visual. Assim, CEV, pelo menos tal como está formulada, é muito restritiva. Searle precisa encontrar uma maneira, ao dar a forma do conteúdo da experiência, de isolar a representação do papel causal do objeto da forma como o objeto é representado. Essa formulação precisa separar o que determina o objeto da experiência daqueles aspectos que o objeto precisa ter se a experiência dever ser verídica. Não estamos certos de como tal formulação seria, mas consideramos esse primeiro problema de caráter técnico, e não relativo aos fundamentos.

Há um problema mais sério que nos preocupa a respeito da consideração de Searle, tal como ela está colocada em CEV. Como diz CEV, a consciência da perua se dá apenas "sob uma descrição". Não queremos dizer com isso que a experiência esteja colocada em palavras, mas apenas que a pessoa se dá conta da perua de uma maneira que pode ser expressa por uma descrição definida. Uma descrição definida, por certo, é uma frase que denota uma coisa unicamente (se ela denotar qualquer coisa que seja). Exemplos simples incluem "o descobridor do raio X" e "o rei da França". Note-se que uma sentença contendo uma descrição definida pode ser significativa e expressar uma proposição determinada mesmo que nada satisfaça essa descrição. Assim, por exemplo, a sentença "o rei da França é calvo" é significativa e expressa certa proposição mesmo que a França não tenha rei. Como Russell demonstrou, mesmo quando a descrição é satisfeita, tal como com a sentença "o descobridor do raio X era calvo", a proposição expressa não envolve o indivíduo que descobriu o raio X. A proposição se torna verdadeira pelo fato acerca daquele indivíduo, mas a própria proposição não contém aquele indivíduo como um constituinte seu. Essa proposição é uma proposição geral existencial ou o que denominamos uma "proposição de singularidade", em relação ao fato de que certo indivíduo determinado descobriu o raio X e que esse indivíduo era calvo. É importante considerar que as frases que contêm dêiticos ou demonstrativos, tais como "sua mãe" e "o autor daquele livro", ainda podem ser consideradas descrições definidas. As sentenças que contêm tais descrições, tais como "sua mãe é calva" e "o autor daquele livro é calvo", embora se tornem verdadeiras pelos fatos a respeito desses indivíduos particulares (sua mãe ou o autor daquele livro), não expressam proposições que envolvam esses indivíduos – elas expressam proposições gerais de singularidade.

Assim, pode-se adivinhar o que nos preocupa na consideração de Searle. Como colocado por CEV, a condição de satisfação de uma experiência visual é uma proposição geral. Apenas olhemos para a linguagem: a cláusula "que há uma perua amarela ali", obviamente, expressa uma proposição geral existencial, e assim é o caso com a cláusula "o fato de que há uma perua amarela ali causa essa experiência visual". A condição de satisfação envolve essencialmente a experiência visual em questão e não envolve essencialmente a perua. Assim, a consideração de Searle em termos de CEV não resolve o problema da particularidade.

Searle alega corretamente que a experiência visual "não é geral, mas particular". O problema é que CEV não captura esse fato. Como CEV coloca, o conteúdo da experiência de alguém da perua amarela é geral, embora de uma maneira que chama a atenção para uma experiência visual particular. O conteúdo é particular com respeito à experiência, mas ele é geral com respeito à perua. CEV representa a consciência de alguém a respeito da perua como algo que se dá apenas mediante uma descrição, e considera o conteúdo da experiência como representativa de que existe algo (único) de certo tipo, a saber, uma perua amarela. Assim, tal como diz Alston: "a causação não é nenhum substituto para a consciência", dizemos que uma descrição também não é nenhum substituto para a consciência.

Ao dizer isso, concordo com Burge – quer ele esteja certo ao reclamar que a consideração de Searle é muito complicada e muito sofisticada, quer não –, que comenta corretamente que "o conhecimento da relação causal entre as experiências visuais e os objetos físicos parece posterior à experiência (e ao conhecimento da experiência) de ver objetos físicos" (1991, p.206). E concordamos com McDowell, apesar de nossa aversão por seus sentidos *de re*, quando ele diz:

> Na imagem de Searle, a particularidade "externamente" direcionada em conteúdo é garantida indiretamente por meio de conteúdos que visam a elementos "internos" [...] [Isso] inverte a prioridade que a discussão de Searle sugere "dessa experiência visual" [...] sobre "aquela [caneta]" [...] é como se Searle tivesse aqui esquecido, ou talvez nunca tivesse considerado, o "realismo direto" que ele abraça resolutamente. (McDowell, 1991, p.224, 222-3)

Embora Searle (1983, p.46, 57) aceite a perspectiva ingênua de que a percepção é "direta" – ele é tudo menos um teórico dos dados dos sentidos –, sua consideração do conteúdo de uma experiência visual em termos de CEV sugere que essa relação é indireta; alguém se dá conta de um objeto como simplesmente a causa da experiência. Não queremos sugerir que o descritivismo de Searle seja solipsista da maneira que ele pensa que é solipsista o fenomenalismo (Searle, 1983, p.60), mas sua perspectiva realmente parece implicar que nos damos conta dos objetos físicos apenas indiretamente. Mesmo que a condição de satisfação de uma experiência requeira que um objeto de certo tipo esteja em determinada relação com a experiência, a condição não especifica que objeto é este. Como ele poderia ser? Como poderia a condição de satisfação, na medida em que ela é determinada pelo conteúdo interno da experiência, fazer mais que determinar que tipo de estado de coisas deva se dar para que a experiência seja verídica e, com isso, que tipo(s) de objeto(s) devam estar envolvidos nesse estado de coisas? O próprio objeto não pode fazer parte da condição de satisfação porque essa condição independe da existência desse objeto (ou da ocorrência desse estado de coisas). Parece então que a consideração de Searle não captura a intencionalidade ou a direcionalidade (o caráter direto) da experiência visual.

## 3 Por que o conteúdo não pode determinar as condições de satisfação

Um aspecto central na perspectiva de Searle do conteúdo em geral é que o conteúdo de um estado Intencional determina suas condições de satisfação (embora muitos filósofos utilizem "conteúdo estrito" ou "conteúdo interno" para indicar aquilo que Searle quer dizer com "conteúdo" simplesmente, e utilizem "conteúdo" simplesmente para indicar as condições de satisfação, seguirei o uso de Searle). Concordo com o internismo de Searle a respeito do conteúdo e do requisito de independência em relação à existência, isto é, que o conteúdo de um estado é o que é independentemente de como o mundo é (Bach, 1982). Um cérebro numa cuba poderia ter estados com os mesmos conteúdos que os nossos cérebros têm. Contudo, penso que o problema da particularidade não pode se resolvido a menos que abandonemos a pressuposição de que o conteúdo de uma experiência determina suas condições de satisfação. Pois o conteúdo da experiência não pode determinar seu objeto. Mesmo que a condição faça referência a essa própria experiência, como em CEV, ela não requer que o objeto que, de fato, causa essa experiência deva ser o objeto que a causa. O requisito é apenas que haja algum objeto qualquer que a cause.

Resolver o problema da particularidade requer explicar como o objeto entra nas condições de satisfação da experiência. Para Searle, "é essencial [...] que fatos [a respeito da presença e os aspectos do objeto que causa a experiência] entrem no conteúdo Intencional" (1983, p.48). Segundo essa perspectiva, a experiência representa seus objetos como algo que está em relação causal com ela, e não é suficiente simplesmente que haja, de fato, um objeto nessa relação, representado ou não. Searle pensa que aqueles

> que se baseiam nos [estados] perceptivos ou dêiticos [...] corretamente compreendem que há uma classe de [estados] que não podem ser expli-

> cados em termos puramente gerais [e] que esses [estados] dependem de elementos contextuais. [Mas] eles então supõem erroneamente que esses próprios elementos contextuais não possam ser inteiramente representados como parte do conteúdo Intencional. (Searle, 1983, p.214)

Searle *alega* que o elemento de autorreferencialidade causal produz o seguinte engano:

> Quando entendemos que a experiência visual [de um homem usando um boné vermelho] possui um conteúdo proposicional causalmente autorreferencial, não precisamos nos preocupar em "descrever" ou "conceitualizar" nada em palavras para individuarmos esse homem: o conteúdo Intencional da experiência visual já fez isso. (Searle, 1983, p.212)

Mas ele não pode fazer isso, não se ele é como Searle o formula:

(Há um homem ali que causa essa experiência visual e esse homem usa um boné vermelho.)

Essa é uma proposição claramente geral existencial, aquela condição para cuja verdade se requer apenas a existência de um homem de certo tipo. Mais uma vez, a formulação real de Searle do conteúdo não faz justiça ao fato de que a experiência é de um indivíduo particular, alguém que figura essencialmente na condição de satisfação da experiência. Os conteúdos das experiências não são proposições gerais.

Parece-me que Searle é constrangido a especificar conteúdos experienciais como proposições gerais porque, primeiro, ele reconhece que eles não podem ser proposições singulares, mas, segundo, porque ele não pode abalar o pressuposto de que os conteúdos determinam as condições de satisfação. Os conteúdos das experiências não podem ser proposições gerais, mas eles também não podem ser proposições singulares, porque essas últimas não contêm nada a respeito da maneira pela qual o objeto é (re/a)presentado. Mas se os conteúdos das experiências não são proposições singulares e se eles também não são proposições gerais, o que eles são? Segundo minha perspectiva, eles não são proposições de maneira alguma, pelo menos não proposições completas – eles são dêiticos. Podemos dar sentido a essa ideia uma vez que tenhamos abandonado a pressuposição de que o conteúdo de uma experiência perceptiva determina suas condições de satisfação.

Antes de tentar dar sentido a isso, levantarei outro problema para essa pressuposição. O que significa impedir um estado diferente de uma experiência perceptiva, digamos, uma fantasia vívida (não uma alucinação), de ter a mesma condição de satisfação de uma experiência perceptiva? Se o conteúdo de uma experiência determina sua condição de satisfação, então por que uma fantasia com o mesmo conteúdo não teria a mesma condição de satisfação? Searle poderia objetar que uma fantasia não poderia ter o mesmo conteúdo porque ela não contém qualquer elemento causal autorreferencial. Mas se poderia inverter o argumento e dizer que não é uma diferença no *conteúdo* que faz a diferença nas condições de satisfação entre a experiência perceptiva e a fantasia, mas, em vez disso, como desejo sugerir, sua diferença é de modalidade psicológica.

## 4 O caráter dêitico da experiência: por que a relação entre objeto e experiência não é parte do conteúdo

Enquanto, para Searle, a experiência deve representar seu objeto como algo que está em determinada relação causal, segundo minha perspectiva, é suficiente simplesmente que haja, de fato, um objeto nessa relação, representado ou não. Alguém está visualmente ciente de um objeto não porque essa pessoa *represente* a relação entre ela mesma e o objeto, mas porque ela está *nessa* relação – a condição é imposta simplesmente porque o estado em questão é uma experiência visual. Não é o conteúdo de uma experiência visual que determina causa e objeto desta, mas sim a modalidade psicológica. O fato de que a experiência é perceptiva determina que seu(s) objeto(s) seja(m) aquilo que causa, da maneira apropriada, o próprio estado. (Analogamente, como já argumentei – Bach, 1978 –, é a modalidade psicológica daquilo que Searle denomina "intenção em ação" que determina que a mudança que preenche sua condição de satisfação seja aquela que a causa da maneira apropriada.)

Segundo a perspectiva dêitica [*indexical*], a autorreferencialidade causal de uma experiência, ou aquilo que preferimos denominar sua reflexividade de ocorrência, reside não em seu conteúdo, mas em sua condição de satisfação. A esse respeito, seu conteúdo não determina completamente sua condição de satisfação. O conteúdo determina apenas um esquema para a condição de satisfação de qualquer experiência particular com esse conteúdo. Especificado esquematicamente, o conteúdo contém um espaço, representado por uma variável livre, para o objeto que é a causa da experiência. No caso de ver uma perua amarela, ele toma a seguinte forma:

(IEV) Exp Vis (amarelo-perua ali [*x*])

O objeto que preenche esse espaço é qualquer objeto (se ele existe) que esteja na relação causal relevante com essa experiência. Uma experiência diferente com o mesmo conteúdo pode ter um objeto diferente ou mesmo não ter qualquer objeto que seja – não porque o conteúdo seja uma proposição geral existencial, mas porque o conteúdo é esquemático. Ele é preenchido pelo objeto da experiência. Notemos que IEV não inclui qualquer informação sobre como o objeto da experiência é determinado. O fato de que o estado psicológico em questão seja uma experiência visual faz que seu objeto seja o que quer que esteja na relação causal apropriada com a experiência.

Eu me pergunto se o exposto anteriormente não seria aquilo o que Searle realmente acredita. Em uma passagem muito reveladora, ele diz o seguinte: "o sentido no qual a experiência visual é autorreferencial é simplesmente que ela figura em suas próprias condições de satisfação. A própria experiência visual não *diz* isso, mas *mostra* isso" (Searle, 1983, p.49). Ele parece aqui estar se apegando à alegação de que o conteúdo da experiência determina sua condição de satisfação, enquanto, ao mesmo tempo, reconhece que não há nada no conteúdo da experiência que seja capaz de fazer esse trabalho. De fato, desde então, Searle aceitou que pode ter sido inadequado descrever a autorreferencialidade que determina as condições de satisfação de uma experiência como "algo *mostrado*, mas não *enunciado* pela experiência visual", e sugere que "teria sido melhor colocar esse ponto sem utilizar a noção de referência, mas, por exemplo, a noção de reflexividade de ocorrência" (Searle, 1991b, p.238).

Segundo minha perspectiva, uma experiência é reflexiva quanto à ocorrência não porque ela se refira a si mesma, mas porque, sendo perceptiva, o conteúdo dela é sensível ao contexto. A condição de satisfação é relativa à experiência. Ter experiência de certo evento ou estado de coisas é ter experiência dele de certo ponto de vista. Isto é, nós temos experiência dele em uma relação espaço-temporal com nosso ponto de vista. Mas, embora tenhamos experiência dele de uma maneira relativa à experiência, não temos essa experiência mediante uma descrição relativa à experiência. Por termos a experiência em determinado tempo e lugar, com certa orientação, o tempo e o lugar do evento ou estado de coisas do qual temos experiência podem ser representados como tendo sido quando e onde ocorreu. Mas não se tem que representar o tempo e o lugar da experiência em relação com o que se representa o tempo e o lugar do evento ou estado de coisas. Nossa experiência é de caráter essencialmente perspectivo.

Segundo a perspectiva dêitica, a experiência (*qua* tipo) *é* o dêitico. Mesmo que se esteja ciente dessa caneta como a causa de nossa experiência (ocorrência), ou algo equivalente, mesmo que se esteja ciente da caneta como a coisa que nos parece de um jeito ou de outro agora, não é o fato de que temos a experiência dela, como tal, que a torna o objeto de nossa experiência. Ela não é o objeto de nossa experiência porque satisfaz a condição determinada pelo conteúdo de nossa experiência. O que ela faz é satisfazer a seguinte descrição: "o objeto dessa experiência visual"; mas ela faz isso independentemente de haver qualquer coisa na experiência que imponha essa condição. Como gosto de dizer, o objeto da experiência é determinado não "segundo a satisfação", mas "segundo a relação" (Bach, 1994a, p.12).

Ao tratarmos as próprias experiências como dêiticas, evitamos a dificuldade que McDowell levanta para a consideração de Searle, a saber, de localizarmos a particularidade no lugar errado. McDowell (1991, p.218) pergunta por que Searle admite um elemento de conteúdo da forma "essa experiência", mas não admite um elemento de conteúdo da forma "essa caneta". Se uma experiência pode se referir a si mesma, por que ela não poderia alcançar o mundo? Afinal, Searle sempre foi um realista direto. Ele acha corretamente que vemos canetas e porcos, e não dados dos sentidos de canetas e porcos (e que vemos canetas e porcos não por meio de vermos dados dos sentidos de canetas e de porcos). Assim, ele não deveria insistir que uma experiência pode "se referir" a si mesma, mas não a essa caneta. Dizer que a experiência se refere à caneta, isto é, que ela se direciona para a caneta, não implica que a caneta seja parte do conteúdo da experiência – ela é o objeto da experiência.

E isso também não implica que o conteúdo da experiência seja uma proposição singular. Afinal, como diz Searle, a experiência (e o pensamento, com relação a esse ponto) é sempre mediante certo aspecto. A experiência visual, por exemplo, se dá sempre de um ponto de vista a partir do qual certas partes de um objeto são visíveis e outras não, e ela é seletiva, na medida em que apenas certas propriedades do objeto figuram na maneira como ele aparece. Mas é a própria experiência que dá essa perspectiva a respeito do objeto.

Segundo a perspectiva dêitica, pode-se estar ciente dessa caneta e se estar em posição de se referir a ela como "esta caneta" simplesmente porque ela está na relação certa consigo. O que torna uma dada experiência uma experiência dessa caneta não é que ela preencha uma condição estabelecida pelo conteúdo dessa experiência, mas que ela entre em certa relação causal com essa experiência (de tal maneira que aspectos desta afetam o que se experiencia e as mudanças nesses aspectos ou em que aspectos se tornam acessíveis afetam diferentemente o que se experiencia). A perspectiva descritivista de Searle inverte a "direção de ajuste" (se podemos tomar emprestado uma de suas frases favoritas) entre o objeto e o conteúdo da experiência. O objeto não tem de satisfazer nenhum elemento do conteúdo para ser o objeto – ele é o objeto por causa de sua relação causal com a experiência.

## 5 Outras considerações

Desejo terminar com um breve comentário acerca da disputa de Alston com Searle, seguido de uma hipótese especulativa a respeito da dependência do pensamento em relação à experiência.

Segundo a perspectiva de Searle, "o conteúdo de [uma] experiência visual, assim como o conteúdo de [uma] crença, é sempre equivalente a uma proposição completa. A experiência visual nunca é simplesmente *de* um objeto, mas, em vez disso, ela deve sempre ser *que* isso ou aquilo" (1983, p.40). Argumento que o conteúdo de uma experiência visual é equivalente apenas a uma proposição incompleta, que é completada quando seu espaço para um objeto é preenchido pelo objeto que causa a experiência. Alston discorda de Searle por uma razão inteiramente diferente. Ele sustenta que a experiência visual é uma questão de "consciência direta e não mediada de [...] objetos", que os objetos são simplesmente "mostrados" ou "apresentados à consciência". Parece-me que Searle concorda com isso. Afinal, ele reconhece que as experiências visuais têm objetos e que estes são objetos físicos, não objetos privados, como os dados dos sentidos. Todavia, ele sustenta que "o conteúdo completo [de uma experiência] deve ser proposicional (mesmo que, fenomenologicamente, pareça ser uma questão de apenas perceber o objeto)" (Searle, 1991b, p.235). Achamos que a perspectiva de Searle pode ser reconciliada com a de Alston se, primeiro, em vez de dizer que "a experiência visual nunca é simplesmente *de* um objeto, mas, em vez disso, ela deve sempre ser *o que* é isso ou aquilo", Searle dissesse que ela deve sempre ser de um objeto experimentado *enquanto* isso ou aquilo. Em outras palavras, ver é sempre ver-como, não ver-quê. Em segundo lugar, com exceção de quando explicitamente enuncia sua teoria, Searle poderia evitar a linguagem incômoda da autorreferencialidade causal e dizer apenas que o conteúdo de uma experiência é, por exemplo, "essa perua amarela parece velha". Ele poderia fazer isso argumentando que a autorreferencialidade causal está contida na palavra "parece". Afinal, dizer que essa perua parece velha é simplesmente outra maneira de dizer que alguém vê certa coisa como uma perua velha.

Gostaria de terminar com uma nota amigável, apresentando uma hipótese que, indiretamente, apoia o controvertido Princípio de Conexão (PC) de Searle (1992), que diz que todo estado mental ou é consciente, ou é pelo menos potencialmente, ou em princípio, consciente. Eu tentarei defender esse PC diretamente, embora fosse útil tentar estabelecer claramente as expressões "potencialmente" e "em princípio", de maneira que PC não resultasse trivialmente verdadeiro. Presumivelmente, Searle não quer considerar mental um estado envolvido na detecção visual periférica ou o estado envolvido na identificação das partes fonológicas de uma sentença ouvida. O problema é o de explicar em que sentido precisamente tais estados não são potencialmente, ou em princípio, conscientes.

De qualquer maneira, apresentarei experimentalmente um princípio diferente, embora relacionado com o anterior. Eu o denomino "Primeiro a Experiência". Ele afirma que apenas os seres que experimentam estados fenomenais são capazes de estar em estados Intencionais, em oposição a meros estados informacionais. Em outras palavras, apenas seres com percepção e sensação são capazes de pensamento. Se for assim, não pode haver uma coisa tal como uma simples máquina de pensar. Nada se qualifica como uma coisa pensante a menos que se qualifique como uma coisa senciente. Um robô, não importando o quanto sejam sofisticados seus sensores e processamento da informação recebida por eles, não pode ser considerado uma coisa pensante, um ser consciente, a menos que ele tenha experiências.

A fundamentação para o princípio de Primeiro a Experiência é a seguinte: não podemos ter pensamentos gerais a menos que tenhamos pensamentos singulares, e ter pensamentos singulares depende de estar em relações perceptivas com coisas particulares. Além disso, os pensamentos sobre coisas envolvem conceitos de propriedades físicas, e ter tais conceitos requer ter conceitos experienciais ou recognicionais. Ter tais conceitos de primeira pessoa requer ter, ou ter tido, experiências perceptivas. Em resumo, não há conceitos sem perceptos. Isso parece familiar?

Em suma, eu argumento que a consideração de Searle do conteúdo da experiência visual, apesar de seu elemento de autorreferencialidade causal, é essencialmente uma teoria descritivista. Como tal, ela não resolve o problema da particularidade. Para resolvermos esse problema, sugiro uma alternativa dêitica às diversas explicações *de re* que Searle critica. Sem dúvida, ele iria criticar essa consideração também, mas como ele diz em resposta a seus críticos:

> Não sabemos de um argumento demonstrativo para mostrar que a percepção visual inclui um componente causal de tal maneira que a análise do conteúdo deva conter a autorreferencialidade causal à qual aludimos [...] No final das contas, talvez este seja um daqueles pontos da filosofia nos quais ou os outros veem as coisas da maneira como vemos, ou não. (Searle, 1991b, p.236)

# 4
# Ver o que ali está*

*Robin Jeshion*

Em *Intencionalidade* (1983), John Searle coloca uma das questões mais fundamentais da filosofia da linguagem: como a linguagem expressa fatos sobre o mundo? Em particular, como podem os proferimentos ter significação, ter *temacidade* [*aboutness*], quando a expressão de tais proferimentos são apenas sons e marcas que são simplesmente fenômenos físicos no mundo? Searle nos apresenta uma longa, rica e extensamente argumentada resposta. Uma versão curta e simplificada dela é que os proferimentos possuem significação por derivarem da intencionalidade intrínseca e básica da mente. O mentalismo possui diversas formas de intencionalidade – dentre elas, as mais importantes são a percepção e a ação intencional –, e a temacidade da linguagem está enraizada nessas formas de intencionalidade.

* Escrevi grande parte deste capítulo enquanto fui pesquisadora no Center for Advanced Study in the Behavioral Sciences (CASBS), em Stanford, Califórnia. Agradeço ao CASBS e ao American Council of Learned Societies (ACLS) pelo apoio enquanto fui pesquisadora na residência Frederik Burkhardt e à Universidade da Califórnia, em Riverside, por ter me liberado de outras obrigações. Agradeço a Michael Nelson e Manuel Garcia-Carpintero pela discussão útil e envolvente sobre essas questões e a Savas Tsohatzidis pelo convite para contribuir com este volume e por sua excelente ajuda editorial.

Com sua teoria da intencionalidade, Searle ficou bastante conhecido por se comprometer com o internismo, com o fregeanismo e com o realismo. O *internismo* é a tese de que todo conteúdo intencional está completamente "na cabeça". O conteúdo intencional de todas as experiências perceptivas, crenças, desejos, proferimentos é constituído exclusivamente por aquilo que é interno ao ser pensante que tem essas coisas. Os conteúdos intencionais de um ser pensante são constituídos por representações tanto linguísticas quanto não linguísticas. Os conteúdos intencionais, contudo, nunca incluem os objetos do mundo real, eventos, localização ou momentos "de fora" do ser pensante e sobre os quais são seus pensamentos. Tais objetos, eventos, localizações e momentos podem figurar nas condições de verdade dos conteúdos intencionais, mas não nos próprios conteúdos.

A teoria de Searle da intencionalidade também é fregeana em espírito. Com isso eu quero dizer que ele adota o princípio central fregeano de que toda *temacidade* é assegurada em virtude de os objetos "satisfazerem" ou "preencherem" os conteúdos intencionais. Nossas experiências perceptivas, pensamentos e proferimentos são *sobre* [*about*] os objetos particulares, sobre o que eles são, porque esses objetos "preenchem" certas condições de satisfação. Esse fregeanismo é exemplificado mais facilmente no caso da referência linguística. Às vezes, falamos em termos completamente gerais sobre os indivíduos. Assim, por exemplo, "o menor número primo maior que 15 é ímpar" contém um termo singular, "o menor número primo maior que 15", que se refere a 17 em virtude do fato de que 17 satisfaz a condição de *ser o menor número primo maior que 15*. O número 17 figura nas condições de verdade sobre a sentença. O que torna a sentença verdadeira é o fato de que 17 é o menor número primo maior que 15 e que ele seja ímpar. Da mesma maneira, "a mais velha perua amarela de Berkeley ainda está rodando" se refere a qualquer indivíduo que ocorra ser a perua amarela mais velha de Berkeley, e sua verdade depende do fato de essa perua ainda estar rodando. Os conteúdos das sentenças são puramente gerais, constituídos exclusivamente de conceitos, e os objetos que são o que as tornam verdadeiras são *apenas* o que as tornam verdadeiras; eles não figuram no conteúdo das próprias sentenças. Nesses exemplos, a modalidade de satisfação da determinação de temacidade dá significação à linguagem – às próprias palavras – como os veículos para expressar os conteúdos que os objetos relevantes devem "satisfazer". Mas não precisa ser assim. Podem-se utilizar outras representações também. Assim, por exemplo, uma consideração satisfazível da experiência perceptiva poderia entender, digamos, a visão como representação computável não linguística, mas ainda assim conceitual, do que é visto. O objeto do qual a experiência visual trata seria este objeto que "preenche" a representação conceitual.

A teoria de Searle da intencionalidade também está comprometida com o realismo ingênuo. Os objetos de nossa experiência perceptiva (e os pensamentos e as crenças nela enraizados) tratam de objetos do mundo real. Na experiência perceptiva, o sujeito que percebe diretamente percebe os objetos intencionais que satisfazem os conteúdos intencionais de sua experiência perceptiva. O realismo ingênuo contrasta aqui com as teorias acerca dos dados dos sentidos, segundo as quais nunca percebemos diretamente os próprios objetos do mundo real. Tudo o que alguém percebe diretamente são dados dos seus próprios sentidos acerca do objeto do mundo real.

O internismo é a tese sobre *o que* está incluído no conteúdo intencional e o fregeanismo é a tese sobre *como* a temacidade é assegurada. Contudo, é fácil ver a relação estreita entre as duas teses. Se todo conteúdo intencional é constituído inteiramente pelas representações do ser pensante acerca do mundo, então os objetos particulares acerca dos quais são as experiências perceptivas desse ser, bem como seus pensamentos, crenças, desejos, proferimentos, devem ser, de alguma maneira, determinados ou selecionados. Todavia, quaisquer meios diretos e não satisfazíveis de seleção pareceriam conflitar com o internismo, porque um meio direto de determinação de objetos, automaticamente, importaria um objeto externo para dentro do conteúdo intencional. Um meio satisfazível de determinação de objetos parece ser a única maneira de preservar o internismo. Em contrapartida, um meio puramente satisfazível de determinação de objetos, um que não faça qualquer referência direta, bem claramente admite – de fato, requer – que todo conteúdo intencional resida no ser pensante.

## A objeção de particularidade

Muitos rejeitaram as análises internistas e fregeanas da intencionalidade porque parece que, enquanto alguma intencionalidade é satisfazível, nem toda o é. As crenças que têm base perceptiva indicam uma classe de casos problemáticos. Tais crenças são intencionalmente dirigidas para indivíduos *particulares*. Vejo um objeto particular ali e, dado o realismo ingênuo, minha crença perceptiva baseada nessa experiência é verdadeira ou falsa a depender de como as coisas são com esse próprio objeto. Como são as coisas com objetos de tipo qualitativamente idêntico é irrelevante para as condições de verdade de minha experiência perceptiva dirigida para um particular. Todavia, parece que uma análise satisfazível da determinação de temacidade não pode capturar propriamente o objeto individual de que trata minha experiência perceptiva. Não importando o quanto é detalhada minha "descrição" intencional perceptiva e qualitativa do objeto, sempre podemos imaginar uma situação na qual existe uma duplicata possuidora de todas essas qualidades; ainda assim, parece que uma consideração satisfazível da determinação da temacidade não tem como determinar se minha experiência trata desse objeto e não de uma duplicata qualitativamente idêntica. Chamemos a isso de *objeção de particularidade*.

A *intencionalidade* pode ser vista como a tentativa de Searle de defender uma análise internista e fregeana contra a objeção de particularidade sem abandonar o realismo ingênuo. A principal alegação de Searle é que os críticos subestimaram seriamente os recursos das análises fregeanas da intencionalidade. Há uma maneira de garantir a particularidade dos conteúdos intencionais dentro dos limites de uma consideração satisfazível da determinação da temacidade. A estratégia principal dele consiste em ancorar a direcionalidade para um objeto particular da experiência perceptiva na própria experiência perceptiva particular do sujeito.

Suponha-se que eu veja uma perua amarela que esteja à minha frente. Então tenho certa experiência visual particular dela. Para Searle, o conteúdo intencional de minha experiência visual é dado inteiramente pelas condições de satisfação desta, condições que especificam o que tem de acontecer no mundo para que minha experiência seja verídica. O caráter verídico das experiências visuais depende de ser o mundo "como ele visualmente nos parece ser e, além disso, ele ser dessa maneira deve ser o que causa em nós ter a experiência visual que constitui o fato de ele parecer ser dessa maneira" (Searle, 1983, p.49). Nesse caso, o que tem de acontecer é que haja uma perua amarela diante de mim e que essa perua amarela seja a causa de eu ter dela justamente essa experiência visual. Esta é a maneira como Searle articula o conteúdo intencional da experiência visual: "Temos uma experiência visual (que há uma perua amarela ali e que haver essa perua amarela está causando esta experiência visual)". Essa análise do conteúdo intencional da experiência visual deixa claro que ela é, em certo sentido, "autorreferencial".[1] O conteúdo de qualquer experiência visual "especifica" o objeto da experiência visual como a causa da própria experiência visual.

Searle encara essa análise como uma maneira satisfatória de responder à objeção de particularidade. Suponha-se que você e seu gêmeo vivenciem um tipo idêntico de experiência visual de diferentes – ainda que de tipo idêntico – peruas amarelas. Se o ambiente externo é de tipo igualmente idêntico, então você e seu gêmeo têm experiências visuais fenomenologicamente idênticas. Todavia, a maior parte de nós concordaria com o seguinte: a experiência visual que você tem diz respeito a uma perua amarela particular que vê, enquanto a experiência de seu gêmeo diz respeito à perua amarela particular que ele vê. Alguns externistas acharam que isso apenas mostra que o externismo deve estar certo – que as diferentes peruas são uma parte dos conteúdos intencionais das experiências visuais ou crenças perceptivas de cada um dos gêmeos. A consideração causal autorreferencial que Searle faz do conteúdo intencional visual mostra, contudo, que, por si mesmo, esse argumento não estabelece que nossas experiências visuais ou crenças nelas baseadas incluem os objetos sobre os quais elas são, algo fora ou externo ao sujeito que percebe. Pois Searle acha uma maneira diferente de garantir a particularidade. Ele considera que o conteúdo intencional de minha experiência visual envolve diretamente minha experiência visual, e o conteúdo intencional da experiência visual de minha gêmea envolve diretamente a experiência visual dela. Uma vez que os próprios conteúdos intencionais diferem, os objetos que eles determinam em termos de satisfação – as diferentes peruas amarelas que *ali* estão e que são as causas das duas distintas experiências visuais – também se diferem. A temacidade do conteúdo intencional pode ser de indivíduos particulares que são vistos sem que esse conteúdo intencional inclua esse próprio objeto. A particularidade é preservada dentro dos limites do internismo, do fregeanismo e do realismo ingênuo.

A consideração causal autorreferencial que Searle faz do conteúdo perceptivo fornece uma solução bastante brilhante para o problema da particularidade. Contudo, ela não deixa de ter seus próprios problemas. Ela foi

1 "Reflexivo de ocorrência" é uma melhor caracterização do que Searle está pedindo, dado que ele não sustenta que a experiência visual envolva uma referência explícita a si mesma. Searle (1991b) reconhece esse ponto. Para simplificar, no texto, conservarei o termo "autorreferencial" que Searle utiliza no livro *Intencionalidade*, deixando claro que ele não requer a autorreferência linguística explícita.

criticada por diversas razões, mas, de longe, a mais importante e difundida dessas objeções provém da preocupação comum de que o conteúdo perceptivo intencional segundo Searle seja rico demais. Ele é muito complicado, envolve habilidades conceituais demasiadamente sofisticadas e incorpora compromissos intencionais ontológicos excessivamente robustos. Penso, ao contrário, que Searle possui recursos para afastar essas reclamações e que, de fato, ele deu conta amplamente da maior parte dessas objeções. Mas não estou convencida de que a consideração que faz do conteúdo visual intencional possa se sustentar. Em contraposição à orientação das objeções de outros, penso que a consideração feita por Searle não é tão rica, mas, ao contrário, bastante pobre para resolver a objeção de particularidade, enquanto permanecer comprometida com o internismo, o fregeanismo e o realismo ingênuo.

Apresentarei um problema para a consideração que Searle faz da intencionalidade da percepção. O problema é que sua análise do conteúdo intencional da experiência visual incorpora a localização do objeto intencional, aquilo que Searle especifica com o "ali". E ele está correto em incluir os aspectos espaciais da experiência visual. Penso que esses aspectos são essenciais com relação aos conteúdos intencionais da experiência visual. Mas, uma vez que a localização do objeto é externa ao indivíduo que percebe, Searle precisará de uma maneira de especificar as condições de satisfação para essas localizações. Todavia, argumentarei que ele não possui nenhuma maneira de fazer isso que preserve sua capacidade de resolver a objeção de particularidade e, ao mesmo tempo, conservar seu internismo, seu fregeanismo e seu realismo ingênuo.

Vale a pena destacar desde o início que o problema que formulo para a teoria de Searle não apela para os aspectos sociais e interpessoais da linguagem como uma base para a rejeição do internismo e do fregeanismo. De maneira geral, concordo com Searle em achar que a intencionalidade da percepção e da ação é mais primitiva que a intencionalidade da linguagem, e de que essa última está, em grande medida, enraizada na primeira.[2]

Começo discutindo brevemente os aspectos-chave da consideração que Searle faz da intencionalidade da experiência visual. E então me volto para a avaliação das objeções à teoria de Searle que se baseiam em sua riqueza

2 Certamente, atribuo mais impacto social à *semântica* que Searle. Mas essas diferenças não vão desempenhar nenhum papel neste capítulo.

excessiva. O desvio por essas objeções bem conhecidas tanto me ajudará a situar minha própria crítica dentro da literatura quanto ajudará a tornar mais preciso o problema que formulo para Searle. O grosso do capítulo será destinado a desenvolver a ideia de que Searle não pode fazer uma bem-sucedida consideração dos aspectos espaciais do conteúdo intencional da experiência visual e, consequentemente, que ele não pode dar uma solução geral e completa para a objeção de particularidade. Termino o capítulo com uma breve consideração de certos fatos empíricos sobre a visão que podem representar problemas para a teoria de Searle e que podem dar razões independentes para se pensar que a intencionalidade da percepção visual é não fregeana e externista.

## O conteúdo intencional da experiência visual

Para Searle, os aspectos intencionais da experiência perceptiva caracterizam a maneira que o mundo parece ser para o sujeito da experiência perceptiva. Searle tende a uma análise que separa as experiências de acordo com a modalidade do sentido que as provoca. Assim, por exemplo, há um conteúdo intencional da percepção visual que visa capturar a maneira que o mundo parece visualmente ao sujeito. Até aqui, ao discutir o conteúdo intencional da percepção, falei quase exclusivamente do conteúdo da experiência visual, em detrimento do conteúdo intencional de outras modalidades dos sentidos. Nisso seguimos Searle em restringir a discussão principalmente à percepção visual. Vale ter em mente as outras modalidades dos sentidos, uma vez que, em última instância, Searle quer que sua teoria se generalize facilmente para elas.[3]

Para Searle, as experiências visuais são semelhantes a crenças e outras atitudes na medida em que os conteúdos intencionais de tais experiências são "proposições completas". Assim, o conteúdo intencional das experiências visuais nunca é apenas *de* certo objeto visto, mas, em vez disso, é *que* algo é o caso. Nunca tenho uma experiência visual que seja simplesmente

3 Tenho sérias dúvidas se isso é possível, mas esta é uma preocupação à parte daquela na qual me concentro aqui. Inclino-me a pensar que a experiência visual fornece a plataforma mais natural para a análise de Searle do conteúdo intencional da experiência perceptiva.

de uma perua amarela, e ponto final. Em vez disso, o conteúdo de minha experiência visual "requer a existência de todo um estado de coisas se ela deve ser satisfeita. Ela não faz simplesmente referência a um objeto" (Searle, 1983, p.40). Por essa razão, de acordo com Searle, minha experiência visual da perua amarela incluirá um conteúdo proposicional intencional *de que há uma perua amarela ali.*

Searle sustenta que essa tese é uma consequência imediata e trivial do fato de que as experiências visuais possuem condições de satisfação, e que as condições de satisfação são sempre dadas proposicionalmente. Temo que essa consequência aparentemente trivial seja falsa – e, de fato, de que haja uma maneira de dar as condições de satisfação para as experiências visuais que permita que seus conteúdos intencionais não sejam proposicionais.[4] Além do mais, minha crítica principal à consideração que Searle faz da intencionalidade da percepção visual pelo menos preparará o caminho para se desafiar sua alegação de que nunca temos experiências visuais de objetos que não sejam "completamente proposicionais". Todavia, ao avaliar a própria posição de Searle, tentarei o quanto possível acompanhar a pressuposição de que todas as experiências visuais intencionais envolvem predicações, e que seus conteúdos intencionais são proposicionais.

De acordo com Searle, a intencionalidade da visão se entrevê em experiências visuais que são eventos mentais conscientes. Todos os aspectos não conscientes da experiência visual são excluídos dos conteúdos intencionais. Ao criticar a teoria de Searle, presumirei simplesmente essa famosa e controvertida tese sobre a intencionalidade da visão.

---

4 Se tenho uma experiência visual na qual estou visualmente prestando atenção a um objeto particular, então essa experiência visual vai ser "satisfeita" apenas no caso de que esse próprio objeto ao qual presto atenção visualmente esteja causando a experiência visual que tenho. A condição de satisfação inclui o próprio objeto e a relação que ele tem com nossa experiência visual dele. Ela emprega uma maneira "direta" de selecionar o objeto, por meio de nossa atenção visual. Aqui, as condições de satisfação não são dadas em termos de valores de verdade, mas, em vez disso, em termos do sucesso no preenchimento da função da experiência visual. Detalhes e situações complexas com espelhos, hologramas, ilusões, identificações errôneas de propriedades etc. teriam de ser acrescentados. Não sustento que eu tenha mostrado aqui ou mesmo conseguido elaborar um argumento em favor da alegação de que o conteúdo da experiência visual pode ser simplesmente de um objeto, em vez de um estado de coisas. Mas realmente sustento que, a partir daquilo que Searle disse, ele não eliminou essa alternativa.

## As objeções à riqueza: a referência à experiência visual e a percepção de causas

Destacam-se na literatura duas críticas principais relacionadas à consideração feita por Searle acerca da intencionalidade da percepção visual. Embora distintas, elas juntam suas forças em acusar a consideração que Searle faz do conteúdo intencional da experiência visual de ser excessivamente rica. Ambas sustentam que a consideração feita por Searle inclui elementos que não são, de fato, aspectos do conteúdo da experiência visual. Ambas as críticas estão, de fato, incorporadas na reclamação de Armstrong (1991), Burge (1991) e de Soteriou (2000) de que os conteúdos causais autorreferenciais intencionais são "sofisticados demais" ou "complicados demais" para serem conteúdos de todas as experiências visuais. Afinal, as crianças pequenas e os animais carecem dos recursos conceituais para terem conteúdos intencionais que contêm os conceitos de *causa* e de *experiência visual*. Como David Armstrong (1991, p.154) aponta:

> Poderia ser o caso, eu me pergunto, de que o objeto intencional da percepção de um cão incluísse, além de uma cena externa que inclui a relação corporal desse cão com essa cena, o componente autorreferencial de que a própria percepção, algo na mente do cão, deveria ser causada pela cena externa. Isso parece um pouco demais. Que preocupação o cão comum tem com suas próprias percepções? Ele sequer está ciente de tê-las?

A primeira reclamação que está incluída nessa objeção é que, segundo a consideração feita por Searle, aqueles que percebem devem fazer algum tipo de referência explícita às próprias experiências visuais. Ao ter uma experiência visual, alguém tem ou forma um pensamento de segunda ordem ou crença sobre a própria experiência visual. E isso é claramente um pensamento sofisticado demais ou complexo demais para os cães e as crianças pequenas que carecem do conceito de *experiência visual* e, assim, não poderiam fazer referência às próprias experiências. A segunda reclamação é que, de acordo com Searle, o conteúdo intencional da experiência visual envolve que percebamos os objetos intencionais como aquilo que causa nossas experiências visuais. Quando vejo uma perua amarela, devo vê-la como a causa de minha experiência dela. E isso é um requisito sofisticado ou complexo demais, e não faz parte do conteúdo intencional da experiência visual. Mesmo que *possamos* conceber objetos intencionais como as causas de nossas experiências, não precisamos fazer isso, e crianças muito pequenas e cães, e outros animais não humanos, tipicamente, não fazem isso.[5]

Searle respondeu à primeira objeção sustentando que ela se enraíza em um engano. Ao sustentar que a experiência visual é causalmente autorreferencial, ele não se compromete com a ideia de que, para toda experiência visual, aquele que percebe faça referência explicitamente na linguagem ou no pensamento a sua experiência visual.

> Enfaticamente, não faz parte de minha alegação que os cães ou as pessoas tenham de ter algum equivalente verbal de "essa experiência visual" ou referências a suas experiências visuais ou pensamentos sobre a causação para terem experiências visuais. (Searle, 1991b, p.228)[6]

Não precisa haver nenhuma ascensão, semântica ou de outro tipo, na experiência visual do sujeito ou em suas crenças baseadas na experiência visual. Para que as condições de satisfação autorreferencial de Searle se deem, ninguém, inclusive aquele que percebe, precisa fazer nenhuma referência de segunda ordem que seja à experiência visual. Searle sustenta, em vez disso, que "a própria experiência visual funciona autorreferencialmente, fixando suas condições de satisfação" (Searle, 1991b, p.228). Em outras palavras, o conteúdo intencional de minha experiência visual é autorreferencial apenas na medida em que a experiência visual figura em suas próprias condições de satisfação e é o que determina essas condições de satisfação.

Para enfatizar esse ponto, Searle faz analogias com outras instâncias nas quais as condições de satisfação são determinadas por um aspecto intencional de uma experiência ou ato de fala, embora não haja nenhum re-

---

5 Esses dois componentes da objeção de "demasiada sofisticação" são claramente separados tanto por Burge (1991) quanto por Searle (1991b).

6 Searle sustenta esse ponto de passagem em *Intencionalidade*. Ele alega que, embora sua discussão filosófica do conteúdo intencional da experiência visual faça referência linguística explícita à experiência visual do sujeito, isso é apenas um artefato do fato de que ele explicava linguisticamente aquelas condições. Ao ter minha experiência visual, não faço referência explícita a ela. E não tenho que explicitamente pensar nela. E ela não é parte do que vejo. Searle aponta isso bem ao notar que "o que é visto são objetos e estados de coisas, e parte das condições de satisfação da experiência visual de vê-los é que a própria experiência deva ser causada pelo que é visto" (Searle, 1983, p.49).

quisito de que aquela própria pessoa que tem a experiência precise fazer referência a essas condições para que elas se deem. Assim, por exemplo, uma criança muito pequena, digamos, pode utilizar uma palavra referencialmente, e seu uso determinará as condições de satisfação cuja consideração intelectual descreverá o sujeito como tendo feito referência a um objeto. Mas essa própria criança não precisa compreender ou ter dentro de seu repertório cognitivo um conceito de *referência*. Searle também dá o exemplo de dar uma ordem como uma instância na qual as condições de satisfação são autorreferenciais. Cumprir uma ordem requer que ela seja realizada por causa da (ou em resposta à) própria ordem. Todavia, aquele que dá a ordem não precisa ter nenhuma compreensão intelectual da maneira pela qual a própria ordem determina suas condições autorreferenciais de satisfação (Searle, 1991b, p.231-2).

Em relação a esse ponto, a defesa de Searle de sua teoria me parece correta. Devemos ser capazes de admitir que aqueles que percebem podem ter conteúdos intencionais que determinam as condições autorreferenciais de satisfação, mesmo que eles próprios não precisem conceitualizar seus conteúdos intencionais de uma maneira que torne *explícita* sua autorreferencialidade. Contudo, uma coisa precisa ficar completamente clara – e isso será importante com relação a minha própria crítica a Searle. Porque a consideração que Searle faz do conteúdo intencional da experiência visual deve determinar seus objetos em termos de satisfação, em oposição a fazer isso diretamente, é preciso haver uma maneira de representar o conteúdo proposicional da experiência visual de um sujeito, e isso deve ser uma proposição que expresse como as coisas parecem para o sujeito. *Deve haver um conteúdo proposicional apreensível pelos sujeitos reflexivos que expresse o conteúdo intencional da experiência visual, e isso deve se dar para toda experiência visual.*

O segundo componente da alegação de "excesso de sofisticação" é que, em cada experiência visual, temos experiência do objeto intencional como algo que causa a experiência dele. A acusação, feita especialmente por Burge (1991), é de que é implausível que tenhamos experiência visual de objetos a causar nossa experiência deles. Sobre isso, Searle sustenta que nós realmente experimentamos objetos visuais intencionais como as causas de nossa experiência, embora possamos não ter os recursos para descrevê-los como tal e possamos não pensar conscientemente neles como as causas de nossa experiência deles. Entretanto, dessa maneira nós temos realmente experiência deles. Searle faz uma interessante analogia com a experiência tátil. Eu experiencio um objeto afiado pressionado em minhas costas como aquilo que causa a própria sensação tátil de dor ou de pressão. Faz parte de minha experiência tátil que experiencie o objeto intencional como a causa da experiência. Searle sugere que a experiência visual é análoga a isso.

Aqui, mais uma vez, inclino-me a pensar que Searle tem, senão uma resposta decisiva, pelo menos um ponto bem fundamentado sobre nossa experiência tátil e sobre como esse ponto pode ser transferido à experiência visual. Contudo, penso que esses pontos tanto acerca da experiência tátil quanto acerca da experiência visual ainda precisam de uma defesa empírica, ou pelo menos parcialmente empírica. As relações entre a percepção visual e a ação e, em particular, como nossa capacidade de agir sobre os objetos da percepção visual afeta nossa percepção visual, teriam de ser exploradas.[7]

## A objeção à pobreza: a representação da localização espacial

O problema que vejo na consideração que Searle faz acerca da intencionalidade das representações visuais difere completamente das críticas anteriormente apontadas. Sustento que a análise de Searle do conteúdo intencional é pobre demais. Ela não é rica o suficiente para dar conta da representação da localização espacial particular dos objetos, ao mesmo tempo que conserva seu internismo, seu satisfatorialismo fregeano e seu realismo ingênuo, e, consequentemente, ela não é capaz de resolver a objeção de particularidade.

O problema que vejo é de inspiração kantiana. Parto da ideia de que ter experiência visual de objetos particulares no mundo envolve vê-los espacialmente localizados. Quando vejo uma perua amarela, vejo essa perua amarela *ali*. Eu a vejo, eu a experiencio, como algo localizado em um lugar exato. Minha experiência dela como algo espacialmente localizado envolve que a veja como algo *ali*, identificada egocentricamente, como Evans diria, de minha própria perspectiva. Todavia, as localizações espaciais de objetos visualmente percebidos são "externas" àquele que percebe. Assim, segundo a consideração internista feita por Searle, essas localizações não podem ser

7 Os recentes trabalhos de Goodale e Milner (1995; 2004), que distinguem duas funções do sistema visual – uma para a representação, outra para a ação sobre os objetos –, têm relação com essa questão complexa, filosófica e empírica.

diretamente representadas, diretamente referidas e, assim, não podem ocorrer como constituintes da experiência visual. Todavia, porque a experiência visual representa objetos como espacialmente localizados, Searle precisa de alguma maneira representar a localização espacial de um objeto que seja suficiente para satisfazer a objeção de particularidade e, ainda assim, seja consistente com seu fregeanismo. E isso, achamos, a consideração feita por Searle não pode realizar.

Minha alegação é a de que a análise feita por Searle do conteúdo da experiência visual não é capaz de capturar a representação dos objetos como algo espacialmente localizado. Meu argumento é bem direto: a localização do objeto é representada na experiência visual. Porque o alegado objetivo de Searle é o de capturar os aspectos intencionais da experiência visual, a maneira pela qual o mundo é experimentado visualmente por nós, ele precisa, para sustentar a consideração que faz do conteúdo intencional da experiência visual, representar a localização dos objetos.[8] Todavia, Searle não possui nenhuma maneira para representar univocamente a localização dos objetos que seja suficiente para capturar a particularidade destes, e que permaneça compatível com outros princípios centrais de sua teoria da intencionalidade.

A primeira premissa, penso eu, é relativamente não controversa. Nossa experiência visual dos objetos envolve termos experiência deles como possuidores de localização particular. Nossa percepção da localização espacial dentro de nosso campo visual é um aspecto essencial da maneira como o mundo parece, visualmente, a nós. Além disso, vermos os objetos como espacialmente localizados é um aspecto essencial da maneira pela qual o mundo nos é visualmente apresentado. Consequentemente, os aspectos espaciais, inclusive a localização dos objetos intencionais da percepção visual, são uma parte essencial do conteúdo intencional de nossas experiências visuais.

Penso que isso é claro o suficiente para que Searle esteja de acordo. Em seus muitos exemplos, ele procura apresentar uma maneira de marcar a localização dos objetos dentro do conteúdo da experiência visual. Ele explica o conteúdo de sua experiência visual favorita como uma experiência não meramente de uma perua amarela, mas, em vez disso, de que há uma perua amarela *ali* (Searle, 1983, p.41). Além disso, ele separa as condições

8 Alternativamente, poderíamos dizer que Searle precisa de uma maneira de representar os objetos *como espacialmente localizados*. Irei às vezes oscilar entre essas maneiras de dizer. Nada depende do que quer que pensemos perceber visualmente localizações ou perceber os objetos localizados.

de satisfação em dois componentes: um deles de que há uma perua amarela ali; e o outro de que a perua amarela que está ali é a causa dessa experiência visual. O fato de que sejam duas condições distintas esclarece a importância da experiência da perua como algo localizado espacialmente. É claro que isso está de acordo com seu objetivo principal de ser capaz de capturar a particularidade do conteúdo da experiência visual intencional. Pois essa particularidade é especificada em parte pela representação no conteúdo da experiência visual das localizações dos objetos vistos.

O resultado desse ponto pode não estar inteiramente claro, e ele é significativamente mais forte do que inicialmente parece. Ele implica que Searle não será capaz de capturar completamente o conteúdo de uma experiência visual de um objeto exclusivamente com referência à caracterização dele como "a causa dessa experiência visual", ou "a causa desse aspecto da experiência visual", ou mesmo "a perua amarela que é a causa dessa experiência visual". Pois essas caracterizações representam apenas o objeto que é a causa da experiência ou de um aspecto da experiência. Elas não representam a localização do objeto (ou não representam o objeto como algo localizado). E meu ponto era o de que a localização do objeto (sua localidade) é representada na experiência visual – ou em um aspecto dela.[9] Assim, Searle não pode

9 Ao dizer que a experiência visual representa visualmente os objetos percebidos como espacialmente localizados, não sustento que nossa experiência visual da localização dos objetos seja mais básica que nossa experiência visual do próprio objeto. Com efeito, penso que nossa experiência dos objetos seja básica no sentido de que a experiência visual representa os objetos diretamente. Ela não precisa e, algumas vezes, não os identifica com referência à localização. Mesmo assim, a experiência visual, frequentemente, registra as localizações dos objetos como propriedades deles à medida que os localiza e os representa. Quero dizer apenas que, segundo a consideração que Searle faz acerca do conteúdo da experiência visual, nem os objetos da experiência visual, nem as localizações dos objetos da experiência visual podem ser representados diretamente. Ambos precisam ser representados em termos de satisfação. Note-se que, segundo qualquer perspectiva que admita a referência direta, é certo sustentar ou que os objetos são diretamente representados na experiência visual, e as localizações são representadas descritivamente com referência aos objetos, ou vice-versa. E a perspectiva de que ambos são representados diretamente na experiência visual, é claro, também é adequada. De fato, esta é a perspectiva que prefiro e que acho que melhor captura o conteúdo visual intencional. O problema geral que especifico é apenas o de que não se pode capturar adequadamente o conteúdo da experiência visual a menos que ou os objetos ou as localizações destes sejam diretamente representados.

omiti-la do conteúdo da experiência visual, *mesmo que ela tenha uma maneira alternativa de incluir o objeto intencional correto nas condições de satisfação.*

Há uma passagem em *Intencionalidade* em que Searle parece extrair uma condição de satisfação de localização independente, baseando-se apenas na condição causal. Ele parece encarar a descrição "a causa dessa experiência visual" como suficiente para representar um objeto em termos de sua localização. Isso ocorre de uma forma oblíqua no decorrer de sua avaliação crítica do argumento de Donnellan contra a análise descritivista do conteúdo dos nomes próprios, cujos detalhes são desnecessários de apresentarmos aqui (Searle, 1983, p.254). Suponhamos que uma pessoa veja duas manchas coloridas em uma tela, A no alto e B embaixo. Além de suas diferentes localizações, A e B são de tipo idêntico – idênticas em tamanho, cor, formato. Nosso sujeito não sabe, mas ele está usando lentes inversoras, de tal maneira que aquela mancha que ele pensa que está no alto está embaixo e vice-versa. No nível do conteúdo intencional, como ele pode distingui-las? É claro que o problema é que, do ponto de vista do sujeito, "aquela que está em cima" descreve A, mas "aquela que está causando sua experiência visual" descreve B. E parece que, pela própria análise de Searle, ambas deveriam contribuir para com o conteúdo da experiência perceptiva do sujeito. Mas a resposta que Searle apresenta é a seguinte:

> A é aquela que ele realmente vê bem *ali*. Ela é aquilo que está causando *essa* experiência visual. Não se poderia pedir uma melhor descrição identificadora que esta. As expressões como "aquela no alto" são estritamente para uso público, e embora alguém possa imaginar casos nos quais elas ganhassem precedência sobre a apresentação intencional, na maior parte dos casos, o conteúdo apresentacional é mais básico. (Searle, 1983, p.254)

Searle parece sugerir aí que a descrição "aquela que está causando essa experiência visual" serve como a única descrição determinante das condições de satisfação.[10] Ao optar por essa descrição apenas, Searle tem uma

10 De maneira alternativa, ele poderia tomar o "ali" como algo que se referisse diretamente à localização percebida. Obviamente, esse caminho não é acessível para Searle, pois vai contra seu fregeanismo. E se supomos que "ali" se refere apenas à localização percebida, em vez de se referir à localização no mundo real, vai contra seu realismo ingênuo.

maneira de assegurar que a mancha que aparece ao sujeito como a que está no alto seja, de fato, a mancha que é o objeto de sua experiência visual. Mas adotar essa saída tem um custo. Ao substituir "ali" por "a causa dessa experiência visual" (ou "a causa desse aspecto da experiência visual", uma vez que, presumivelmente, as duas manchas são vistas em uma experiência visual), Searle retira os aspectos da localização do objeto do conteúdo da experiência visual. Note-se que *não* sustento que aí Searle deveria recorrer a uma caracterização da localização da mancha como "aquela no alto". Apenas sustento que ele precisa dar *alguma* descrição da localização do objeto – dar alguma descrição do conteúdo de "ali" – que não elimine a localização do objeto, tal como ele aparece ao sujeito, do conteúdo da experiência visual.

Por mais ou menos a mesma razão, Searle não pode capturar a representação da localização de um objeto na experiência visual por meio de uma descrição dela, como, digamos, "a localização da perua amarela" (ou, de alguma maneira, mais precisamente, "a localização da perua amarela que está causando essa experiência visual"). Isso também está em conflito com nossa primeira premissa. Pois essa descrição deixa de refletir a experiência do *sujeito* do objeto como algo localizado. A localização da perua amarela, é claro, satisfará a descrição "a localização da perua amarela", mas ela deixará de representar a maneira pela qual essa localização é apresentada ao sujeito na experiência visual. Para aquele que percebe, a localização da perua amarela é representada egocentricamente, da perspectiva, do ponto de vista visual preferencial, daquele que percebe. Essa descrição deixa inteiramente de capturar isso. Da mesma maneira, na experiência visual do sujeito, a localização do objeto é especificamente identificada como algo distinto de outras localizações no campo visual de quem percebe. Todavia, essa descrição não apresenta nenhuma identificação específica desse tipo, nada relativo a essa particularidade. A importância desse ponto pode ser vista facilmente ao imaginar que haja duas peruas amarelas à minha frente. "A localização da perua amarela" não será suficiente para identificarmos uma em vez da outra.

A primeira premissa aponta precisamente o fato de que as localizações espaciais dos objetos são propriedades dos objetos dos quais elas são localizações espaciais, mas elas diferem de outras propriedades qualitativas dos objetos na medida em que elas envolvem inseparavelmente um elemento demonstrativo. O caráter amarelo da perua e o formato de perua dessa perua podem, talvez, ser representados conceitual e não demonstrativamente. Mas a perua estar precisamente ali, tal como é vista daqui, isso não pode ser. Percebemos visualmente os objetos como espacialmente localizados e precisamos de uma maneira de capturar nossa representação situada da localização espacial dos objetos dentro do conteúdo de nossas experiências visuais.[11]

Isso nos conduz à premissa controvertida central de meu argumento. Sustento que Searle não pode capturar nossa representação das localizações dos objetos com suficiente precisão para satisfazer o requisito de particularidade sem comprometer seu internismo, seu fregeanismo ou seu realismo ingênuo. Desenvolverei esse ponto em etapas. As primeiras poucas observações apresentam requisitos sobre a especificação de Searle da localização dos objetos.

Primeiro e mais óbvio, Searle não pode representar as localizações dos objetos diretamente, com um demonstrativo. "Ali" não pode ser um dispositivo para se referir diretamente à localização de um objeto ou a uma localização no espaço. O internismo de Searle e seu fregeanismo descartam isso.

Note-se também que Searle não pode se basear em uma individuação anterior dos objetos perceptivamente dados como uma maneira de especificar suas localizações. Tal estratégia pressuporia o que tem de ser explicado. Searle visa especificar a localização dos objetos como uma maneira de descrever unicamente os objetos particulares sobre os quais são nossas experiências visuais e, assim, não pode recorrer a tais objetos como um meio para especificar suas localizações.

O compromisso de Searle com o realismo ingênuo requer que quando o conteúdo intencional de uma experiência visual de um objeto real e concreto tem condições de satisfação "verídicas" – quando as coisas são no mundo

11 Poder-se-ia discordar desse ponto se se estiver inclinado a sustentar que muitas propriedades qualitativas dos objetos são também representadas não conceitualmente. De fato, sou daquelas que pensam justamente isso. (Anteriormente eu estava fazendo uma concessão.) Tal como vejo esse ponto, a única maneira de representarmos precisamente o caráter amarelo dessa perua é não conceitualmente. Mas alguns conceitualistas, notadamente McDowell (1994, 1995), têm tentado "conceitualizar" as propriedades qualitativas, como a cor, descrevendo-as, por assim dizer, com um conceito demonstrativo como: *aquela cor*. Se se toma essa linha, meu ponto então não é que a localização espacial difere de outras propriedades qualitativas na medida em que não somos capazes de representá-las com um "conceito" não demonstrativo, mas que as localizações espaciais estão dentre os aspectos mais fundamentais da experiência visual no sentido de que a maior parte das propriedades qualitativas dos objetos físicos pode ser selecionada com referência à própria localização.

como elas parecem ser àquele que as percebe –, "ali" designa uma localização no mundo real. "Ali" não designa nem a própria experiência visual, nem uma parte ou aspecto da experiência visual, nem uma localização espacial "dentro" da experiência visual. Se fosse assim, então o sujeito, ao localizar a perua amarela como estando *ali*, teria localizado a perua amarela como algo dentro de sua experiência visual, ou em alguma parte, ou aspecto, ou localização espacial de sua experiência visual. Mas não é aí que está localizada a perua amarela.[12]

A maneira natural de proceder aqui seria considerar o "ali" como algo equivalente em conteúdo intencional ao conteúdo da descrição que captura o caráter situado daquele que percebe, utilizando essa mesma pessoa como uma âncora para a perspectiva. De fato, esta é a tática que Searle parece preferir. Em numerosas passagens de *Intencionalidade*, ele substitui casualmente "à minha frente" por "ali" (Searle, 1983, p.41, 42, 61). Ele também inclui "ali" em seu catálogo de dêiticos (Searle, 1983, p.224). Assim, parece que ele está implicitamente utilizando uma descrição para se referir, por meio de uma relação de satisfação, à localização do objeto visto. Tal caminho seria consistente com sua abordagem geral, que tende a conferir conteúdo descritivo aos dêiticos. Consequentemente, para entendermos como Searle manipula o "ali", precisamos examinar sua análise dos dêiticos, que fornece uma resposta muito bem elaborada para a dificuldade geral de que os dêiticos sejam essencialmente dêiticos, de que não há qualquer conteúdo descritivo que seja suficiente para determinar seus referentes relevantes.

São famosos os argumentos de Kaplan e Perry de que não há nenhum conteúdo descritivo complementar que seja suficiente para gerar as condições de verdade certas para as sentenças contendo dêiticos (Kaplan, 1989; Perry, 1977, 1979). Assim, para utilizarmos os exemplos muito batidos, se

---

12 Em "Intentionality *de re*", McDowell imagina se o problema da particularidade estaria resolvido nos casos em que diversos objetos de tipo idêntico – em seu exemplo, homens – estivessem diante do sujeito. Ele sustenta que Searle solucionou o problema, alegando que "não há risco algum de que o material especificador explicitado aqui possa ser satisfeito pelo homem errado" (McDowell, 1991, p.216). Ele alega que Searle pode resolver esse caso do problema da particularidade por meio do uso de "ali" para "funcionar de maneira a selecionar o aspecto certo da experiência visual e, assim, assegurar que a especificação selecione o homem certo". Mas isso não pode funcionar. Requerer que "ali" selecione aspectos da experiência visual coloca a localização dos objetos que estão *ali* dentro da experiência visual – o que não é um resultado feliz.

tanto Hume quanto Heimson dizem "Eu sou David Hume", apenas o proferimento de Hume é verdadeiro. É possível assegurar as corretas condições de verdade com um sentido fregeano complementar? Kaplan e Perry alegam que não é possível. Eles argumentam que "eu" não pode ser intercambiado com qualquer descrição simples que forneça conteúdo, tal como "o autor do *Tratado*", porque a crença de Hume de que ele é David Hume é uma crença diferente da crença de que o autor do *Tratado* é David Hume. O "eu" não pode ter o mesmo conteúdo que um nome próprio, digamos "David Hume", porque a crença de Hume de que ele é David Hume é uma crença completamente diferente da crença de que David Hume é David Hume. Para reforçar esse ponto, podemos ver que se tanto Hume quanto Heimson proferirem "O autor do *Tratado* é David Hume" ou "David Hume é David Hume", o conteúdo de seus proferimentos e das condições de verdade destes é o mesmo. Mas então essas descrições não podem ser candidatas para suprir o conteúdo descritivo relevante de "eu" porque, como acabamos de notar, seus respectivos proferimentos de "eu sou David Hume" devem ter diferentes condições de verdade; o de Hume é verdadeiro, o de Heimson é falso. A partir dessas considerações, Kaplan e Perry vão mais longe. Eles sustentam que não há nenhum conteúdo descritivo disponível que seja suficiente para assegurar as corretas condições de verdade.

É nesse ponto que Searle faz objeções. Ele enuncia novamente seu aparato autorreferencial para oferecer uma maneira alternativa de assegurar as condições de verdade certas, e para fazê-lo de uma maneira tal que respeite seu fregeanismo. Ele faz notar que sua ambição é a de assegurar as condições de verdade certas para os proferimentos com os dêiticos "eu", "você", "ela" e "ele" designando agentes, "agora", "então", "hoje" e "amanhã" designando momentos e "aqui" e "ali" designando lugares.[13] O dispositivo-chave de Searle consiste em caracterizar o referente desses dêiticos em termos de suas relações com o proferimento. Searle é claro sobre sua técnica:

> O que é a essência do caráter dêitico? O traço definidor das expressões dêiticas é simplesmente o seguinte: ao proferirem expressões dêiticas re-

13 Searle observa que, em inglês e outras línguas reais, há apenas quatro tipos de dêiticos: os três tipos mencionados acima, indicando tempo, lugar e a direcionalidade do proferimento, mais os dispositivos de referência do discurso, como os pronomes anafóricos. Restringimos nossa discussão aos três primeiros para simplificar, como Searle faz amplamente.

ferenciais, os falantes se referem por meio da indicação das relações nas quais o objeto referido representa o próprio proferimento da expressão. (Searle, 1983, p.221)

Assim, por exemplo, "eu" tem a significação léxica de "o falante desse proferimento" e, dessa forma, se refere ao falante do proferimento; "agora" tem a significação léxica de "o momento desse proferimento" e, portanto, se refere ao momento do proferimento; "aqui" tem a significação léxica de "o lugar do proferimento" e, assim, se refere ao lugar do proferimento. Searle sustenta que nada disso implica que os dêiticos sejam *sinônimos* de descrições que especificam as condições de verdade relevantes. De fato, ele nega que eles sejam sinônimos. Tudo aquilo com que ele se compromete é que o proferimento que contém dêiticos tem um conteúdo intencional cujas condições de verdade são determinadas satisfatoriamente com referência à relação que os objetos têm com o próprio proferimento. Nesse sentido, o proferimento figura nas condições de verdade e seu conteúdo intencional é autorreferencial.

Agora nossa questão é a seguinte: com essa análise da referência dêitica, Searle tem uma maneira de explicar como as localizações figuram no conteúdo intencional da experiência perceptiva visual? Ele tem uma maneira de capturar o conteúdo intencional de "ali"? Penso que a resposta deva ser negativa. O problema com o recurso à análise de Searle dos dêiticos é que mesmo que certos dêiticos como "eu", "aqui", "hoje", "ontem" e "agora" possam plausivelmente ser encarados como tendo significações léxicas que "completam" o conteúdo, "ali" não pode ser encarado assim. A significação léxica de "ali" *não* é inteira e claramente "o lugar em frente ao falante do proferimento". "Ali", na linguagem e no pensamento, identifica todas as variedades de localizações – aquelas à direita do falante, aquelas acima dele – e não apenas aquelas em frente ou diante do falante ou da pessoa que percebe.[14]

Poderia parecer que Searle tem aqui uma solução fácil. Afinal, ele reconhece astutamente que os proferimentos de alguns demonstrativos não

---

14 Alguém poderia se inclinar para uma semântica na qual "eu", "aqui" e "agora" possam também, em certos contextos, se referir a objetos diferentes do falante, do lugar e do tempo do proferimento. Mas, tipicamente, tais concepções semânticas vão admitir que esses dêiticos realmente têm, se não a significação léxica que Searle lhes atribui, pelo menos um caráter ordinário (no sentido de Kaplan), de maneira que os usos desses dêiticos, normalmente, dão como referentes o falante, o lugar e o tempo do proferimento. Mas isso não ocorre com "ali".

trazem por si mesmos uma significação léxica suficiente para determinar condições de verdade. Os proferimentos de sentenças contendo "este" e "aquele", tipicamente, além de requererem o conteúdo do proferimento, também requerem "o conteúdo intencional da consciência da parte do falante e do ouvinte do contexto do proferimento" (Searle, 1983, p.225). Assim, por exemplo, se digo: "Aquele homem está feliz", o conteúdo intencional do proferimento envolve o conteúdo intencional de minha experiência perceptiva que acompanha o proferimento, a própria experiência perceptiva sobre a qual pretendemos que "aquele" seja anafórico. Faço referência a alguém que estou vendo, e as condições de verdade de meus proferimentos dependem e incorporam o conteúdo intencional de minha experiência visual. Consequentemente, a análise completa dos proferimentos com tais demonstrativos expressa tanto o conteúdo intencional da expressão demonstrativa quanto o conteúdo intencional da experiência perceptiva com a qual os demonstrativos estão ligados.

"Ali" é semelhante a "este" e "aquele", na medida em que precisa apenas de uma suplementação de conteúdo intencional da experiência visual para completar inteiramente seu conteúdo descritivo? Mais uma vez, a resposta deve ser "não". Tal análise faria uso do próprio conteúdo que estamos tentando ponderar. Embora os proferimentos envolvendo "este" e "aquele" possam ser preenchidos ao mostrarmos como seus conteúdos são dependentes dos conteúdos de determinadas experiências visuais, o conteúdo intencional que estamos procurando é um aspecto ou elemento do conteúdo da própria experiência visual. "Ali" identifica linguisticamente o aspecto local do conteúdo da experiência visual. Assim, não adiantará encarar seu conteúdo como, de alguma maneira, algo acrescentado pelo conteúdo da experiência visual.[15]

15 É fácil compreender esse ponto ao examinarmos a maneira como Searle analisa, digamos, nosso proferimento de "aquele homem está bêbado" em um contexto no qual estamos utilizando "aquele" como anafórico para o indivíduo que percebemos na experiência visual. Para Searle, as condições de verdade desse proferimento especificam tanto o conteúdo intencional de nosso proferimento quanto o conteúdo intencional de nossa experiência visual e "mostram como essa última está inserida no primeiro": ([Há um homem, *x*, ali, e o fato de que *x* está ali está causando essa exp vis] e *x* é o homem do qual temos visualmente experiência no momento desse proferimento e *x* está bêbado) (Searle, 1983, p.226-7). "Ali" continua como parte do conteúdo completo da experiência visual.

Eu tentarei um caminho diferente, um caminho que Searle pode implicitamente trilhar quando substitui "à minha frente" por "ali". Segundo essa análise, aqueles que percebem sempre representam as propriedades espaciais dos objetos indicando conceitualmente sua localização, caracterizada egocentricamente. Quando vejo a perua amarela que está bem à minha frente, penso nela como a perua amarela *que está bem à minha frente*. Quando vejo uma perua amarela que está à minha direita, penso nela como a perua amarela *que está à minha frente e à direita*. E assim por diante. Essa consideração feita por Searle permite afastar o problema discutido anteriormente, tomando "ali" como a *significação léxica* de "o lugar em frente ao falante do proferimento". "Ali", no pensamento e na fala, pode ser utilizado para identificar localizações diferentes daquela bem à frente do falante. Nessa análise alternativa, aquele que percebe não se baseia em qualquer significação léxica, mas, em vez disso, conceitualiza cada localização de objeto visualmente percebido, e tais representações conceituais são o que identifica o aspecto espacial do conteúdo intencional da experiência visual.

Esta parece ser a melhor solução disponível. Ela especifica um conteúdo proposicional como o conteúdo da experiência visual (esse conteúdo representa explicitamente uma localização, aquela que captura a perspectiva visual daquele que percebe) e é fregeana e internista, pelo menos na medida em que os conteúdos intencionais de outros dêiticos "voltados para" o proferimento são internistas. E parece que é como se tivéssemos um meio de resolver a objeção de particularidade. Supondo que haja uma única perua amarela estacionada no pátio que está bem à direita do centro de nosso campo visual, "A perua amarela à minha frente e à direita" é satisfeita apenas pelo objeto certo.

Eu quero sugerir que, embora, *para esse exemplo*, a conceitualização da localização do objeto seja uma maneira satisfatória de incluir o objeto intencional certo no conteúdo da experiência visual, esse método não pode ser bem-sucedido para resolver a objeção de particularidade em todos os casos. Ele não pode ser um método geral correto para capturar as localizações dos objetos quando elas ocorrem dentro do conteúdo intencional da experiência visual.

Certas situações visuais mostram a inadequação desse método. Consideremos uma situação em que vemos vinte círculos de tipo idêntico, todos eles caoticamente dispersos em uma tela que ocupa todo o centro de nosso campo visual. A única maneira de distinguir visualmente os círculos é relativamente à localização deles. Prestamos atenção a um círculo particular no grupo. Qual descrição servirá para resolver a objeção de particularidade? Os recursos aqui são limitados. A descrição comum a partir de nosso exemplo anterior não funcionará aqui. "O círculo à minha frente" não distingue o círculo no qual se presta atenção dos outros dezenove círculos à frente. Escolheremos uma descrição que realmente caracterize unicamente o círculo relevante – tomemos, por exemplo, "O círculo que está meia polegada à esquerda do círculo que está mais no alto". Mas isso (e outras descrições relacionais do mesmo tipo) não resolverá, porque caracteriza a localização com referência a outros objetos ou localizações de outros objetos que, eles mesmos, permanecem carentes de uma descrição caracterizadora única. "O círculo no qual presto atenção" não resolve por duas razões. Primeiro, assim como a descrição "a causa dessa experiência visual", ela entra em conflito com nossa primeira premissa, pois deixa de especificar a propriedade vista, perspectivamente caracterizada, do objeto da experiência visual. Segundo, essa descrição não fornecerá sempre um meio de selecionar unicamente o objeto relevante particular. Nesse exemplo, presumimos que estamos prestando atenção em um círculo apenas. Mas, em uma situação alternativa, poderíamos estar prestando atenção simultaneamente em mais de um círculo. Assim, isso falha como um método geral. É difícil ver que outras descrições poderiam servir, fornecendo um meio geral de descrever unicamente o objeto relevante. Não alego ter examinado todas as possibilidades aqui. Mas detalhei os problemas de diversas maneiras naturais de fazê-lo, e os problemas me parecem insuperáveis. Searle precisa providenciar uma alternativa.[16]

16 Em sua contribuição a este volume, Bach também argumenta que Searle não pode resolver o problema da particularidade, que ele caracteriza da seguinte maneira: o que há acerca da experiência visual que requer que seja satisfeito pela presença desse objeto particular e não por outro objeto de tipo idêntico a este? A razão principal pela qual, para ele, Searle não pode resolver o problema da particularidade é que a análise do conteúdo intencional da percepção visual deste último estrutura o conteúdo como uma proposição geral e, assim, não captura a particularidade fundamental – a direcionalidade direta do objeto – da percepção visual. Mesmo que concorde com Bach que esse aspecto essencial da experiência visual intencional falte à análise de Searle, receio que este possa corretamente encarar a reclamação daquele como circular, pois ela simplesmente insiste na ideia de que o objeto de consciência não pode ser selecionado satisfatoriamente. Para avaliar esse ponto, note-se que a reclamação de Bach não é realmente de que Searle não encontrou uma maneira de resolver o problema da particularidade, isto é, que ele não encontrou uma maneira de ter, de fato, o objeto certo nas condições de satisfação. A alegação de Bach é, em

## Considerações empíricas

Eu forneci razões não empíricas para pensar que a consideração que Searle faz do conteúdo visual intencional é fraca demais para ser uma solução geral para a objeção de particularidade. Além disso, há razões empíricas para se pensar que essa consideração seja inadequada. Desejo encerrar minha discussão apresentando alguma evidência empírica para se pensar que a referência visual aos objetos vistos é direta e não conceitual e que, logo, não se dá em termos de satisfação. Essa pesquisa empírica é largamente devida a Pylyshyn, seus colaboradores e aqueles que se inspiram em sua pesquisa. Inevitavelmente, apresentarei (ou melhor, espremerei) apenas uma pequena parte e os fundamentos teóricos desse rico corpo de pesquisa empírica sobre a visão e a percepção visual. Ao discutir o trabalho de Pylyshyn, colocarei entre parênteses as razões *a priori* anteriormente alegadas para pensar que não há nenhuma maneira puramente conceitualista de codificar localizações suficientes para lidar com o caso estático envolvendo numerosos objetos idênticos em um único campo visual. Isto é, restringirei aqui todos os problemas com a abordagem em termos de satisfação àqueles que surgem das considerações empíricas. Deve-se notar desde o início que essa pesquisa não estava nem mesmo em sua infância quando Searle publicou *Intencionalidade*, assim, ele não poderia tê-la confrontado.

Pylyshyn investigou extensivamente nossa habilidade para executarmos o que ele denomina rastreamento de objetos múltiplos (ROM) [*multiple objetct tracking* (MOT)], que rastreia objetos à medida que eles mudam de localização no campo visual. Em uma situação paradigmática de rastreamento de objetos múltiplos, um sujeito vê inicialmente uma série de objetos visualmente idênticos espalhados e parados, como os nossos círculos, em qualquer número entre oito e 24 objetos. Um subconjunto dos objetos, os "alvos", são indicados ao sujeito, tipicamente, fazendo-os piscar na tela. Então todos os objetos se movem na tela de maneira imprevisível. A tarefa do sujeito é a de rastrear os alvos e, quando os objetos estiverem de novo

---

vez disso, que Searle não capturou "o fato fenomenológico de que, na experiência visual, os objetos que nos aparecem, estão 'presentes a nós'" (cf. cap. 3). Esta é uma questão relacionada com a outra, mas distinta. Minha argumentação aqui trata estritamente se Searle pode ter o objeto certo nas condições de satisfação e, como tal, não levanta nenhuma questão contra o satisfatorialismo de Searle.

parados, digamos, depois de dez segundos, identificar quais objetos são os alvos. Os resultados da extensa pesquisa sobre ROM são numerosos e complexos, mas, para os presentes propósitos, podemos nos concentrar em uma descoberta que foi feita experimentalmente repetidas vezes: os sujeitos podem com sucesso rastrear entre quatro e cinco alvos no campo, dentre dez objetos que se movem.[17]

Precisamos de uma explicação de como podemos executar essa tarefa. Uma vez que o rastreamento visual de objetos é consciente, Searle o consideraria parte do conteúdo intencional da experiência visual. Ora, para Searle, ou para qualquer um que adote uma consideração conceitualista do conteúdo visual intencional, a única maneira de considerar esse fenômeno é sustentando que os sujeitos rastreiam os objetos-alvo codificando a localização deles, porque, em qualquer momento dado, a localização é a única coisa que os distingue de outros objetos na tela. Uma vez que a localização dos objetos está constantemente mudando, o conceitualista precisa atualizar continuamente a localização dos alvos. Pylyshyn forneceu um algoritmo hipotético para tal atualização. Esse algoritmo requer que os sujeitos primeiro identifiquem cada alvo por vez, codificando a localização desses alvos; então, uma vez que os alvos estejam em movimento, os sujeitos devem retornar à localização codificada inicial de algum alvo e procurar nas vizinhanças daquela localização o objeto mais próximo, atualizando a localização do objeto mais próximo que foi encontrado com a nova localização do lugar onde ele foi encontrado. O sujeito teria de fazer isso para todos os objetos-alvo, e deveria fazer isso de maneira serial. Assim, o sujeito teria então de passar para a próxima localização codificada de um alvo diferente e atualizá-la da mesma maneira do primeiro alvo. Depois da primeira "rodada" de atualização, o sujeito teria de, de fato, fazer tudo de novo com as atualizações e continuar fazendo isso até que os objetos chegassem ao repouso e o sujeito relatasse as localizações finais dos objetos-alvo.

Utilizando algumas pressuposições bem conservadoras sobre a velocidade de localização focal, Pylyshyn simulou essa estratégia e descobriu que tal localização serial e esse procedimento de codificação resultariam em

17 O paradigma experimental foi inicialmente discutido em Pylyshyn e Storm (1988). Ver também Pylyshyn (2002, 2003). Podem-se ver demonstrações de experimentos de ROM na página da internet: <http://ruccs.rutgers.edu/faculty/pylyshyn/DemoPage.html>.

uma incidência muito maior de erros que em seus experimentos reais. (Em média, os sujeitos rastreiam com 85% de precisão.) Ele concluiu que os alvos não poderiam ser rastreados por um feixe unitário de atenção que localize e guarde uma única descrição de cada um dos objetos-alvo. Embora haja processos logicamente alternativos possíveis para reduzir a lentidão da velocidade de localização focal, todos estão envolvidos em problemas confusos em bases empíricas confiáveis.[18]

Pylyshyn levanta a hipótese de que a melhor explicação desse resultado experimental é que temos uma habilidade primitiva para rastrearmos visualmente os objetos diretamente, isto é, de maneira dêitica e não conceitual. Fazemos isso sem representar os objetos pelo método de Frege – descritivamente, por exemplo, codificando suas propriedades de localização. Segundo a concepção de Pylyshyn, nós rastreamos visualmente os objetos com o que ele denomina de "dedos de instanciação" ou DINSTs [*"fingers of instantiation"* (FINSTs)], mecanismos embutidos na percepção visual que rastreiam os objetos, mesmo objetos idênticos, diretamente, sem os individuar.

O principal objetivo de Searle em *Intencionalidade* era não o de demonstrar que sua teoria internista e fregeana era superior às teorias externistas da referência direta, mas, em vez disso, que sua teoria possuía os recursos filosóficos para responder à objeção de particularidade. Searle nunca procurou demonstrar que a consideração que faz do conteúdo visual intencional é empiricamente superior, ou mesmo, empiricamente adequado. Argumentamos antes em termos puramente filosóficos que sua teoria carece dos recursos para resolver o problema da particularidade. A pesquisa de Pylyshyn sugere que, mesmo que haja uma maneira de contornar aquelas dificuldades e codificar e identificar conceitualmente os objetos, simplesmente não fazemos isso dessa maneira. À medida que nos aproximamos de um quarto de século desde a publicação da brilhante obra de Searle, seria esclarecedor e uma satisfação saber como o próprio Searle compreende de que forma sua teoria do conteúdo visual intencional se sai depois desses desenvolvimentos mais recentes.

---

18 Assim, por exemplo, em vez de um feixe unitário de atenção, é pelo menos *logicamente* possível que haja um feixe de atenção correspondente a cada objeto rastreado e que cada um localize, registre e atualize as localizações dos alvos de maneira independente. Pylyshyn encara essa análise como altamente implausível em bases empíricas.

# 5
# Intencionalismo, descritivismo e nomes próprios

*Wayne A. Davis*

John Searle é famoso por sua teoria descritiva dos nomes. A maior parte dos autores acha que sua teoria foi refutada por Kripke. Todavia, a teoria de Searle tem certas vantagens sobre as teorias alternativas causais e aquelas baseadas em Mill. Mostro que suas vantagens são devidas ao fato de explicar a significação em termos de conteúdos de estados mentais. Os argumentos contra o descritivismo refutam apenas a alegação de que os conteúdos relevantes são descritivos. Alcançamos uma melhor teoria dos nomes conservando o intencionalismo de Searle e eliminando o descritivismo.

## 1 Sentido, referência e conteúdo intencional

Searle examinou questões fundamentais acerca dos nomes próprios: os nomes possuem sentidos? Em virtude de que os nomes se referem a objetos? Como, no proferimento dos nomes, os falantes têm sucesso em se referir a objetos? Ao responder a essas questões, Searle desenvolve uma ponderação amplamente fregeana na qual a noção de "conteúdo intencional" desempenha o papel fundamental. O princípio básico de Searle é que a significação e as propriedades referenciais de todas as unidades linguísticas são derivadas da intencionalidade intrínseca dos estados mentais (Searle, 1983, p.vii, 27).

> Uma vez que a referência linguística é sempre dependente da referência mental ou é uma forma dessa última, e uma vez que a referência mental é sempre em virtude do conteúdo intencional [...] os nomes próprios devem de alguma maneira depender do conteúdo intencional. (Searle, 1983, p.231 et seq.)

> Para que um nome sempre possa vir a ser utilizado para se referir a um objeto, em primeiro lugar, deve haver alguma representação independente do objeto. Isso deve ser por meio da percepção, da memória, de descrições definidas etc., mas deve haver suficiente conteúdo intencional para identificar a qual objeto o nome está ligado. (Searle, 1983, p.259)

Porque os nomes se referem em virtude dos conteúdos intencionais, Searle afirma que os nomes possuem um sentido assim como uma referência. Ele considera que a teoria de Mill de que os nomes possuem uma referência, mas nenhum sentido, é "simplesmente uma recusa em responder à questão", a saber, "em virtude de quê um nome (ou o falante que utiliza o nome) se refere a um objeto?" (Searle, 1983, p.242). Todos deveriam reconhecer que os nomes – certas sequências de letras ou de sons – não se referem em virtude de suas propriedades intrínsecas. Os nomes se referem apenas por causa de certos fatos acerca das pessoas que os utilizam. Especificamente: "[O] falante se refere ao objeto porque e apenas porque o objeto satisfaz o conteúdo intencional associado com o nome" (Searle, 1983, p.234).[1]

O nome em si mesmo se refere ao objeto por igual razão. As questões agora são: *o que são os conteúdos intencionais? Que conteúdo intencional está "associado" com qualquer nome dado ou qualquer uso dado de um nome por um falante?*

Searle segue Brentano (1874) ao usar "*intencionalidade*" para se referir à "temacidade" [*aboutness*] dos estados mentais.

> A intencionalidade é aquela propriedade de muitos estados e eventos mentais por meio da qual eles estão dirigidos para, ou são sobre, ou a respeito dos objetos e estados de coisas no mundo. Se, por exemplo, temos uma crença, ela deve ser a crença de que isso ou aquilo é o caso; se

---

1 A esse respeito, ver também Searle (1983, p.197).

temos um temor, deve ser um temor de algo ou de que algo aconteça.[2] (Searle, 1983, p.1)

Searle (1983, p.4) reconhece que a temacidade intencional não é uma "relação comum", porque podemos estar em um estado mental que é acerca de ou a respeito de um objeto mesmo que o objeto não exista, como quando uma criança tem medo de fantasmas ou acredita na existência do Papai Noel.

Searle (1983, p.5-6) em seguida distingue entre o *conteúdo intencional* de um estado intencional e a *modalidade psicológica* deste. Acreditar que a guerra vá terminar logo e esperar que a guerra termine logo têm o mesmo conteúdo Intencional, a saber, a proposição de que a guerra vá terminar logo. Os estados diferem porque a modalidade consiste, em um dos casos, em acreditar e, no outro, em esperar. Tais estados intencionais *representam* as "condições de satisfação" determinadas por seus conteúdos intencionais. "Assim, se tenho a crença de que está chovendo, o conteúdo de minha crença é: que está chovendo. E as condições de satisfação são: que está chovendo" (Searle, 1983, p.13).

Enquanto os conteúdos intencionais de crenças e desejos são proposições completas, os conteúdos intencionais de outros estados mentais não o são (Searle, 1983, p.6-7). No caso de *amar Sally*, o conteúdo intencional é Sally, não uma proposição. Com a introdução de conteúdos intencionais não proposicionais, surge nosso primeiro problema. Searle introduz mais tarde a noção de *objeto intencional*. "Chamar algo de objeto intencional é apenas dizer que ele é aquilo sobre o que é certo estado intencional. Assim, por exemplo, se Bill admira o presidente Carter, então o objeto intencional de sua admiração é o presidente Carter" (Searle, 1983, p.16). Nesse caso, o conteúdo intencional parece ser idêntico ao objeto intencional. Mas Searle define "objeto intencional" utilizando um sentido de "acerca de" que é relacional, em vez de intencional.[3] Assim, os objetos intencionais devem existir. Para Searle, eles são externos ao estado mental, enquanto os con-

2 Ver também Searle (1994, 2004).

3 Searle (1983, p.17) nota que "a respeito de" e "acerca de" possuem um sentido extensional e relacional, segundo o qual seu objeto gramatical deve denotar algo que existe, e um sentido intencional, segundo o qual seu objeto gramatical não deve denotar algo que existe. Quando Searle define "conteúdo intencional", ele está utilizando "sobre" no sentido intencional.

teúdos intencionais são internos (Searle, 1983, p.22). Considere-se agora o estado intencional de *procurar pelo rei da França*. Searle diria que esse estado não tem um objeto intencional porque não há nenhum rei da França. Então qual é o conteúdo intencional desse estado? Ele tem de ter um conteúdo intencional, uma vez que é assim que procurar pelo rei da França difere de procurar pelo rei da Prússia. Além disso, a consideração que Searle faz da referência pressupõe que os conteúdos intencionais são distintos dos objetos intencionais mesmo quando esses objetos existem. Pois, de outra maneira, não haveria nada de mental associado com o nome para o objeto de referência satisfazer.

Uma solução natural para o primeiro problema consiste em considerar os conteúdos intencionais em geral como *conceitos* (ou *ideias*), definidos como *proposições* (*pensamentos*) *ou partes destas* (Davis, 2003, 2005). Então o conteúdo intencional de procurar pelo rei da França é o conceito de rei da França, que é parte da proposição de que o rei da França é calvo e de inúmeras outras proposições. Um falante se refere a um objeto quando ele utiliza um termo e desde que o objeto satisfaça o conceito individual associado ao termo. Assim, posso utilizar "o terceiro planeta" para me referir à Terra porque a Terra satisfaz o conceito de terceiro planeta.[4] Searle diz que a referência é "malsucedida" se o falante expressa um conteúdo intencional que nada na realidade satisfaz.[5]

Suponha-se que Steve acredite que Kennedy foi o quadragésimo presidente dos Estados Unidos e que, como resultado disto, diga: "O quadragésimo presidente foi assassinado por Lee Harvey Oswald". Ao utilizar "o quadragésimo presidente", Steve tentava se referir a Kennedy. Segundo a teoria da referência de Searle, Steve será bem-sucedido se *Kennedy satisfizer o conteúdo intencional associado com "o quadragésimo presidente"*. O segundo problema é que essa frase se associa a muitos conteúdos intencionais diferentes. Ela se associa ao conceito de quadragésimo presidente pelas regras do português; com o conceito de Kennedy porque o falante estava utilizando

4 Segundo minha perspectiva, entretanto, os conteúdos não são conceitos ou proposições (Davis, 2003). Os próprios conceitos e as próprias proposições possuem conteúdos intencionais, que determinam os conteúdos intencionais dos estados mentais que consistem em relações com tais conceitos e proposições.

5 Searle utiliza "S se refere a N" de maneira relacional, assim, a existência de N é requerida. Ele também utiliza a expressão intencionalmente, sentido este em que as crianças podem se referir a Papai Noel (Davis, 2003, 2005).

a expressão para expressar a ideia de Kennedy e ainda, mais indiretamente, com o conceito de Oswald, assim como com o conceito de trigésimo nono presidente. Todo nome "N", além disso, se associa ao conceito metalinguístico de ser chamado de "N". Assim, um termo-chave na teoria de Searle dos nomes sofre uma falha séria quanto a sua pressuposição de unicidade: "o conteúdo intencional associado com o nome".

Sem entrarmos em numerosas complexidades, podemos progredir substituindo "associado" por "*expresso*" (Davis, 2003, 2005). Devemos primeiro enfatizar a distinção entre *expressão de falante* e *expressão da palavra*, o que é feito em analogia com a distinção de Grice (1957) entre significação de falante e significação da palavra e com a distinção de Kripke (1977) entre referência de falante e referência da palavra. Assim, a própria *frase* "o quadragésimo presidente" expressa a ideia do quadragésimo presidente: que é o conceito que as convenções do português atribuem à frase. Essa frase não expressa a ideia de Kennedy ou outras ideias associadas. Não obstante isso, *Steve* utilizou "o quadragésimo presidente" para expressar a ideia de Kennedy. Podemos agora dizer: *Um falante S se refere a um objeto x ao utilizar "N" se e somente se x satisfaz o conceito que S utilizou "N" para expressar;* e *um nome "N" se refere a x se e somente se x satisfaz o conceito que "N" expressa*. A expressão de falante pode ser definida em termos da intenção do falante; a expressão da palavra, em termos da expressão convencional de falante.

## 2 Vantagens das teorias intencionalistas

As teorias intencionalistas têm vantagens críticas sobre a teoria de Mill e as causais.[6] Searle (1958, p.166) começa com o argumento de Frege de que os nomes devem possuir sentidos distintos de seus referentes; de outra maneira, todos os enunciados verdadeiros de identidade envolvendo nomes seriam tão triviais quanto "N é N". Se a significação de um nome fosse seu referente, então "Shakespeare era Bacon" seria sinônimo de "Shakespeare era Shakespeare", se fosse verdadeiro. Todavia, claramente, eles não são sinônimos, mesmo que estudiosos sérios tenham defendido que o primei-

6 Cf. Mill, 1879; Russell, 1918; Wittgenstein, 1922; Putnam, 1962, 1973; Donnellan, 1972, p.373; Kripke, 1972, p.289-303, 330-1; Devitt, 1974, 1981, p.2, 25, 33, 64; Devitt; Sterelny, 1987.

ro desses enunciados é verdadeiro. O intencionalista pode dizer que quer Shakespeare e Bacon fossem a mesma pessoa, quer não, a ideia de Shakespeare e a ideia de Bacon são diferentes. Elas têm de ser, uma vez que a maior parte das pessoas que pensa em Shakespeare não pensa em Bacon e vice-versa.[7] Assim, Searle pode dizer que, mesmo que esses nomes tenham o mesmo referente, eles têm diferentes sentidos, porque expressam diferentes conteúdos intencionais.

Similarmente, Searle observa que as teorias millianas são incapazes de explicar a verdade de enunciados existenciais negativos, como "Papai Noel não existe". Uma vez que "Papai Noel" não tem um referente, o millianismo estipula que este não tem sentido. Mas isso implica que o existencial negativo seja mais destituído de significação do que verdadeiro. O intencionalista observa que, mesmo que Papai Noel não exista, a ideia de Papai Noel existe e é expressa pelo nome. "Papai Noel" tem um sentido porque expressa esse conteúdo intencional, permitindo que o existencial negativo seja significativo e verdadeiro.

De acordo com a teoria causal, um nome "N" adquire um referente quando uma pessoa, coisa ou lugar é "batizado". Ele conserva seu referente à medida que o uso do nome se difunde de uma pessoa para outra. Quando utilizo "Aristóteles" hoje, estou me referindo a Aristóteles, porque uma cadeia causal liga meu uso do nome ao batismo original da pessoa. Evans (1973) observa que se a teoria causal fosse verdadeira, então "Madagascar" se referiria a uma porção da costa leste da África, em vez de se referir àquela grande ilha que está a leste dela. Pois, quando o termo foi originalmente introduzido, ele se referia a uma parte do continente. Mas quando Marco Polo ouviu o nome, ele pensou que se referisse à ilha e o utilizou de acordo com isso. A teoria causal tem ainda mais dificuldade com "Papai Noel" que as teorias millianas. Pois o nome não se liga apenas a Papai Noel por uma cadeia causal, ele pode também se ligar por uma cadeia causal kripkeana ao São Nicolau histórico, bispo de Mira (falecido em 343 d.C.). Segundo a concepção de Searle (1983, p.237), o que determina o referente de "Madagascar" atualmente é o conteúdo intencional para cuja expressão utilizamos hoje o nome (a ilha). Similarmente, uma vez que as crianças não utilizam "Papai Noel" para expressar o conteúdo intencional "São Nicolau", elas não estão se referindo ao santo real.

7 Se o "em" for utilizado relacionalmente, ainda poderemos observar que poucas pessoas que pensam em Shakespeare pensam nele *como* Bacon.

O problema não resolvido de Devitt e Sterelny (1987) acerca do *qua* também não é problemático para Searle. Se "Monte Everest" se liga causalmente ao Monte Everest por seu batismo inicial, então ele também se liga causalmente à Terra por seu batismo inicial. Assim, por que, segundo a teoria causal, "Monte Everest" não se refere à Terra? Searle pode responder que o nome não expressa o conteúdo intencional "a Terra".[8]

## 3 Os nomes e o conteúdo descritivo

Para aprofundar sua ponderação, Searle (1958, p.170) pergunta como os nomes diferem de outros termos utilizados para se referir a coisas, a saber, demonstrativos e descrições definidas. Todas as três categorias possuem uma função referencial, mas elas desempenham essa função de maneiras diferentes. O referente de um nome próprio não é determinado por aspectos especiais do contexto da maneira que o referente de "esse" ou "aquele" é. A esse respeito, os nomes próprios se assemelham a nomes comuns, como "gato", "árvore" e "estrela", assim como a descrições definidas, como "o menor número primo" ou "o quadragésimo presidente". Mas, assim como os demonstrativos e diferentemente das descrições definidas, *os nomes não são utilizados para descrever os objetos aos quais eles se referem* (Searle, 1958, p.167). "Diferentemente das descrições definidas, em geral, eles não *especificam* quaisquer características que sejam dos objetos aos quais eles se referem" (Searle, 1958, p.170). Se apontamos uma estrela e dizemos: "Aquela é Betelgeuse", identificamos a estrela, mas nem por isso a descrevemos. Searle se separa de Frege aqui, negando que o nome "Aristóteles" seja sinônimo de qualquer descrição identificadora como "o autor do *De anima*" ou "o homem chamado 'Aristóteles'" (1983, p.244). Um argumento seria que "Aristóteles é o autor do *De anima*" não é uma verdade lógica trivial como "Aristóteles é Aristóteles". *A fortiori*, Searle nega que "os nomes devam ser analisados exaustivamente em termos completamente gerais" (1983, p.232 et seq.).

Apesar dessas observações, Searle atraiu uma tempestade de objeções sobre sua cabeça ao adotar a agora conhecida *teoria descritiva dos nomes*. Isso é notável não apenas porque Searle nega explicitamente que os nomes sejam

8 Para um exame mais completo e exaustivo das vantagens das teorias intencionalistas dos nomes sobre suas competidoras, ver Davis (2005).

utilizados para descrever, mas também porque expliquei anteriormente sua teoria e ilustrei as muitas vantagens desta sobre suas competidoras sem nunca mencionar que os conteúdos intencionais expressos pelos nomes sejam de alguma maneira descritivos.

Frequentemente, Searle parece admitir sem argumentos que todo conteúdo intencional é descritivo. Considere-se:

> Assim, se um nome próprio ocorre em um enunciado existencial, parece que ele deva ter algum conteúdo conceitual ou descritivo. Mas se ele possui um conteúdo descritivo, então parece que a teoria de Frege deve ser correta, pois o que poderia ser esse conteúdo descritivo senão o sentido de um nome próprio? Assim, a ocorrência de nomes próprios em enunciados existenciais coloca outra dificuldade grave para os teóricos da falta de sentido. (Searle, 1967, p.488)

Vimos por que os nomes devem ter conteúdo *conceitual*: para que "Papai Noel não existe" seja significativa e verdadeira, o nome "Papai Noel" deve expressar o conceito de Papai Noel, em vez de aquele do bispo de Mira ou nada que seja. Isto é, o nome deve expressar o conceito sujeito no pensamento de que Papai Noel não existe. Mas que razão há para admitir que os nomes devam possuir conteúdo *descritivo*? Como eles poderiam ter conteúdo descritivo se não são utilizados para descrever coisas? Similarmente:

> A única cadeia que importa é a transferência de conteúdo intencional de um uso da expressão para o próximo; em cada caso, a referência é assegurada em virtude do conteúdo intencional descritivista na mente do falante que utiliza a expressão. (Searle, 1983, p.245)

O nome "Madagascar" se refere à ilha porque ele expressa um conteúdo intencional particular, a saber, a ideia de Madagascar – o conceito sujeito da proposição de que Madagascar se situa no Oceano Índico. Se "Madagascar" expressasse, em vez disso, a ideia de Moçambique, ele se referiria a uma parte do continente. O referente é "assegurado" em virtude de um conteúdo intencional. Por que ele deve ser descritivista?

> Tanto as descrições definidas quanto os dêiticos servem para expressar pelo menos certa parte do conteúdo intencional [...] Mas e quanto aos nomes próprios? Obviamente, eles carecem de um conteúdo intencional explícito,

> mas [...] Uma vez que a referência linguística é sempre dependente da referência mental ou dela é uma forma e uma vez que a referência mental se dá sempre em virtude do conteúdo intencional, inclusive o Pano de Fundo e a Rede, os nomes próprios devem de alguma maneira depender do conteúdo intencional. (Searle, 1983, p.231 et seq.)

Pelo menos, é tão óbvio que os nomes expressam certa parte do conteúdo intencional quanto o é que as descrições definidas e os dêiticos o façam. "Aristóteles" expressa o conceito sujeito da proposição de que Aristóteles era um filósofo tão obviamente quanto "o autor do *De anima*" expressa o conceito sujeito da proposição de que o autor do *De anima* era um filósofo. Dado que o nome "Aristóteles" expressa o conceito de Aristóteles, por que seu conteúdo intencional não é tão "explícito" quanto aquele das descrições e dos dêiticos? *Se* todo conteúdo intencional fosse descritivo, então faria sentido dizer que o nome tem conteúdo implícito. Pois o conceito que ele expressa teria então componentes que não são separadamente expressáveis pelos componentes do nome. Por que admitir isso? (Devitt, 1990, p.102, nota 9). "Uma descrição identificadora" não implica "palavras"; ela simplesmente significa: o conteúdo intencional, inclusive a Rede e o Pano de Fundo, suficiente para identificar o objeto (Searle, 1983, p.243 et seq.)

Se sabemos que o nome "N" expressa o conceito de Madagascar, isso é suficiente para identificar o objeto ao qual "N" se refere: ele se refere a Madagascar. Apenas Madagascar se ajusta ou satisfaz o conceito de Madagascar. Da mesma maneira, se sabemos que "D" expressa o conceito do quadragésimo presidente, isso é suficiente para identificar o objeto ao qual "D" se refere: o quadragésimo presidente. É claro que se um homem não sabe o que é Madagascar, a informação dada não o capacitará a identificar o referente de "N". Mas, da mesma maneira, se uma mulher não sabe quem é o quadragésimo presidente, a informação dada não a capacitará a determinar o referente de "D". O conceito de Madagascar satisfaz a definição de uma descrição identificadora. Mas o que há de descritivo sobre ela?

Quando Searle rejeita a concepção de Frege, segundo a qual os nomes são analisáveis como descrições definidas, ele enfatiza repetidamente que: "[Em] alguns casos, a única 'descrição identificadora' que um falante poderia ter que ele associe com o nome é simplesmente a habilidade de reconhecer o objeto" (Searle, 1983, p.232 et seq.).[9] Searle tem de colocar "des-

9 A esse respeito, ver também Searle (1967, p.491; 1969, p.90; 1983, p.241).

crição identificadora" entre aspas porque habilidades não são, obviamente, descrições ou conceitos descritivos. De fato, a habilidade para reconhecer um objeto não é um conteúdo intencional. Searle (1983, p.143) descreve as habilidades de reconhecimento como "capacidades não representacionais que constituem o Pano de Fundo" que torna possível o conteúdo intencional. Assim, ele não pode ficar satisfeito com o fato de que alguns nomes não estejam "associados" com nada a não ser uma habilidade de reconhecer o objeto. Pois isso enfraqueceria sua tese de que os nomes se referem apenas porque eles estão associados com conteúdos intencionais. Felizmente, ter a habilidade de reconhecer George Bush realmente implica ter o conceito de George Bush, assim como ter a habilidade de reconhecer o vermelho implica ter o conceito de vermelho. O reconhecimento é uma das maneiras pelas quais os conceitos se manifestam. Assim, "George Bush" não expressa um conteúdo intencional mesmo para aquelas pessoas que podem reconhecer Bush, mas são incapazes de dar uma descrição identificadora de Bush. Da mesma maneira, "vermelho" expressa um conteúdo intencional mesmo para as pessoas que são capazes de reconhecer o vermelho, mas são incapazes de definir o vermelho. Então, até aqui, não há razão para pensarmos que um nome expresse um conteúdo intencional *descritivo*.

Searle descreve de forma muito transparente um problema óbvio para o descritivismo:

> Seguindo Strawson [1950], podemos dizer que o uso referencial tanto de nomes próprios quanto de descrições definidas pressupõe a existência de um e apenas um objeto referido. Mas, como um nome próprio em geral não especifica quaisquer características do objeto ao qual se refere, como então ele proporciona a referência? (Searle, 1958, p.170)

O princípio básico de Searle fornece uma resposta para isso: o nome se refere ao objeto porque ele é utilizado para expressar um conceito que representa o objeto. Assim, "Madagascar" se refere a Madagascar, em vez de Moçambique, porque expressa o conceito de Madagascar, em vez do conceito de Moçambique. Da mesma maneira, "vermelho" se refere ao vermelho, em vez de verde, porque expressa o conceito de vermelho, em vez do conceito de verde.

Apesar de ter uma resposta em seu próprio intencionalismo básico para o que parece ser um problema insolúvel para o descritivista, Searle parece acreditar que apenas o descritivismo fornece uma solução para esse problema.

> Como pode uma relação entre o nome e o objeto ser estabelecida? [...] Desejo responder dizendo que, embora os nomes próprios não afirmem normalmente ou não especifiquem quaisquer características, seus usos referenciais, entretanto, pressupõem que o objeto ao qual se supõe que eles se refiram possui certas características. Mas quais características? Suponha-se que peçamos aos usuários do nome "Aristóteles" para enunciar o que eles encaram como certos fatos essenciais e decididos sobre ele. Suas respostas seriam um conjunto de enunciados referenciais e descritivos de maneira única. Ora, o que estou argumentando é que a força descritiva de "Este é Aristóteles" consiste em afirmar que um conjunto não especificado, mas suficiente, desses enunciados é verdadeiro a respeito desse objeto. (Searle, 1958, p.171)

Eu presumo que os usuários do nome "Aristóteles", em geral, encarem muitas coisas como fatos decididos sobre Aristóteles: que ele era homem, filósofo e grego, entre outras coisas. Esse fato, contudo, não estabelece qualquer ligação semântica entre o nome "Aristóteles" e qualquer uma ou todas essas propriedades. Para se obter qualquer conexão, devemos ter dado que "Aristóteles" expressa o conceito sujeito na proposição que Aristóteles era homem, filósofo e grego. O fato de que os usuários de "Aristóteles" acreditem que Platão era homem, obviamente, não nos diz nada sobre a significação ou a referência de "Aristóteles" porque não expressa o sujeito da proposição de que Platão era homem. Mas, dado que "Aristóteles" representa o conceito de Aristóteles, isso é suficiente para identificar o referente do nome: Aristóteles. Mesmo que aquilo que aqueles usuários acreditassem sobre Aristóteles, de fato, fosse verdadeiro apenas sobre Platão, isso não faria o nome "Aristóteles" se referir a Platão. Pois "Aristóteles" expressa o conceito de Aristóteles, conceito que Platão não satisfaz.

Um dos principais argumentos de Searle em favor do descritivismo se baseia no *princípio de identificação*, de acordo com o qual "um proferimento de um nome próprio deve veicular uma descrição assim como o proferimento de uma descrição definida deve fazê-lo se a referência deve ser consumada" (Searle, 1969, p.165). Quando diz que a referência é "consumada", Searle (1969, p.85) quer dizer que o falante proferiu uma expressão que capacita o ouvinte a identificar a quem ou a que o falante se refere.

> Aqui, por "identificar" quero dizer que não deveria mais haver quaisquer dúvidas ou ambiguidade sobre aquilo de que exatamente se fala. No nível mais elementar, questões como "quem?", "o quê?" ou "qual deles?" são respondidas. É claro que, em outro nível, essas questões ainda estão em aberto: depois que algo foi identificado, alguém ainda pode perguntar "o quê?" no sentido de "diga-me mais sobre isso", mas não pode perguntar "o quê?" no sentido de "eu não sei do que você está falando". Identificar, tal como utilizo o termo, significa simplesmente responder àquela questão. Por exemplo, em um proferimento da sentença "o homem que me roubou media mais que 1,80 metro", posso dizer que estou me referindo ao homem que me roubou, mesmo que, em certo sentido de "identificar", não possa ser capaz de identificar o homem que me roubou. Posso não ser capaz, por exemplo, de identificá-lo em uma acareação na polícia ou de dizer qualquer coisa a mais sobre ele. Mesmo assim, admitindo que um e apenas um homem me roubou, eu realmente tenho sucesso em fazer uma referência identificadora em um proferimento da sentença anterior. (Searle, 1969, p.85)

As convenções do português habilitam os ouvintes a determinar que o falante se refere a Aristóteles se utiliza o nome "Aristóteles" e a Madagascar se utiliza o nome "Madagascar". Os falantes podem não ser capazes de identificar Aristóteles em uma acareação ou de dizer alguma coisa mais sobre ele, mas isso não impede os ouvintes de saber de quem os falantes estão falando quando eles utilizam "Aristóteles".[10]

Searle infere o descritivismo de seu princípio de identificação porque ele admite que a *única* maneira de responder à questão "A quem ou a que o falante se refere?" é ao utilizar um demonstrativo ou uma descrição definida (Searle, 1969, p.86). Essa pressuposição é falsa. Via de regra, nós respondemos a tais questões utilizando nomes próprios. Se um falante diz: "Aquela grande ilha ao lado da África possui primatas pouco comuns", e o ouvinte diz: "A que ilha você se refere?", o falante pode perfeitamente responder: "Madagascar". Se a pressuposição de Searle fosse verdadeira, nomes não poderiam ser utilizados para se fazer referências consumadas, para começo de conversa. É claro que alguns ouvintes não entendem a palavra "Aristóteles". Eles nem mesmo possuem o conceito de Aristóteles ou não sabem que

10 Em outros contextos, é claro, o uso de "Aristóteles" capacita os falantes a saberem que o falante está se referindo a Aristóteles Onassis.

a palavra "Aristóteles" o expressa. Se eu digo: "Aristóteles era um realista", um ouvinte desse tipo não será capaz de identificar a quem me refiro. O mesmo acontece com as descrições. Um ouvinte que não entende "a raiz cúbica de oito" não saberá a que me refiro quando digo: "A raiz cúbica de oito é menor que três". Se puder oferecer outro termo que identifique para esse ouvinte a quem ou a que me refiro, isso dependerá de fatos sobre mim e sobre esse ouvinte particular que têm pouco a ver com as questões sobre nomes que examinamos.

Searle utilizou antes outro princípio de identificação para argumentar em favor do descritivismo:

> É característico de um nome próprio que ele seja utilizado para se referir ao mesmo objeto em diferentes ocasiões. O uso do mesmo nome em diferentes momentos pressupõe que o objeto seja o mesmo; uma condição necessária de identidade de referência é a identidade do objeto ao qual se refere. Mas pressupor que o objeto seja o mesmo, por sua vez, pressupõe um critério de identidade, isto é, pressupõe uma habilidade da parte do falante para responder à questão: "Em virtude de que o objeto no momento $t_1$, indicado pelo nome *N*, é idêntico ao objeto no momento $t_2$, indicado pelo mesmo nome?". (Searle, 1967, p.489)

Se o mesmo nome "Aristóteles" é utilizado em duas diferentes ocasiões, uma condição necessária e suficiente de que os objetos indicados sejam idênticos é que ambos sejam Aristóteles.[11] Os falantes podem fornecer tal critério de identidade se eles forem espertos o suficiente. Eles podem responder à questão de Searle dizendo: "Em virtude do fato de que ambos são Aristóteles". Isso se segue do princípio que Searle estabeleceu antes:

> Assim, suponha-se que perguntemos quais são as condições necessárias e suficientes para aplicar um nome particular a um objeto particular. Suponhamos, para efeitos de argumentação, que tenhamos meios independentes para localizarmos um objeto; então quais são as condições para aplicarmos um nome a isso; quais são as condições para dizermos, por exemplo: "Este é Aristóteles"? [...] Breve e trivialmente, [...] sua identidade

11 Isso pressupõe que o falante utiliza "Aristóteles" da maneira como o fazemos. Se, em vez disso, o falante utiliza "Aristóteles" querendo dizer "Aristóteles Onassis", então a condição de identidade é que ambos os objetos sejam Aristóteles Onassis.

> com Aristóteles é o que constitui as condições necessárias e suficientes para a verdade de "Este é Aristóteles". (Searle, 1958, p.169-70)

Claro, Searle admitia que um "critério de identidade" seria uma descrição definida que Aristóteles e apenas Aristóteles satisfaz em qualquer momento. Não há razão para se pensar que tal critério de identidade precise ser apresentado, e ninguém, que eu saiba, teve sucesso em apresentar um critério desse tipo para qualquer objeto concreto. O critério mais amplamente aceito para a identidade de objetos materiais ao longo do tempo é a continuidade espaçotemporal. Mas isso falha em alguns mundos possíveis, se não também no mundo real, e ganha a forma de um predicado relacional diádico, ao invés de ser uma descrição definida. Além disso, Aristóteles é uma pessoa para a qual a continuidade espaçotemporal não é geralmente tomada como uma condição de identidade ao longo do tempo. O uso de nomes próprios por falantes competentes do português não requer que esses falantes tenham uma solução para o problema da identidade pessoal.[12]

Outro argumento que Searle apresenta em favor do descritivismo é o de que este seria necessário para explicarmos como se aprende e se ensina o uso de nomes próprios:

> Mas agora perguntemos como ocorre que sejamos capazes de nos referir a um objeto particular utilizando o nome deste. Como, por exemplo, aprendemos e ensinamos o uso de nomes próprios? Isso parece muito simples – identificamos o objeto e, admitindo que nosso aprendiz entende as convenções gerais que regem os nomes próprios, explicamos que essa palavra é o nome daquele objeto. Mas a menos que nosso aprendiz já conheça outro nome próprio do objeto, podemos apenas *identificar* o objeto (as preliminares necessárias para ensinarmos o nome) por ostensão ou por descrição e, em ambos os casos, identificamos o objeto em virtude de algumas de suas características. Assim, agora, parece que as regras para um nome próprio devam de alguma maneira estar logicamente associadas a características particulares do objeto de tal maneira que o nome tenha um sentido, assim como uma referência. (Searle, 1958, p.167 et seq.)

Uma maneira pela qual eu poderia ensinar um falante nativo do espanhol a utilizar o nome "Marte" seria explicar (em espanhol ou em por-

12 Rebato outros argumentos em favor da identificação em Davis (2005).

tuguês) que esse é o nome em português para o quarto planeta. Estaria então utilizando uma descrição para ensinar o uso do nome. Mas nenhuma ligação *lógica* seria estabelecida entre "Marte" e "o quarto planeta". Esses termos singulares não possuem a mesma significação e poderiam ter diferentes referentes. Também poderia ensinar o nome "Marte" apontando Marte em um retrato do sistema solar. Nesse caso, não é nem mesmo claro que tenha identificado Marte em virtude de suas características. Em ambos os casos, o necessário é que o que eu diga faça o ouvinte pensar em Marte e aprender que "Marte" expressa o conceito de Marte.

## 4 O argumento da explicação

Argumentei até aqui que Searle poderia explicar como um nome se liga a seu referente através do fato de que o nome expressa um conceito individual que representa esse objeto. Assim, "Aristóteles" expressa o conceito de Aristóteles, que representa Aristóteles. Apenas Aristóteles satisfaz esse conceito, portanto, Aristóteles é o referente de "Aristóteles". Alguns levantariam agora a seguinte questão: *O que faz com que seja o caso que o conceito de Aristóteles represente Aristóteles?*[13] Searle daria a mesma resposta que ele dá para qualquer outro conceito: o conteúdo intencional de um estado mental é uma propriedade intrínseca. Para que um conceito represente Aristóteles, ele tem de *ser* o conceito de Aristóteles. Não podemos explicar melhor por que o conceito de Aristóteles representa Aristóteles que explicar por que o conceito de vermelho representa o vermelho.

Poderíamos explicar por que um conceito é acerca daquilo que ele é se o conceito pudesse ser analisado em componentes descritivos. O conceito do autor do *De anima* é o do autor do *De anima* porque ele contém o conceito de um autor e o conceito de *De anima* em certa relação. Mas se temos de explicar por que o conceito de Aristóteles representa Aristóteles, também teremos de explicar por que os conceitos descritivos que utilizamos para defini-lo representam o que eles representam (Devitt, 1990, p.83). O que faz com que o conceito de autor represente autores? Nem todos os termos significativos podem ser definidos. De fato, muito de nosso vocabulário básico é indefiní-

13 A esse respeito, ver, por exemplo, Devitt (1990), Margolis e Laurence (1999, p.55) e também Wittgenstein (1953, p.177).

vel; o termo descritivo "vermelho" é um bom exemplo.[14] Mesmo que insistamos *per impossibile* em definir tudo, não há mais razão em insistir que os nomes sejam definidos em termos de descrições do que há em pedir que as descrições sejam definidas em termos de nomes ("nominalismo").

Inspirado por Putnam (1981, p.2-4), Devitt (1990, p.90) descarta a tese de Searle de que o conteúdo intencional é uma propriedade intrínseca meio "mágica". Ele faz isso porque acredita que Searle defende que "um estado mental tenha propriedades intrínsecas que atingem coisas fora da cabeça e as apreende". "*Como poderia* algo dentro da cabeça determinar a referência, que é uma relação com coisas particulares fora da cabeça? Nada interno e intrínseco poderia jamais determinar tal relação." (Devitt, 1990, p.83, 94)

É tautológico que as propriedades intrínsecas não sejam relações com objetos externos e que não são suficientes para determinar quaisquer relações com objetos externos. Se Searle alega que o conteúdo intencional é uma relação intrínseca com objetos externos, ele não recorre a nenhuma mágica, ele se contradiz. Mas Searle não defende tal tolice. O erro está em Devitt conceber a temacidade intencional como "apreensão". Recorde-se a observação de Searle de que a "temacidade" intencional não é uma "relação comum". Não é que ela seja uma relação extraordinária: *a temacidade intencional não é relação alguma*. *A fortiori*, ela nem é uma ligação e nem é como ser a fotografia de algo. Tautologicamente, o conceito de Papai Noel é de Papai Noel. Ser sobre Papai Noel é uma propriedade essencial do conceito, parte de sua identidade. Ser sobre Papai Noel não pode ser uma relação entre o conceito de Papai Noel e Papai Noel porque não existe um Papai Noel para que o conceito esteja ligado a ele. Similarmente, a propriedade de ser acerca do autor do *De anima*, que o conceito do autor do *De anima* possui, não é uma relação com o autor do *De anima*, pois, se fosse, então o conceito do marido de Pítias deveria igualmente ser perfeitamente acerca do autor do *De anima*. Mas ele não poderia ser acerca do autor do *De anima* sem ser o conceito do autor do *De anima*.[15]

É claro que há uma relação entre o conceito de Aristóteles e Aristóteles. O conceito do autor do *De anima* tem a mesma relação com o autor do *De anima* e com o marido de Pítias. O conceito de Papai Noel não tem essa

14 Cf. Fodor, 1975, p.124-56; 1981; 1994; Davis, 2005.

15 Como apontado na nota 3, há um sentido relacional de "acerca de" e "a respeito de" no qual o conceito de Papai Noel não é a respeito de nada, e o conceito do autor do *De Anima* é a respeito do marido de Pítias. Mas aqui estamos preocupados com a temacidade intencional.

relação com nada. Essa relação é o inverso da *satisfação* e pode ser chamada de *referência* (em um sentido relacional do termo). Aristóteles satisfaz o conceito de Aristóteles; assim, o último se refere ao primeiro. Essa relação não é expressa pelo "acerca de" em seu sentido intencional, mas a relação existe de qualquer maneira. O mero fato de que o conceito de Aristóteles seja acerca de Aristóteles não é suficiente para determinar que ele se refira a Aristóteles. Também é preciso que Aristóteles exista e que ele *seja* aquilo *acerca do* que o conceito é. Em geral, *x* satisfaz *c* e *c* se refere a *x* se e somente se *x* é aquilo sobre o que *c* é. Não há nada de mágico aqui.[16]

Devitt (1990, p.99) também pensa que a crença de Searle de que o conteúdo intencional é intrínseco o compromete com o dualismo: "Como *poderia* o conteúdo intencional ser biologicamente percebido?", ele pergunta de maneira incrédula. Essa questão não é menos passiva de resposta que a questão "Como podem as dores ser eventos neuronais?" ou "Como pode a água ser $H_2O$?". A evidência em favor do fisicismo é a evidência de que os conceitos são físicos. Suponha-se que aprendamos que certo evento neuronal seja o conceito de Papai Noel, baseado em parte na evidência de que as pessoas pensam em Papai Noel quando e apenas quando esse evento neuronal estiver ocorrendo com elas, que esse evento neuronal é parte do evento neuronal mais complexo que ocorre quando e apenas quando as pessoas pensam o pensamento de que Papai Noel é alegre e assim por diante. Então saberíamos que esse evento neuronal é acerca de Papai Noel.

## 5 As teorias disjuntivas e de descrição definida de segunda ordem

Searle rejeitou a concepção de Frege de que o sentido de um nome "N" pode ser dado por uma descrição definida. O problema não é meramente que nossa linguagem não tem as palavras para expressar o conteúdo descritivo expresso por um nome, mas que um nome não tem o tipo de conteúdo que tem uma descrição definida. Então, como Searle pode ser um descritivista? Uma vez que o sentido de um termo é sua significação, como pode um nome "N" ter seu sentido em virtude de ser associado com um conteúdo descritivo intencional "D" a menos que "N" signifique "D"?

16 Para uma argumentação mais completa, ver Davis (2005).

A *teoria implícita* ou *da abreviatura de uma descrição definida*, de Frege, é uma forma forte de descritivismo. A questão é se qualquer outra teoria da descrição é viável. Searle primeiro advogou em favor da *teoria disjuntiva da descrição definida*:

> Suponha-se que peçamos aos usuários de um nome próprio, digamos, "Aristóteles", para enunciar o que eles encaram como essencial e como fatos decididos sobre ele. Suas respostas vão constituir um conjunto de descrições, e muitos de seus elementos seriam descrições identificadoras, e a totalidade das quais seria uma descrição identificadora. Por exemplo, Aristóteles era grego, um filósofo, o tutor de Alexandre, o Grande, o autor da *Ética a Nicômaco*, da *Metafísica* e do *De interpretatione*, o fundador do Liceu em Atenas. Embora nenhuma dessas descrições, particular e unicamente, esteja ligada ao nome Aristóteles, algum subconjunto indefinido dessas descrições está [...] É uma condição necessária para que um objeto seja Aristóteles que ele satisfaça pelo menos alguma dessas descrições. Esta é outra maneira de dizer que a disjunção dessas descrições se liga analiticamente ao nome "Aristóteles". (Searle, 1967, p.490)[17]

Kripke (1972, p.278-98) observou que há um mundo possível no qual Aristóteles não satisfaça nenhuma dessas descrições. Aristóteles poderia ter sido um macedônio, que fingiu ser filósofo colocando seu nome nos livros de outros e assim por diante. Kripke também observou que "Aristóteles" é um designador rígido, se referindo ao mesmo indivíduo em todo mundo possível. Segue-se que "Aristóteles era grego, ou um filósofo, ou o tutor de [...]" não pode ser analítico.

O seguinte argumento pode, entretanto, ser persuasivo:

> Um estudioso clássico poderia descobrir que Aristóteles nunca foi tutor de Alexandre ou que ele não escreveu a *Metafísica*, mas se um estudioso clássico descobrir que Aristóteles não escreveu nenhuma das obras a ele atribuídas, que nunca teve nada a ver com Platão ou com Alexandre, nunca chegou perto de Atenas e que nem mesmo era filósofo, mas era, de fato, um obscuro peixeiro veneziano do final da Renascença, então essa "descoberta" se tornaria uma péssima piada. (Searle, 1967, p.490)

17 A esse respeito, ver também Searle (1958, p.172).

Desconsideraríamos tal alegação imediatamente. Mas isso pode ser explicado pelo fato de que nós (ou outros) temos tanta evidência de que Aristóteles era grego, e tanta evidência de que ele tinha algo a ver com Platão, e tanta evidência de que ele viveu em Atenas e assim por diante, que a alegação do suposto estudioso seria literalmente incredível. Ele teria necessidade de uma impressionante quantidade de evidências para provar que todas essas coisas são falsas. Uma hipótese muito mais provável é que esse estudioso estivesse utilizando o nome "Aristóteles" para se referir a alguém diferente de Aristóteles; outra é que ele estivesse fazendo algum tipo de brincadeira de mau gosto. Essa explicação de nossa reação à alegação é mais plausível, com certeza, do que a alegação de que uma disjunção de proposições, aparentemente, logicamente independentes seja analítica, mesmo que nenhuma delas o seja.

Em sua crítica da teoria causal, Searle (1983, p.249) objetou que Aristóteles poderia possivelmente ser um número ímpar. É plausível que diferentes classes de nomes próprios se distribuam em diferentes "divisões" ou "categorias".[18] Em certo sentido, "América" é um nome de lugar; em outro, é um nome de país. Se o falante não estiver pensando em um país, ele não utiliza "América" no sentido de país. As divisões que Searle propõe eram específicas demais, contudo: "homem" para "Aristóteles", por exemplo. É logicamente possível que Aristóteles não fosse um homem, mas um deus, um marciano ou uma máquina excepcionalmente sofisticada, plantada na Terra por deuses ou marcianos. "Objeto concreto" é mais defensável. De qualquer forma, as divisões que poderiam ser parte das significações dos nomes são de longe muito gerais para serem identificadoras.

Os problemas técnicos incluem o fato de que a disjunção das descrições que Searle lista para "Aristóteles" não é uma descrição identificadora, e não pode ser o que permite à pessoa típica aprender "Aristóteles" ou explicar a quem ela se refere. Com "Papai Noel", não é claro o que ocorreria se as descrições entrassem na disjunção. Pois os usuários adultos não acreditam que haja fatos decididos sobre Papai Noel a não ser que ele não existe. E se "Papai Noel" se liga analiticamente à disjunção que inclui algo como "o homem que usa a conhecida roupa vermelha com ornamento branco", então

18 Cf. Searle, 1967, p.489; Geach, 1980, p.83-4; Wiggins, 1980, p.48; Cocchiarella, 1984, p.335-7; Soames, 2002, p.122; Davis, 2005.

a teoria estipulará que "Papai Noel não existe" é falsa. Assim, essa teoria não é apoiada por considerações que conduzem Searle a adotar o descritivismo.

Outras passagens da obra mais antiga de Searle propõem a "teoria do aglomerado" que Kripke atacou. Segundo essa concepção, os nomes estão analiticamente ligados a uma descrição *de segunda ordem*: *"O indivíduo que satisfaz um número suficiente de conteúdos descritivos que os usuários de 'Aristóteles' acreditam que sejam fatos decididos sobre Aristóteles"* (Searle, 1967, p.490; 1958, p.171, 173). Essa descrição é tão vaga, contudo, que não sabemos nem mesmo se ela é verdadeira sobre Aristóteles. Parece não haver esperança de responder a questão "Suficiente para o quê?" de uma maneira que não seja circular. Além disso, não se trata do conteúdo intencional que o usuário típico de "Aristóteles" jamais expressaria. Assim, é difícil ver como isso poderia ter qualquer coisa que fosse com a significação de "Aristóteles". De fato, nenhuma descrição que se refira a um nome pode estar analiticamente ligada com esse nome. A significação de "Aristóteles" não garante que seu referente seja chamado de "Aristóteles" ou que tenha qualquer relação que seja com esse nome. E se alguém perguntar a um usuário de "Aristóteles" a quem ele se refere, seria circular se ele respondesse que utiliza a descrição de segunda ordem anteriormente destacada.

Como observei na seção 3, o critério que Searle utiliza para determinar que uma descrição "D" se liga analiticamente ao nome "Aristóteles" é que os falantes acreditam na proposição de que *Aristóteles é D*. Searle pressupõe corretamente que os falantes têm o conceito de Aristóteles e que esse conceito é uma parte de muitas proposições nas quais eles acreditam. Sem essa pressuposição, Searle não seria capaz de selecionar o conjunto de descrições que selecionou. Todavia, dada essa pressuposição, não há para ele nenhuma necessidade de insistir de maneira implausível que essas descrições estão analiticamente ligadas ao nome. Ele pode sustentar que o nome possui um sentido porque ele expressa aquele conteúdo intencional.

## 6 A teoria de descrição definida variável

Mais tarde, Searle abraçou a *teoria de descrição definida variável*. Segundo essa concepção, um nome não expressa um conteúdo intencional particular. Ele é utilizado para expressar conteúdos descritivos diferentes em ocasiões diferentes, todos eles se referindo ao mesmo objeto.

> A esse respeito, os nomes próprios diferem dos termos gerais. Uma vez que o propósito de ter nomes próprios é simplesmente o de nos referirmos aos objetos, não de descrevê-los, com frequência, realmente não importa muito para nós qual é o conteúdo descritivo que é utilizado para identificar o objeto, desde que ele identifique o objeto certo, sendo que o "objeto certo" é apenas aquele ao qual as pessoas se referem ao utilizarem o nome. (Searle, 1983, p.246)

> Assim, nos termos de Kripke, estou apresentando uma teoria da referência, mas não uma teoria da significação. Contudo, essa distinção não é tão exata quanto ele sugere, pela seguinte razão: o conteúdo intencional associado a um nome próprio pode figurar como parte do *conteúdo proposicional* de um enunciado feito por um falante, utilizando esse nome, mesmo que o conteúdo Intencional associado do falante não seja parte da *definição* do nome. (Searle, 1983, p.256)[19]

Segundo essa teoria, a relação entre nomes e descrições é o contrário do que encontramos com o uso referencial das descrições definidas. Mary pode utilizar "O presidente é republicano" para expressar a proposição de que George Bush é republicano, e Jane, em outra ocasião, pode utilizar a mesma sentença para expressar a proposição de que Bill Clinton é republicano. Segundo a teoria da descrição definida variável, Steve pode utilizar "Aristóteles era um filósofo" para expressar a proposição de que o autor do *De anima* era um filósofo, ao mesmo tempo que Mark a utiliza para expressar a proposição de que o marido de Pítias era um filósofo. A grande diferença é que, enquanto "o presidente" expressa um conteúdo intencional, "Aristóteles" não expressa, segundo essa teoria. Em consequência disso, a teoria da descrição variável não resolve os problemas que motivaram a teoria de Searle, antes de tudo. Segundo essa teoria, os nomes *não* têm sentido. Nenhum dos conteúdos intencionais associados com o nome é o que ele significa. O resultado é que essa teoria herda os problemas do millianismo. Ela não explica a clara diferença de significação entre "Cary Grant é Cary Grant" e "Cary Grant é Archibald Leach". E, além de estipular que "Papai Noel não existe" não tem significação, ela não fornece nenhum critério para

19 A esse respeito, ver também Searle (1967, p.491; 1969, p.172; 1983, p.255, 260).

as verdades descritivas para cuja expressão ela pode, entretanto, ser utilizada. As descrições admitidas não podem ser descritas como aquelas que identificam o "objeto certo", porque não há tal objeto.

A teoria da descrição variável poderia ser formalizada utilizando a noção de Kaplan (1989, p.505-7) de "caráter". Um caráter é uma função que vai de contextos a "conteúdos". Segundo a teoria da descrição variável, os nomes próprios, assim como os dêiticos, estão associados com diferentes conteúdos em diferentes contextos. Para Searle, contudo, os conteúdos são conteúdos descritivos intencionais, em vez de serem intenções (funções de mundos possíveis para objetos). E, diferentemente dos dêiticos, a função de caráter associada a um nome próprio, segundo a concepção de Searle, tem a restrição de que seus valores todos se referem ao mesmo objeto no mundo real. Isso torna ainda mais claro que a teoria da descrição variável não explica a significação de "Papai Noel" ou a diferença de significação entre "Cary Grant" e "Archibald Leach".

A teoria da descrição variável também deixa de explicar a *rigidez* dos nomes (Kripke, 1972, p.269-70, 306). Enquanto os nomes designam o mesmo objeto em todo mundo possível, as descrições definidas, tipicamente, não o fazem. Se a teoria da descrição variável fosse correta, não haveria nenhuma razão para esperar que os nomes sejam rígidos. Segundo essa teoria, (1) é utilizado para expressar um enunciado como (2):

(1) "Aristóteles" se refere a $x$ em $w$ se e somente se $x$ é Aristóteles em $w$.

(2) "Aristóteles" se refere a $x$ em $w$ se e somente se $x$ é o autor do *De anima* em $w$.

Mas, enquanto (1) é verdadeiro para todo mundo $w$, (2) é falso para qualquer mundo $w$ no qual Aristóteles não é o autor do *De anima*.[20]

Além do mais, as sentenças modais da forma de (3) possuem uma ambiguidade estrutural bem-conhecida: a primeira "NP" pode ser entendida como algo dentro ou fora do operador modal.

(3) NP é NP em todo mundo possível.

20 O próprio Searle parece ter argumentado essencialmente assim, utilizando uma descrição diferente anos antes que Kripke apresentasse seu argumento modal. As condições necessárias e suficientes para a verdade de "Este é Aristóteles" é a identidade do referente com Aristóteles (Searle, 1958, p.169-70).

Ambas as interpretações são possíveis, quer "NP" seja um nome, quer seja uma descrição definida. Com as descrições, (3) expressa tipicamente uma verdade quando a primeira "NP" está dentro, e uma falsidade quando está fora. Mas porque os nomes são designadores rígidos, a ambiguidade estrutural não afeta o valor de verdade do enunciado resultante: segundo ambas as interpretações, a sentença expressa uma verdade. Assim, (4) expressa uma verdade quer isso diga que a pessoa que é Aristóteles em qualquer mundo possível é Aristóteles naquele mundo, quer diga que Aristóteles é tal que ele é Aristóteles em todo mundo possível.

(4) Aristóteles é Aristóteles em todo mundo possível.

Se a teoria da descrição variável estivesse correta, contudo, (4) deveria ter as propriedades semânticas de uma sentença como: "O autor do *De anima* é o autor do *De anima* em todo mundo possível"; isso é verdadeiro segundo uma interpretação e falso segundo a outra. O teórico da descrição tentaria evitar esse problema alegando que os falantes sempre utilizam os nomes para expressar descrições rígidas, como: "o autor do *De anima neste* mundo (o mundo real)" ou descrições que deem as condições de identidade para o objeto nomeado (Searle, 1983, p.257-9; Kaplan, 1978; Plantinga, 1978).[21] Mas essa alegação é psicolinguisticamente implausível. A teoria da descrição variável faz a falsa predição adicional de que (4) poderia ser falsa segundo ambas as interpretações. Pois o falante poderia estar utilizando as diferentes ocorrências do nome para expressar diferentes descrições. Assim, em algumas ocasiões, (4) poderia ter o conteúdo: "O autor do *De anima* é o marido de Pítias em todo mundo possível", o que é falso, quer a primeira descrição esteja dentro ou fora (presumindo que a segunda descrição esteja dentro do operador modal).[22]

A teoria da descrição variável é inadequada mesmo como uma consideração acerca da significação e da referência de falante. Como mencionamos de início, Searle (1958, p.170) observou que os nomes diferem das descrições definidas porque os nomes não são utilizados para descrever os objetos aos quais eles se referem. Os próprios nomes não veiculam quais-

---

21 Um erro comum consiste em presumir que "real" enrijece a descrição. A própria "O autor real do *De anima*" é não rígida. Pois, em um mundo no qual Platão escreveu o *De anima*, Platão é o autor real do *De anima*. Podemos dizer que tais descrições tendem a ampliar o escopo em contextos modais.

22 Ver o que Searle (1983, p.256) diz sobre "Hesperus é Phosphorus".

quer conteúdos descritivos particulares, segundo essa concepção. Mas se os nomes são sempre utilizados para expressar conteúdos descritivos como as descrições definidas, então eles são sempre utilizados para descrever seus referentes.

Além do mais, há muito que a teoria da descrição variável não pode explicar sobre a significação e a referência de falante. Admitindo-se que Steve e Mark sejam típicos, eles *querem dizer sempre a mesma coisa por "Aristóteles"*; eles *expressam a mesma proposição*, a saber, que Aristóteles era filósofo; eles *contradizem diretamente* alguém que diga: "Aristóteles não era filósofo"; e eles estão pensando em Aristóteles *como Aristóteles*.

(i) A teoria da descrição variável não implica que Steve e Mark queiram dizer a mesma coisa com "Aristóteles", porque não há nenhum conteúdo intencional que ambos expressam ao utilizarem o nome. Para vermos o quanto eles podem estar longe de quererem dizer a mesma coisa, suponhamos que Tony pense erroneamente que "Aristóteles" é o nome de Platão e que acredite erroneamente que Platão é o autor do *De anima*. Então, assim como Steve e Mark, Tony poderia utilizar "Aristóteles era um filósofo" para expressar a proposição de que o autor do *De anima* era um filósofo e estaria utilizando "Aristóteles" para expressar um conteúdo descritivo que identifica Aristóteles.[23] Mas é óbvio que Tony não queria dizer com "Aristóteles" o que nós queremos dizer com esse nome.

(ii) Tanto Steve quanto Mark expressam o pensamento de que Aristóteles era um filósofo. Isso é distinto do pensamento de que o autor do *De anima* era um filósofo, assim como do pensamento de que o marido de Pítias era um filósofo. Esses três pensamentos são logicamente independentes e podem ocorrer às pessoas independentemente. Segundo a teoria da descrição variável, contudo, não há nenhum pensamento que ambos os falantes expressem.

(iii) Se Mary disse "O quadragésimo presidente era republicano" referindo-se a Reagan, e Jane proferisse sua negação se referindo a Clinton, então o que elas *disseram* era contraditório mesmo que o

23 Isso é verdadeiro no sentido referencial de "referir-se a *N*" que Searle utiliza. No sentido intencional em que as pessoas possam se referir a Papai Noel e outros objetos não existentes, Tony não referia à mesma pessoa que Steve e Mark. A teoria da descrição variável não explica a referência de falante no sentido intencional.

que elas *quisessem dizer* não fosse. Mas, segundo a teoria da descrição variável, se Mary diz "Aristóteles era um filósofo" e Jane profere sua negação, então não há razão para sustentar que o que elas disseram seria contraditório. Pois nenhuma das sentenças expressa uma proposição. O que elas queriam dizer não seria contraditório mesmo que por acaso ocorresse que ambas tivessem expressado o mesmo conteúdo descritivo.

(iv) Pensar em Aristóteles *como Aristóteles* é diferente de pensar em Aristóteles *como o autor do De anima.*[24] Esta última poderia ocorrer se alguém estivesse pensando que o autor do *De anima* era um filósofo, mas não tivesse se dado conta de que Aristóteles era esse autor. Alguém sustentando a proposição de que o autor do *De anima* é um filósofo não precisa ter Aristóteles em mente de nenhum modo. Nesse caso, ele poderia não querer dizer "Aristóteles" ao utilizar "Aristóteles" e não estaria intencionalmente se referindo a Aristóteles. Segundo a teoria da descrição variável, contudo, não há nenhuma diferença importante entre esse caso e os casos típicos. Não há nenhuma maneira de expressar a diferença entre pensar em Aristóteles como Aristóteles e pensar nele como o autor do *De anima*. Pois, segundo essa teoria, não há nenhum conteúdo intencional distintivo para a segunda ocorrência de "Aristóteles" expressar em "S pensa em Aristóteles como Aristóteles".

A teoria da descrição variável também enfrenta problemas com relação ao *erro de crença* e à *ambiguidade*:

(v) Muitos acreditam que Colombo descobriu a América. Logo, eles utilizam "Colombo" para expressar a ideia do "descobridor da América". De fato, outros chegaram à América primeiro. Assim, essas pessoas estão utilizando "Colombo" para se referirem a Colombo de maneira inapropriada (porque elas estão utilizando um conteúdo descritivo que não identifica o objeto certo)? Ou elas estão utilizando "Colombo" impropriamente para se referirem a Leif Ericson (ou o primeiro europeu a chegar). Nenhuma

24 Nos termos de Frege, esses são dois diferentes "modos de apresentação" ou "maneiras de pensar" a respeito do objeto. Nos termos de Searle, eles são diferentes "aspectos" sob os quais o objeto é apresentado (Searle, 2004, p.133).

das duas respostas é atraente. A maioria das pessoas tem uma crença errada sobre Colombo, mas utilizam o nome "Colombo" apropriadamente.[25]

(vi) Finalmente, suponhamos que Carol diga "Aristóteles era um filósofo" e que o único conteúdo descritivo que passa por sua mente enquanto ela diz isso seja "o autor do *De anima*". A teoria da descrição variável pareceria estipular que Carol se refere a Aristóteles. Mas Carol pode querer dizer "Aristóteles Onassis" ao utilizar "Aristóteles" nessa ocasião; "o autor do *De anima*" ocorreu a ela porque ela acredita erroneamente que Onassis escreveu o *De anima*. A teoria da descrição variável não pode explicar o fato de que Carol queria dizer "Aristóteles Onassis" ao utilizar "Aristóteles".

Perguntemos *por que* um falante poderia ter utilizado "Aristóteles" para expressar a ideia de "o autor do *De anima*". Por que esse falante não utiliza "Aristóteles" para expressar a ideia do "autor da *República*" ou do "segundo marido de Jackie Kennedy"? A resposta não pode simplesmente ser que "o autor do *De anima*" identifica o objeto ao qual se referem outras pessoas utilizando "Aristóteles". Pois a mesma coisa é verdadeira sobre "o segundo marido de Jackie Kennedy". Com certeza, a resposta é que o falante queria se referir a Aristóteles (o filósofo) e acreditava que Aristóteles é o autor do *De anima*, não o autor da *República*, nem o segundo marido de Jackie Kennedy. Quando o falante realmente usa o mesmo nome para expressar a ideia do "segundo marido de Jackie Kennedy", isso se dá porque ele quer se referir a Aristóteles Onassis naquela ocasião, e acredita que ele foi o segundo marido de Jackie Kennedy. Isto é, certas descrições definidas estão associadas com um nome porque os falantes o utilizam para expressar um conceito sujeito de certas crenças descritivas. É esse conceito sujeito – não os conceitos descritivos associados a ele – que dá o sentido do nome. Searle poderia ter evitado todas as críticas que seu descritivismo provocou se reconhecesse que nem todos os conteúdos intencionais são descritivos.

25 O que ocorreria se elas também utilizassem "Colombo" para expressar a ideia da pessoa chamada "Colombo"? Elas estão então utilizando o nome tanto apropriada quanto inapropriadamente, ou elas estão se referindo tanto a Colombo quanto a Leif Ericson? Searle (1983, p.248; 251-2) presume que o falante teria de "dar precedência a" ou "recorrer a" uma das descrições em vez da outra. Mas ele não diz o que cada expressão significa ou por que ela deveria ser verdadeira.

# 6
# Sobre a alegada prioridade do pensamento em relação à linguagem

*Christopher Gauker*

A linguagem, defendo eu, é o meio do pensamento conceitual. Por "linguagem", quero dizer as linguagens faladas e escritas, tal como o inglês, o árabe e o chinês. Nego que haja qualquer coisa como uma "linguagem" universal "do pensamento", assim, é certo que isso não se inclui no que chamo de "linguagem". Por "pensamento conceitual" quero dizer o processo de pensamento que consiste em fazer *juízos*. Por exemplo, o juízo de *que* (certo objeto) *é um réptil* é um pensamento conceitual, e o juízo que *alguns répteis podem nadar* é um pensamento conceitual. Assim, eu defendo que todo juízo é um ato de dizer algo, seja de maneira audível, seja *in foro interno*, em alguma linguagem. Mas o que chamo de pensamento conceitual, definitivamente, não é o único tipo de processo mental que mereça ser chamado de "pensamento". Por exemplo, pode haver um tipo de pensamento imagístico que não envolva necessariamente a aplicação de conceitos. Talvez muito pouco de nossas soluções mentais de problemas seja realmente pensamento conceitual.

Os expoentes da doutrina da independência do pensamento conceitual em relação à linguagem gostam de se retratar como heréticos que desafiam a ortodoxia.[1] Embora as coisas possam ter sido assim em certa época, a

---

1 Ver, por exemplo, Stalnaker (1999, p.1) em que, citando Dummett, o autor diz que um axioma fundamental da filosofia analítica é a prioridade da linguagem sobre

independência do pensamento conceitual em relação à linguagem é agora, certamente, a posição ortodoxa, e não a heresia. Qualquer um que ouse negar essa doutrina pode esperar ser ridicularizado e desconsiderado, em vez de receber argumentos sérios. Há não muito tempo, um linguista bem-conhecido me disse com toda seriedade, diante de uma grande audiência, que, segundo minha perspectiva, deveria ser possível fazer um frango pensar ao lhe ser ensinada uma linguagem. Assim, espero que vá haver alguns que já tenham parado de ler este texto, persuadidos desde o primeiro parágrafo de que tudo o que vem a seguir é besteira incorrigível.

Neste curto capítulo, não tenho espaço para uma exposição exaustiva de uma consideração positiva da natureza acerca do pensamento conceitual, mas posso confrontar algumas das principais razões para se pensar que a linguagem simplesmente *não pode* ser um meio para o pensamento conceitual. (O argumento do frango não é uma dessas razões.) Algumas delas são razões que encontramos em escritos de John Searle – especialmente em *Intencionalidade* – e é nessas razões que me concentrarei. Mas nem todos os principais argumentos são argumentos que Searle endossaria, assim, examinarei também alguns argumentos adicionais.

## Intencionalidade intrínseca

A própria versão de Searle da posição agora ortodoxa toma a forma da alegação de que a intencionalidade dos estados mentais é *intrínseca*, enquanto a intencionalidade dos atos de fala é *derivada*. Ao dizer isso, ele quer não apenas afirmar que a intencionalidade dos estados mentais tem primazia sobre aquela da fala, mas também que as diversas tentativas de explicar a intencionalidade dos estados mentais fracassam (Searle, 1983, p.viii–ix).

O argumento explícito de Searle em favor dessa posição é único. Não encontramos esse argumento em qualquer outra parte. Eis o que Searle diz:

---

o pensamento. Stalnaker então observa: "Eu não tinha me dado conta antes de ler isso que linhagens diversas da filosofia analítica eram reunidas por tal artigo explícito de fé, mas meu desconforto em descobrir que eu era herege foi mitigado de alguma maneira pelo reconhecimento de que estava em boa companhia em tal apostasia", e então Stalnaker lista cinco outros filósofos proeminentes que ele acha que compartilham de sua apostasia.

> O desempenho atual no qual o ato de fala é feito envolverá a produção (ou uso, ou apresentação) de alguma entidade física, tal como sons feitos através da boca ou marcas sobre papel. As crenças, temores, esperanças e desejos, por outro lado, são intrinsecamente intencionais. Caracterizá-los como crenças, temores, esperanças e desejos já é atribuir a eles intencionalidade. Mas os atos de fala têm uma realização física, *qua* atos de fala, que não é intrinsecamente intencional. Não há nada de intrinsecamente intencional sobre os produtos de um ato de proferimento, isto é, os sons que saem de minha boca ou as marcas que fazemos no papel. (Searle, 1983, p.27)[2]

Em outras palavras, há uma assimetria entre nossas caracterizações dos estados mentais – tais como as crenças – e nossas caracterizações dos atos de fala que nos justifica por dizermos que a intencionalidade dos estados mentais é intrínseca e que a intencionalidade dos atos de fala é derivada. Por exemplo, não podemos caracterizar uma crença *enquanto tal* sem a caracterizarmos como algo que tem conteúdo. Caracterizar algo como uma crença é implicar que, para alguma proposição *p*, a crença é a crença de que *p* — uma crença de que a casa está em chamas, ou a crença de que os morcegos são pássaros, ou algo do tipo. Ao contrário, podemos muito bem caracterizar um ato de fala como um *proferimento* sem implicar que ele tenha qualquer conteúdo. Podemos caracterizá-lo como uma sequência de sons ou vibrações no ar.

A resposta a esse argumento é que a alegada assimetria não existe. Como o próprio Searle diz, os estados intencionais "são *percebidos* na neurofisiologia do cérebro" (1983, p.15). Assim, uma crença pode ser caracterizada seja *qua* um estado portador de conteúdo, seja *qua* uma entidade neurofisiológica. Atualmente, não somos capazes de dar a descrição neurofisiológica, mas, uma vez que cada crença particular *é* uma entidade neurofisiológica particular, a descrição está lá para ser dada. Assim, há uma perfeita simetria entre o caso dos atos de fala e o caso dos estados mentais. Um ato de fala pode ser descrito como uma asserção de que *p*, ou como uma ordem de que seja o caso que *p*, ou como algum outro ato de fala, e ele pode também ser descrito como um proferimento que consiste em uma sequência de sons ou marcas sobre papel. Da mesma maneira, um estado mental pode ser descrito como uma crença de que *p*, ou como um desejo de que seja o caso que

2 A esse respeito, ver também Searle (1983, p.viii, 22, 26, 28-9).

*p*, ou como outro tipo de pensamento conceitual, ou como uma entidade neurofisiológica.

Aqui, presumo que tanto no caso de coisas como crenças e desejos, quanto no caso de coisas como enunciar ou dar ordens, uma coisa pode ser *identificada* com quem a percebe. Assim, porque uma crença de que a casa está em chamas é *percebida* por certa entidade neurofisiológica, podemos dizer que a crença *é* a entidade neurofisiológica, e porque certo ato de *afirmar* é percebido por certo proferimento, podemos dizer que a asserção *é* o proferimento. Talvez isso seja questionável no caso da crença, e não devamos identificar uma crença com a entidade que a percebe. Muito bem. Mas quaisquer que sejam as objeções que possam nos conduzir a negar a identidade de uma crença com aquele que a percebe, elas deveriam nos conduzir a negar também a identidade de um ato de fala com o proferimento que o percebe. Assim, há ainda uma perfeita simetria entre o caso de coisas como crenças e desejos, de um lado, e coisas como asserções e ordens, de outro.[3]

A alegação de que uma crença particular *é* ou é *percebida* por uma entidade neurofisiológica particular não implica que a crença possa ser corretamente caracterizada como uma crença de que *p simplesmente porque* ela é ou é percebida por aquela entidade neurofisiológica. Em vez disso, esperaríamos que a entidade neurofisiológica fosse se qualificar como uma crença (ou como algo que percebe uma crença) apenas por causa da maneira como ela se encaixa em um sistema maior de entidades neurofisiológicas, e talvez apenas por causa da maneira em que esse sistema maior se encaixa em um mundo mais amplo. O próprio Searle reconhece isso quando ele observa que algo em Jimmy Carter se qualifica como sendo (ou percebendo) o desejo de concorrer à presidência apenas porque a configuração neuronal que percebe esse desejo se encaixa em uma rede de outros estados neuronais que percebem outros estados intencionais e apenas porque essa rede toda funciona diante do pano de fundo de capacidades mentais não representacionais (Searle, 1983, p.19-20).

3 De fato, com base em uma concepção das crenças e desejos muito diferente daquela de Searle, concordo que elas não podem ser identificadas com estados neurofisiológicos particulares (cf. Gauker, 2003). Mas Searle poderia ter formulado seu argumento também em termos de pensamentos ocorrentes e volições, o que eu *poderia* identificar com eventos neurofisiológicos. Assim, ainda há boa razão para desafiarmos sua alegação de assimetria.

Assim, dada uma descrição neurofisiológica *B* de algum estado que *é*, ou *é percebido*, algum estado intencional caracterizado em termos intencionais como *M*, a seguinte questão é perfeitamente séria: o que há sobre *B*, suas propriedades intrínsecas, suas relações com outros estados neurofisiológicos e com objetos e eventos no resto do mundo que faz com que seja o caso que ele seja o estado intencional *M*? Em outra parte, Searle alega que, ao fazer essa pergunta, alguém pressupõe que se a intencionalidade não é algo misterioso, então "é realmente alguma coisa mais, que ela é eliminável por uma redução eliminativa" (Searle, 1998, p.97). Mas não, o que pedimos não é uma identificação da intencionalidade com algo *mais*. O que perguntamos é o que a intencionalidade *é*. Não é uma resposta simplesmente explicar em termos neurofisiológicos como o estado *B surge*.[4] Responder dessa maneira seria confundir uma questão de origem com uma questão de constituição. Também não é uma resposta simplesmente dizer que: "É interno ao estado que ele tenha essa intencionalidade" (Searle, 1998, p.97).

Todavia, poder-se-ia argumentar que há uma assimetria diferente entre coisas como crenças, de um lado, e coisas como asserções, de outro, a saber, a seguinte: a intencionalidade dos atos de fala é imposta a eles pela mente por causa do fato de que a mente confere intencionalmente a esses proferimentos as condições de satisfação que são intrínsecas aos estados mentais que os proferimentos expressam (Searle, 1983, p.27), enquanto os estados mentais não têm suas condições de satisfação impostas a eles. Mas se isso estiver correto, então precisamos de alguma razão para acreditarmos que isso se destaca da primeira alegação de assimetria, que fracassou. Assim, eu me volto para a teoria de Searle (1983) dos atos de fala.

## Atos de fala

Que a intencionalidade do pensamento seja intrínseca, este é um dos princípios básicos da teoria de Searle dos atos de fala. Mais precisamente, o princípio de que a intencionalidade do pensamento é pelo menos *relativamente* intrínseca no sentido de que a intencionalidade dos atos de fala seja *derivada* daquela das intenções com as quais esses atos são realizados. De

4 Ver a discussão sobre a sede em Searle (1998, p.95-6).

acordo com Searle, os atos de fala são significativos apenas na medida em que suas condições de satisfação são "impostas" a eles pelas intenções com as quais eles são feitos (Searle, 1983, p.167-9). Assim, tem de haver algo que possua condições de satisfação que não sejam igualmente impostas, e estas são coisas como crenças e intenções. Além disso, podemos definir as distinções entre os diversos tipos de atos de fala (tais como asserções e ordens) em termos das diferenças de conteúdo entre as intenções que os motivam (Searle, 1983, p.166). É aí, suspeito eu, que temos o argumento que realmente move Searle, pois é aí que a pressuposição de que a intencionalidade do pensamento é (pelo menos relativamente) intrínseca aparece para fazer uma parte do trabalho explicativo.

De acordo com Searle, sempre que alguém desempenha um ato de fala, ele ou ela age com uma "intenção de significação", cujo componente essencial é uma "intenção de representar" (Searle, 1983, p.165-6). (A outra parte, opcional, de uma intenção de significação é uma "intenção de comunicação".) Quando um agente realiza um ato com a intenção de representar que *p*, esse agente realiza um gesto ou som (um proferimento) do tipo *K* com a intenção de que *essa própria intenção* vá fazer com que o agente realize um ato do tipo *K* que tem como suas condições de satisfação que *p*. Searle dá o exemplo do militar que levanta o braço como um sinal combinado de que o inimigo recuou. Nesse caso, a intenção de representar é a intenção do agente de que seu braço se erga como resultado de ter ele aquela própria intenção e de que o levantar de seu braço deva ter como sua condição de satisfação que o inimigo tenha recuado (Searle, 1983, p.167-8). As condições de satisfação então que um falante pretende que um proferimento tenha são consideradas "impostas".

Uma das peculiaridades da teoria de Searle é a ideia de que o conteúdo de uma intenção inclua uma referência a essa própria intenção, mas não darei importância a essa peculiaridade aqui. Aquilo a que eu quero dar importância é ao fato de ser completamente obscuro o que significa dizer que um proferimento *possui* condições de satisfação *como uma consequência* de serem elas impostas. Eu posso entender por que alguém iria querer dizer que um proferimento possui condições de satisfação. Esse alguém diria que um proferimento possui condições de satisfação como consequência de sua significação convencional e do contexto no qual ele é feito, e que é sabendo que o proferimento possui essas condições de satisfação que permite à audiência reconhecer a crença ou outro estado intrinsecamente intencional que subjaz ao ato de fala e o motiva. Mas não é isso o que Searle diz. Ele não pensa que as condições de satisfação que alguém impõe são condições de satisfação que um proferimento possui em virtude da significação convencional da sentença proferida. De fato, não pode haver quaisquer condições substantivas que um proferimento deve satisfazer para ter essas condições de satisfação a não ser a intenção do falante de que o proferimento as tenha, porque então as condições de satisfação não poderiam ser simplesmente *impostas*. O falante não poderia garantir que o proferimento realmente as tivesse simplesmente pelo fato de pretender que ele as tenha. Consequentemente, se perguntarmos pelo conteúdo dessa intenção – *o que é que* o falante pretende ao pretender que seu ato tenha certas condições de satisfação –, não haverá nenhuma resposta que não seja circular.

Assim, deixe-se de lado por ora a insistência de Searle de que as condições de satisfação são simplesmente *impostas*. A certa altura (Searle, 1998, p.140; 2002, p.152), ele realmente reconhece que a significação convencional de uma forma de palavras determine o que o falante pode querer dizer com aquela forma de palavras. Assim, o conteúdo da intenção do falante poderia ser, por exemplo, falar as palavras para as quais as convenções atribuem certas condições de satisfação. Nesse caso, um falante poderia deixar de alcançar o que ele ou ela pretende se a convenção não atribuir, de fato, aquelas condições de satisfação às palavras que ele ou ela utiliza. Uma questão é se, nesse caso, haverá algo que reste à alegação de que a intencionalidade das palavras é *derivada*. Até onde eu sei, em nenhuma parte Searle tentou explicar como as significações *convencionais* das palavras derivam da intencionalidade dos pensamentos do falante, como fez, por exemplo, Grice (1968).

Presumindo que as condições de satisfação têm algum tipo de independência em relação às intenções dos falantes, outra objeção à consideração que Searle faz acerca da intenção de representar será que as pessoas comuns não podem falar com tais intenções porque elas nem mesmo têm o conceito de tais condições de satisfação. O problema não é que elas não saibam o que a frase "condições de satisfação" significa. O problema não é nem mesmo que, ao tentarmos ensinar a elas o que isso significa, elas têm dificuldades e cometem todos tipos de erros a esse respeito – talvez elas tenham simplesmente dificuldade de trazer esse conceito à consciência. O problema é que nem mesmo os filósofos da linguagem compartilham um conceito de condições de satisfação.

Quando nós, teóricos, contemplamos as condições de satisfação, encontramos todos tipos de casos difíceis que eliciam os argumentos sobre se alguma condição pertence às condições de satisfação de alguma coisa ou não. (Pense-se nos debates a respeito da implicatura conversacional. Pense-se nos debates a respeito da relatividade ao contexto.) E encontramos questões fundamentais como se seríamos capazes de analisar a relação de referência em termos naturalísticos. Não estamos no estágio em que podemos dizer que sabemos, em geral, que tipo de coisa as condições de satisfação são e que a única questão é *quais* as condições de satisfação que os pensamentos particulares e proferimentos possuem em casos particulares? Assim, mesmo dentre aqueles entre nós que trabalham com essas coisas, nem todos compartilham de um conceito de condições de satisfação. Assim, parece estar fora de questão que as pessoas comuns aplicam esse conceito toda vez que desempenham um ato de fala significativo.

De acordo com Searle, um ato de fala que tem certa condição de satisfação também *expressa* um estado mental que tem essa condição de satisfação e, além disso, o fato de estar o falante nesse estado mental é uma condição para a sinceridade do ato de fala. Assim, afirmar que *p* é expressar a crença de que *p*, e ter essa crença é condição para a sinceridade da asserção. Uma das virtudes que Searle alega em favor de sua teoria é que ela explica *por que* um ato de fala e o estado mental requerido pela condição de sinceridade para tal tipo de ato de fala têm a mesma condição de satisfação.[5] Mas, até onde posso compreender, Searle não explica isso de fato. Qualquer explicação para isso teria de explicar o que significa dizer que um ato de fala com certa condição de satisfação *expressa* um estado mental com a mesma condição de satisfação e, até onde posso compreender, Searle não tem nenhuma explicação especial para isso de maneira alguma. Searle também alega que sua teoria explica por que as pessoas que ouvem uma asserção têm uma razão para acreditar naquilo que se assevera (1983, p.179). Mas também não acho que sua teoria faça isso.

Assim, se a consideração que Searle faz acerca do conteúdo de uma intenção que caracteriza um ato de fala significativo não é correta, qual é a consideração correta? Eis uma resposta obscura que poderia, apesar dessa obscuridade, ser tudo aquilo pelo que podemos esperar. A intenção carac-

5 A tarefa é estabelecida em Searle (1983, p.165) e a alegação de tê-la realizado em Searle (1983, p.174-5)

terística é uma intenção de *dizer algo*. Mais precisamente, há sempre algum tipo de ato de fala tal que é uma intenção de desempenhar um ato de fala exatamente daquele tipo. Qual é a diferença entre o caso no qual *eu* digo "O programa não responde" e o caso no qual uma sequência de sons que soa parecido é gerada pelo processador de fala de um *laptop*? Bem, o primeiro caso, mas não o segundo, é o produto de uma intenção de *dizer* algo, especificamente, de *afirmar* algo. Qual é a diferença entre um proferimento de "O garçom fez isso" em um tribunal e um proferimento das mesmas palavras por um ator no palco? No primeiro caso, o acusador pretende *afirmar* que o garçom fez algo, enquanto, no segundo, o ator pretende apenas *fingir* afirmar alguma coisa. Para qualquer tipo de ato de fala, a intenção que acompanha caracteristicamente a realização desse tipo de ato de fala é precisamente a intenção de desempenhar um ato de fala daquele tipo.

Se isso estiver correto, então deve haver alguma maneira diferente de caracterizar o *conteúdo* de tal intenção do que como intenção de desempenhar um ato de fala de tal ou qual tipo. Por exemplo, se devemos dizer que a intenção característica de uma asserção é a intenção de fazer uma asserção, então devemos ser capazes de dizer algo do que é uma asserção além de que ela é um ato de fala que resulta da intenção de fazer uma asserção. A alternativa que eu gostaria de propor para o caso da asserção começa com uma ponderação acerca de um conceito normativo explícito que *se aplica apropriadamente* àqueles proferimentos que se qualificam como asserções, a saber, o conceito de *assertibilidade*. Muitos filósofos associam o termo "assertivo" com algum tipo de padrão epistêmico, mas desejo propor uma maneira diferente de defini-lo, em termos de objetivos da conversação à qual pertence uma asserção.

Paradigmaticamente, uma *conversação* é uma troca linguística entre duas ou mais pessoas destinada a alcançar algum objetivo. Esse objetivo pode ser prático, tal como obter comida para comer, ou pode ser ele mesmo linguístico, como responder a uma questão teórica. Nos casos menos paradigmáticos, uma conversação pode envolver apenas uma pessoa que, por assim dizer, fala consigo mesma e, nesses casos menos paradigmáticos, o objetivo que conduz a conversação pode ser meramente fingido. A função distintiva das sentenças modalidade declarativa é a de elaborar os meios pelos quais os interlocutores procuram alcançar os objetivos de uma conversação. Elas fazem isso na medida em que os interlocutores *aceitam* e agem *de acordo* com as sentenças declarativas. Uma sentença declarativa é *assertiva* em uma conversação se e somente se, como uma consequência das convenções da linguagem, os objetivos da conversação e a maneira como o mundo realmente é na ocasião do proferimento, os interlocutores *devem* aceitá-la e agir de acordo com ela. Um *proferimento* é assertivo em um sentido derivado se a *sentença proferida* é assertiva em relação à conversação na qual ela é proferida.

Além disso, uma *asserção* pode ser definida como um ato de fala que pode ser apropriadamente *avaliado* com relação à assertibilidade. Tipicamente, uma asserção provocará avaliações da parte dos outros interlocutores. Eles vão aceitá-la como assertiva ou rejeitá-la como não assertiva (porque ela pode ser negada ou porque ela é simplesmente irrelevante). As asserções são proferimentos de sentenças declarativas apropriadamente sujeitas a esse tipo de avaliação. Assim, uma pedra não é uma asserção porque ela não é um proferimento de uma sentença declarativa de qualquer linguagem. Uma canção pode não ser uma asserção, mesmo que contenha alguns proferimentos declarativos, porque pode não ser apropriado avaliar esses proferimentos com base na assertibilidade. Mas uma mentira será uma asserção porque avaliamos apropriadamente a mentira como não assertiva e, com base nisso, responsabilizamos o mentiroso por afirmar algo que não é assertivo.

Dessa maneira, um tipo de ato de fala pode ser definido em termos do conceito normativo que se aplica apropriadamente a ele. Similarmente, os atos de fala tais como comandos e promessas podem ser definidos em termos de conceitos normativos que se aplicam apropriadamente a eles. Por exemplo, um comando é um proferimento de uma sentença imperativa que pode ser apropriadamente avaliado quanto a sua legitimidade imperativa. Isso concedido, esse tipo de definição não torna mais fácil para nós *reconhecermos* o tipo de ato de fala. O reconhecimento de um ato de fala como tal continua a ser difícil, assim como decidir quais conceitos normativos se aplicam apropriadamente a esse ato de fala.[6]

Uma consideração que pode parecer favorável à tentativa de definir os atos de fala em termos de intenções, em detrimento de minha própria abordagem, é que cada um de nós sabe melhor que qualquer outra pessoa se

6 Para uma defesa dessa abordagem à tipologia dos atos de fala, ver Kölbel (s.d.), que se propõe a explicar as normas constitutivas em termos de estados intencionais. Este não é o caminho que queremos tomar.

fez uma asserção, ou se emitiu um comando, ou se desempenhou qualquer outro tipo de ato de fala. Essa autoridade que cada um de nós possui sobre os próprios atos de fala pode ser considerada da seguinte maneira: cada um de nós é uma autoridade acerca da questão a respeito daquilo que pretende, assim, uma vez que uma intenção é o que determina o tipo de ato de fala, cada um de nós é uma autoridade acerca da questão a respeito do tipo de seu ato de fala. Por outro lado, se os atos de fala não forem *definidos* em termos de intenções, então a autoridade que temos sobre nossas próprias intenções não se estenderá imediatamente à autoridade sobre o tipo de nossos atos de fala. Eu não vejo Searle argumentar desse modo de maneira alguma, contudo, ele realmente parece presumir que temos completa autoridade acerca daquilo que significam nossas palavras, por exemplo, quando ele diz que: "As entidades que não são intrinsecamente intencionais podem se tornar intencionais, por assim dizer, se decretarmos que elas assim o sejam" (Searle, 1983, p.175).

A resposta para isso é que, de fato, não temos perfeita autoridade acerca do tipo de nossos atos de fala. Embora a intenção característica de um tipo de ato de fala seja precisamente a intenção de fazer um ato de fala desse tipo, essa intenção característica não é uma condição necessária para a realização desse tipo de ato de fala. Uma pessoa pode fazer uma promessa sem pretender fazer isso, pois achamos que as pessoas fizeram uma promessa se elas dão todos os sinais de terem feito uma promessa. Similarmente, uma pessoa pode fazer uma asserção sem pretender fazer isso. Suponha-se que eu diga algo insultante a respeito de um colega, mas que julgue mal a situação, ao pensar que todos entenderiam que apenas fingia ser o tipo de pessoa que diria tal coisa sobre o professor Cheesewitz, enquanto, de fato, todos os meus interlocutores considerarão meu ato como uma confirmação de que sou justamente o tipo de pessoa que diria algo daquele tipo. Se se pressupõe que tenho autoridade sobre o tipo de meus atos de fala, então direi que não fiz uma asserção, eu apenas agi equivocadamente, de tal maneira que as pessoas acreditaram que eu fizera uma asserção. Mas não penso que é isso o que diríamos. Tendemos a pensar que o tipo de um ato de fala não pode ser muito diferente daquilo que ele parece ser, de tal maneira que temos de prestar atenção para termos certeza de que aquilo que fazemos é aquilo que pretendemos fazer. Assim, o que diríamos é que se tinha a intenção ou não, de fato, eu afirmei que o professor Cheesewitz carece de temperamento filosófico.

## Animais e bebês

Searle tem outro argumento em favor da prioridade da intencionalidade das crenças e desejos sobre a intencionalidade dos proferimentos. Ele diz que lhe "parece óbvio" que "os bebês e os animais [...] não têm qualquer linguagem no sentido comum ou que não desempenham atos de fala, embora possuam estados intencionais" (Searle, 1983, p.5), e ele diz que antes que houvesse a linguagem, os seres humanos podiam ter crenças e desejos (Searle, 1983, p.177). O fato de que os bebês, os animais não humanos e os hominídeos pré-linguísticos possuam estados intencionais, se isso fosse um fato, não mostraria que a intencionalidade dos estados mentais é "intrínseca" em qualquer sentido, mas mostraria que a capacidade para pensar com as propriedades semânticas não depende da posse de uma linguagem, ao contrário de minha hipótese.

Podemos dizer que um bebê "quer leite" ou que um cão "pensa que seu dono está à porta" (exemplos de Searle), mas é uma questão séria se deveríamos tomar essas atribuições literalmente. Se pensarmos que um bebê deseja literalmente que seja o caso que ele tome leite, então teremos de supor que um bebê tem literalmente o conceito de *leite*. Mas achamos que é bem duvidoso que um bebê sem linguagem articulada conceba literalmente o que é o leite *enquanto tal*. Quanto a isso pode ser dito que nosso uso da palavra "leite" ao creditarmos um desejo a um bebê é apenas um tipo conversa mole à qual recorremos porque não sabemos exatamente sob que conceito o bebê pensa naquele líquido branco (Searle, 2002, p.66). Pode ser isso, mas então qual é, afinal, o argumento aqui? A força do argumento sobre os bebês e os animais repousa em seu apelo ao senso comum e a nossos modos comuns de falar. Se agora tivermos de negar que nossos modos comuns de falar devam ser tomados literalmente, não poderemos mais sustentar que o mero caráter ordinário desses modos de falar deva nos persuadir de que os bebês e os animais realmente possuem pensamentos com conteúdo conceitual.

Em seu artigo "Animal Minds" [Mentes animais], Searle descreve um cão latindo para o alto de uma árvore e alega que o comportamento do cão seria "ininteligível" sem a pressuposição de que esse cão acredita que há um gato na árvore (Searle, 2002, p.68). Mas o comportamento do cão é mais inteligível se nos dizem que o cão acredita que há um gato na árvore? O que um cão espera alcançar latindo para um gato na árvore? Se você me diz que o cão pensa que há um gato na árvore, então, de certa maneira, isso explica o que vejo. Trata-se de uma descrição abreviada do que aconteceu. Talvez um gato tenha corrido para o mato em direção à árvore, o cão correu atrás do gato, mas o gato escapou pelo mato e não subiu na árvore afinal. Mas tudo isso é explicativo apenas porque eu sei algo sobre as tendências dos cães. Eu reconheço o comportamento do cão como exemplo de um padrão. A descrição funciona apenas porque o comportamento em questão é, de certa maneira, similar ao comportamento de alguém que literalmente acredita que haja um gato em uma árvore e tem alguma razão para perseguir esse gato. Mas a descrição me deixa completamente no escuro acerca dos motivos e mecanismos disso.

Sem dúvida, há uma extensa literatura sobre as capacidades cognitivas dos animais e das crianças pequenas que não podemos aqui pôr em revista. O que essa revista nos mostraria, sustento eu, é que não há uma demonstração simples de que os animais não humanos e as crianças em idade pré-linguística sejam capazes de pensamento conceitual. Podemos conceber uma grande variedade de processos de pensamento, os quais podem fazer boa parte do trabalho cognitivo, mas que não merecem ser chamados de "pensamento conceitual". Por exemplo, há a habilidade de rastrear os movimentos de objetos individuais através do espaço (Pylyshyn, 2003). O poder de formar imagens visuais e de outros tipos pode se estender à habilidade de imaginar longas sequências de eventos – inclusive as consequências das próprias ações de alguém. Há também a habilidade de localizar objetos e situações em um espaço multidimensional de qualidades perceptíveis, tais como cor, formato, textura e modo de movimentação (Gärdenfors, 2000). Ao localizarem objetos ou situações em tal espaço e ao compararem as distâncias entre eles nesse espaço, as criaturas podem ser capazes de reconhecer que um objeto ou situação $x$ é mais parecido com um objeto ou situação $y$ que com $z$ e, consequentemente, podem esperar que $x$ vá depois se comportar de modo mais parecido com $y$ do que com $z$. Antes de concluirmos que devemos atribuir pensamento conceitual a animais não humanos e a bebês em idade pré-linguística, precisaremos ter certeza de que suas realizações cognitivas não poderiam ser igualmente explicadas em termos de tais processos mentais não conceituais. Não confio que os psicólogos e os filósofos tenham seriamente tentado fazer isso.[7]

7 Para minhas discussões publicadas de parte dessa literatura experimental, ver Gauker (1990, 1991, 1994a, 1994b, 2005a).

## Computacionalismo

Muitos filósofos da mente foram inspirados pela analogia entre a mente e um computador digital – o modelo computacional da mente. John Searle definitivamente não é um deles. Ele deixa isso perfeitamente claro em seu ensaio mais famoso, “Minds, Brains and Programs” [Mentes, cérebros e programas]. Para aqueles que são inspirados pelo modelo computacional, é difícil conceber a linguagem falada como o meio para o pensamento conceitual por pelo menos duas razões. Primeiro, supõe-se que a analogia explique igualmente os processos pelos quais as linguagens faladas são aprendidas. Assim, a própria linguagem da computação não pode ser uma linguagem falada. Segundo, a significação das palavras faladas não se reflete sempre muito claramente na estrutura gramatical da sentença falada e na escolha de palavras para ela. Assim, as computações não podem ser muito bem definidas com base em sentenças faladas, elas devem ser definidas com base em sentenças da *linguagem do pensamento.*

De acordo com o modelo computacional, o próprio aprendizado da linguagem deve ser produto do pensamento computacional. Se admitirmos que algo tão característico de nosso tipo de inteligência como a linguagem falada não repousa no pensamento computacional, então restaria pouca razão para sequer concebermos o pensamento como computação. Além disso, uma vez tendo presumido que o aprendizado da linguagem é computação, parece inevitável que concebamos o aprendizado de uma palavra como uma questão de mapear as palavras faladas em representações mentais (Fodor, 1975; Bloom, 2002; Murphy, 2002). Os substantivos, os verbos e os adjetivos vão ser aprendidos descobrindo suas extensões – *definindo* essas extensões na linguagem do pensamento (que pode nos dar suas intenções também).

O problema com a teoria do aprendizado da linguagem resultante é esta ser essencialmente uma petição de princípio por presumir que a mente já possui um vocabulário adequado para a tarefa de definir a extensão de cada uma das palavras que pode ser aprendida. Se supusermos que a linguagem do pensamento é *adquirida*, então poderemos perguntar por que as linguagens faladas não podem ser adquiridas da mesma maneira, sem a linguagem do pensamento. Se presumirmos que a linguagem do pensamento é *inata*, então a pressuposição será de que os conceitos como de *parlamento*, *quarta-feira* e *lépton* podem todos ser definidos em termos de conceitos que eram possuídos também pelos primeiros membros de nossa espécie, o que é não apenas absurdo, mas também uma petição de princípio. Isso é uma petição de princípio porque até que, para início de conversa, nos seja dito como a linguagem do pensamento pode ter *evoluído*, podemos especular que o processo por meio do qual as linguagens faladas são aprendidas pelos indivíduos tem muito em comum com o processo por meio do qual a linguagem do pensamento, primeiro, evoluiu na espécie.

Às vezes se diz que enquanto isso for um quebra-cabeça – como os conceitos nos quais a mente mapeia as palavras poderiam surgir na mente ou na espécie independentemente do aprendizado da linguagem –, trata-se de um quebra-cabeça que *devemos* resolver porque, claramente, as linguagens *são aprendidas* e elas são aprendidas por meio do *pensamento*. Ao contrário, enquanto é certo que o aprendizado da linguagem é produto de algum tipo de pensamento, não é de maneira alguma óbvio que o pensamento que torna possível a linguagem ser aprendida é aprendizado *conceitual*. Há certo tipo de processamento mental que torna o aprendizado da linguagem possível, mas não temos de presumir que esse processamento mental seja uma questão de aplicar conceitos de um certo tipo que se possa dizer que as palavras expressam. Pode-se sustentar que as linguagens faladas são o próprio meio do pensamento *conceitual* e, ao mesmo tempo, manter também que relativamente pouco do pensamento que nos capacita a negociar nosso caminho na vida seja pensamento conceitual. No final da seção precedente, listamos alguns outros tipos.

A outra razão que mencionei para negar que a linguagem falada seja a linguagem da computação foi a de que a maior parte da significação que uma sentença possui em qualquer contexto dado não se expressa explicitamente na estrutura superficial de uma sentença. De todos os modos até agora conhecidos, os quais Searle foi um dos primeiros a enfatizar através de sua concepção do "pano de fundo" (Searle, 1983), as palavras que falamos explicitamente podem deixar de ter toda a significação que nossos proferimentos realmente expressam. Uma vez que, contudo, essa significação *existe*, é tentador supor que ela deva estar em algum lugar explicitamente *registrada* e, por essa razão, poder-se-ia postular uma linguagem do pensamento distinta das linguagens que falamos. Por exemplo, se alguém diz: "Aquilo ali parece delicioso", então o que está escrito em sua linguagem do pensamento poderia ser o seguinte (isto é, ser traduzido como): "Aquela torta de pêssegos para a qual olho agora parece deliciosa". Ou se alguém diz: "Samuel está atrasado", o que está escrito em sua linguagem do pensamento poderia ser (ou ser traduzido como): "Samuel está atrasado *para a defesa de sua dissertação*". A razão para pensar que a significação completa deva estar explícita naquilo que está escrito na linguagem do pensamento é que apenas nesse caso os processos computacionais do pensamento vão ser sensíveis a cada parte do que é dito (Pinker, 1994; Levinson, 1997).

Esse argumento do computacionalismo pressupõe que a única maneira pela qual podemos ser sensíveis às significações que expressamos com nossas palavras faladas é, de alguma maneira, *registrando essas significações*. Em outras palavras, está pressuposto, e não demonstrado, que o pensamento tem de ser tratado como um processo de computação. Essa pressuposição pode ser negada admitindo que uma outra maneira pela qual a mente possa ser sensível às significações expressas é sendo sensível às *imagens mentais* que o falante associa com as palavras que fala. Ou pode ser que, às vezes, sejam aspectos da situação na qual o falante fala que determinam aspectos da significação para além daqueles explícitos na sentença proferida e que a própria disponibilidade desses aspectos para a percepção mostrem claramente a necessidade para o falante de representá-los explicitamente no momento em que ele fala.

## Significação e comunicação

Reclamei anteriormente que, embora Searle atribua intencionalidade aos estados mentais, ele declina de nos dizer o que é a intencionalidade, desculpando-se com a alegação de que ela é intrínseca. Minha pressuposição era que não se pode sustentar que *há* intencionalidade ao mesmo tempo que se nega qualquer necessidade de explicar o que é ela. Não quero dizer que eu me comprometo categoricamente a explicar o que *é* a significação. Reconheço que se alguém buscar qualquer tipo de teoria redutiva da significação ou da referência, então buscará primeiro uma explicação que se aplicaria às representações conceituais independentes da linguagem. A razão disso é simplesmente que, se postulamos representações conceituais independentes da linguagem, então será fácil supor que há muitas mais delas que proferimentos nas linguagens faladas e, assim, tais representações vão constituir um campo mais rico de relações que o campo dos proferimentos manifestos nos quais formularemos nossas teorias da significação.

De fato, há muitas preocupações teóricas que conduzem os filósofos a postular algo chamado *significação* ou intencionalidade e, então, a tentarem explicar o que *é* a significação. Se devemos evitar a postulação de pensamentos conceituais independentes da linguagem, teremos de enfrentá-los e mostrar que, no fim das contas, não nos comprometemos com a concepção de que o pensamento conceitual precede e é independente da linguagem falada. Eis algumas das razões pelas quais os filósofos consideraram necessário supor que o mundo contém algo chamado *significação*:

1. *Traduções*: O que a palavra francesa "*maison*" tem em comum com a palavra inglesa "*house*"? Uma resposta seria: uma significação, ou, mais precisamente, um *caráter* no sentido de Kaplan (1989).
2. *A semântica de "S acredita que p"*: Na seguinte sentença: "Vladmir acredita que Mark Twain era um aristocrata mexicano", a que se refere a frase "que Mark Twain era um aristocrata mexicano"? Uma resposta seria: uma significação (ou, mais precisamente, uma proposição).
3. *Relações lógicas*: O que é a relação de implicação lógica? Uma resposta seria: ela é uma relação de contenção entre duas significações. Assim, uma sentença implica logicamente outra se e somente se a primeira sentença expressa uma significação (uma proposição) que contém a significação (proposição) que a segunda sentença expressa.
4. *Comunicação*: O que acontece quando uma pessoa diz algo e outra pessoa entende o que foi dito? Uma resposta seria: o ouvinte apreende a significação da sentença que o falante proferiu (a proposição que esse proferimento expressa naquele contexto) e, com base nisso, identifica a significação (proposição) que o falante tinha em mente ao falar.

Não temos espaço aqui para discutirmos todos esses motivos para introduzir as significações.[8] Mas tratarei um pouco mais acerca do último item da lista anterior, a comunicação, que, em minha opinião, é a raiz dos outros tanto histórica quanto conceitualmente. A ideia básica é que o resultado típico de um falante falar algumas palavras ou fazer algum outro tipo

8 Para uma consideração acerca da tradução, ver Gauker (1994b). Para um tratamento das sentenças sobre crenças, ver Gauker (2003). Para um tratamento alternativo da validade lógica, ver Gauker (2005b).

de sinal é que o falante e o ouvinte chegam a compartilhar um *pensamento* – que o ouvinte vem a ter um pensamento com o mesmo conteúdo proposicional que o pensamento que o falante expressou com suas palavras. Segundo algumas versões, pode-se presumir que o ouvinte forme uma *crença* tendo esse conteúdo; segundo outras versões, o pensamento do ouvinte é apenas uma crença de que o *falante* tem uma crença daquele conteúdo. Além disso, haverá tipicamente algo acerca das palavras do falante ou outros sinais que o falante e o ouvinte possam entender em comum que possa ser chamado de significação convencional. Diferentes versões da ideia básica podem oferecer diferentes considerações acerca dessa significação convencional e do papel que ela ocupa de acarretar a partilha requisitada de pensamentos. Chamemos coletivamente a todas essas teorias de *teoria filosófica da comunicação*.

Às vezes se alega que essa teoria filosófica da comunicação é apoiada pelo senso comum. Realmente, às vezes, perguntamos o que as pessoas querem dizer com o que elas dizem e, às vezes, reclamamos que a significação disso que elas dizem não é clara. Mas dizer essas coisas ainda está longe de alegar que, em geral, a comunicação é uma questão de apreender significações. Nossa fala cotidiana acerca da significação, normalmente, ocorre no contexto da *reparação conversacional*. Alguém disse algo que não entendemos e, assim, perguntamos: "O que você quis dizer?". E, dessa maneira, eliciamos uma reformulação que possamos entender melhor. Ou alguém entende mal o que outra pessoa disse e nós esclarecemos o mal-entendido distinguindo entre "significações". Não é nem um pouco óbvio que esses dispositivos de reparação conversacional revelem um fundamento de senso comum para a teoria filosófica da comunicação.

Também se pensa às vezes que a teoria filosófica da comunicação oferece a estrutura para uma teoria psicológica do aprendizado da linguagem e seu uso. De fato, alguns psicólogos podem ter tomado a teoria filosófica como um ponto de partida, mas não é óbvio que eles devam fazê-lo. Mais uma vez, podemos admitir variedades de pensamento – de processamento mental – diferentes do pensamento conceitual. Os cientistas cognitivos não se dedicaram muito seriamente a conceber essas outras variedades porque eles ficaram apegados a um modelo do pensamento de acordo com o qual pensar é essencialmente a aplicação de conceitos. Os neurocientistas postulam livremente "representações", mas as representações que eles descobriram (tais como detectores de contorno) não se parecem muito com os elementos constitutivos do juízo. Assim, não deveríamos ficar surpresos em descobrir que os tipos mais básicos de processo mental não são concebidos exatamente como aplicações dos tipos de conceitos que, de acordo com a teoria filosófica da comunicação, supõe-se que as palavras expressem.

Outro lugar no qual se poderia utilizar a teoria filosófica da comunicação é na formulação das *normas do discurso*. Falar é algo que concebemos como sendo dirigido por vários tipos de regras. Não há apenas regras relativas a *como* falar – regras de lógica, gramática, uso e estilo. Há também regras relativas *àquilo* sobre o que é o discurso – o que podemos dizer sob certas circunstâncias. Por exemplo, espera-se que digamos apenas aquilo em que acreditamos e, além disso, espera-se que falemos apenas a verdade. Assim, poderíamos tentar colocar uma teoria da comunicação que evoca a significação para ser utilizada na formulação de uma norma do discurso, aproximadamente, da seguinte maneira: poderíamos dizer que uma regra básica da linguagem é que devemos proferir uma sentença declarativa apenas se, à luz das convenções de nossa linguagem, ela expressa um conteúdo proposicional que seja o conteúdo de alguma crença que realmente tenhamos e que seja verdadeira no mundo real.

Esta não é obviamente a maneira errada de se pensar sobre as normas do discurso, mas se tentarmos, poderemos apresentar algumas alternativas. Uma abordagem muito diferente poderia começar com o fato de que, como eu disse anteriormente na seção sobre os atos de fala, uma conversação tem tipicamente um objetivo. Uma abordagem alternativa para se formular as normas do discurso poderia ser falar do que ajuda a alcançarmos os objetivos de uma conversação. Aproximadamente, o que se poderia dizer é apenas o que pode ser esperado para ajudar a alcançar o objetivo da conversação na qual uma pessoa se envolve (tendo em vista as convenções da linguagem e a ordem real das coisas na região pertinente do espaço e do tempo).

## Como podemos pensar na linguagem

Todavia, uma questão permanece: como *poderiam* as linguagens faladas ser literalmente um meio para o pensamento? Quando quer que falemos de viva voz, o *pensamento* que ocorre é o pensamento que subjaz ao ato de fala e o motiva. Assim, quando quer que possamos ser tentados a dizer que alguém "pensa por meio da linguagem", não descobriremos que o pensamento real é esse outro processo que subjaz aos atos de fala interiores e os motiva?

Quando aprendemos a utilizar uma linguagem, adquirimos uma habilidade de coordenar nossos afazeres com outras pessoas de uma maneira que poderia ser completamente impossível sem a linguagem. Tendo adquirido essa habilidade, podemos aplicá-la também na imaginação. Podemos literalmente imaginar ter conversações. Podemos imaginar as diversas coisas que um interlocutor diria, e podemos imaginar as diversas coisas que diríamos em resposta. Dessa maneira, podemos nos preparar para as conversações que devemos encontrar e podemos resolver problemas da maneira que as próprias conversações tornam possível. Nossa hipótese é que não há nada mais nesse processo que seja um pensamento peculiarmente *conceitual* para além desse processo de imaginar conversações.

Isso não quer dizer que o pensamento conceitual consista em imagética verbal. Uma conversação real entre duas pessoas não consiste em imagética auditiva que a conversação causa nos interlocutores. Da mesma maneira, uma conversação conduzida pela imaginação não deve ser identificada com imagética verbal. Uma conversação conduzida pela imaginação pode nem mesmo ser acompanhada de imagética verbal. Às vezes, podemos estar cientes de um tom de voz, mas em outras vezes, não. A maior parte do processamento neurológico que sustenta o processo de pensamento imagístico pode permanecer mesmo que as qualidades perceptivas (que em si mesmas possuem uma natureza neurológica) se desfaçam inteiramente.

Na identificação do pensamento conceitual com uma conversação imaginada, eu suponho que desejemos restringir o termo “pensamento” às conversações internas que não podem ser ouvidas. Mas, de fato, a distinção entre conversação oculta e conversação manifesta não tem uma fronteira natural. Poderíamos igualmente identificar o pensamento conceitual com a conversação *tout court*, inclusive não apenas as conversações silenciosas que uma pessoa tem consigo mesma, mas também as contribuições perceptivas de um indivíduo para a troca verbal interpessoal.

# 7
# Ceticismo sobre regras: a crítica de Searle ao Wittgenstein de Kripke*

*Martin Kusch*

## 1 Introdução

Agora faz quase cinquenta anos que as reflexões de Ludwig Wittgenstein sobre o seguir regras (Wittgenstein, 1953, §138-242) têm sido um dos tópicos mais controvertidos da filosofia analítica. O livro de Saul Kripke *Wittgenstein on Rules and Private Language* [Sobre regras e linguagem privada em Wittgenstein], de 1982, é a interpretação mais bem conhecida e provocativa desse material difícil. Quase todos os principais filósofos analíticos que trabalham com filosofia da mente e filosofia da linguagem comentaram a interpretação de Kripke (cf. Kusch, 2006). Neste capítulo, avaliaremos a contribuição de John Searle a essa discussão ainda em aberto. O texto-chave de Searle é "Skepticism about Rules and Intentionality" [Ceticismo acerca de regras e intencionalidade], um ensaio em que Searle ataca diretamente o livro de Kripke. Embora Searle (2002) tenha sido escrito no início dos anos 1980, não foi publicado antes dos anos 2000. A época de redação explica por que, nesse texto, Searle não faz nenhuma referência a

* Por seus comentários e correções, sou grato a Lorenzo Bernasconi, Jeff Kochan, Nigel Pleasants, Savas Tsohatzidis e Marcel Weber.

qualquer contribuição ulterior no extenso "debate acerca do Kripkenstein". Searle acusa Kripke de mal-entendidos a respeito das ideias de Wittgenstein e sustenta que a interpretação de Kripke coloca Wittgenstein em uma posição frágil e não convincente. Tentaremos defender Kripke contra essas duas acusações.

## 2 O Wittgenstein de Kripke

O problema básico de Kripke (1982) pode ser resumido como se segue, o que pode ser feito independentemente de interpretações conflitantes. Suponha-se que se calcule uma exemplificação do esquema $x + y = z$, no qual $x$ e $y$ sejam maiores do que têm sido em qualquer outra exemplificação do esquema que já se tenha calculado. Presuma-se, para simplificar, que esses $x$ e $y$ sejam 57 e 68, respectivamente. Suponham-se também habilidades aritméticas quase infalíveis e que, logo, calcule-se que $68 + 57 = 125$. Esta é a resposta correta. Ou, em vez disso, esta é a resposta correta desde que se queira dizer *adição* por meio de "+"; desde que se tenha a intenção de seguir a regra de *adição*; desde que se esteja comprometido com o uso de "+" de acordo com a função de adição. Imagine-se um cético que desafie alguém a justificar sua crença de que está comprometido com isso. O cético quer que se justifique a crença de que por meio de "+" quer se significar a *adição* em vez de alguma outra função, digamos, a *quadição*. (A função de quadição coincide com a função de adição se tanto $x$ quanto $y$ forem menores que 57. De outra forma, a função de quadição dá o resultado 5.) O cético insiste que sua justificativa tome a forma de sua identificação de um fato a respeito de você mesmo, um fato em virtude do qual quer dizer e diz *adição* (em vez de *quadição*) por meio de "+", um fato em virtude do qual seguiu e segue a regra para a *adição*. Esse "desafio cético" é, assim, *ontológico* em vez de *epistêmico*: o cético procura mostrar não que, de algum modo, você não é capaz de identificar os fatos a respeito daquilo que quer dizer, mas que não há tais fatos que possa identificar.

Esse desafio cético, sugere Kripke, é central nas considerações feitas por Wittgenstein acerca do seguir regras. Além disso, Kripke argumenta que Wittgenstein estava certo em pensar que o desafio não pode ser enfrentado: não há uma "solução direta" para esse desafio cético. O melhor que podemos fazer é oferecer uma "solução cética". De acordo com essa solução cética, a significação deve ser entendida em termos de "condições de assertibilidade" comunitárias. A significação de, digamos, "Jones quer dizer *adição* com '+'" não é dada pelas condições sob as quais esse (tipo de) enunciado é verdadeiro; a significação de "Jones quer dizer *adição* com '+'" é capturada por nosso entendimento geral e pronto do momento que é apropriado proferir esse enunciado. O "nosso" aqui é importante: o Wittgenstein de Kripke insiste que a significação e as regras são fenômenos essencialmente sociais, e que não podemos dar sentido a um seguir regras *privado*.

## 3 A interpretação de Searle do Wittgenstein de Kripke

Searle (2002) apresenta uma interpretação e uma crítica de Kripke (1982). À medida que essa interpretação se desenrola, vemos que a sugestão mais interessante é que Kripke (1982) diz respeito a duas formas diferentes de ceticismo: nós as distinguiremos como "ceticismo$_1$" e "ceticismo$_2$". O "ceticismo$_1$" diz respeito "à presença de fenômenos mentais suficientes para mediar a relação entre expressões, de um lado, e conceitos, de outro" (Searle, 2002, p.253). Mas o ceticismo$_1$ trata as regras, os conceitos e as significações como "absolutamente claros, não ambíguos e não problemáticos" (Searle, 2002, p.257). A esse respeito, o ceticismo$_1$ difere do ceticismo$_2$. Esse último diz respeito às "noções tradicionais de regra, conceito, significação e estado mental" (Searle, 2002, p.257). O ceticismo$_2$ argumenta que esses fenômenos intencionais podem ser sempre interpretados de muitas maneiras diferentes. A diferença entre o ceticismo$_1$ e o ceticismo$_2$ é talvez melhor capturada de forma diagramática (Figura 7.1).

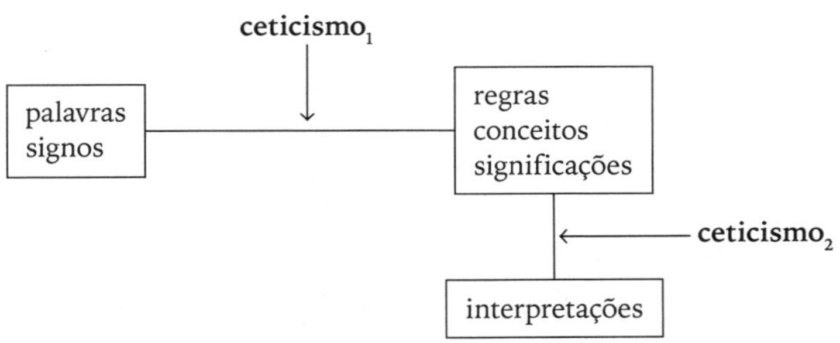


Figura 7.1

Tal como Searle o interpreta, o desafio cético de Kripke (1982) – "o que faz que seja o caso que por meio de '+' queiramos dizer *adição* em vez de *quadição?*" – trai uma preocupação unilateral com o ceticismo$_1$. O ceticismo$_2$ aparece apenas quando consideramos o problema cético da significação em geral e quando desconsideramos as restrições especiais do exemplo original. Admita-se, por hora, que nós abrimos mão da restrição de você nunca ter calculado antes 68 + 57. Para impedir que se tenha a vantagem de seus cálculos anteriores, o cético precisa questionar a interpretação das regras aprendidas no passado. E isso introduz o ceticismo$_2$ com sugestão deste de que as regras não possuem interpretações únicas e fixas.

Searle procura esclarecer melhor a dialética de Kripke (1982) também de uma segunda maneira. Embora reconheça que seja útil a analogia de Kripke entre a significação cética e a consideração que Hume faz da causação, Searle encontra outro paralelo mais impressionante com o ceticismo de Russell a respeito do passado. Este nos apresenta o desafio de eliminar a possibilidade cética de que o mundo tenha começado a "existir há trinta segundos, com todos os nossos fósseis, lembranças, livrarias e fotografias, tudo intacto" (Searle, 2002, p.255). Embora reconheça que, originalmente, Russell formulou seu ceticismo em viés epistêmico, Searle acredita que uma decodificação ontológica é mais sincera. A forma ontológica do ceticismo de Russell pode ser colocada da seguinte maneira: "que fato acerca do presente faz com que seja o caso que os objetos atuais tenham existido no passado?" (Searle, 2002, p.255).

Finalmente, Searle apresenta uma leitura distinta da solução cética de Kripke (1982). De acordo com Searle, a solução cética pretende "mostrar como eu posso justificar meu uso de uma palavra, mesmo que aceite o argumento cético original" (Searle, 2002, p.261). A resposta de Kriple (1982) consiste, de acordo com a perspectiva de Searle, em mudar de condições de verdade para condições de assertibilidade. As condições de assertibilidade me dão a possibilidade de justificar meu uso das expressões. Essas condições não são afetadas pelos argumentos críticos do cético e "dependem de um acordo público": "Qualquer aplicação de uma palavra ou símbolo envolve necessariamente a referência a uma comunidade e depende de haver um acordo geral dentro dessa comunidade acerca do uso correto de uma palavra ou símbolo" (Searle, 2002, p.252). Um falante que queira aplicar uma expressão corretamente deve falar de maneiras com as quais os outros vão concordar (Searle, 2002, p.260).

## 4 O criticismo de Searle a *Wittgenstein on Rules and Private Language*

Searle (2002, p.251) assevera que a leitura de Kripke de Wittgenstein constitui uma "má interpretação". Kripke não apenas deixaria de compreender a diferença entre $ceticismo_1$ e $ceticismo_2$, mas também desconsideraria o fato de que o interesse primeiro de Wittgenstein era para com o $ceticismo_2$ (2002, p.253, 257). O $ceticismo_1$ seria muito menos radical do que Kripke nos leva a acreditar. Esse ceticismo seria incapaz mesmo de desafiar "a concepção fregeana mais ingênua acerca do poder explicativo dos conceitos"; por exemplo, não faria nada para abalar as alegações de que "o conceito de adição explica os resultados da adição" ou de que "a apreensão de Jones do conceito de adição explique seus resultados ao fazer adições" (2002, p.253). Searle defende a própria interpretação de Wittgenstein, deste como um comentador do $ceticismo_2$, lembrando os leitores de um exemplo bem conhecido do parágrafo 185 de *Investigações filosóficas*: considere-se que uma criança que continua a série *2, 4, 6, 8, ...* além de *1.000* com *1.004, 1.008, 1.012* (Wittgenstein, 1953). Searle propõe que aí Wittgenstein destaca o fato de que as regras não são autointerpretativas. A criança pensa que *1.000* marca uma fronteira aritmética importante depois da qual a regra "adicionar 2" deve sempre ser aplicada duas vezes. Isso mostra, propõe Searle, que, para Wittgenstein, "há verdades [a respeito das regras e da significação], mas [que] quaisquer verdades acerca das significações estão sujeitas a interpretações alternativas" (2002, p.257).

Outra objeção importante levantada por Searle diz respeito à solução cética. Searle sustenta que a solução cética é uma petição de princípio com relação ao próprio desafio cético. Se concedermos à significação cética que não há certeza com relação a se você é adicionador ou "quadicionador", então devemos também conceder que não há certeza com relação a se você tem o conceito de *acordo* mais do que o conceito de *quacordo*. E, todavia, se o *acordo* for eliminado juntamente com a *adição*, então a solução cética se torna inviável. Ao cabo, a solução cética se baseia na ideia de que, se o comportamento verbal deles está de acordo com o dos outros, os falantes fazem juízos acerca disso.

Como Searle o colocaria, o próprio Kripke reconhece a força dessa objeção, mas deixa de apresentar uma réplica. Kripke concede que membros de outra forma de vida poderiam aplicar termos como "acordo" de uma maneira "do tipo *quus*". Mas, para Kripke, isso não representa nenhuma objeção ao projeto de Wittgenstein: "Isso não pode ser uma objeção à solução de Wittgenstein a menos que o proíba de fazer qualquer uso que seja da linguagem" (Kripke, 1982, p.146; Searle, 2002, p.260-1). Searle permanece não convencido disso. A solução de Kripke baseada em um acordo deixa de introduzir uma diferença relevante entre as condições de verdade e as condições de assertibilidade:

> O problema não é, como sugere Kripke, uma dificuldade na tentativa de conseguir condições de verdade em oposição a condições de assertibilidade. O problema é o de conseguir qualquer requisito racional que seja acerca de nosso uso das palavras, e a solução que Kripke propõe não mostra como isso seja possível. (Searle, 2002, p.261)

A discussão de Searle, contudo, não é meramente negativa. Ele apresenta sua própria maneira de responder à significação cética. No que diz respeito ao ceticismo$_1$, o anticeticismo de Searle é inspirado por G. E. Moore, que ficou famoso por sustentar que podemos responder ao ceticismo ao invocarmos o conhecimento de nosso senso comum acerca dos objetos ordinários (Moore, 1925, 1939).[1] O ceticismo acerca do mundo exterior é falso uma vez que aqui está uma mão e aqui, outra. O ceticismo acerca do tempo é falso uma vez que comecei a escrever esse parágrafo há dois minutos. O ceticismo acerca do espaço é falso uma vez que estou sentado diante de meu computador. E assim por diante. Searle primeiro experimenta essa manobra contra o ceticismo de Russell acerca do passado:

> Não há nenhum fato acerca do presente que faça ser o caso que os objetos atuais tenham existido no passado além do fato de que muitos existiram no passado [...] Os fatos a respeito desse relógio que fazem ser o caso que ele tenha existido no passado são tais coisas como que ele foi feito na Suíça há mais ou menos 45 anos. (Searle, 2002, p.262)

E uma vez que Searle considera essa resposta bem-sucedida, ele a repete – *mutatis mutandis* – contra a significação cética:

> se tomarmos seriamente a questão: "Que fato a respeito de nós faz com que seja o caso que por meio de '+' queiramos dizer adição e não quadi-

1 Acerca desse assunto, ver também Malcolm (1942).

> ção?", obteremos fatos do seguinte tipo: me foi ensinado na escola a utilizar o sinal "+" para a adição e, finalmente, depois de praticar, consegui fazer adições. Simplesmente aprendi a adição [...] O fato acerca de meu passado que faz que seja o caso que queira dizer adição e não quadição é que aprendi a utilizar "+" para a adição e não para a quadição. Ponto. E o fato acerca do meu presente que faz com que seja o caso que agora queira dizer adição e não quadição é simplesmente o fato de que quero dizer adição e não quadição. Ponto. (Searle, 2002, p.262-3)

Searle reconhece, é claro, que o cético não ficará impressionado com essa resposta. A resposta de Searle consiste em devolver ao cético o ônus da prova. Ele pertence ao cético, que nos força a sair de nossa atitude de senso comum – e Searle (2002, p.262) se declara incapaz de encontrar qualquer consideração que possa fazer esse trabalho.

Contra o ceticismo$_2$, Searle segue o exemplo da observação de Wittgenstein de que "há uma forma de apreender uma regra que *não* é uma *interpretação*" (Searle, 1958, §201; 2002, p.259). Searle desenvolve essa ideia explorando sua teoria do "pano de fundo". O pano de fundo de nossos estados intencionais são "capacidades" não intencionais.[2] A presença dessas capacidades restringe radicalmente as maneiras nas quais as regras podem ser interpretadas:

> Em qualquer caso dado de aplicarmos uma regra, nosso comportamento é fixado pelo fato de que a temos e a aplicamos apenas mediante um conjunto de práticas de pano de fundo e capacidades. Não temos de apresentar uma nova interpretação da regra. (Searle, 2002, p.264)

## 5 Uma leitura alternativa do desafio e do argumento cético

Para desenvolvermos uma perspectiva crítica acerca da discussão de Searle a respeito de Kripke (1982), precisamos introduzir, ainda que de ma-

2 A saber, "habilidades, disposições, tendências e, em geral, estruturas causais" (Searle, 1959, p.129), "um conjunto de habilidades, posturas, suposições pré-intencionais e pressuposições, práticas e hábitos" (Searle, 1983, p.154).

neira breve, meu próprio enquadramento acerca de *Wittgenstein on Rules and Private Language* (Kusch, 2006). Esta é a tarefa desta seção.

Na vida diária, ocasionalmente, dizemos a respeito de outras pessoas e de nós mesmos que elas seguem, ou nós seguimos, uma regra, apreendemos um conceito ou queremos dizer algo por meio de dada palavra ou signo. Kripke (1982) é um estudo crítico das análises filosóficas de tais atribuições de significação. A maior parte dessas análises se baseia no mesmo "retrato", o qual, aqui, contrasta com "teoria" (Kripke, 1982, p.50). Um retrato de um fenômeno é bruto, vago, metafórico, apenas formulado explicitamente em parte e passível de diferentes maneiras de se desenvolver e de se tornar preciso. O mesmo retrato pode, portanto, subjazer a teorias diferentes e até mesmo incompatíveis. Proponho denominar o retrato investigado por Kripke (1982) de "determinismo de significação". O determinismo de significação sustenta que as sentenças da forma "a pessoa *x* quer dizer *Y* por meio do signo 'z'" (por exemplo: Jones quer dizer *adição* por meio de "+") são verdadeiras se e somente se *x* possui certo estado mental. Esse estado mental *constitui* a significação que *x* atribui a *Y* por meio de "z", ou, colocado de maneira diferente, esse estado mental é a condição necessária e suficiente para *x* querer dizer *Y* por meio de "z". O determinismo de significação faz diversas pressuposições a respeito desse estado mental.

A primeira dessas pressuposições, que chamaremos de *conhecimento imediato* (*DS-1*), é a de que, usualmente, *x* conhece esse estado mental "de maneira imediata e com clara certeza" (Kripke, 1982, p.41). A segunda, *privacidade* (*DS-2*), é a de que o estado mental constitutivo da significação é um estado *intrínseco* de *x*; *x* poderia estar nesse estado mesmo que ele nunca tivesse qualquer contato com outros seres humanos: "uma pessoa seguindo determinada regra deve ser analisada simplesmente em termos de fatos a respeito daquele que segue a regra e apenas ele, sem referência a ele pertencer a uma comunidade mais ampla" (Kripke, 1982, p.109).

A terceira pressuposição do determinismo de significação é a *apreensão* (*DS-3*). Essa pressuposição introduz o tempo e o aprendizado no retrato. A apreensão possui diversos aspectos. *Apreender enquanto causa* é a ideia de que apreender uma significação em determinado momento pode ser a causa de aplicar uma expressão de certa maneira em um momento posterior: "as instruções que demos a nós mesmos no passado nos levam [...] à resposta '125' em vez de '5'" (Kripke, 1982, p.13). Os atos de apreensão são *privados*

(Kripke, 1982, p.68, 79-80). A razão pela qual os atos de apreensão podem ser privados é que eles consistem em um indivíduo formar intenções e, assim, dar a si mesmo instruções a respeito do uso futuro de um signo (*apreender enquanto pretender*): "Este é todo o objetivo da noção de que, no aprendizado de adicionar, apreendemos uma regra: nossas intenções passadas a respeito da adição determinam uma resposta única para indefinidamente diversos novos casos no futuro" (Kripke, 1982, p.7-8). De acordo com o determinismo de significação, os conjuntos de exemplos que são utilizados no aprendizado são sempre limitados em número. Aprendemos a adicionar com base em um número finito de exemplificações de $m + n = o$; o conceito de *gato* nos é ensinado com base em um número finito de gatos. Porque o "conjunto de aprendizagem" é sempre e necessariamente finito dessa maneira, apreender uma significação ou conceito possui o caráter de uma *extrapolação*. Chamemos essa alegação de *apreensão como extrapolação* (Kripke, 1982, p.7, 8, 82):

> nessa nova instância [o problema "68 + 57 = ?"], deveríamos aplicar a mesma função ou regra que aplicamos tantas vezes no passado. Mas quem é que dirá que função era essa? No passado, nós nos demos apenas um número finito de exemplos que instanciam essa função. (Kripke, 1982, p.8)

Estreitamente relacionada com a *apreensão como extrapolação* está a *apreensão como interpretação*. Ao menos, ela se relaciona estreitamente na medida em que nos concentrarmos apenas na ideia de que aprender envolve uma *interpretação* do conjunto de aprendizagem: "o cético argumenta, em essência, que sou livre para dar qualquer nova resposta a um problema de adição, uma vez que posso sempre interpretar minhas intenções anteriores convenientemente" (Kripke, 1982, p.32). "Podemos conceber um estado finito que não *pudesse* ser interpretado de uma maneira *quus*?" (Kripke, 1982, p.52) Finalmente, o determinismo de significação utiliza o ato de apreender também para explicar por que diferentes falantes aplicam uma expressão de maneiras altamente similares ou idênticas. A razão pela qual duas pessoas, $x_1$ e $x_2$, chamam ao mesmo animal de "gato" é que elas apreenderam o mesmo conceito ou significação de *gato* no passado (= *apreensão enquanto explicação*): "todos nós respondemos tal como respondemos a '68 + 57' porque todos nós apreendemos o conceito de adição da mesma maneira" (Kripke, 1982, p.97).

A quarta pressuposição, a *normatividade semântica* (*DS-4*), também é melhor compreendida como um termo que recobre diversas ideias específicas, são elas: (a) *ausência de cegueira*: se Jones apreendeu a significação de "+", então seu uso de "+" não é cego (Kripke, 1982, p.10, 15, 17, 23); (b) *condução*: o estado mental de *x* que é constitutivo de significação conduz e instrui *x* sobre como aplicar "*z*": "as 'ideias' ou 'significações' internas conduzem nosso comportamento linguístico" (Kripke, 1982, p.56); (c) *justificação*: uma vez que o estado mental que constitui a significação conduz *x* em seu uso de "*z*", *x* pode se referir a esse estado mental para justificar seu uso de "*z*" (Kripke, 1982, p.11); (d) *justificação de aplicação não hesitante*: "Eu imediata e não hesitantemente calculo '68 + 57' enquanto faço, e a significação que atribuo a '+' supõe-se que *justifica* esse procedimento" (Kripke, 1982, p.40); (e) *interpretação da esquerda para a direita dos condicionais de significação*:

> Se Jones quer dizer *adição* por meio de "+", então se alguém lhe pergunta a respeito de "68 + 57", ele responderá "125" [...] o condicional, tal como enunciado, faz parecer que algum estado mental ocorre em Jones para garantir sua realização dessas adições particulares, tal como "68 +57". (Kripke, 1982, p.945)

Embora a quinta pressuposição-chave da determinação de significação, a *objetividade* (*DS-5*), esteja implícita no que já foi dito anteriormente, é útil que seja formulada explicitamente. A ideia é que o estado mental constituinte da significação de *x* contém e determina todas as aplicações futuras corretas – potencialmente infinitas – de "*z*". Às vezes, os deterministas quanto à significação perdem as esperanças de explicar qual é o sentido relevante de "contém" e de "determina". Eles então qualificam esses verbos com a seguinte expressão adverbial: "de uma maneira estranha" (Kripke, 1982, p.52).

O sexto ingrediente-chave do determinismo de significação é o *realismo clássico* (*DS-6*). O núcleo deste é a ideia de que "uma sentença declarativa adquire seu significado em virtude de suas *condições de verdade*, em virtude de sua correspondência com os fatos que devem se dar para que ela seja verdadeira" (Kripke, 1982, p.72). O determinista quanto à significação defende as ideias de que a significação é dada pelas (ou por sua contribuição para as) *condições de verdade*; de que essa verdade deve ser analisada de acordo com a teoria da correspondência e de que essas proposições desempenham um papel explicativo central na filosofia da linguagem e na filosofia da mente (Kripke, 1982, p.86).

A sétima pressuposição, a derradeira, é a *justificação metafísica* (*DS-7*). Isso nos leva à motivação geral do determinista quanto à significação. O objetivo geral deste é o de justificar nosso uso das atribuições de significação. Ele acredita que nossas atribuições de significação pedem uma permissão filosófica e que seu projeto pode realizar isso. Para o determinista quanto à significação, a justificação de nossas atribuições de significação deve provir de considerações ontológicas – trata-se de um exercício de metafísica (Kripke, 1982, p.66).

O determinismo de significação é central em *Wittgenstein on Rules and Private Language*. O capítulo 2 desse livro testa tanto o "retrato" geral quanto as diversas tentativas de dar a ele precisão teórica. Todas essas posições são testadas por meio do confronto com o desafio cético de explicar o que faz com que alguém queira dizer *adição* em vez de *quadição* por meio de "+". O alvo inicial é a imagem do determinismo de significação. A questão é se ele possui os recursos para selecionar um fato em que alguém – digamos, Jones – diga *adição* por meio de "+". Duas propostas são tentadas e rejeitadas. De acordo com a "resposta uso", primeira delas, é o uso de Jones de "+" que determina se ele quis e quer dizer *adição* ou *quadição* por meio de "+" ou não (Kripke, 1982, p.8). Essa solução falha. Meu uso passado de "+" é necessariamente finito e, logo, ele não pode determinar uma função única.

A segunda resposta, a "resposta algoritmo" (Kripke, 1982, p.16-7), sustenta que o que torna "Jones quer dizer *adição* por meio de '+'" verdadeira é que Jones segue, e seguiu no passado, algum algoritmo para os cálculos com o signo "+". Tal procedimento algorítmico é a contagem de bolinhas de gude. Jones determina o resultado de 57 + 68 formando duas pilhas de bolinhas de gude, com 57 e com 68 bolinhas respectivamente, combinando as duas pilhas em uma e contando o número total de bolinhas. Essa resposta também falha. Ao tentar identificar o estado mental que constitui a significação para Jones de *adição* por meio de "+", o determinista quanto à significação invoca outros estados mentais de Jones, a saber, o estado mental que constitui sua posse dos conceitos de *contar* e de *pilha*. E, assim, a questão real, a saber, o que faz com que Jones tenha um conceito ou significação em vez de outro, não foi respondida.

Nesse ponto da discussão as versões teoricamente mais refinadas do determinismo quanto à significação entram em cena. Um primeiro desses refinamentos é o "disposicionalismo semântico redutivo". Em sua forma mais sofisticada, ele sustenta que Jones agora quer dizer *adição* por meio de "+", uma vez que, *ceteris paribus*, ele tem a disposição de apresentar somas em resposta a questões da forma: $m + n = ?$. Aqui, a cláusula *ceteris paribus* envolve uma idealização das habilidades de Jones. O cético argumenta que isso não pode estar certo. Dentre outras coisas, o disposicionalismo deixa de capturar a *normatividade semântica*. Se Jones apresenta "z" como uma manifestação de sua disposição para apresentar "z" sob as circunstâncias C, então ele não se dirige pela disposição. Compare-se: um cubo de açúcar tem a disposição de se dissolver em água, mas ao manifestar essa disposição em determinada ocasião, o cubo de açúcar não se dirige por essa disposição.

A segunda versão do determinismo refinado quanto à significação é a sugestão de que "Jones quer dizer *adição* por meio de '+'" é verdadeira se e somente se ela é a explicação mais simples para o fato de Jones operar com o signo "+". O cético aponta que essa proposta viola a pressuposição do *conhecimento imediato*: se *x* quer dizer *Y* por meio de "z", então *x* conhece usualmente seu estado mental constitutivo de significação "imediatamente e com clara certeza". A proposta de simplicidade não pode honrar essa condição uma vez que ela torna o conhecimento de significações inferencial em vez de direto.

O próximo passo no argumento cético ataca a forma não redutiva do determinismo quanto à significação, que estipula que estar em um único e no mesmo tipo de estado mental constitutivo de significação é, primeiro, ter um único e o mesmo tipo de "sensação" qualitativa ou *quale* e, segundo, saber diretamente acerca desse *quale* com base na introspecção (Kripke, 1982, p.41-51). É claro que requer pouca reflexão para nos darmos conta de que essa proposta empirista clássica é insatisfatória: ela deixa de fazer justiça à *normatividade semântica*. Isso é completamente óbvio no caso da *condução*: segundo o retrato do determinista quanto à significação, o estado mental que constitui o fato de Jones querer dizer *adição* por meio de "+" conduz Jones em como utilizar "+", isto é, o conduz em como responder a questões do tipo isso-mais-aquilo. Isso pode se dar – sempre, segundo o retrato do determinista quanto à significação! – porque aquele estado mental possui conteúdo intencional: querer dizer *adição* por meio de "+" é pretender *que* se utilize o signo "+" de certas maneiras especificáveis. Infelizmente para a teoria aqui testada, os *qualia* não possuem tal conteúdo. E, logo, por si próprios, não podem fornecer nem a condução, nem a justificação.

A seguinte proposta determinista quanto à significação insiste que os estados mentais constitutivos da significação são estados *primitivos*. Kripke (1982) antecede sua crítica dessa proposta com duas observações dignas de nota: que a proposta, "em certo sentido, pode ser irrefutável", e que "se ela for tomada de uma maneira apropriada, Wittgenstein pode até mesmo aceitá-la" (Kripke, 1982, p.51). Entretanto, há uma "dificuldade lógica" a respeito da ideia de que pode haver "um estado de 'querer dizer adição por meio de todo *mais*'". O problema é que tal estado seria um estado finito de uma mente finita. E, todavia, para ser o estado de querer dizer adição por meio de "mais", esse estado teria de determinar os resultados para um número infinito de questões do tipo isso-mais-aquilo. O defensor do primitivismo semântico nos deve uma explicação de como é possível que qualquer estado mental finito possa ter essa capacidade (Kripke, 1982, p.52-3). De outro modo, o determinista quanto à significação deixa de ser fiel à *objetividade*.

Finalmente, o platonismo constitui um tipo diferente de primitivismo semântico. Com respeito à função de adição, o platônico alega que ela é primitiva ou objetiva no sentido de ser inteiramente independente da mente. O mesmo vale para os sentidos objetivos de *adição* ou de *mais*. Enquanto objetos não espaciais e não temporais, os sentidos platônicos não estão determinados pela finitude. Assim – *prima facie!* –, não há problema em eles determinarem um número infinito de casos. Pouca reflexão é necessária para compreendermos que o platonismo não resolve os problemas do determinismo quanto à significação. Os estados mentais são finitos, mas a função de adição é infinita. Como então um estado mental pode apreender essa função? O platônico pensa que está em melhor posição para responder a essa questão, uma vez que, entre os estados mentais e a função de adição, ele coloca o sentido objetivo. Esse último é concebido como tendo tanto um lado finito quanto um lado infinito: ele é finito – um sentido – e, todavia, determina um número infinito de verdades. Mas esse passo é duvidoso: se não entendermos como um estado mental finito pode apreender uma infinidade, então não entenderemos como um estado mental finito pode apreender uma entidade objetiva finita que determina uma infinidade.

## 6 Há duas formas de ceticismo em *Wittgenstein on Rules and Private Language*?

Agora já esbocei o suficiente meu próprio entendimento de Kripke (1982) para me ocupar da interpretação de Searle acerca do desafio e do argumento cético. Primeiro e antes de tudo, estou intrigado com a distinção de Searle entre duas formas de ceticismo em Kripke (1982). Searle baseia sua interpretação na própria formulação do desafio cético: "o que faz que por meio de '+' queiramos dizer *adição* em vez de *quadição*?". Searle aqui entende *adição* e *quadição* como algo que se refira a sentidos ou conceitos fregeanos. Mas isso não pode estar correto. Lembremos que o platonismo fregeano é apenas uma entre sete diferentes respostas deterministas quanto à significação ao desafio cético. Se a interpretação de Searle fosse correta, os sentidos fregeanos (ou outras entidades intensionais) teriam de figurar em cada uma das propostas deterministas quanto à significação. E isso não acontece. Assim, devemos entender o desafio cético de forma diferente. Quando o desafio cético fala de *adição* e de *quadição*, ele se refere a conceitos (ou regras, funções ou significações) "em extensão" em vez de conceitos (ou regras, funções ou significações) "em intensão". A adição-em-intensão é um objeto abstrato (fregeano), enquanto a adição-em-extensão é o conjunto de todas as somas (Pettit, 1990). O desafio cético nos pede para cobrirmos o (suposto) vazio entre os signos e os conceitos-em-extensão. Os conceitos-em-intensão são parte integrante de *algumas* respostas ao desafio cético. Se lemos o desafio cético dessa maneira, então desabará a distinção de Searle entre duas formas de ceticismo. O ceticismo quanto à significação nos desafia a fornecermos uma ligação entre os dois extremos do retrato feito por Searle – as "interpretações" de Searle sendo nossos "conceitos-em-extensão". E não há nenhuma sugestão no texto de Kripke de que esse ceticismo possa ser subdividido em dois estágios ou desafios distintos.

Segundo, o que o cético mostra ser interpretável de múltiplas formas não são apenas, como o ceticismo$_2$ de Searle consideraria, as regras *enquanto fenômenos intencionais*, mas diversos conteúdos mentais não intencionais e entidades físicas: o uso passado e os conjuntos de aprendizagem, signos e algoritmos, disposições para produzir sons ou marcas e os *qualia*. Isso significa que o argumento de Kripke esteja em um estado ainda pior do que Searle alega? Não penso que seja o caso. Ao contrário, suspeitamos que Searle entenda mal o principal tema de Kripke (1982). O interesse último do Wittgenstein de Kripke para Kripke é o de entender a intencionalidade e o conteúdo intencional. O estudo deste último das explicações filosóficas das atribuições de significação é meramente um passo nesse caminho. A questão "sob que circunstâncias é correto atribuirmos o conceito de *adição* a Jones?" é apenas um caso especial da questão "sob que circunstâncias é correto atribuirmos *qualquer* conteúdo intencional?". Ora, uma vez que os fenômenos intencionais são os *explananda* centrais de toda a investigação, a questão não pode ser se eles possuem interpretações únicas. A questão é, ao contrário, se dado fenômeno intencional – por exemplo, que queremos dizer com *adição* por meio de "+" – jamais pode ser a única interpretação de dado conjunto de conteúdos não intencionais. Colocando-se de maneira diferente, o desafio é o de mostrar como vamos do fenômeno não intencional para o fenômeno intencional, e *não* o de mostrar como estabelecemos interpretações únicas de entidades intencionais.

Terceiro, admita-se que Searle esteja certo acerca das duas formas de ceticismo. Mesmo nesse caso, ele estaria errado ao dizer que o argumento cético deixa mesmo "a concepção fregeana mais ingênua acerca do poder explicativo dos conceitos (significações, regras, funções etc.) [...] inteiramente intocada" (Searle, 2002, p.253). Suponha-se que o cético fosse bem-sucedido nessas tentativas de mostrar que nós (*qua* deterministas quanto à significação) somos incapazes de explicar como qualquer regra (conceito, significação, função) alguma vez poderia ser apreendida. Com certeza, isso lançaria dúvida não apenas acerca dos atos mentais de apreensão, mas também colocaria a própria existência das entidades abstratas como regras e conceitos em séria dúvida. Essas entidades abstratas e atos abstratos de apreensão são parte integrante da mesma teoria explicativa (popular) geral para darmos sentido causal e normativo ao comportamento humano. Estamos acostumados a explicar os cálculos das pessoas, tal como "68 + 57 = 125", invocando sua apreensão de uma regra de adição. Se essa explicação fracassar porque não se pode dar qualquer sentido a essa apreensão, então, inevitavelmente, a regra será um segundo fracasso. A inferência para a melhor explicação garantidora da pressuposição de regras abstratas terá perdido sua base.

Quarto, isso faz permanecer a questão a respeito de como o Wittgenstein de Kripke se relaciona com o próprio Wittgenstein. Como vimos anteriormente, Searle não encontra muito em comum entre os dois filósofos. Meus argumentos nesta seção tornaram essa questão ainda mais urgente. Se Searle estiver correto ao dizer que o Wittgenstein real se interessa apenas pelo ceticismo$_2$, e se eu estiver correto ao dizer que o ceticismo$_2$ não aparece em *Wittgenstein on Rules and Private Language*, então Kripke realmente deve ter produzido uma "má interpretação de Wittgenstein" (Searle, 2002, p.251). Mas Searle *não* está certo. Pode ser mostrado que o "paciente de Wittgenstein" está muito próximo do determinista quanto à significação visada em Kripke (1982). Deixe-me explicar. O capítulo 2 de *Wittgenstein on Rules and Private Language* é naturalmente tratado como um diálogo entre o cético quanto à significação e o determinista quanto à significação. As *Investigações filosóficas* podem também ser encaradas como um diálogo. Prestando atenção à conhecida ideia wittgensteiniana, podemos rotular os dois personagens como "o paciente" e "o terapeuta". O paciente sustenta e defende certas concepções filosóficas gerais. Essas concepções mudam sob a pressão argumentativa exercida pelo terapeuta. Ora, a melhor maneira de tomarmos a questão se o problema-chave de Kripke (1982) é suficientemente similar às preocupações centrais das (ou de partes das) *Investigações filosóficas* é perguntar como o paciente de Wittgenstein se compara com o interlocutor determinista quanto à significação de Kripkenstein. Acreditamos que as duas figuras estão bastante próximas uma da outra – próximas o suficiente para que a interpretação de Kripke seja considerada adequada. Para isso, considerem-se os seguintes pronunciamentos gerais do paciente nas considerações sobre o seguir uma regra (Wittgenstein, 1953):

> 139. O que realmente nos vem à mente quando *entendemos* uma palavra [...] [é] algo como uma figura [...]
> 146. O próprio entendimento é um estado que é a *fonte* do uso correto.
> 147. "[...] Em meu próprio caso, em todos os eventos, sei com certeza que quero dizer tal ou qual série; não importa o quanto realmente desenvolvi isso."
> 152. [...] "Ele entende" deve ter mais em si que: a fórmula ocorre a ele. E, igualmente, mais que qualquer um daqueles *acompanhamentos* mais ou menos característicos ou manifestações do entendimento.
> 153. [...] o processo mental de entender [...] parece estar oculto atrás desses acompanhamentos mais comuns e, logo, mais prontamente visíveis.
> 154. [...] Eu emprego a sentença "Agora entendo [...]" ou "Agora posso continuar" como uma descrição de um processo que ocorre por trás ou lado a lado com aquele de dizer a fórmula [...]
> 184. Desejo lembrar uma melodia e ela me escapa; de repente, digo "Agora a sei" e a canto. O que é sabê-la de repente? [...] "Trata-se de um sentimento particular, como se ela estivesse *ali*" [...]

186. [...] "O passo certo é aquele que está de acordo com o outro – como era *pretendido*". – [...] [Quando lhe demos a ordem + 2] "[...] o que queríamos dizer era que ele deveria escrever o próximo número depois de *cada* número que escreveu e apenas ele, e disso todas as proposições se seguem uma de cada vez".

188. [O] ato de querer dar uma ordem já tem sua própria maneira de dar todos esses passos [...] E parecia que seria como se todos eles estivessem, de alguma maneira única, predeterminados, antecipados – como apenas o ato de significar pode antecipar a realidade.

191. "Como se pudéssemos apreender todo o uso de uma palavra em um estalo." [...]

194. [...] os movimentos possíveis de uma máquina já existem nela de alguma maneira misteriosa [...]

195. "Mas não queremos dizer que o que fazemos agora (ao apreendermos um sentido) determina o uso futuro *causalmente* e como uma questão de experiência, mas que de uma maneira *estranha* o próprio uso está presente em certo sentido".

198. "Mas como pode uma regra ter me mostrado o que tenho de fazer *neste* ponto? O que quer que faça, de acordo com alguma interpretação, está de acordo com a regra" [...]

205. "Mas é simplesmente a coisa esquisita acerca da *intenção*, do processo mental, que a existência de um costume, de uma técnica, não seja necessária para ela" [...]

209. "Mas então o nosso entendimento não vai além de todos os exemplos?"

210. "Mas você realmente explica à outra pessoa o que você próprio entende? Não a faz *adivinhar* a coisa essencial? Dá exemplos a ela – mas ela tem de adivinhar o propósito deles, adivinhar sua intenção" [...]

213. "Mas esse segmento inicial de uma série, obviamente, admitiu diversas interpretações (por exemplo, por meio de expressões algébricas) e, assim, você deve primeiro ter escolhido *uma* dessas interpretações". – [...] deve ter sido a intuição que removeu essa dúvida [...]

218. [...] o início de uma série é uma seção visível de trilhos lançados invisivelmente no infinito [...]

219. A regra, uma vez marcada com uma significação particular, traça as linhas ao longo das quais deve ser seguida através de todo o espaço [...]

238. A regra [...] produz todas as suas consequências antecipadamente [...]

Esses enunciados caracterizam um ponto de vista que é amplamente determinista quanto à significação. Antes de tudo mais, o paciente analisa a significação, o seguir uma regra e o entendimento em termos de intenções (§§186, 210), e os estados mentais de maneira mais geral (§§139, 146, 152, 153, 154, 205, 210). Segundo, o paciente adere à *privacidade* ao conceber os estados mentais constitutivos de entendimento como independentes de contextos sociais, costumes e técnicas (§§147, 205). Terceiro, o paciente pressupõe o *conhecimento imediato*: os estados mentais que constituem a significação e o entendimento são diretamente acessíveis e imediatamente conhecidos (§§147, 184). *Apreender* uma significação ou regra aparece de diversas maneiras: como *causa* (§146), como *pretender* (§§205, 210), como *extrapolar* (§§191, 209, 210) e *como interpretar* (§198; 213). Quarto, o paciente acredita que os atos de significação e de entendimento de uma regra determinam como a regra *deve* ser aplicada. Em outras palavras, o paciente se compromete com a *normatividade semântica* (§§146, 186, 238). A *objetividade* aparece em diversos lugares, culminando na ideia de que a significação determina a aplicação "de uma maneira *estranha*" (§§184, 186, 188, 191, 195, 209, 218, 219, 238). O *realismo clássico* e a *justificação metafísica* não são mencionados nessas passagens, mais estreitamente associadas com as considerações sobre o seguir uma regra, embora o primeiro esteja pelo menos aludido no parágrafo 154. Contudo, o *realismo clássico* e a *justificação metafísica* são temas que – como Kripke (1982, p.72-86) documenta – aparecem por todo o *Investigações filosóficas*.

É verdade, claro, que Wittgenstein não formula o problema precisamente da maneira cética que Kripke o faz, que não encontramos exatamente o desafio cético kripkeano em *Investigações filosóficas*. Mas esse grande distanciamento parece bem tolerável, afinal, Kripke nos apresenta uma *interpretação* do texto original, não uma repetição ou uma paráfrase. De qualquer modo, a adequação da interpretação de Kripke deveria ser avaliada em melhores bases. A questão deveria ser se os *alvos* do terapeuta de Wittgenstein e do cético de Kripke são suficientemente similares. E essa questão pede claramente uma resposta positiva. O paciente é um determinista quanto à significação e, logo, ele deve aceitar o desafio cético. Assim, perguntar, como faz o Wittgenstein de Kripke, "Como minhas intenções passadas em relação ao uso de '+' se relacionam com minhas intenções atuais?", não é mudar de assunto, é fazer notar facetas da posição do paciente de Wittgenstein. De fato, é seguir as sugestões do paciente a respeito de como abordar a questão de como uma regra determina sua aplicação.

## 7 Uma leitura alternativa da solução cética

Eu também discordo da interpretação e da crítica de Searle à solução cética. Mais uma vez, começarei delineando minha própria leitura. Na literatura sobre o ceticismo epistemológico, é usual distinguir entre duas formas de anticeticismo: o "direto" e o "diagnóstico".[3] Enquanto o anticético direto *aceita* os termos de certo desafio cético, o anticético diagnóstico os *rejeita*. Parece que a própria distinção de Kripke (1982, p.66) entre soluções "diretas" e "céticas" ao desafio cético quanto à significação é melhor compreendida como um caso especial da dicotomia direto-diagnóstico. Todas as respostas deterministas quanto à significação se qualificam como "diretas", e apenas a solução de Wittgenstein é chamada de "cética". As respostas deterministas quanto à significação aceitam o desafio cético e suas pressuposições, elas aceitam, em particular, a ideia de que a significação é dada por condições de verdade (realisticamente concebidas). A reação de Wittgenstein é diferente: ele rejeita aquela pressuposição crucial (assim como outros elementos do determinismo quanto à significação) e, fazendo isso, ele desenvolve uma posição contra a qual o desafio cético é impotente. Assim, Wittgenstein é um "anticético diagnóstico" (Wilson, 1994).

O capítulo 2 de Kripke (1982) é intitulado "O paradoxo de Wittgenstein". O que é esse paradoxo ou, melhor dizendo, o que exatamente é paradoxal e para quem? A resposta correta é que o paradoxo existe primeiro e antes de tudo para o determinista quanto à significação. Considere-se a posição deste à luz do argumento cético. Para ele, a significação de sentenças do tipo (A) "*x* quer dizer *Y* por meio de '*z*'" é dada por condições de verdade. É central, entre essas condições de verdade, o estado mental de *x* constitutivo de significação: um estado mental que se ajusta às condições da imagem do determinista quanto à significação. Chamaremos esse fato de um "fato determinante de significação". O capítulo 2 de Kripke (1982) mostra que pode não haver tal fato determinante de significação. Não pode haver tal fato porque as condições impostas pelo determinismo quanto à significação não formam um todo coerente e, assim, o determinista quanto à significação se encontra em um dilema. Ele acredita que (A) pode ser verdadeiro somente se há um fato determinante de significação e que, com

3 A esse respeito, ver, por exemplo, Williams (1999).

base nos argumentos dados no capítulo 2 de Kripke (1982), não pode haver tal fato determinante de significação. Assim, ele tem de concluir que (A) é falsa e falsa para todas as suas instanciações. Ora, concluir que (A) é falsa é concluir que (B): "não pode haver tal coisa como querer dizer qualquer coisa com uma palavra" (Kripke, 1982, p.54). E isso é, obviamente, paradoxal.

O Wittgenstein de Kripke aceita o paradoxo cético como uma consequência natural do determinismo quanto à significação. Aceite isso e terá de aceitar o anterior. Mas o Wittgenstein de Kripke não entende o paradoxo cético como a perspectiva correta da significação *per se* – para ele, o paradoxo cético mostra apenas que a maneira determinista quanto à significação de lidar com as atribuições e com os condicionais de significação é sem salvação (Kripke, 1982, p.60, 71).

Há alternativas para a aceitação do determinismo quanto à significação tal como ele é formulado em Kripke (1982) e, com isso, o paradoxo cético. Essas alternativas se dividem em três categorias: "revisão", "reforma" e "revolução". O revisionista almeja melhorar as decodificações teóricas particulares do retrato do determinista quanto à significação sem modificar de nenhuma maneira o próprio retrato. Por exemplo, isso poderia tomar a forma da sugestão de uma interação mais complexa das disposições para proteger o disposicionalismo das considerações de normatividade. Os reformadores e os revolucionários vão mais longe e mudam ingredientes-chave do retrato do determinista quanto à significação. O contraste entre a reforma e a revolução é aquele entre mudar no máximo um ou dois dos elementos do retrato do determinista quanto à significação e abandonar quase todos eles. O primeiro caminho é aquele da reforma; o segundo, aquele da revolução.

O Wittgenstein de Kripke é um revolucionário pelos nossos padrões: ele não aceita nenhum dos elementos centrais do determinismo quanto à significação; cada um deles é substituído por um conceito sucessor. Tal sucessor contém "tudo o que podemos resgatar das" noções deterministas quanto à significação (Kripke, 1982, p.68). Eis um resumo da posição resultante, tal como a compreendemos (Kusch, 2006):

(*W-1*) *Confiança* (sucessor do *conhecimento imediato*): sujeitos a correção pelos outros, somos capazes de atribuir significações a nós mesmos.

(*W-2*) *Intersubjetividade* (sucessor de *privacidade*): as atribuições de significação fazem sentido apenas em um contexto social. As condições de assertibilidade envolvem essencialmente as comunidades.

(*W-3*) *Primitividade* (sucessor de *apreensão*): nossas inclinações para utilizarmos nossas palavras, nosso sentimento de que "pegamos a coisa" e nossas atribuições de significação de primeira e de terceira pessoas são todas primitivas. Isto é, elas não podem ser explicadas pela apreensão de conceitos, ou por interpretações de nossos usos passados, ou por intenções passadas ou presentes.

(*W-4*) *Normatividade intersubjetiva* (sucessor de *normatividade semântica*): não há nenhuma forma especial de normatividade baseada nos estados mentais constitutivos de significação. Somos dirigidos pelos outros: justificamos nossas aplicações dos termos, assim como nossas atribuições de significação, com base em critérios publicamente avaliáveis.

(*W-5*) *Finitude* (sucessor de *objetividade*): a atribuição de conceitos infinitários a outros é legítima. Mas atribuímos conceitos infinitários com base em evidência finita e escrutinável; o que torna isso possível é o fato de que "nossos olhos estão fechados" de maneiras similares.

(*W-6*) *Assertibilidade* (sucessor de *realismo clássico*): a significação das sentenças declarativas é dada por condições gerais e prontas de assertibilidade, não por condições de verdade (deterministas quanto à significação).

(*W-7*) *Justificação funcional* (sucessor de *justificação metafísica*): nossas práticas de atribuição de significação estão justificadas com base em considerações sociais funcionais. Dizer que "Jones quer dizer adição por meio de '+'" não é apenas uma descrição, é também conferir a Jones certo estatuto social.

Não posso discutir aqui todos os conceitos sucessores em detalhe, então me concentrarei naqueles que são relevantes para uma avaliação crítica da interpretação de Searle da solução cética. Considere-se primeiro o movimento da *privacidade* para a *intersubjetividade*. O determinismo quanto à significação presume que os estados mentais constitutivos de significação são estados intrínsecos do indivíduo que os possui. Mas se o argumento cético estiver correto, então o determinismo quanto à significação falha: "ter estados mentais constitutivos de significação" não pode denotar uma *propriedade intrínseca*, uma vez que isso não pode denotar *propriedade* alguma. Logo, a solução cética descarta a *privacidade* e a substitui pela *intersubjetividade*. A *intersubjetividade* tem de ser entendida no contexto da *assertibilidade*. Em vez de procurarmos por (possíveis) fatos sociais explicativos que correspondam às atribuições de significação, devemos reconhecer aquela correção por parte dos outros e a comparação com eles como essenciais para todas as atribuições de significação – mesmo as atribuições de significação em primeira pessoa. A própria possibilidade de atribuições de significação significativas depende disso: uma vez que a *privacidade cum realismo clássico* termina em paradoxo, a *intersubjetividade cum assertibilidade* é a única opção. E é claro que se a *intersubjetividade cum assertibilidade* é a única opção, então a significação e o seguir uma regra não podem ser entendidas fora de um contexto social.

A alternativa wittgensteiniana para a *apreensão* consiste em compreender as inclinações linguísticas como "primitivas". Quando damos a resposta "125" para "68 + 57 = ?", fazemos isso não com base em uma interpretação de intenções linguísticas anteriores, nem com base em termos apreendido o conceito de adição. Nossa inclinação para darmos respostas particulares a problemas particulares de adição deve "ser encarada como primitiva" (Kripke, 1982, p.91). Isso quer dizer que devemos dizer que Jones apreendeu o conceito de adição porque ele passou nos nossos testes, dentre os quais, digamos, está que ele respondeu "125" para "68 + 57". Não podemos explicar além disso as inclinações de Jones com relação a questões isso-mais--aquilo ao elaborar conceitos como o de significação, de intenção, de apreensão ou de interpretação. Abandonar o determinismo quanto à significações é reconhecer que nenhum desses conceitos pode ser utilizado para explicar o comportamento linguístico.

Não se trata apenas de que a inclinação de Jones (ou a nossa) para dar respostas particulares a problemas de adição particulares deva ser encarada como primitiva. Igualmente primitiva é sua inclinação para dizer "eu peguei" quando estiver sendo ensinado a como aplicar uma palavra nova (para ele), e sua inclinação para se autoatribuir a significação de adição por meio de "+". Aqui também a inclinação é anterior a qualquer interpretação de prática precedente, intenção precedente ou apreensão precedente de um conceito, e não é dependente destas.

Além disso, a *primitividade* é importante também como um fenômeno de *normatividade intersubjetiva.* Consideremos o caso no qual Smith testa se seria apropriado afirmar que Jones quer dizer adição por meio de "+". Fazendo isso, Smith compara sua inclinação primitiva para dar respostas particulares a questões isso-mais-aquilo particulares com a inclinação primitiva de Jones. E não menos primitiva é a inclinação de Smith para julgar que Jones é um adicionador. Nenhum dos três fenômenos envolvidos – Jones dando suas respostas a questões isso-mais-aquilo, Smith produzindo suas próprias respostas e Smith comparando as duas coisas – se baseia na interpretação de intenções ou conceitos. Como Kripke coloca o tema:

> Em tudo isso, as inclinações de Smith são consideradas tão primitivas quanto as de Jones. De maneira alguma Smith realmente testa diretamente se Jones pode ter em sua cabeça alguma regra que concorde com aquela na cabeça de Smith. Em vez disso, o ponto é que se, em casos suficientemente concretos, as inclinações de Jones concordam com as de Smith, Smith julgará que Jones está, de fato, seguindo a regra de adição. (Kripke, 1982, p.91)

Finalmente, a *primitividade* também diz respeito ao acordo entre nós mesmos. A prática de atribuir significações a outros poderia não existir se não concordássemos usualmente em nossas respostas e inclinações. Se as inclinações de Jones e de Smith para responder a questões isso-mais-aquilo diferissem radicalmente, então Jones não chegaria nunca a atribuições de significação a Smith. E o mesmo vale para todos os conceitos. Estaríamos reduzidos a um "balbuciar em desacordo" (Kripke, 1982, p.92) e careceríamos de uma "forma de vida" comum:

> O conjunto das respostas nas quais concordamos e a maneira com que elas se interconectam com nossas atividades são nossa *forma de vida*. Os seres que concordassem consistentemente em dar respostas bizarras a questões do tipo *quus* compartilhariam uma outra forma de vida. (Kripke, 1982, p.97)

O determinismo quanto à significação se compromete com (a) *objetividade* (da significação). Como o Wittgenstein de Kripke lida com a infinitude envolvida em atribuir a adição (e não outras funções matemáticas) a alguém? Enunciados como "Jones quer dizer adição por meio de '+'" possuem funções importantes nos nossos jogos de linguagem de atribuição de significação. Estamos inclinados a produzir esses enunciados com base em um número finito de testes e de comparações com nossas próprias inclinações. Essa *finitude* não é uma deficiência lamentável que introduziria incerteza e subdeterminação. Acreditar que ela é uma deficiência é contrastá-la com um determinismo quanto à significação ideal que se mostrou insustentável. Nesse ponto a *finitude* se liga com a *primitividade*: a *finitude* não é "um problema" ou uma "deficiência", uma vez que nossas inclinações estão sempre já amplamente de acordo. Como Wittgenstein coloca no parágrafo 224 de *Investigações*: nossos "olhos [...] estão fechados" de maneiras similares. Isso torna improvável, empiricamente improvável, que nossas inclinações vão discordar no futuro. E é essa probabilidade que torna natural para nós sempre dizermos mais, nas e com nossas atribuições de significações, do que está coberto por nosso número finito de testes.

## 8 Por que a solução cética não é uma petição de princípio com relação ao desafio cético

Searle alega que a solução cética é uma petição de princípio em relação ao desafio cético. Primeiro, se se apreendem as condições de verdade, não se pode explicar como o uso de expressões é racionalmente determinado, então também não se pode apreender as condições de assertibilidade. Segundo, a solução cética pressupõe que se apreenda o conceito de *acordo*. Mas nenhuma pressuposição desse tipo é legítima.[4]

Desejo fazer diferente. A primeira coisa a enfatizar aqui é que não se pressupõe que as condições de assertibilidade desempenhem exatamente o mesmo papel que as condições de verdade. As condições de assertibilidade *não* estão lá para serem apreendidas (no sentido da *apreensão*). Não podemos conservar a imagem geral determinista em relação à significação e meramente substituirmos as condições de verdade pelas condições de assertibilidade. Lembremos que o *realismo clássico* vai sempre junto com a *apreensão*, enquanto a *assertibilidade* é inseparável da *finitude* e da *primitividade*. As condições de assertibilidade são geral e prontamente especificações de práticas, não condições necessárias e suficientes para que uma expressão tenha uma significação específica. As condições de assertibilidade não são regras com as quais nos comprometemos de modo a falarmos corretamente. Calculo que 57 + 68 = 125 não porque, de alguma maneira, aprendi meus anteriores compromissos com regras a respeito do uso de "+"; calculo da forma como o faço porque fui *treinado* a operar com "+" de certas maneiras. Do mesmo modo, meu juízo de acordo com o qual minha bebê quer dizer

4 Objeções similares foram proferidas, por exemplo, por Blackburn (1990, p.20), Cavell (1990, p.75), Loar (1985, p.278) e Wright (1984, p.770-1).

*adição* por meio de "+" é também um fenômeno primitivo. Eu não cheguei ao meu juízo relacionando seu comportamento com minhas interpretações explícitas das condições de assertibilidade que dirigem as atribuições de significação ou de conceito. Mais uma vez, fui *treinado* a fazer as atribuições de significação, e fazer tais atribuições não é um fenômeno menos "primitivo" que minha adição de dois números. Ambos os tipos de ações são primitivas no sentido de que elas não envolvem atos intencionais de apreender e de interpretar regras e outros compromissos. Além disso, como criaturas que compartilham a mesma "forma de vida", tendemos a concordar em nossas respostas tanto com relação às tarefas de adição quanto com relação ao comportamento aritmético dos outros. E é apenas porque concordamos assim que as condições de assertibilidade *enquanto especificações de nossas práticas* podem ser formuladas e entendidas.

Searle acusa Kripke de fazer um uso ilegítimo da categoria de acordo. Mas aqui ele confunde o fenômeno empírico de nosso acordo em respostas (primitivas) com a posse e a aplicação (do conceito) de *acordo*. Kripke insiste que não pode haver uma solução para os problemas céticos a menos que os membros da mesma forma de vida concordem (mais ou menos) em suas respostas. Mas Kripke não pede que, para que duas pessoas concordem em suas respostas, elas tenham de fazer uso (do conceito) de *acordo*. Esse é apenas outro conceito ou significação e, assim, ele também pressupõe nosso acordo primitivo em respostas. A dependência ocorre apenas em uma direção, contudo, enquanto o *acordo* pressupõe acordo, esse último não pressupõe *acordo*. Ao esboçar a solução cética, o Wittgenstein de Kripke, é claro, realmente faz uso explícito de ambos, o conceito de *acordo* e a expressão "acordo". Isso seria circular apenas se a descrição filosófica da solução cética fosse parte integrante da própria solução cética – o que, é claro, não é o caso.

Como as próprias propostas anticéticas de Searle se ajustam à solução cética, propriamente entendida? O que diríamos sobre a resposta neomooreana, de acordo com a qual sou adicionador porque "fui ensinado na escola a utilizar o signo '+' para a adição e, por fim, aprendi a fazer isso. Eu simplesmente aprendi a adição" (Searle, 2002, p.262). Para começar, note-se que essa resposta, claramente, não pode ser tomada como uma defesa do determinismo quanto à significação. O determinista quanto à significação se compromete com a possibilidade de *explicar* o que torna verdadeira e significativa uma alegação como "Por meio de '+' queremos dizer *adição*". E esse compromisso com a explicação, com certeza, se estende a apresentar uma *análise* do que faz com que a adição me tenha sido ensinada em vez da quadição. Deveríamos entender a resposta neomooreana de Searle como simplesmente uma rejeição de todo projeto de explicação do determinismo quanto à significação? Em respeito a alguns pontos, isso poderia parecer fazer com que Searle estivesse mais próximo do Wittgenstein da solução cética. Mas então deveria surgir a preocupação se Searle não vai tão longe: a resposta dele é tão minimalista que ela nem mesmo parece deixar espaço para a solução cética. Colocando de maneira diferente, se a resposta de Searle fosse satisfatória, não haveria necessidade de uma solução cética. Com o receio de que essa comece a parecer uma opção atraente, é imperativo registrar que todo o contexto cético de Kripke (1982) é realmente apenas uma maneira dramatizada de pedir uma explicação para as atribuições de significação e para o conteúdo intencional. Em outras palavras, pedir uma explicação para por que queremos dizer *adição em vez de quadição* é apenas uma maneira dramatizada de pressionar para ter uma análise daquilo em que consiste ter o conceito de *adição*. Se isso estiver correto, então a proposta de Searle não será adequada, obviamente: dizer que Jones quer dizer adição por meio de "+" porque a adição é aquilo que lhe foi ensinado não é uma grande resposta.

A segunda resposta de Searle, inspirada no parágrafo 201 de Wittgenstein (1953), à significação cética é mais consistente. Trata-se da ideia de que "há uma maneira de apreender uma regra que *não* seja uma *interpretação*". Searle desenvolve esse enunciado programático ligando-o a seu trabalho acerca do "pano de fundo". Ora, a primeira coisa a dizer sobre essa sugestão é que – ao contrário da crença popular entre os críticos de Kripke[5] – ela não vai contra a solução cética do Wittgenstein de Kripke. Para compreendermos isso, temos apenas de lembrar que apreender uma regra sem interpretá-la é simplesmente adotar e seguir a regra "cegamente", sem mais reflexões. E o papel de tal cegueira é enfatizado repetidamente em *Wittgenstein on Rules and Private Language*. Por exemplo:

> Até mesmo a própria seção primeira de *Investigações* pode ser lida, retrospectivamente, como a antecipação do problema [...] Veja-se, por exemplo: "Mas como ele sabe onde e como localizar a palavra 'vermelho' e o que

5 A esse respeito, ver, por exemplo, McDowell (1984b).

> deve fazer com a palavra 'fogo'? – Bem, presumimos que ele *aja* como descrevemos. As explicações terminam em alguma parte" [Wittgenstein, 1953, §1]. Retrospectivamente, este é um enunciado do ponto básico de que seguimos regras "cegamente", sem qualquer justificação para a escolha que fazemos. A sugestão, nessa seção, de que nada está errado com essa situação, desde que nosso uso de "fogo", "vermelho" etc. se ajuste em um sistema apropriado de atividades na comunidade, antecipa a solução cética de Wittgenstein. (Kripke, 1982, p.81)

Nessa passagem, encontramos não apenas a ideia de "agir cegamente", mas também a outra insistência de que a ação cega *qua* seguir uma regra é parte de um costume ou prática comunal. Kripke desenvolve a mesma ideia com mais detalhes seis páginas adiante. Ele primeiro enfatiza a importância de agir cegamente: "A questão toda do argumento cético é que, em última instância, atingimos um nível no qual agimos sem qualquer razão a fim de podermos justificar nossa ação. Agimos sem hesitação, mas *cegamente*" (Kripke, 1982, p.87). Mais adiante, Kripke continua a nos lembrar de que deve haver mais em seguir a regra que apenas agir cegamente – deve haver mais para que haja também normatividade, para que haja também uma distinção entre "está correto" e "parece correto". E essa distinção desempenha um papel quando avaliamos as realizações dos outros que estão mais ou menos envolvidos nas práticas comuns (como ir ao armazém). Não há aqui nenhum perigo de retrocesso, uma vez que nossas avaliações dos outros são, em última instância, "sem hesitação, mas cegas" também (Kripke, 1982, p.90-1).

Isso nos conduz, finalmente, à ênfase de Searle ao respeito do "Pano de fundo" como uma maneira de finalizar a tese de Wittgenstein acerca da "não interpretação". Aqui também há grande acordo entre Searle e a solução cética. A insistência de Searle de que a intencionalidade pressupõe uma rede de capacidades não intencionais *não* contradiz qualquer elemento da solução cética. Isso não quer dizer que, contudo, o Wittgenstein de Searle e o Wittgenstein de Kripke sejam indistinguíveis. Algumas diferenças mais profundas permanecem. Talvez a mais importante delas diga respeito à disposição de Searle para falar do "pano de fundo" em termos individualistas:

> Mesmo que sejamos um cérebro em uma cuba [...], entretanto, realmente possuímos o conteúdo intencional que possuímos e, assim, necessa-

riamente, possuímos exatamente o mesmo pano de fundo que teríamos se não fôssemos um cérebro em uma cuba e tivéssemos aquele conteúdo intencional particular. (Searle, 1983, p.154)

Embora Searle acrescente que nosso pano de fundo seja um produto empírico de uma "história biológica específica e um conjunto específico de relações sociais com outras pessoas" (Searle, 1983, p.154), ele mostra pouco interesse na possibilidade de que nosso pano de fundo funcione da maneira que ele o faz apenas na interação *contínua* com os outros e através desta. Tal interação contínua, porém, é central na solução cética.

## 9 Conclusão

Neste capítulo, tentei defender *Wittgenstein on Rules and Private Language* contra a crítica de Searle em seu artigo "Skepticism about Rules and Intentionality". Procurei mostrar que a interpretação de Searle do livro de Kripke não é adequada e que, consequentemente, sua crítica não acerta o alvo. Em particular, Searle erra ao afirmar que Kripke confunde duas formas distintas de ceticismo em relação a regras; ao sustentar que Kripke interpreta mal Wittgenstein; ao sugerir que a solução cética é uma petição de princípio com relação ao desafio cético e ao pressupor que seus próprios argumentos anticéticos sejam suficientes para fazer esse trabalho.

Poderia parecer que minha argumentação tenha sido exclusivamente negativa – como se não pudesse ver nada de valor na crítica de Searle. Isso seria me entender mal. Não apenas encaro a discussão de Searle como um teste de caso muito importante para minha leitura de Kripke como também acredito que o confronto crítico entre o Wittgenstein de Kripke e Searle não deva terminar aqui. Ao contrário, gostaria de pensar que este capítulo é meramente um estudo preliminar para tal confronto. A meu ver, a questão realmente importante é como devemos conceber a posição geral de Searle na filosofia da mente, da linguagem e da sociedade com relação a *Wittgenstein on Rules and Private Language* e as posições distinguidas ali. Em que medida a posição desenvolvida nos livros de Searle *Speech Acts* [Atos de fala], *Intencionalidade, The Construction of Social Reality* [A construção da realidade social] e *Rationality in Action* [Racionalidade em ação] se compromete com o determinismo a respeito da significação? Em que medida Searle é um reformador ou um revolucionário com respeito ao determinismo quanto à significação? E em que medida ele pode evitar os argumentos do cético quanto à significação? A meu ver, estas são as questões que realmente importam – mas, para pavimentar o caminho em direção a elas, aqui tive de argumentar em favor de colocarmos de lado a própria tentativa primeira de Searle de respondê-las.

# Parte II
## Da significação à força

# 8
# Como dizer coisas com palavras*

*Kepa Korta e John Perry*

## 1 Introdução

Você realmente não precisa de nós para lhe contar como *dizer* coisas com palavras, nem mais do que você ou seus antecedentes precisaram que J. L. Austin ou seu aluno John Searle lhes dissesse como *fazer* coisas com palavras. *How to Do Things with Words* [Como fazer coisas com as palavras], de Austin, e *Speech Acts* [Atos de fala], de Searle, apresentam uma teoria para explicar como fazemos coisas que vão *além de dizer*, isto é, como desempenhamos atos ilocutórios e perlocutórios ao dizer coisas e por meio deste dizer.

Neste capítulo, desenvolvemos o conceito de Austin de ato elocutório, utilizando a "teoria reflexivo-referencial" da significação e da significância cognitiva tal como elaborada em Perry (2001).[1] Distinguimos o conteúdo elocutório de um ato tanto daquilo que o falante diz quanto daquilo que ele

* Somos gratos a Savas L. Tsohatzidis por nos convidar a colaborar neste volume, por sua enorme paciência com nossos atrasos, por seus comentários e correções úteis. Também gostaríamos de agradecer a Joana Garmendia e a Genoveva Martí por seus comentários e críticas e ao Center for the Study of Language and Information (CSLI) da Universidade de Stanford e ao Institut of Logic, Cognition, Language and Information (ILCLI) da Universidade do País Basco pelo apoio.

1 Conferir o apêndice deste capítulo para uma breve introdução a essa teoria.

pretende dizer. Esses três conceitos frequentemente coincidem, mas mantê-los separados é importante para reconstruirmos os planos dos falantes e as inferências dos ouvintes, pois aqueles casos nos quais os conceitos divergem são frequentemente de grande interesse teórico.

Nosso plano é o seguinte. Na seção 2, apresentamos uma visão geral de nossas razões para distinguirmos o conteúdo elocutório do que é dito. Na seção 3, explicamos o conteúdo elocutório no contexto dos planos dos falantes. Na seção 4, examinamos alguns exemplos para mostrar como o conteúdo elocutório pode divergir do que é dito. Na seção 5, comparamos nossos conceitos com os de Austin e consideramos as inquietações de Searle acerca dos atos elocutórios. (Devemos enfatizar que, embora haja algumas diferenças entre nosso conceito de ato elocutório e o de Austin, e embora discordemos da rejeição de Searle dos atos elocutórios, compreendemos nosso conceito de conteúdo elocutório como uma emenda fraterna às ideias básicas da teoria de Austin-Searle dos atos de fala.)

## 2 Conteúdo elocutório *versus* "o que é dito"

A pragmática e a filosofia da linguagem colocaram algumas restrições a respeito do conceito do que é dito por (um falante de) um proferimento. Primeiro, David Kaplan e outros fundamentaram o conceito da "proposição expressa" nas intuições acerca do que é dito, para apoiar argumentos de que a contribuição que os nomes, dêiticos e demonstrativos fazem à proposição expressa é o objeto referido, em vez de alguma condição identificadora a qual o referente atenda.[2]

Kaplan distingue entre o caráter e o conteúdo de uma sentença em um contexto. O caráter da sentença, juntamente com o contexto, determina o conteúdo; a semântica explicita isso. Uma vez que o conteúdo de uma sentença é a proposição expressa, o que é explicado em termos do que é dito, ele cria uma segunda restrição: *o que é dito* é (mais ou menos) igualado ao que a semântica oferece.

A terceira restrição provém da distinção de Grice (1975) entre o que é dito e o que se implica por um proferimento. No caso padrão, o ouvinte toma o que é dito como o ponto de partida na inferência de implicaturas.

2 Ver o argumento de Peter-Paul em Kaplan (1989, p.512 et seq.).

Assim, o que é dito tem outro papel a desempenhar, que serve como o ponto de partida do raciocínio griceano a respeito das implicaturas.

Esses papéis combinados para "o que é dito" dão lugar ao que chamaremos de retrato "clássico" da relação entre a semântica e a pragmática. A semântica oferece o que é dito como o que é dado à pragmática. Tanto na teoria dos atos de fala quanto na pragmática de Grice, como foi originalmente desenvolvida, a pragmática se concentra naquilo que é feito com a linguagem *para além do dizer*.

Não achamos que o conceito comum de dizer esteja à altura dessas restrições, nem que isso tenha obscurecido algumas questões sobre a interface entre a semântica e a pragmática. Há (pelo menos) as duas seguintes dificuldades.

De um lado, como argumentamos em Korta e Perry (2006), nem sempre é o conteúdo *referencial* de um proferimento que oferece o que é dado ao raciocínio griceano sobre as implicaturas. Frequentemente, trata-se de algum tipo de *limite de proferimento* ou conteúdo *reflexivo*. Na seção 5, estendemos esse ponto à teoria dos atos de fala. A informação requerida para determinar a força ilocutória de um proferimento é, às vezes, perdida no nível do conteúdo referencial, mas fica disponível no nível do conteúdo reflexivo.

Por outro lado – e este é o ponto principal neste capítulo –, é necessário distinguir entre os atos de dizer e os atos elocutórios. Nosso conteúdo elocutório é, assim como a imagem clássica "do que é dito", uma forma de conteúdo referencial, e se direciona para dar base ao conceito presente, em toda parte, de "proposição expressa". O problema é que o conceito comum de dizer se modela pelas necessidades da vida diária da psicologia popular e da linguística popular e não separa os fenômenos em suas articulações teóricas das maneiras que apresentaremos a seguir.

Primeiro, dizer é naturalmente tomado como um ato ilocutório, da mesma espécie que asseverar, com talvez algumas conotações de algum modo mais fracas. Um falante se compromete com a verdade do que diz. Mas as proposições são expressas nos antecedentes e consequentes dos condicionais como disjuntos e, em muitos outros casos, sem serem asseveradas.

Segundo, o conceito de dizer é, em certa medida, um conceito *forense*. Alguém é responsável pela forma como suas observações são tomadas pelos ouvintes razoavelmente competentes. Mas o conteúdo elocutório não é sensível aos estados mentais reais e hipotéticos da audiência.

Finalmente, o que consideramos como o que foi dito é sensível à informação que o falante tenta transmitir. Intuitivamente, Joana não diz a mesma coisa quando ela diz "eu sou Joana" do que quando ela diz "Joana é Joana", ou "eu sou eu". Um proferimento de "eu sou eu" não a comprometeria com ter o nome "Joana", mas esta poderia ser a informação principal que ela estivesse tentando transmitir quando diz "eu sou Joana". O conteúdo elocutório não tem essa sensibilidade para com a informação que o falante tenta transmitir para deixar isso claro. Nossa teoria é inteiramente sensível a tais questões, mas não lidamos com isso ampliando o conceito do que é dito para que ele cubra todas as necessidades, mas o substituindo, para os propósitos teóricos, por alguns outros conceitos.

Ilustramos e discutimos essas três diferenças examinando alguns exemplos na seção 4.

## 3 Atos elocutórios e conteúdo elocutório

O conceito central de nossa abordagem é aquele de *plano do falante*. Este é um resultado natural do conceito de Austin-Searle de linguagem como ação e do conceito de Grice da significação de falante. Paradigmaticamente, um falante profere uma sentença com a intenção de produzir um proferimento com certas condições de verdade e, por meio disso, alcança outros resultados, tal como transmitir informação ao ouvinte, e com isso, talvez, fazendo com que o ouvinte faça alguma coisa. Assim, por exemplo, Kepa poderia dizer as palavras "estou com fome" com a intenção de proferir a sentença do português "estou com fome", de modo que seu proferimento seja verdadeiro se e somente se ele, o falante, estiver com fome e, assim, informando John que ele está com fome, e, ao implicar que ele gostaria de interromper o trabalho para ir almoçar, provoca a resposta de John quanto a se isso lhe parece uma boa ideia.

Consideramos um *ato* como uma ocorrência específica, uma *ação* como um tipo de ato. Ao analisar qualquer espécie de ação, alguém considera certas ações que podem ser desempenhadas voluntariamente como básicas – pelo menos em circunstâncias consideradas normais para a análise.[3] Essas ações são *execuções*. Elas podem ser concebidas usualmente como movimentos corporais. Ao executar movimentos, o agente produz resultados, dependendo das circunstâncias. Essas ações – o que o agente produz – são *realizações*, as quais

3 A esse respeito, ver Goldman (1970), Perry et al. (1993).

podem ser concebidas como algo encaixado, cada ação sendo *uma maneira de* produzir outras realizações em circunstâncias cada vez mais amplas. Utilizamos "realização" de modo que realizações não precisem ser propositais. Ao mover seus braços de determinadas maneiras, em certas circunstâncias, John pode pegar a xícara de café; ao fazer isso, ele pode derramar o café em seu colo; ao fazer isso, ele pode se queimar. Kepa pode dizer, utilizando "realizar" da maneira como temos em mente: "Nossa! Veja o que você realizou".

Para os nossos propósitos, presumimos que lidamos com falantes competentes que podem proferir (falar, digitar, escrever ou sinalizar) voluntariamente palavras significativas, frases e sentenças de uma linguagem natural, como uma parte de um plano que organiza as intenções necessárias para desempenhar atos elocutórios. Isso envolve o seguinte:

(1) Produzir frases gramaticalmente corretas de uma linguagem natural, falando, escrevendo, digitando, sinalizando, ou por outros meios.
(2) Ao fazer isso com intenções apropriadas que resolvem:
   a) que palavras, daquelas consistentes com os sons proferidos (ou letras digitadas), estão sendo utilizadas;
   b) que significações – daquelas admitidas pelas convenções da linguagem para as palavras e frases sendo utilizadas – estão sendo utilizadas;
   c) quais das formas sintáticas consistentes com a ordem das palavras, entonações etc. estão sendo empregadas;
   d) nambiguidades,[4] isto é, questões sobre a referência dos nomes que diversas pessoas, coisas ou lugares compartilham;
   e) a referência básica dos demonstrativos e de outros termos dêiticos e questões relevantes para a referência dos indicativos [*indexicals*];[5]

4 A respeito deste termo, ver o apêndice deste capítulo. (N. E.)

5 Normalmente, os termos ingleses *"indexical"* e *"deictic"* são igualmente traduzidos em português para "dêitico", que é o que temos feito nos demais textos deste volume. Entretanto, os autores deste capítulo empregam os dois termos ingleses com significações técnicas diferentes, entendendo por *"indexical"* um termo indicativo, relativo ao contexto e ao falante, mas de forma diferente do que ocorre com os termos dêiticos, razão pela qual traduzimos o termo *"indexical"* aqui por "indicativo" e utilizamos "dêitico" apenas para traduzir *"deictic"*. (N. T.)

f) relações anafóricas;
g) os valores de diversos outros parâmetros que são determinados pelas intenções do falante.

(3) Ter crenças (possivelmente, inteiramente mínimas) acerca dos fatos que resolvem os valores semânticos dos indicativos.
(4) Ter a intenção de produzir um proferimento que vá ter certas condições de verdade reflexivas e, tendo assim produzido um proferimento com certas condições de verdade referenciais, de acordo com as crenças de (3).
(5) Ter intenções (possivelmente, inteiramente mínimas) de realizar outros resultados por ter produzido seu proferimento: transmitindo implicaturas, desempenhando atos ilocutórios e perlocutórios e coisas assim.
(6) Realizar outros resultados ao ter feito tudo isso: transmitir implicaturas, desempenhar atos ilocutórios e perlocutórios e coisas assim.

Ao determinar o conteúdo elocutório, as intenções do falante (1) e (2) são determinantes; más interpretações reais e possíveis, embora facilmente o falante pudesse tê-las previsto ou impedido, não são relevantes. Assim, as condições de verdade reflexivas pretendidas vão ser o que o falante pretende que elas sejam, desde que as significações e estruturas que o falante pretende sejam permitidas pelas convenções da linguagem. As crenças do falante (3) *não* são determinantes para o conteúdo elocutório, contudo. O conteúdo elocutório *pretendido* será o conteúdo referencial de seu proferimento, *dadas* suas crenças em (3). Mas o conteúdo elocutório *real* será determinado pelos fatos, não pelas crenças do falante acerca deles.

Suponhamos, por exemplo, que John esteja no saguão da faculdade de filosofia, mas pense que está no saguão do Center for the Study of Language and Informantion (CSLI). "Kepa deve me encontrar aqui", ele diz. Ele pretende utilizar "aqui" de maneira indicativa em vez de dêitica, e pretende que o alcance de "aqui" seja a sala na qual ele está e não, digamos, o *campus* no qual ele está ou o país no qual ele mora. Essas intenções são determinantes. O conteúdo elocutório de seu proferimento é que Kepa ia encontrar John no saguão da filosofia, o referente real de seu uso de "aqui". O conteúdo elocutório pretendido, contudo, é que Kepa deveria encontrar John no saguão do CSLI, o lugar que ele pensou que seria o referente de seu uso de "aqui".

## 4 "Elocutado", mas não dito: alguns exemplos

A principal distinção de Grice em sua análise da significação de um proferimento se dá entre o que é dito e o que está implicado. Grice também nota que há implicaturas em casos nos quais o falante não diz nada, mas apenas "faz que diz". A ironia é um exemplo disso. Suponhamos que X, com quem John manteve uma relação próxima até agora, revele um delicado segredo de John para um rival acadêmico. John e Kepa sabem disso e eles dois veem X passar. John profere:

### (4.1) Ele é um bom amigo[6]

O simples conteúdo reflexivo não servirá aqui:

(4.1.1) Que ***a pessoa a quem* John *se refere com seu uso de "ele"*** é um bom amigo [o conteúdo reflexivo de (4.1)].[7]

Kepa deve passar da significação da sentença para o conteúdo elocutório de (3).

(4.1.2) **X** é um bom amigo [o conteúdo referencial e, logo, o conteúdo elocutório de (4.1)].

Independentemente tanto do que John tenha pretendido comunicar – tipicamente, o oposto, ou algo que implique o oposto, de (4.1.2) – quanto de como o processo de entendimento funciona exatamente, parece claro que, para que Kepa tome o proferimento como irônico, ele tenha de identificar o referente de "ele" e a propriedade de "ser um bom amigo", isto é, o conteúdo elocutório. Sem identificar **X** e a propriedade a ele atribuída no conteúdo elocutório do proferimento de John e como **X** traiu a confiança de John nele, Kepa não apreenderá o proferimento de John como irônico e perderá o teor do comentário. John pode *fazer como se dissesse* (Grice, 1975), *fingindo* (Clark; Gerrig, 1984) ou *ecoando* (Sperber; Wilson, 1986) uma proposição, mas, definitivamente, ele não a diz; ele não se compromete de forma alguma com

6 Utilizaremos citações como em "(4.1)" para nos referirmos a tipos de sentença e também para proferimentos hipotéticos envolvendo esses tipos; o contexto deveria deixar claro qual é o caso.

7 A respeito do uso dos negritos neste capítulo, ver o apêndice. (N. E.)

a verdade do conteúdo elocutório. Contudo, esse conteúdo tem um papel a desempenhar no entendimento do proferimento irônico de John.

Ainda que a diferença entre dizer e apenas fazer como se dissesse deva ser caracterizada, parece claro que, quando um falante é irônico, ele se refere a objetos e propriedades predicativas de forma a dar conteúdo a seu proferimento que se supõe que o ouvinte apreenda. Da perspectiva do falante, esse conteúdo desempenha um papel em seu plano de proferimento; da perspectiva da pessoa a quem ele se dirige, ele desempenha um papel no entendimento do proferimento. Esse conteúdo não conta como o que ele diz porque, possivelmente, entre outras coisas, ele não se compromete manifestamente com a verdade desse conteúdo e espera que o ouvinte entenda que não se compromete com este. Mas que, de qualquer maneira, se trata de um conteúdo que é elocutado, porém não dito.

No caso de diversos operadores lógicos e de outras construções que encaixam sentenças, as proposições são elocutadas, mas não ditas, como Frege apontou e Geach lembrou a uma geração de filósofos da linguagem ordinária (Frege, 1879; Geach, 1965). Quando alguém diz: "Se Hillary for eleita, Bill apreciará seu retorno à Casa Branca", essa pessoa não diz nem que Hillary será eleita, nem que Bill voltará para a Casa Branca. Estas nos parecem razões suficientes para guardarmos um lugar para o conteúdo elocutório em uma teoria do conteúdo de proferimentos.

## (4.2) John ficou vermelho

Em uma discussão com alunos sobre política no *campus*, Kepa diz: "John ficou vermelho". Ele quer dizer que o rosto de JP ficou vermelho, talvez de raiva ou por comer pimenta *chilli*. Os alunos acham que ele diz que JP virou um comunista. Kepa deveria ter entendido que as pessoas estavam propensas a interpretar sua observação dessa maneira. Mais tarde, ele pode protestar: "Eu não disse isso". E John pode retrucar: "Você não quis dizer isso, mas você disse, e eu tive de dar um monte de explicações". Talvez essa resposta não seja correta. Mas o fato de que a questão seja controvertida sugere que nosso conceito comum do que é dito, em certa medida, é algo a que se possa reagir com certo entendimento da parte da audiência. O que é dito parece ter tanto aspectos ilocutórios quanto perlocutórios. Ao contrário, nosso conceito de conteúdo elocutório não dependerá de efeitos sobre o ouvinte.

## (4.3) *Flying planes* podem ser perigosos[8]

Kepa produz os sons necessários para dizer "*Flying planes* podem ser perigosos" [(1)].[9] Ele pretende produzir uma ocorrência de "*planes*" (aviões) e não de "*plains*" (planos, planícies) [(2a)]. Ele pretende utilizar "*plane*" com o sentido de avião, e não de superfície plana [(2b)]. Ele pretende utilizar "*Flying planes*" como um sintagma verbal, em vez de um sintagma nominal [(2c)]. Essas intenções são todas determinantes para o ato elocutório.

Elas poderiam não ser determinantes para o que é dito. Suponhamos que Kepa e John estejam empinando pipas em uma colina perto do aeroporto junto com outras pessoas. As pessoas estiveram discutindo os perigos que os pássaros, fios elétricos, tempestades elétricas e outros fenômenos representam para os que empinam pipas. Kepa realmente não presta atenção, mas sim sonha acordado em ser um piloto. Ele profere: "*Flying planes* podem ser perigosos", de um jeito meio alto, para lembrar a si mesmo das razões para se abster de suas fantasias. Todos acham que ele utilizou "*flying planes*" como um sintagma nominal e que ele acrescentou um alerta à lista produzida pela conversação sobre os perigos de empinar pipas na colina. Qualquer ouvinte semanticamente competente que tenha ouvido a conversação teria tomado o que Kepa disse desse modo, e o próprio Kepa teria se dado conta disso se ele não estivesse sonhando acordado.

Quando Kepa se dá conta de como ele foi entendido, com certeza, ele pode protestar: "eu não *quis dizer* isso". Mas é pelo menos discutível que ele *tenha dito* isso. Nosso conceito comum de dizer tem um elemento forense: Kepa seria responsável se um membro do grupo, amedrontado por suas observações, deixasse de empinar pipas. Uma discussão sobre se ele *realmente* disse o que ele queria dizer, ou disse o que ele não queria dizer, provavelmente se deterioraria em uma discussão sobre sua responsabilidade pelos efeitos de suas observações aos outros. Mas, para repetirmos, com respeito a nosso conceito teoricamente definido de conteúdo elocutório, não há espaço para debate. Não há quaisquer condições "de entendimento", nenhuma dimensão forense, a considerar.

8 O jogo de palavras é intraduzível em português, e por isso preservamos a expressão no original inglês. Trata-se da ambiguidade de dizer em inglês "*flying planes*" ou para se referir a aviões que voam, ou para se referir a planos voadores, nesse caso, o termo "plano" (em inglês, "*plane*" também) significando superfície plana. (N. T.)

9 Os elementos entre colchetes se referem à lista do plano do falante dada na seção 3.

## (4.4) Aristóteles gostava de filosofia

Estudantes de pós-graduação discutem a vida e a época de Jackie Kennedy e Aristóteles Onassis no saguão. John entra e ouve o debate sobre se Aristóteles Onassis gostava de filosofia; o que ele ouve é uma asserção em voz alta: "Aristóteles desprezava a filosofia e os filósofos". Ele pensa que a conversa diz respeito ao filósofo e diz: "Essa é a coisa mais estúpida que eu já ouvi. Aristóteles gostava de filosofia". Sua intenção ao utilizar o nome "Aristóteles" é se referir ao filósofo, e isso é determinante para o conteúdo elocutório [(2d]). O conteúdo elocutório da observação de John é uma proposição verdadeira acerca do antigo filósofo. Mas é pelo menos não totalmente claro que isso seja o que ele tenha dito.

Alguém poderia objetar nesse ponto que abusamos do conceito de referência. Presumimos que alguém poderia consistentemente dizer que John *elocutou* (pois agora nos permitiremos esse verbo) verdadeiramente que uma pessoa gostava de filosofia, enquanto, pelo mesmo ato, *disse* falsamente que outra pessoa gostava. Mas, com certeza, ele se referia a um ou ao outro, ou talvez a nenhum dos dois, mas não a ambos.

Dois pontos são pertinentes aqui. Primeiro, a teoria reflexivo-referencial compreende as proposições como objetos abstratos que são utilizados para *classificar* eventos de certos tipos (estados cognitivos e proferimentos, de maneira paradigmática) por meio de condições de verdade (ou outras formas relevantes de sucesso) – utilizada explicitamente por teóricos tais como nós mesmos e implicitamente na prática daqueles que dominam as atitudes proposicionais e construções similares. Não compreendemos as proposições como habitantes de um terceiro reino com o qual algumas relações quase causais nos ligam, mas como dispositivos por meio dos quais podemos classificar eventos conforme as diferentes dimensões de similaridade e diferença. Diferentes proposições podem ser utilizadas para classificar o mesmo ato relativamente a diferentes estruturas para associar condições de sucesso de vários tipos.

Um proferimento assertivo normal expressará uma crença da parte do falante, ele terá um conteúdo elocutório, consideraremos que ele diz algo, ele será entendido de certa maneira pelos ouvintes. Quando as coisas andam bem, a mesma proposição vai atingir as condições de verdade da crença, do ato elocutório, do que é dito e das crenças que disso resultam. Mas não quando as coisas vão mal. A asserção de John expressou sua crença de que o filósofo gostava de filosofia, elocutou a mesma coisa, mas transmitiu algo diferente.

Há dois caminhos perfeitamente inteligíveis desde o proferimento de John de "Aristóteles" até seus potenciais referentes. Um deles, através de seu sistema de arquivos mentais, retorna a séculos de comentários, até um filósofo grego antigo. O outro, através do uso corrente de "Aristóteles" na conversação da qual essa observação é uma parte, retorna para as mentes dos outros participantes, até décadas de comentários em diversos tabloides sensacionalistas, até o magnata da navegação. Embora nossos conceitos comuns de referência e "o que é dito" se ajustem com os casos bem-sucedidos, nossos conceitos teóricos precisam ser mais flexíveis. Em um caso como este, uma escolha de referentes é adequada para o entendimento do proferimento como a produção de uma pessoa com as crenças de John; outro é mais adequado para entender os efeitos de seu proferimento a respeito das outras pessoas na conversa.

Uma analogia com a filosofia da ação pode ser útil com relação a nosso segundo ponto. De fato, dada a perspectiva de Austin-Searle acerca do uso da linguagem como um tipo de ação, trata-se de mais do que uma mera analogia. Podemos classificar os resultados da ação proposicionalmente, como é feito com o conceito de realização explicado anteriormente. Ao derramar seu café no colo, John realizou algumas coisas diferentes. Ele molhou suas calças, isto é, fez com que suas calças ficassem molhadas. Ele desperdiçou o café, isto é, fez com que seu café fosse desperdiçado. E ele fez com que Kepa se divertisse. E assim por diante. Cada uma dessas realizações é utilizada para caracterizar o ato, dadas diversas circunstâncias e conexões.

Também podemos caracterizar os atos pelas realizações pretendidas com eles ou que teríamos em diversas condições contrafactuais. John queria que ele mesmo bebesse uma xícara de café; ele poderia ter feito com que ele tivesse queimado seriamente seu colo, ou que Kepa risse tanto que acabasse tendo um ataque.

Nossa prática de dizer e nossos conceitos para classificar o que fazemos ao falar, possuem a característica de que, quando as coisas vão bem, um grande número de diferentes aspectos do ato será classificável pela mesma proposição: as condições sob as quais a crença que motivou o proferimento é verdadeira, as condições sob as quais o conteúdo elocutório pretendido é verdadeiro, as condições sob as quais o conteúdo elocutório é verdadeiro, as condições sob as quais o que é dito é verdadeiro e as condições sob as quais as crenças a que o proferimento conduz a audiência a adotar ou a considerar são verdadeiras. Isso dá lugar ao retrato de uma única proposição que é passada adiante, desde a crença do falante, para seu proferimento, até a mente de sua audiência. Mas o retrato se desfaz quando as coisas não vão bem, e precisamos de diferentes proposições para classificar diferentes aspectos do ato, relativamente a diferentes circunstâncias e interesses.

## (4.5) Você está atrasado

Eis a situação. Supunha-se que Kepa e John fossem se encontrar às 10h30 em sua sala no CSLI. São 10h35. Kepa ouve a maçaneta ser girada e ouve a porta começar a se abrir. Ele olha para a porta e vê o ombro da pessoa que entra, que ele acha que é John. Ele profere as palavras: "Você está atrasado".

O plano de Kepa é o seguinte: ele pretende produzir determinada sequência de sons que são considerados uma ocorrência da sentença em português "você está atrasado" [(1), (2a)]. Ele pretende produzir esses sons como palavras e frases com algumas das significações admitidas pelo português: "você" como o pronome utilizado para a segunda pessoa do singular, que se refere à pessoa a quem o falante se dirige; "está atrasado" como um sintagma verbal que é predicado com verdade de uma pessoa se essa pessoa, no momento do proferimento, está atrasada para um evento, evento esse que é determinado pelas intenções do falante [(2b)]. Ele pretende se referir com "você" à pessoa que entra na sala, a quem ele se dirige [(2e)], e ele pretende indicar que essa pessoa está atrasada para o encontro que eles tinham marcado, que é o evento que ele tem em mente [(2g)]. Assim, ele pretende produzir um proferimento **u** que tem as seguintes condições reflexivas de verdade:

(4.5.1) que ***a pessoa a quem o falante de*** (4.1) ***se dirige*** está atrasada para ***o evento que o falante de*** (4.1) ***tem em mente***.

Dado que Kepa é o falante e que o evento que ele tem em mente é o encontro marcado, as condições de verdade suplementares são:

(4.5.2) Que ***a pessoa a quem*** **Kepa** ***se dirige*** está atrasada para o encontro das 10h35 de **Kepa com John** [condições de verdade com falante e parâmetros (2g) fixados].

Kepa acha que a pessoa a quem ele se dirige é John [(3)] e, assim, pretende produzir um proferimento com essas condições de verdade referenciais:

(4.5.3) Que **John** está atrasado para **o encontro das 10h30 entre Kepa e John**.

Este é o *conteúdo elocutório pretendido*. Se Kepa estivesse correto a respeito da pessoa a quem ele se dirigia, esse também seria o conteúdo elocutório. Mas dado que essa pessoa não era John, mas Tomasz, cujo ombro Kepa vê, o conteúdo elocutório real de seu ato é:

(4.5.4) Que **Tomasz** está atrasado para **o encontro das 10h30 entre Kepa e John**.

Nesse caso, Kepa produziu um proferimento com o conteúdo reflexivo que ele pretendia, mas não com o conteúdo elocutório que ele pretendia. O conteúdo elocutório depende dos aspectos reais do contexto relevante para os aspectos indicativos da linguagem.

Precisamos utilizar o conceito de plano do falante para abordarmos conceitos como o de "referente pretendido" ou de "referente do falante" com o devido cuidado. Kepa se referiu à pessoa a quem ele pretendia se referir? Sim, porque ele se referiu à pessoa a quem ele estava se dirigindo, tal como ele pretendia? Ou não, porque ele se referiu a Tomasz, enquanto ele pretendia se referir a John? A resposta é que Kepa pretendia se referir a quem quer que seja que estivesse desempenhando determinado papel com respeito a seu proferimento e nisso ele foi bem-sucedido, mas, ao fazer isso, ele pretendia se referir a John, e nisso ele falhou. Porque sua crença era falsa, seu proferimento não teve o conteúdo elocutório que ele pretendia que ele tivesse.

As convenções do inglês permitem que alguém utilize "está atrasado" para predicar a pessoa atrasada para um encontro marcado ou para outro evento, o que precisa ser articulado, e Kepa pretendia utilizar a frase dessa forma [(2g)]. As convenções também permitem que alguém predique a propriedade de chegar mais tarde do que é costume de uma pessoa. Talvez, independentemente dos encontros marcados, John tenha o costume de aparecer por volta das 8 horas e esteja em sua sala antes que Kepa chegue depois de sua viagem de trem da cidade para a faculdade. John poderia ter considerado que Kepa tenha utilizado "atrasado" nesse sentido e não ter transmitido uma crítica com a esperança de provocar pesar, mas curiosidade com a esperança de ter informação sobre o que aconteceu para fazer com que John estivesse atrasado para começar o trabalho nesse dia em particular.

Para com o ato elocutório, contudo, as intenções de Kepa na questão são determinantes. Mesmo que John entenda que Kepa tenha utilizado "está atrasado" da segunda maneira indicada, isso não importa. Mesmo que qualquer observador arguto tivesse achado que Kepa tinha utilizado aquelas palavras nesse sentido, isso não importa para o conteúdo elocutório.

## (4.6) Eu sou Joana

Com enunciados de identidade, o que é dito raramente coincide com o conteúdo elocutório. Quando Joana diz (4.6) a John, o conteúdo elocutório de seu proferimento é o seguinte:

(4.6.1) Que **Joana** é **Joana**.

Se isso fosse o que ela disse, ela teria dito o mesmo que dizer o seguinte:

(4.7) Joana é Joana.

Ou:

(4.8) Eu sou eu.

Mas apenas aquelas pessoas com as intuições distorcidas por compromissos teóricos suporiam que isso está correto. Assim, o que acontece?

Há muitas pessoas no mundo que compartilham o nome "Joana", algumas das quais a própria Joana conhece e a quem ela se refere ao utilizar o nome. A questão a respeito de a qual Joana se refere é resolvida por sua intenção [(2d)]. Nesse caso, é claro, ela se refere a si mesma. Assim, Joana pretende produzir um proferimento (4.6) com conteúdo reflexivo:

(4.6.2) Que ***o falante de* (4.6)** seja ***a pessoa à qual o falante de* (4.6) *se refere com o nome "Joana".***

Joana se dá conta de que ela é esse falante e de que ela pretende utilizar "Joana" para se referir a si mesma. Ela pretende isso ao produzir um proferimento com (4.6.2) como suas condições reflexivas de verdade, ao produzir um proferimento com (4.6.1) como suas condições referenciais de verdade. Ela é bem-sucedida nisso e, assim, (4.6.1) é o conteúdo elocutório de sua observação.

Mas nosso conceito comum "do que é dito" é algo a que se pode reagir com relação à informação que o falante tenta transmitir, o que pode se perder no nível do conteúdo referencial. Nesse caso, Joana tentaria transmitir que seu nome é "Joana". Isso seria provável se ela falasse com alguém por certo tempo, uma pessoa a respeito da qual ela não teria qualquer razão para acreditar que tivesse jamais ouvido falar de Joana Garmendia, mas tivesse obtido um conceito dela e desejasse saber seu nome. A informação relevante poderia ser identificada como as condições de verdade com o conteúdo e as significações, outras que o referente de "Joana", fixadas pelo seguinte:

(4.6.3) Que **eu** sou ***a pessoa com o nome "Joana" a quem o falante de* (4.6) *pretende se referir.***

Ou talvez o interlocutor de Joana estivesse esperando que Joana Garmendia aparecesse para dar uma palestra, mas não a reconhecesse. Então a informação que ele procura transmitir é que a pessoa por quem aquela outra procura e cujo proferimento (4.6) ela ouve é Joana. Ela transmite essa informação por meio da transmissão das condições de verdade de seu proferimento com as significações fixadas, inclusive aquela de "Joana", mas o contexto admitido varia, de maneira que o que o interlocutor apreende é o seguinte:

(4.6.4) Que ***o falante de* (4.6)** é **Joana.**

Uma vez que o interlocutor identifica (4.6) como "o proferimento que estou ouvindo", e o falante dele como "a mulher à minha frente", ele aprende que a pessoa por quem ele esperava está agora diante dele, algo que ele não teria aprendido se Joana tivesse dito (4.7) ou (4.8).

## 5 Conteúdo elocutório *versus* conteúdo proposicional

Pretendemos que nosso conceito de ato elocutório seja similar àquele de Austin (1961, p.94), cuja definição era a seguinte: "O proferimento de certos sons, o proferimento de certas palavras em determinada construção e o proferimento delas com certa 'significação' no sentido filosófico preferido desse termo, isto é, com determinado sentido e com determinada referência". De acordo com Austin, os atos elocutórios são aquilo em que consiste o dizer, quando tomados em seu sentido geral completo. Eles são os atos *de* dizer algo em contraste com os atos desempenhados *ao* dizer algo. Nós os formulamos como a diferença entre o ato de "elocutar" algo (com determinado conteúdo, em nosso sentido preferido da palavra) e o ato de "dizer" (narrar, perguntar) a alguém. O quanto isso é fiel a Austin depende de exatamente o que ele tinha em mente, o que tem sido uma questão de controvérsia.[10]

Surpreendentemente, Searle rejeitou a distinção feita por Austin entre atos elocutórios e atos (ilocutórios) de dizer, argumentando que "isso não pode ser inteiramente geral, no sentido de demarcar duas classes excludentes de atos" (Searle, 1968, p.407).[11] De nosso ponto de vista, isso significaria que o mesmo ato poderia ser uma instância de duas diferentes ações, locutar e dizer, e não constituiria um problema. Colocando de lado esse argumento, parece que Searle seguiu o exemplo de Austin e apresentou um conceito de ato elocutório sob um rótulo diferente: o ato *proposicional*.

Assim, para esclarecer nosso conceito de conteúdo elocutório, uma comparação com o conteúdo proposicional de Searle ajudará. Em (5.1) a (5.5), Kepa fala com John; John é o falante em (5.3), Kepa, nos outros, e todos ocorrem na segunda-feira, 14 de maio de 2006.

(5.1) Eu vou terminar o artigo amanhã?
(5.2) Eu vou terminar o artigo amanhã.
(5.3) Kepa, termine o artigo amanhã!
(5.4) [Espero] terminar o artigo amanhã.
(5.5) Se eu terminar o artigo manhã, [John ficará contente].

De acordo com Searle, o mesmo conteúdo proposicional é expresso pelas partes fora dos colchetes de todos esses proferimentos.

Dentro da teoria reflexivo-referencial, há mais que um candidato para esse conteúdo. Para cada proferimento, exceto (5.3), podemos identificar um conteúdo reflexivo:

(5.x.1) Que ***o falante de*** (5.x) termine ***o artigo referido pelo falante de*** (5.x) ***antes do dia seguinte em que*** (5.x) ***é proferido.***

10 Para uma discussão preliminar, ver Searle (1968), Strawson (1973), Forguson (1973). Nosso conteúdo elocutório estaria provavelmente mais próximo da significação-B de Strawson, mas não estamos aqui interessados em questões exegéticas.

11 Searle não distingue entre significação e conteúdo, o que faz com que ele pareça ser um literalista, isto é, alguém que defende que a significação de uma sentença determina o conteúdo do proferimento. Isso contrastaria com suas concepções contextualistas melhor conhecidas, tal como, por exemplo, as expostas em Searle (1980b).

Mas isso não funcionará. Antes de tudo, uma vez que as condições reflexivas de verdade são condições acerca do próprio proferimento, as condições reflexivas de verdade para cada proferimento são diferentes. Segundo, uma proposição desse tipo não servirá para (5.3), na qual John é o falante. Assim, parece que nosso candidato para o conteúdo proposicional comum deve ser o conteúdo referencial:

(5.x.2) Que **Kepa** termine **o artigo** em **15 de maio de 2006**.

Isso parece funcionar para todos os proferimentos. Eles são todos acerca de uma pessoa e do fato de ela terminar determinado artigo em uma data particular. Eles utilizam esse conteúdo de diferentes maneiras, mas todos o elocutam ou o expressam. Isso se ajusta bem às nossas intuições de que, na quarta-feira, 16 de maio, Kepa poderia expressá-lo proferindo o seguinte:

(5.8) Eu terminei o artigo ontem.

Ou John, dirigindo-se a Kepa:

(5.9) Você terminou o artigo ontem, [como você prometeu].

Parece então que nosso conteúdo elocutório é apenas outro rótulo para o conteúdo proposicional de Searle. Mas há alguns pontos nos quais o conteúdo proposicional de Searle diverge de nosso conteúdo elocutório.

Antes de tudo, de acordo com a concepção original de Searle, não haveria qualquer diferença no conteúdo proposicional dos proferimentos (5.1) a (5.5), de um lado, e (5.10), de outro:

(5.10) Eu prometi terminar o artigo ontem.

Assim, o conteúdo do (sub)proferimento de "eu prometo" desapareceria do conteúdo de (5.10) porque sua significação, segundo Searle, determina a força ilocutória e é aquilo com que tentamos contrastar a proposição.

Segundo nossa concepção, o conteúdo elocutório da cláusula subordinada em (5.10) é a proposição (5.x.2), mas o todo de (5.10) tem um conteúdo elocutório mais complexo:

(5.11) Que **Kepa** promete no **momento de (5.10)** fazer com que **Kepa** termine o artigo antes do **dia seguinte ao momento de (5.10)**.

Contudo, Searle muda sua concepção sobre esse ponto em seu ensaio posterior, "How Performatives Work" [Como performativos funcionam], no qual o conteúdo proposicional realmente inclui o conteúdo do "verbo performativo" e seu sujeito, assim, este é um ponto controverso (Searle, 1989).

Contudo, há uma segunda diferença que é mais importante entre o conteúdo proposicional e o conteúdo elocutório. Um conceito importante na teoria de Searle é o conceito de condições de conteúdo proposicional de um ato de fala. Algumas dessas condições são determinadas, de acordo com a teoria, pelo objetivo ilocutório. O objetivo ilocutório comissivo, por exemplo, estabelece que o conteúdo proposicional de um ato de fala com esse objetivo – por exemplo, uma promessa – deva representar um ato futuro do falante. O objetivo ilocutório diretivo, ao contrário, determina que o conteúdo proposicional de um ato de fala com esse objetivo – por exemplo, um pedido – deva representar um ato futuro da parte da pessoa a quem o falante se dirige.

Pensamos que o conteúdo elocutório (ou o conteúdo proposicional de Searle) não seja o conteúdo que poderia satisfazer as condições de "conteúdo proposicional" do ato de fala. Retomemos nosso retrato básico: um falante planeja produzir um proferimento com certas condições reflexivas de verdade, e ele pretende com isso produzir um proferimento com certas condições referenciais de verdade, isto é, conteúdo elocutório. O nível do conteúdo reflexivo é crucial, porque muitos dos efeitos que o falante pretenderá que seu proferimento tenha vão depender do reconhecimento da parte do ouvinte do conteúdo reflexivo. Isso foi ilustrado pela discussão dos enunciados de identidade na seção 4. O plano de Joana de transmitir os diversos pedaços de informação que ela quer transmitir envolve o ouvinte ouvindo o proferimento e apreendendo seus conteúdos reflexivos. O ouvinte pode combinar esse conteúdo com o que ele já sabe e inferir a informação que ela tenta transmitir. Em um caso, isso era o nome da pessoa com quem ele falava, no outro, era a localização de alguém de quem ele já tinha um "arquivo", a saber, que Joana é a pessoa que fala com ele.

Chamamos constituintes do conteúdo elocutório lugares, coisas e pessoas que são constituintes da proposição expressa, o *assunto* do proferimento. Assim, Joana é o assunto de seu proferimento: "eu sou Joana". Frequentemente, os elementos do assunto desempenham um papel na situação do proferimento. Os indicativos, é claro, são os meios mais explícitos de transmitir essa informação. Quando Joana diz: "eu sou Joana", ela transmite não apenas o conteúdo elocutório trivial, mas o fato importante de que a pessoa do assunto do conteúdo elocutório também desempenha o papel de falante do próprio proferimento. Quando John diz a Kepa: “Você deve terminar o artigo”, Kepa é um elemento do assunto, a pessoa que terminará o artigo, mas também uma parte da situação do proferimento, aquele a quem John se dirige. Essa informação é transmitida por “você”. Esse tipo de informação se perde no nível do conteúdo elocutório. Se o falante não apreende o conteúdo reflexivo direito, mesmo que o conteúdo elocutório seja apreendido, uma informação importante estará perdida.

Concordamos com Searle que o objetivo ilocutório de um proferimento não é parte do conteúdo elocutório ou do conteúdo proposicional. Trata-se de um fato acerca do proferimento que é importante de ser apreendido pelo ouvinte, mas ele não é parte da proposição expressa. E concordamos que certos objetivos ilocutórios (e forças ilocutórias) colocam condições a respeito do conteúdo. Mas depende do conteúdo reflexivo, não dos proferimentos do conteúdo elocutório, satisfazer essas condições.

É por apreender o conteúdo reflexivo que o ouvinte entende as relações pretendidas entre o falante e o proferimento, inclusive o momento do proferimento e a pessoa a quem ele é dirigido.

Consideremos mais uma vez o seguinte:

(5.2) Eu vou terminar o artigo amanhã.

E agora compará-lo-emos com:

(5.12) Kepa termina o artigo em 15 de maio de 2006.

Ambos os proferimentos poderiam, com razão, ser proferidos como comissivos: isto é, com o objetivo ilocutório pretendido a respeito do mesmo conteúdo elocutório. Mas (5.12) coloca uma exigência maior sobre o ouvinte. Para entender (5.12) como um comissivo, o ouvinte tem de ter pelo menos a informação de que o falante é Kepa e que o momento do proferimento é anterior a 15 de maio, pois alguém só pode se comprometer com ações futuras, e uma pessoa só pode comprometer *a si mesma*. (5.8), por outro lado, não pode ser entendida como uma comissiva. O conteúdo reflexivo de (5.2) impõe os papéis certos do proferimento acerca da pessoa que terminará o artigo e o momento no qual fará isso. O conteúdo reflexivo de (5.12) é *consistente* com eles terem os papéis certos no proferimento. O conteúdo reflexivo de (5.8) é *inconsistente* com eles desempenharem os papéis apropriados; terminar o artigo teria de ter sido no *passado*. Observações similares se aplicam a (5.3), proferida como uma diretiva.

A teoria de Searle dos atos de fala coloca duas tarefas diferentes para o conceito de conteúdos proposicionais. Por um lado, ela representa o conteúdo básico com os quais operam as diversas forças ilocutórias. Por outro, trata-se do conteúdo que preenche as condições impostas por certos objetivos ilocutórios e forças ilocutórias. Mas, assim como argumentamos no caso do conceito comum do que é dito, essas duas tarefas não podem ser realizadas por um único conteúdo. O conteúdo elocutório ou referencial de um proferimento pode ser considerado aquele conteúdo básico compartilhado por diferentes atos de fala, mas, em vez do conteúdo elocutório, o conteúdo reflexivo é necessário para servir como o conteúdo que preenche as "condições de conteúdo proposicional" de Searle. A teoria dos atos de fala, assim como a teoria das implicaturas, tal como a expusemos em Korta e Perry (2006), e a teoria da significação, conteúdo e comunicação em geral, se beneficiariam se adotassem uma concepção pluralista do conteúdo de um proferimento em termos de conteúdos elocutórios e reflexivos tal como aquela que esboçamos aqui. Elas todas pedem muito de um único conteúdo, o que quer que ele seja denominado: "o que é dito", "conteúdo proposicional" ou "condições de verdade de um proferimento".

## 6 Conclusão

O ponto principal deste capítulo é o desenvolvimento do conceito de conteúdo elocutório como um conceito teórico mais adequado que o conceito comum *do que é dito* a alguns dos propósitos teóricos para os quais esse último foi proposto, especialmente, aquele de conceito fundamental da *proposição expressa por um proferimento.*

O que isso nos diz sobre como dizer as coisas com palavras? A lição importante, acreditamos, é que as intenções envolvidas em dizer algo não são simplesmente uma questão de escolher a proposição que serve como conteúdo elocutório e esperar que as circunstâncias de entendimento sejam tais que alguém consiga transmitir a informação que deseja. Em vez disso, deve-se concentrar nas condições de verdade reflexivas do proferimento que alguém planeja produzir, pois, apenas nesse nível, pode ser encontrada grande parte da informação crucial, necessária para produzir os efeitos cognitivos e não cognitivos pretendidos, inclusive a apreensão da força ilocutória pretendida. A teoria reflexivo-referencial permite que incorporemos esse ponto de vista em uma teoria que liga a pragmática de um proferimento estreitamente à semântica de um proferimento, concebida (mais ou menos) de maneira tradicional como uma questão de suas condições de verdade.

## Apêndice: A teoria reflexivo-referencial

A teoria reflexivo-referencial da significação e do conteúdo [RRT, sigla em inglês] possui os seguintes conceitos fundamentais principais e utiliza a seguinte notação:

1. O tema básico da semântica e da pragmática são os *conteúdos* dos proferimentos, sendo que os proferimentos são considerados atos intencionais – pelo menos de modo típico – que envolvem o uso da linguagem. Presume-se que os proferimentos ocorrem em um tempo, em um lugar e que tenham um falante.
2. O paradigma é o uso de uma sentença declarativa. Para tais proferimentos, os conteúdos dos proferimentos são *proposições*. Estas são objetos abstratos aos quais são atribuídas *condições de verdade*. As proposições são concebidas como ferramentas classificatórias em vez de habitantes de um terceiro reino. Os teóricos utilizam as proposições para classificar proferimentos por meio das condições sob as quais os proferimentos são verdadeiros. Esse uso das proposições é um desenvolvimento de uma capacidade dos falantes comuns, que classificam não apenas proferimentos, mas também outros estados e atividades cognitivos por meio de suas condições de verdade, tipicamente, nas linguagens naturais, com o uso de cláusulas "quê".
3. Adotamos uma notação para proposições que é compatível com algumas diferentes teorias sobre o que são as proposições, e escolhas de objetos abstratos para que elas sejam modeladas. A proposição de que **Elwood** vive em **Dallas** pode ser concebida como o conjunto de mundos nos quais Elwood vive em Dallas, ou a função que produz verdade para os mundos nos quais ele vive e falsidade para os mundos nos quais ele não vive, ou como uma consequência da relação de viver, Elwood e Dallas, ou de algumas outras maneiras.
   Ora, suponhamos que Elwood, de fato, seja o podólogo mais baixo. A proposição de que **o mais baixo podólogo** vive em **Dallas** será a mesma proposição de que **Elwood** vive em **Dallas**. Os negritos

de nossa linguagem para especificar as proposições indicam que os constituintes da proposição são os objetos designados (nomeados ou descritos) pelo termo em negrito, em vez de qualquer condição identificadora que possa ser associada com esse termo.

Por outro lado, a proposição de que ***o podólogo mais baixo*** vive em **Dallas** não tem Elwood como um constituinte, mas a condição identificadora de ser o podólogo mais baixo – isso é o que está indicado em itálico e negrito. Essa proposição será verdadeira nos mundos nos quais, quem quer que seja o podólogo mais baixo, ele ou ela vive em Dallas. A proposição de que ***o podólogo mais baixo*** vive ***na cidade na qual*** **John F. Kennedy** ***foi baleado*** é verdadeira em um mundo no qual quem quer que seja o podólogo mais baixo, ele ou ela vive em qualquer cidade que seja na qual Kennedy foi baleado. Esta será a mesma proposição que aquela de que ***o podólogo mais baixo*** vive na ***cidade na qual*** o **trigésimo quinto presidente** ***foi baleado***. O negrito indica que o próprio Kennedy, a pessoa descrita por "o trigésimo quinto presidente", é um constituinte da condição que identifica a cidade. Por outro lado, a proposição de que ***o podólogo mais baixo*** vive na ***cidade na qual o trigésimo quinto presidente foi baleado*** é verdadeira nos mundos nos quais quem quer que seja o mais baixo podólogo vive na mesma cidade na qual quem quer que seja o trigésimo quinto presidente foi baleado.

4. A TRR atribui *conteúdos* a proferimento com base na ideia de *condições relativas de verdade*: dados certos fatos, o que *mais* tem de ser o caso para que o proferimento seja verdadeiro? Ilustramos essa ideia com um exemplo. Seja **u** um proferimento de que "Você irrita David", feito por Kepa, dirigido a John, e que expressa a proposição de que John dê nos nervos de David Israel.
   a. Dado que **u** é proferido por Kepa em português; dadas as significações das palavras etc. e que Kepa se dirija a John; que Kepa utilize "irritar" com sua significação de "dar nos nervos de"; que Kepa utiliza "David" para se referir a David Israel, **u** é verdadeiro se e somente se **John** dê nos nervos de **David Israel**. A proposição de que **John** dê nos nervos de **David Israel** é chamada, em diversos momentos, de conteúdo *referencial* de **u**, de o *conteúdo oficial* de **u**, e de conteúdo de **u** com os fatos da significação e contexto fixados e nambiguidades resolvidas, com a notação: "Conteúdo$_C$".

(A "nambiguidade" é o fenômeno de mais de uma pessoa, lugar ou coisa ter o mesmo nome.)

b. Dado *apenas* que **u** é proferido em português, e dadas as significações das palavras, mas nenhum dos outros fatos listados anteriormente, **u** é verdadeira se e somente se houver *x*, *y*, e *z*, tal que *x* seja o falante de **u**, *x* se dirija a *y*, *x* explore uma convenção que atribui "David" como o nome de *z* para se referir a *z*, e ou (i) *x* utiliza "irritar" com sua significação de "dar nos nervos" e *y* dê nos nervos de *z*, ou (ii) *x* utiliza "irritar" com sua significação de "causar inflamação" e *y* causa a inflamação em uma parte de *z*. A proposição identificada pela sentença à direita de "se e somente se" é o que TRR chama de *um* conteúdo reflexivo de **u**. A palavra "reflexivo" honra o fato de que a proposição em questão possui o próprio **u** como um constituinte: ele nos dá as condições de verdade para **u** em termos das condições a respeito do próprio **u**.

c. Dados todos os pontos de (b), mais o fato de que o falante de **u** utilize "irritar" para dizer "dar nos nervos de", e que utiliza "David" para se referir a David Israel, **u** é verdadeira se e somente se houver *x* e *y* tal que *x* é o falante de **u**, *x* se dirige a *y*, e *y* dê nos nervos de **David**. Isso também é um conteúdo reflexivo; trata-se do que chamamos de *conteúdo indicativo* ou Conteúdo$_M$–: o conteúdo com as significações fixadas e ambiguidades resolvidas, mas não os fatos contextuais.

d. Dados todos os pontos de (b), mais o fato de que Kepa é o falante, ele fala com John e utiliza "irritar" para dizer "dar nos nervos de", **u** é verdadeira se e somente se houver um *z* tal que **Kepa** utilize "David" para se referir a *z* e **John** dê nos nervos de *z*. Aqui, o conteúdo é dado, as significações são exploradas, mas a nambiguidade não está resolvida. Notemos que a proposição expressa pela sentença à direita de "se e somente se" não é reflexiva em nosso sentido oficial: os constituintes dela são Kepa e John, e não incluem o proferimento. Contudo, ela também não é inteiramente referencial, uma vez que envolve uma condição identificadora de David, e não o próprio David. Às vezes, tais conteúdos, que não possuem mais o próprio proferimento como um constituinte, são chamados de "incrementais" e o conteúdo referencial, de "inteiramente incremental".

5. O conteúdo oficial ou referencial é o que ordinariamente se considera como a proposição expressa, ou *o que é dito*. Esta é a base da explicação do conteúdo elocutório deste capítulo. Mas os outros conteúdos estão disponíveis para descrever as diversas intenções de comunicação e os entendimentos que ocorrem, como também é ilustrado pelos exemplos deste capítulo.

# 9
# Semântica sem a distinção entre sentido e força

*Stephen J. Barker*

## Introdução

No coração da semântica do século XX está a distinção de Frege entre *sentido* e *força*. Trata-se da ideia de que o conteúdo de um proferimento autossustentável de uma sentença *S* pode ser dividido em dois componentes. Uma parte, o sentido, é a proposição da significação linguística de *S* e o contexto associado a ela como sua interpretação semântica. O segundo componente é a força ilocutória de *S*. As forças ilocutórias correspondem aos três tipos básicos de atos sentenciais: asserções, ordens e questões. As forças são, então, tipos de atos nos quais proposições são empregadas com certos propósitos.

Há pelo menos cinco razões para postular a distinção de Frege, que podem ser discernidas em Searle (1969) e em outros escritos:

*R1.* Parece que devemos analisar a asserção em termos de crenças: as asserções são atos nos quais proferimos sentenças visando manifestar nosso compromisso com estados de crença. Os estados de crença são aptos à verdade. Portanto, os portadores de verdade básicos precedem a asserção. Além disso, as crenças são atitudes proposicionais, estados que compreendem um componente de atitude – característico da crença – e um conteúdo. Parece razoável então igualar os portadores de verdade básicos com os conteúdos dos estados de crença e alegar que esses conteúdos são proposições. Assim, o conteúdo de uma asserção envolve dois componentes: um conteúdo proposicional – o objeto da crença da qual a asserção é uma manifestação – e uma força – o tipo de ato que é aquele de se comprometer com determinada crença.

*R2*. Asseverar que *P* é proferir uma sentença *S* com a intenção de manifestar o compromisso de alguém com a crença de que *P*. Mas a asserção deve envolver mais que isso. Ao proferir *Eu aqui me comprometo com P*, profiro uma sentença e comprometo com *P*, mas não assevero que *P* (Pagin, 2004). A característica distintiva extra de asseverar que *P* é que o falante profere uma sentença *S*, que *significa* que *P*. Asseverar *P* é proferir *S* querendo dizer *P* e se comprometendo com *P*. Aqui, temos a ideia da *significação* de uma sentença ou de *dizer* algo que é distinguível em sua natureza do ato ilocutório no qual a sentença é realizada. Mas isso significa que uma sentença possui um componente de conteúdo não capturado por seu uso assertório. Pareceria que isso seria seu conteúdo proposicional codificado.

*R3*. Parte de fazer semântica consiste em oferecer uma explicação composicional de como a significação de uma sentença depende da significação de suas partes e do modo de composição. A semântica composicional pode ser dividida em diversas partes. Uma parte diz respeito aos componentes subsentenciais, tais como nomes e predicados, e a como eles se combinam para formar sentenças simples significativas. Por exemplo, pode-se pensar que um nome introduz um objeto e um predicado, uma propriedade. Eles se juntam de alguma maneira para formar o conteúdo de uma sentença do tipo sujeito-predicado. As proposições são atraentes como uma explicação de tais fatos composicionais básicos, uma vez que os objetos e as propriedades não têm nada a ver com os atos de fala como tais.

*R4*. Um segundo aspecto da semântica composicional diz respeito aos compostos sentenciais. Em (i) a seguir, *Fred está doente* é asseverada como premissa de um argumento, mas em (ii) ela não é asseverada, embora essas duas instâncias de *Fred está doente* devam, em certo sentido, ter a mesma significação se a validade do argumento aqui apresentado deve ser afirmada:

(i) *Fred está doente.*
(ii) *Se Fred está doente, ele morrerá.*
(iii) *Portanto, ele morrerá.*

O conteúdo comum que *Fred está doente* possui deve ser independente de asserção. O que mais esse conteúdo independente de asserção seria senão um conteúdo proposicional? Assim, deveríamos analisar (i) como uma sentença com um conteúdo proposicional e algo mais, isto é, uma força assertória.

*R5.* Um terceiro aspecto da composicionalidade diz respeito ao modo gramatical. Sejam as três seguintes sentenças com modo modificado:

*Fred pula.*
*Fred pula?*
*Fred, pula!*

Todas elas envolvem os mesmos elementos gramaticais, mas combinados de maneiras diferentes. O conteúdo que *Fred pula* compartilha com as outras sentenças não pode ser nada que dependa de seu uso assertório, uma vez que outras sentenças não estão associadas com a asserção. Assim, o conteúdo comum deve ser independente de asserção. Qual é esse conteúdo independente de asserção senão um conteúdo proposicional? Denote-se por <Fred pula>. Estruturalmente, o conteúdo das três sentenças é dado da seguinte maneira, sendo que *A*, *Q* e *O* correspondem a três forças distintas:

*Fred pula* *A* <Fred pula>
*Fred pula?* Q <Fred pula>
*Fred, pula!* O <Fred pula>

Que haja um conteúdo comum parece ser confirmado pelo fato de que as condições de verdade para a sentença declarativa, para as condições de resposta afirmativa para a interrogativa e para as condições de atendimento para a imperativa podem todas ser especificadas pela mesma condição: que Fred pula.

Com a distinção sentido/força feita – razoavelmente assegurada, poder-se-ia esperar, com *R1* até *R5* –, o problema da significação está dividido em duas partes: *Pragmática*, o estudo dos atos de fala e das estruturas de comunicação, e *Semântica* – com *S* maiúsculo –, o estudo do conteúdo proposicional. A forma dominante que as teorias do conteúdo Semântico tomam é a de teorias das condições de verdade: Davidson (1984), Lewis (1972). A semântica das condições de verdade possui seus detratores: Dummett (1976), Horwich (1998) e Brandom (1994), que questionam se a verdade explica o conteúdo proposicional. Eles recomendam que olhemos para outros tipos de propriedades das sentenças para explicarmos seus sentidos, tais como suas condições de verificação, certas propriedades do uso ou papéis conceituais. Tais críticos da semântica das condições de verdade aceitam a distinção força/sentido: para eles, a questão é como entender o conteúdo proposicional como algo que esteja conceitualizado dentro dessa distinção.

Contudo, há um segundo modo, mais radical, de rejeitar a semântica das condições de verdade. Isso envolve abandonar a distinção dentro da qual a ideia de proposição vive: a distinção força/sentido. A forma que essa abordagem mais radical toma é a da semântica da teoria dos atos de fala (TAF) desenvolvida em Barker (2004). Segundo a TAF, não há distinção entre Semântica e Pragmática. O estudo de como as sentenças ganham suas condições de verdade – a *semântica* – é um tipo de pragmática formal, que é desenvolvida sem o conceito de proposição. No que se segue, eu bloqueei os cinco argumentos, *R1* a *R5*, em favor da distinção força/sentido, construindo com isso a alternativa TAF: semântica sem a distinção entre sentido e força.

## 1 Asserção e crença – (*R1*)

Qual é a atividade peculiar que chamamos de asserção? Grice (1957) argumentou em favor de uma teoria do efeito perlocutório da asserção. De acordo com esta, ao asseverar que *P*, um falante U profere uma sentença pretendendo fazer com que uma audiência tenha uma crença de que *P*, ou a crença de que U tem a crença de que *P*. Tais teorias do *efeito perlocutório* têm grandes problemas (Alston, 2000). Eu ofereço, em vez disso, uma teoria do efeito não perlocutório. A asserção é um ato no qual um falante profere uma sentença e *defende* um estado mental. Defender um estado mental é tomar autoridade epistêmica para instanciar uma propriedade Π, sendo que Π é uma propriedade mental – ou um tipo de estado mental. Tomar autoridade epistêmica para um estado mental instanciado é representar-se como capaz de oferecer razões em favor desse estado: razões suficientes. Assim, ao asseverar que o céu é azul, U defende uma propriedade mental Π de algum tipo – representando-se a si mesmo como possuidor de razões em favor desse estado. Se U é sincero e se tem boas intenções, ele tem esse estado; se ele não é sincero, ou se é confuso, ele não o tem. A audiência de U, H, considerará a asserção de U corretamente somente no caso de ela estar também predisposta a fazer a asserção, isto é, defender o estado mental Π envolvido no caso. Dado que as asserções são defesas de propriedades Π, como as podemos denominar, a avaliação da verdade tem a seguinte *Dimensão Intersubjetiva*, **DI**:

**DI**: H considera verdadeira uma asserção de *S* proferida por U comunicando que ele, U, defende Π se e somente se H considera que ela, H, defende Π em seu próprio caso.[1]

**DI** não é uma explicação daquilo em que consiste a verdade; não é nenhum convite ao antirrealismo ou ao idealismo. **DI** simplesmente se segue do fato de que uma asserção de *S* compromete U com a asserção de que *S é verdadeira* e vice-versa, e de que a asserção é a defesa de uma propriedade Π.

O que é o estado mental Π que é defendido? Aqueles que esposaram a distinção de Frege entre sentido e força respondem que esse estado Π é um estado de crença. A asserção é analisada em termos da crença tal como esboçado em *R1*. E isso significa que a verdade precede a asserção, e que os portadores básicos de verdade são certos a não asserções. Para bloquearmos *R1*, parece que precisamos negar que as propriedades Π defendidas na asserção sejam estados de crença. A noção geral que proponho é a seguinte: embora amplamente especificáveis como propriedades cognitivas e conativas, as propriedades Π não são estados aptos à verdade. As propriedades Π são estados funcionais de diversos tipos; elas podem causar comportamento e serem causadas por outras instanciações de propriedades Π e causá-las. Mas elas não são crenças. Asserção, juízo e crença são todos encontrados em um nível de cognição acima das propriedades Π. Trata-se de um nível de

1 Eu não requeiro que U e H sejam pessoas diferentes. A intersubjetividade pode ser intrassubjetiva, por assim dizer. Note-se que para que as asserções literais ocorram, Π deve estar convencionalmente associada a *S*. A sinceridade significa que U não apenas defende o estado, mas possui o estado. A avaliação da falsidade requer mais que apenas que H não tenha o estado. Ele deve rejeitar o estado ou estar em posição de defender a propriedade Π em relação a Não-*S*. Defino a rejeição a seguir.

cognição que envolve a manipulação de símbolos que pressupõe a instanciação de propriedades Π. A asserção e o juízo são a produção de símbolos, sejam públicos, sejam privados, envolvendo a defesa de determinada propriedade Π. A crença é uma disposição para realizar esse tipo de ato defensivo; uma disposição para produzir símbolos, sejam públicos, sejam privados, defendendo determinada propriedade Π, sendo que essa propriedade Π é realmente possuída.[2] A própria propriedade Π não é o estado de crença; a crença é, em vez disso, a disposição para defender a propriedade Π através da produção de símbolos. A aptidão à verdade, logo, não é um aspecto dos estados que preexistem à asserção. Em vez disso, ela apenas surge com a asserção. Os portadores básicos da verdade são asserções. Estruturalmente, podemos representar essa abordagem, que é o movimento básico da TAF, distinguindo-a da semântica ortodoxa, na Tabela 9.1. A TAF é uma concepção dialética dos portadores de verdade, uma vez que, de acordo com ela, a aptidão à verdade surge apenas no domínio no qual a razão opera. Poder-se-ia objetar que a razão pressupõe estados aptos à verdade. A razão diz respeito às relações entre os estados ou conteúdos aptos à verdade. Assim, se a razão é evocada para explicar a asserção, estamos de volta ao compromisso com estados capazes de verdade, que são ontologicamente precedentes à asserção. *R1* se reafirma.

Tabela 9.1

| | | **Semântica ortodoxa** | **TAF** |
|---|---|---|---|
| Ato | Asserção: produção de *S* defendendo Π | Apto à verdade (secundário) | Apto à verdade (básico) |
| Estado | Π | Apto à verdade (básico). Estado de crença ontologicamente anterior à asserção | Não é um estado de crença. Não é apto à verdade |

Minha resposta aqui consiste em negar que essa razão esteja fundamentalmente baseada nas relações entre os estados aptos à verdade. A razão se associa à inferência. Os correlatos das inferências, no nível dos sistemas

2 A asserção é um tipo de *disposição* para asseverar (privada ou publicamente). A condição de sinceridade requerida é que o falante realmente tenha o estado defendido. Diferentemente de outras explicações da crença em termos de asserção sincera desenvolvidas dentro da abordagem fregeana, esta que defendemos não é circular, uma vez que a sinceridade não é explicada em termos da crença.

intencionais, são os *estados transicionais*: são regularidades causais de um sistema intencional que ligam a instanciação de uma propriedade Π, Ψ, à instanciação de outra, Σ. Chamo tais estados transicionais de *leis de compromisso* ou *leis C*, que representamos da seguinte maneira: Ψ → Σ. Pense-se no sistema intencional de U, em um nível, como uma rede de propriedades Π instanciadas e ligadas entre si, em parte, por leis C, que são, elas mesmas, propriedades Π. O que torna a relação → uma relação de razão é determinado papel funcional em relação a entradas e saídas.

Mesmo que tal caracterização natural da relação de razão estivesse disponível, outra questão crítica permaneceria: o que torna uma instância de Ψ → Σ correta ou válida? Uma resposta é que Ψ → Σ é uma relação de razão válida porque se Ψ é verdadeira, então o estado Σ deve ser verdadeiro. Outra é que Ψ → Σ é válida se e somente se uma garantia para Ψ fornece uma garantia para Σ. Ambas as análises presumem que os estados Ψ e Σ são estados doxásticos ou estados aptos à verdade. Assim, por falta de tratarmos a validade como um fato primitivo – com certeza, uma opção não atraente –, pareceria que a necessidade de atribuir estatuto normativo às leis C como corretas nos conduz de volta a encararmos as propriedades Π como já sendo estados de crença e, com isso, de volta aos braços de *R1*.

Felizmente, há uma saída. Ela consiste em adotar o *expressivismo* acerca da razão e das normas. Para se entender a noção de validade como ela se aplica às leis C, não deveríamos enquadrar a questão nos termos do que constitui a correção de determinada lei C. Em vez disso, deveríamos perguntar: o que acontece quando asseveramos a correção de uma lei C ou, de maneira mais geral, o que acontece quando asseveramos que algo é uma razão para alguma outra coisa? Lidamos com essa questão agora e mostramos como os juízos sobre a correção de Ψ → Σ não implicam que Ψ e Σ sejam aptos à verdade.

## 1.1 A razão e o expressivismo normativo

Suponha-se que asseverar *P* seja defender Ψ e que asseverar *S* seja defender Σ. Nossa preocupação é com a propriedade Π ser defendida ao asseverarmos *R*:

*R*: Asseverar/acreditar que *P* é uma razão para asseverar/acreditar que *S*.

A resposta é que U profere *R* defendendo sua aceitação do estado: $\Psi \rightarrow \Sigma$. As sentenças da forma *R* possuem a propriedade de especificação Π dada pela Tabela 9.2 – esse é o tipo de propriedade Π que se associa a tais asserções em virtude da significação e do contexto.[3]

Tabela 9.2

| **Asserção (da razão)** | **Propriedade de especificação Π** |
|---|---|
| *Acreditar que P é uma razão para acreditar que S* | Π-[*P*] → Π-[*S*] |

De acordo com **DI**, uma audiência H julgará as asserções de *R* verdadeiras se e somente se ela própria experimentar a lei C como algo sugestivo em seu caso; ela instancia o estado e se sente compelida a defendê-lo. Assim, em termos de **DI**, vale o seguinte:

**Razão-DI**: H considera verdadeira uma asserção de *R* proferida por U, defendendo a posse de $\Psi \rightarrow \Sigma$, se e somente se H acha que ela mesma, H, defende o compromisso com $\Psi \rightarrow \Sigma$ em seu próprio caso.

Ao asseverar *R*, U não faz uma alegação autobiográfica sobre sua posse de $\Psi \rightarrow \Sigma$. O enunciado de U não é verdadeiro em virtude de sua posse do estado em questão. U não alega que os membros de alguma classe de sistemas intencionais possua esse estado. Em vez disso, as asserções de *R* são *asserções expressivas* no sentido de que o que U defende é que o próprio estado, não algum compromisso sobre sua posse desse estado. O proferimento de U não *diz respeito a* ele instanciar o estado Π-[*P*] → Π-[*S*]. Admitir que deve ser isso é aceitar a semântica ortodoxa que trata os conteúdos como proposições. O enunciado de U é um compromisso expressivo com aquele estado.

As leis C são então simplesmente fatos causais sobre falantes particulares; nossa atitude em relação a elas – o que envolve nossa disposição para as defendermos ou as rejeitarmos, através de asserções como *R* – permite o surgimento do juízo normativo. É claro que defender uma lei C, $\Psi \rightarrow \Sigma$, pode significar invocar outras leis C. Mas isso em si não é problemático.

Objetividade e fatos normativos. Asseverar enunciados de razão é então proferir sentenças como *R* defendendo propriedades Π que são leis C: $\Psi \rightarrow \Sigma$. As propriedades Π da forma $\Psi \rightarrow \Sigma$ não são estados de crença como tais. O

3 No que se segue, Π-*[S]* é utilizada para designar a propriedade Π associada pelo contexto e pela significação a uma sentença *S*.

estado $\Psi \rightarrow \Sigma$ não é apto à verdade. Apenas as asserções de defender tais estados são aptos à verdade. Os estados $\Psi$ e $\Sigma$ não têm de ser concebidos como aptos à verdade para explicarmos como as alegações de validade da razão funcionam.

A ideia então é que explicamos a natureza dos enunciados de razão descrevendo os fatos naturais sobre as atividades dos falantes ao defenderem leis C e propriedades $\Pi$. Não especificamos condições de verdade para enunciados de razão como uma maneira de capturar seu conteúdo. Poder-se-ia objetar que a análise feita pela TAF dos enunciados de razão é manifestamente inadequada por essa mesma razão. Por não oferecer condições de verdade, ou condições de uso correto, ela desconsidera um aspecto crucial: que há verdades acima daquilo que as pessoas são inclinadas a acreditar sobre quais enunciados de razão são verdadeiros, resumidamente, os fatos normativos objetivos. A objetividade de um discurso reside nas sentenças desse discurso que validam a bivalência: *ou S é verdadeira, ou é falsa*. Mas, a objeção continua então: as sentenças em um domínio *D* são bivalentes porque elas representam – ou possuem condições de verdade sobre – possíveis condições de uma realidade determinada.[4] Assim, precisamos do conteúdo proposicional para explicarmos a bivalência. O tratamento puramente expressivo feito pela TAF para as asserções de razão não pode então funcionar.

Felizmente, essa objeção, que é natural de diversas maneiras, não procede. A explicação da bivalência apontada invoca a ideia de sentenças representando a realidade, cuja estrutura é determinada. Para que essa explicação não seja vazia, o fato de a realidade ser determinada deve envolver algo mais que nossa prontidão para afirmar a bivalência ou o terceiro excluído para sentenças acerca dela. Senão, a explicação invoca o próprio princípio de bivalência que tentamos explicar. Contudo, a reflexão indica que a determinação é pouco mais que um compromisso com a bivalência ou com o terceiro excluído.[5] Assim, o apelo à representação de uma realidade determinada

---

4 Wright (1992) defende a ideia de que a objetividade de um domínio de asserção funciona em termos de representações com sua noção de *comando cognitivo*. Dummett (1963) iguala o realismo com a bivalência, indicando que ele pensa que a bivalência é, em última instância, explicada por uma representação de uma realidade determinada.

5 Poderíamos entender a determinação em termos de propriedades: para cada propriedade $\pi$, ou *O possui* $\pi$, ou carece de $\pi$. Mas se a *propriedade* aqui apenas significa *conjunto enquanto* extensão de um predicado, então nossa explicação da bivalência é vazia,

não pode explicar nossa adesão à bivalência ou ao terceiro excluído. Consequentemente, *pace* o argumento que foi ensaiado anteriormente, o fato de que as asserções de razão não funcionam em termos de conteúdo representacional não abala uma atitude de bivalência com relação a tais asserções.

Qual é então a fonte de nossa afirmação da bivalência para as sentenças em um domínio *D*? A TAF propõe que ela reside em nossa atitude de defesa das propriedades Π para as sentenças em *D*. Nossa defesa vigorosa das propriedades Π em *D* – o fato de que nem sempre concordamos em discordar sobre a aceitação de propriedades Π – fundamenta nossa asserção de bivalência em *D*. Se tais condições valem para um discurso, não há qualquer *desacordo sem falhas*. Nossa defesa robusta de propriedades Π em *D*, contudo, não é explicada pelo fato de considerarmos que elas representam uma realidade determinada, uma vez que uma *realidade determinada* pressupõe o terceiro excluído.[6] As atitudes possuem explicações naturais: foi proveitoso para os humanos ter tais atitudes para com as propriedades Π a respeito de leis C. Ao renunciar à representação dessa maneira, a TAF não se compromete com um idealismo no qual a objetividade é constituída por nossas atitudes. A objetividade não é constituída por coisa alguma, uma vez que *objetivo*, assim como *trata-se de uma razão para*, é um conceito expressivo. Asseverar que as asserções em *D* são objetivas é se comprometer expressamente com a defesa vigorosa de propriedades Π em *D*. Em resumo, a TAF rejeita a equação entre *enunciar fatos* e *representativo* e *não enunciar fatos* e *expressivo*.

## 1.2 Uma pluralidade de propriedades Π

Os enunciados de razão envolvem então defender estados funcionais ou leis C da forma $\Psi \to \Sigma$. A TAF está comprometida com o expressivismo

---

uma vez que pensamos que os predicados fixam os conjuntos porque a bivalência vale para as sentenças que apresentam os predicados. Por propriedades poderíamos querer dizer universais. Assim, nossa alegação de determinação seria a seguinte: para cada universal υ, ou *O* instancia υ, ou não. Mas agora poderíamos perguntar: por que os universais são determinados? Por que não asseverar para cada objeto particular *O*, que ou *O* possui υ, ou não? Não há nada implícito no conceito de universal que torne os universais determinados. E nem resolverá qualquer explicação que diga: *Porque "O possui υ" representa um estado de coisas e a realidade nesse domínio é determinada.*

6 Assim, Wright (1992) considera que o desacordo sem falhas é um sinal de ausência de representacionalidade.

normativo (ou irrealismo cognitivo) acerca da razão. Não se querer, enquanto tal, que os assertores tenham conceitos da razão: defender pode envolver apresentar ou indicar bases. Uma criança que assevera que Toby, o cão, dorme, pode apontar um cão que dorme. Nesse sentido, podemos compreender que a criança se predispõe a se consagrar a essa defesa.

O que geralmente são as propriedades Π, os estados Ψ e Σ ligados por leis C? A questão é parcialmente empírica – depende dos tipos de estados funcionais que a mente possa ter – e parcialmente metafísica – ela depende de pressuposições gerais sobre a estrutura da realidade. No que se segue, examinarei brevemente duas classes de casos: aqueles de propriedades Π das sentenças logicamente simples e aqueles de sentenças logicamente complexas. Nossa tarefa principal será a de eliminar a ideia de que precisamos encarar as propriedades Π como estados de crença.

SENTENÇAS LOGICAMENTE SIMPLES. As sentenças como *o* haggis *é saboroso*,[7] *O* Tractatus *é interessante, Assassinar é errado*, que são, digamos, sentenças amplamente avaliativas, são ilustrações perfeitas das vantagens de não tratar as propriedades Π como estados de crença. A Tabela 9.3 mostra as hipóteses sobre o que as propriedades Π de tais sentenças são. Elas são estados afetivos de diversos tipos. Mais uma vez, ajustando-se a **DI**, vemos que as avaliações de tais sentenças – por exemplo, aquela sobre o *haggis* – possuem a seguinte forma:

**DI-Haggis**: H considera verdadeira a asserção de que *O* haggis *é saboroso* proferida por U defendendo sua preferência pelo *haggis* se e somente se H defende essa preferência em seu próprio caso.

Tabela 9.3

| Sentença (valor) | Especificação de propriedade Π |
|---|---|
| O *haggis* é saboroso | Possui uma preferência de estado de paladar em favor do *haggis* |
| O *Tractatus* é interessante | Estar predisposto a encontrar certa satisfação intelectual ao se ocupar do *Tractatus* |
| Assassinar é errado | Estar predisposto a desaprovar seriamente os atos de assassinato |

7 Trata-se de um prato escocês, feito com miúdos de carneiro ou de vitelo, com aveia e temperos e cozido no estômago do próprio animal. (N. T.)

Assim, H acha a asserção de U acerca do paladar correta, se for o caso, se H defender o estado que U defende, isto é, se for o caso, se H tiver boas razões, por sua própria conta, para gostar de *haggis*. O comprometimento intersubjetivo potencial livra os falantes do solipsismo de suas próprias orientações e preferências. Os enunciados de valor moral possuem exatamente a mesma estrutura geral de discurso. A diferença é que, no caso dos enunciados morais, os falantes podem defender com mais vigor as propriedades Π que estão envolvidas. Assim, não há propriedades de paladar ou de interesse, *enquanto* entidades, que esses enunciados representem. Em tais casos, as propriedades Π não são, claramente, nada parecido com estados de crença. E isso é uma coisa boa. Insistir no modelo de Frege aqui apenas nos forçaria na direção do problema do realismo sobre os valores, o que é algo claramente problemático.

Representação e crença. Os enunciados que se acabou de examinar são não representacionais no sentido de que seus predicados não denotam propriedades, *enquanto* partes do mundo. Uma ideia tentadora é que algumas sentenças logicamente simples devem envolver propriedades Π que são representacionais. E é aqui que o próprio paradigma fregeano pode ser reafirmado com a seguinte linha de pensamento: as propriedades Π que são representacionais deveriam ser igualadas a estados de crença, uma vez que: o que é um estado de crença senão um estado representacional?

Os tipos de casos que podemos ter em mente aqui são sentenças empíricas não avaliativas, tais como: *Fred é cor-de-rosa*, *George é um gato* etc. Nesses casos, poder-se-ia pensar que as propriedades Π defendidas são aquelas nas quais representamos a cor rosa de Fred ou o caráter felino de George. Isso significa ter um estado mental que representa Fred como sendo cor-de-rosa e George como sendo um gato. Mas, prossegue a alegação, tais estados são, mais ou menos, estados de crença.

Suponha-se que concedamos que algumas sentenças logicamente simples precisem ser interpretadas dessa forma, embora ainda não esteja claro qual precisa ser a base para isso. Ainda se poderia coerentemente sustentar que esses estados não são, em si mesmos, estados de crença. Há duas razões para isso:

(a) Se tais estados representacionais fossem considerados estados de crença, então a classe dos estados de crença se tornaria inteiramente heterogênea. Claramente, há crenças no caso das sentenças avaliativas: pode-se acreditar que o *haggis* é saboroso. Mas, com certeza, não queremos abandonar a análise exposta anteriormente segundo a qual os estados de preferência são aqueles que são defendidos em tais proferimentos? Uma crença deve ser uma predisposição para defender um estado precedente, não o próprio estado precedente. Assim, mesmo que algumas propriedades Π sejam representacionais, podemos resistir à ideia de que os estados representacionais são estados de crença.

(b) Um estado pode ser representacional, mas isso não o torna um estado de crença. Os estados motivacionais podem também ter conteúdo representacional. Assim, os estados podem ser representacionais, mas podem carecer do tipo de representacionalidade que associamos com a crença. Uma perspectiva melhor consolidada – instigada por Searle (1983) – é a de que o que torna um estado representacional um estado de crença é a *direção de ajuste*. Pois para que um estado representacional seja um estado de crença, ele deve ser *correto* porque ele se ajusta ao mundo; o mundo não tem de se ajustar a ele. Assim, não é intrínseco a um estado representacional que ele seja um estado de crença. A perspectiva padrão sobre a direção de ajuste é que isso é uma questão que surge no nível anterior à asserção. Mas, segundo a TAF, não é isso. Um estado de crença, *enquanto* uma disposição para defender um estado Π, que pode ser representacional ou não, possui uma direção de ajuste porque ele é defensivo. Os estados que não possuem nenhum componente defensivo não são estados de crença, mesmo que eles possuam um conteúdo representacional. Assim, não é a representacionalidade o que é crucial e distintivo da crença, mas sim sua direção de ajuste, que aqui é capturada pela noção de uma postura defensiva.[8]

Sentenças logicamente complexas. O próximo conjunto de propriedades Π é o daquelas defendidas em sentenças logicamente complexas. Consideremos as negações. Ao asseverar que *não-S*, o falante defende um estado de

8 Por outro lado, é inteiramente possível que uma análise expressivista de tais predicados esteja disponível, em cujo caso nenhuma referência a estados representacionais seria requerida de qualquer forma que fosse.

*rejeição* da propriedade Π da asserção de *S*. A propriedade Π defendida é, sucintamente, a seguinte: Rejeitar: Π-[*S*]. A rejeição não é um ato de fala; ela é um estado mental. A rejeição é um estado funcional específico que uma mente pode ter em relação a uma propriedade Π. Esse é um tipo de requisito sobre não se estar predisposto a instanciar uma propriedade Π – escrevendo isso da seguinte maneira: *¬Predisposto-instanciar* Π-*[S]* – o que se distingue daquilo de que não temos evidência para exemplificar Π. Em vez de ser produzido pela falta de evidência, o estado *¬Predisposto-instanciar* Π-*[S]* é produzido por evidência. Rejeitar Π é instanciar algum estado Ψ tal que haja uma lei C: Ψ → ¬Predisposto-instanciar Π-[*S*]. Assim, a rejeição é o estado:

(i) U instancia algum Ψ.
(ii) Em U, Ψ → ¬Predisposto-instanciar Π-[*S*].

Os estados de rejeição são em si mesmos subjetivos. Enfatizamos mais uma vez que, ao asseverar *não-S*, uma postura dialética é tomada com respeito à instanciação de U do estado de rejeição, o que, em termos da dimensão intersubjetiva de **DI**, significa que a avaliação da verdade funciona nos seguintes termos:

**DI-Não**: H considera verdadeira a asserção de *Não-S* proferida por U defendendo a Rejeição: Π-[*S*] se e somente se H considera que ela mesma, H, defende Rejeição: Π-[*S*] em seu próprio caso.

Em resumo, as avaliações não dizem respeito a se U instancia ou não tal estado, mas a sua própria predisposição para defender um estado comparável no seu próprio caso. É essa intersubjetividade de **DI-Não** que tira U e H de seus respectivos solipsismos.

Não se deve pensar nem por um momento que *Não-S* é equivalente de alguma maneira a *eu rejeito* Π-[*S*], ou a qualquer sentença utilizada para fazer uma alegação sobre a posse de um estado subjetivo. A propriedade Π associada com *eu rejeito* Π-[*S*] é distinta daquela para *Não-S*. Por essa razão, não se pode colocar *eu rejeito* Π-[*S*] no lugar de *Não-S* em, digamos, asserções da forma: *ou S, ou não-S*, para produzir: *ou S, ou eu rejeito* Π-[*S*].

A proposta expressivista é que, para todas as asserções logicamente complexas, as propriedades Π defendidas são não representacionais. As especificações de propriedades Π para a negação, disjunção, condicional indicativo e para os enunciados universais são mostradas na Tabela 9.4.

Tabela 9.4

| Sentença (lógica) | Especificação de propriedade Π |
|---|---|
| Não-S | Rejeitar: Π-[*S*] |
| Ou P, ou Q | Rejeitar: [Rejeitar: Π-[*P*], Rejeitar: Π-[*Q*]] |
| Se P, Q | D{Π-[*Q*], Π-[*P*]} |
| Todo F é G | D{Π-[*T é G*], Π-[*T é F*]} |

O caso da disjunção é uma translação de De Morgan. O condicional corresponde aproximadamente à translação de uma análise de atualização de crença do tipo Ramsey. Assim, ao proferir *se P, Q*, U defende uma disposição para instanciar Π-[*Q*], dada sua defesa de Π-[*P*]. Essa disposição refletiria crenças de fundo reais – ou outras pressuposições –, possuídas pelo agente. No caso do universal, *Todo F é G*, encontramos uma disposição genérica: estar disposto a asseverar/inferir uma sentença da forma *T é G* baseado na asserção/suposição de uma sentença da forma *T é F*. Essa disposição pode ser analisada como uma disposição para instanciar Π-[*T é G*], dada a instanciação de Π-[*T é F*].

Mais uma vez, deveríamos compreender a avaliação de atos envolvendo a defesa de tais propriedades Π em termos de **DI**. Ao avaliar sentenças logicamente complexas, os falantes não fazem alegações sobre seus estados subjetivos, mas defendem esses estados. Esse tratamento expressivo das sentenças logicamente complexas não é nem uma análise das condições de verdade, nem uma análise em termos de assertibilidade ou de inferência. E, mais uma vez, podemos asseverar com alguma segurança que as propriedades Π envolvidas aqui não são estados de crença.

Verdade. Segundo a concepção da semântica que desenvolvemos, a TAF, os portadores de verdade são atos: asserções. Mas e quanto às próprias asserções sobre verdade e falsidade? As atribuições de verdade e atribuições de falsidade são asserções nas quais defendemos propriedades Π. Mas o que são essas propriedades Π? As pressuposições mínimas que explicam os compromissos intersubjetivos esboçados anteriormente são simplesmente os seguintes:

*Que S é verdadeira*: propriedade Π: compromisso com Π-[*S*]
*Que S é falsa*: propriedade Π: compromisso com a rejeição de Π-[*S*].

As atribuições de verdade e de falsidade são compromissos expressivos seja com a aceitação da propriedade Π defendida na asserção de *S*, seja com a rejeição dela. As atribuições de verdade e de falsidade não são asserções sobre a aceitação do falante ou sua rejeição de propriedades Π. Tal interpretação as tomaria como alegações acerca dos estados subjetivos, que não teriam o efeito dialético que queremos. Elas não são relatos de que certas partes estão de acordo uma com a outra. Isso seria recair em um tipo de relativismo. Elas não são asserções acerca daquilo em que, idealmente, acreditaríamos. Esta é uma asserção especulativa sobre o ideal. Em vez disso, elas são asserções expressivas e, assim, se conformam em termos de **DI** com o seguinte:

**DI-verdadeiro**: H considera verdadeira uma asserção de *S é verdadeira* proferida por U defendendo Π-[*S*] se e somente se H considera que ela mesma, H, defende Π-[*S*] em seu próprio caso.

O proferimento de *S é verdadeira* tem simplesmente a força normativa da asserção de *S*. Qualquer que seja a obrigação dialética imposta pela asserção de *S* sobre outros para que eles respondam ao estado Π defendido, isso se imporá por *S é verdadeira*. Da mesma maneira, *mutatis mutandis*, para *Não-S* e para *S é falsa*.

Os predicados de verdade e de falsidade são então nossos meios para levarmos adiante nossa defesa ou rejeição das propriedades Π. Esse tratamento não é uma teoria acerca daquilo em que reside a verdade. Em vez disso, toda a semântica de *é verdadeiro* diz respeito ao ato realizado pelo falante ao utilizar *é verdadeiro*. Mais uma vez, poder-se-ia objetar que essa teoria apenas nos diz como os falantes se consagram ao acordo e disputam sobre as atribuições de verdade e falsidade. Mas e quanto aos fatos acerca daquilo que é verdadeiro? Em tais debates, há algum aspecto objetivo. Como a teoria expressiva explica essa fixação da verdade por alguma coisa fora da prática? É claro que essa é a mesma questão colocada anteriormente, que nos conduziu a reconhecer a necessidade de nos referirmos a nossas atitudes metateóricas e factivas, em particular, nosso compromisso, em alguns domínios do discurso, com a bivalência. Contudo, não precisamos explicar esse compromisso apelando para estruturas representacionais ou ônticas; as propriedades Π que sustentam uma asserção de bivalência não são representacionais.

## 2 Composicionalidade: pulando para *R3*

Isso completa minha resposta para a razão *R1* para postular a distinção força/sentido. Lidar com *R1* foi um empreendimento completamente envolvente. Abandonar a ideia de crença como um conceito explicativo da pragmática tem consequências de longo alcance. Como insistimos, isso implica um tipo geral de expressivismo sobre o que é lógico e o que é normativo. Minha próxima razão em favor da distinção sentido/força é *R2*. Contudo, para os propósitos da exposição, é mais útil lidar com *R3* e *R4* primeiro, e voltar a *R2* depois. A razão *R3* em favor da distinção sentido/força invoca considerações acerca da composicionalidade, assim como fazem *R4* e *R5*. *R3* se concentra em sentenças atômicas nas quais um nome introduz um objeto e um predicado, uma propriedade. Nome e predicado vão juntos de alguma maneira para formarem o conteúdo de uma asserção do tipo sujeito-predicado. As proposições são atraentes como uma explicação de tais fatos composicionais básicos.

Essa alegação é inteiramente falsa. Tem sido presumido que as significações dos nomes e dos predicados são tipos de objetos. Mas, ao mantermos que as proposições não são os conteúdos das asserções, temos de renunciar à ideia de que as significações de unidades subsentenciais, tais como os nomes e os predicados, são objetos e propriedades etc. Quais são as significações dos nomes e dos predicados? A resposta é a seguinte: tipos de atos de fala (Barker, 2004). Consideremos primeiro os nomes. A TAF começa perguntando o que fazemos quando utilizamos um nome. Poderíamos responder: proferimos um termo, *N*, e pretendemos denotar algo. Podemos dizer um pouco mais que isso. Os nomes envolvem utilizarmos uma técnica de denotação de certo tipo. Quando pretendemos utilizar um nome para denotarmos alguma coisa, fazemos isso nos valendo do fato de que as ocorrências desse nome já denotaram. Ao utilizarmos *Bush* para denotarmos, pretendo denotar o que quer que seja que eu, ou alguém mais, denotei da última vez que utilizamos certas ocorrências do tipo ortográfico-fonológico *Bush*-bʊʃ. As regras para os usos de nomes são basicamente anafóricas. Assim, os nomes possuem regras de uso associadas a eles que têm a ver com técnicas denotativas.

Mas este é o tipo de ato de fala básico que U realiza ao proferir um nome: proferir *N* e pretender denotar um objeto utilizando tal técnica? Não, não é. Considere-se a comunicação. Nesta, um falante U se consagra a um comportamento verbal com a intenção de fazer com que uma audiência faça certas inferências sobre o que são as intenções de U. Ao utilizar um nome para se referir sinceramente, U profere uma expressão com a sintaxe de um termo referencial e pretende denotar, na maneira de um nome, um objeto com determinadas propriedades.[9] Mas se U se comunica, U também quer que sua audiência H reconheça que ela possui essa intenção. Como U faz para que H faça isso? Simplesmente ao atuar da maneira de alguém que, seguindo certas regras, conhecidas de U e H, tenha aquele tipo de intenção. Assim, o que é básico sobre o uso de um nome é que nós nos consagramos intencionalmente ao comportamento característico de alguém que, seguindo as regras que determinam o uso do nome, pretendemos denotar algo. Chame-se isso de *intenções anunciadas*. E chame-se o anunciar uma intenção de denotar algo um *ato protorreferencial*.

O ato de fala básico que realizamos ao utilizarmos um nome não é um ato referencial, mas um ato protorreferencial. A comunicação, como vimos, mostra isso, mas outro fato também. Não é essencial quando utilizamos um nome que nós acreditemos que ele denota algo. Talvez acreditemos que denotamos. Mas talvez não. Assim, o que há de comum ao uso de um nome? É o anúncio de uma intenção de denotar: protorreferir-se. Ao proferir *Pégaso*, U anuncia uma intenção de denotar certo objeto, a saber, algo denotado pelos usos anteriores de *Pégaso*. Isso significa que U se consagra ao comportamento característico de um falante que, seguindo determinadas regras, tem tal intenção. Mais uma vez, U pode ou não ter a intenção. Anunciar uma intenção de representar é o elemento comum aos usos de nomes sinceros, não sinceros e ficcionais.

O próximo fato acerca dos nomes a se notar é que eles formam naturalmente árvores referenciais, tal como na Figura 9.1. Cada letra é uma ocorrência de um nome – a realização de um ato (nominal) protorreferencial. As letras diferem, uma vez que a mesma fonte, origem da prática, pode produzir diferentes tipos fonêmicos. Temos uma estrutura causal-social-intencional complexa. Ela é basicamente a convergência de cadeias anafóricas especializadas. A fonte do nome está onde ele surge, quer isso seja de um objeto, quer não. Se for a árvore para *George Bush*, ele surge de um objeto; esse nome denota. Mas a árvore para *Pégaso* não surge de um objeto.

Mas, nesse estágio, tendo descrito todas essas estruturas, o que dizemos é a significação de um nome? Por que optar pelo objeto ou pelas des-

9 Utilizo "denotar" para a relação que se dá entre um termo referencial e um objeto, se ele possui uma denotação, e "referir-se" para o ato que o falante realiza ao proferir um termo referencial.

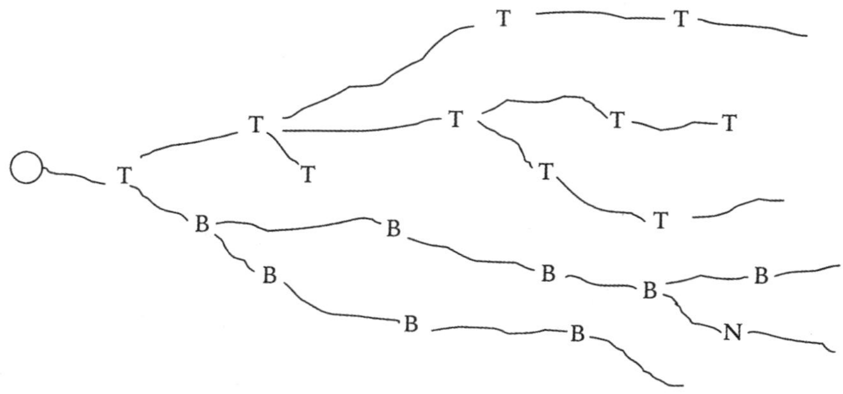


Figura 9.1

crições? A melhor ideia é que a significação do nome são os tipos de atos de fala definidos pela árvore. Isso nos dá uma teoria dos nomes que é neutra ao mesmo tempo em relação a nomes vazios e cheios. A contribuição semântica de um nome é o tipo de ato de fala que reúne todas aquelas ocorrências que são nós de uma determinada árvore referencial. Isto é, atos do tipo $\text{Ref}(N)_{pro}$, nos quais os falantes anunciam suas intenções de utilizar um nome *N* para denotar um objeto, utilizando as técnicas denotativas dos nomes.

Os predicados possuem tipos similares de estruturas de atos de fala. Os predicados têm suas significações fixadas por tipos de propriedades Π, o que quer dizer que os tipos de atos de fala que, combinados com tipos de atos protorreferenciais, produzem atos nos quais as propriedades Π são defendidas. Uma simples asserção A(*T V*___), na qual *T* é um termo referencial e *V*___ é um predicado, possui a seguinte estrutura:

$$\text{A: Ref}(T)_{pro} \frown \text{Pred}(V\_\_\_)_{pro}$$

Isto é, encontramos a concatenação de dois tipos de atos de fala. O protoato nominal $\text{Ref}(T)_{pro}$ e o protoato predicativo $\text{Pred}(V\_\_\_)_{pro}$. Esta é a estrutura constituinte do pensamento codificado pela sentença *T V*___.

## 3 Protoasserção e encaixe sentencial – (*R4*)

Há outro aspecto da composicionalidade que também precisa ser examinado. *R4* nos coloca o desafio de que, para explicarmos o encaixe [*em-*

*bedding*] de sentenças em compostos sentenciais, precisamos invocar as proposições como os conteúdos das sentenças encaixadas. Há uma resposta simples para essa linha de argumentação. Claramente, as asserções não podem se encaixar. Mas não temos de nos voltar para as proposições para explicarmos o encaixe. Podemos apelar para um conceito que já temos: o de *protoação*. Eu sugeri anteriormente que os fatos básicos sobre o uso de nomes se resumem a realizar atos protorreferenciais. Algo similar vale para as sentenças. O ato básico que U realiza com as sentenças declarativas é uma protoasserção. U profere *S* e anuncia a defesa de uma propriedade Π. Isso é uma protoasserção, que simbolizo da seguinte maneira: $A(S)_{pro}$. Protoagir consiste em proferir uma expressão – ou em produzi-la mentalmente – com a intenção de se consagrar ao comportamento característico de alguém que, seguindo determinadas regras, defende certa propriedade Π.

Assim, ao proferir "Nevado é preto", U anuncia a defesa de uma intenção de representar com *Nevado é preto* um complexo da forma <Nevado, preto>. Se U assevera sinceramente que Nevado é preto, U realmente possui o estado defensivo que ele anuncia que ele mesmo tem. Se U se consagra a uma criação de uma peça de ficção, ele carece da intenção que ele anuncia, e pretende que sua audiência reconheça esse fato. Quando U possui o estado defensivo que ele anuncia que ele mesmo tem, eu digo que a protoasserção se fundamenta doxasticamente. A protoasserção é parte de uma asserção.

As protoasserções encaixam os compostos lógicos. Embora fiquem aquém de uma asserção completa, as protoasserções, entretanto, indicam determinadamente asserções. Assim, em *Ou S, ou R*, U realiza uma protoasserção com *S* e *R*, e indica o compromisso com as propriedades Π das asserções correspondentes. É claro que ao proferir *S* de maneira encaixada, ele carece do estado que ele anuncia que tem, e fica claro para sua audiência, H, que ele carece desse estado. Assim, no composto *Ou S, ou R*, U realiza uma protoasserção com *S* e *R* e expressa seu compromisso com uma propriedade Π que diz respeito ao estatuto das asserções $A(S)$ e $A(R)$, correspondendo às protoasserções $A(S)_{pro}$ e $A(R)_{pro}$. O estado Π no caso das disjunções foi dado na seção 2.

Poder-se-ia perguntar então: o encaixe não cancela simplesmente o anúncio? Um comportamento característico de alguém que defende Π é o de proferir *S* livremente e não respaldado por *ou ..., ou*, ou por *se...*, etc. Mas encaixada, *S* se respalda por *ou..., ou*; assim, U não pode anunciar uma defesa de Π. Essa objeção provém de um mal-entendido compreensível acerca do que é *anunciar*. Há algumas maneiras pelas quais podemos retificar esse mal-entendido. Eis aqui uma delas que funciona por meio de uma explicação causal daquilo que constitui ser uma asserção e uma protoasserção. Comecemos com a asserção. As asserções são proferimentos de sentenças *S* que possuem um tipo específico de causa. A causa é o desejo de U de defender determinada propriedade Π em combinação com um estado disposicional Δ. Δ é o estado disposicional que sustenta o uso por U de *S*; podemos dizer que Δ é uma disposição para produção linguística que é dirigida pelo fato de U apreender as propriedades sintáticas e semânticas das palavras da linguagem que ele fala. Aproximadamente, Δ é provocada pelo desejo de U de defender Π mais outros fatores de fundo. Assim, Δ, o desejo de U de defender Π, e as condições de fundo dão lugar à produção de *S*. Além disso, uma vez que U está consciente, em algum nível, de que suas asserções são atos produzidos por disposições linguísticas estáveis, podemos dizer que U deseja que Δ cause sua produção de *S*. Na produção linguística autoconsciente, U quer que seu proferimento de *S* seja causado por Δ, o sistema causal que é ativado pelo tipo de desejo defensivo que ele possui. (O que isso quer dizer é que U quer falar de acordo com a significação de seus termos.) Isso é uma asserção. O que é uma protoasserção? Uma protoasserção é uma asserção da qual se abstrai o desejo de defender Π (e se faz os outros acreditarem que alguém assim deseja). Mas o que é esse ato? É o proferimento de *S* causado pelo fator causal Δ em combinação com o desejo de U de que Δ cause sua produção de *S*. Isso acontece na asserção, e, assim, a asserção também é uma protoasserção. Mas isso também acontece nos proferimentos encaixados de *S*. Com uma *S* encaixada, o mesmo fator causal Δ está por trás da produção de *S*. Acontece apenas que aqui o proferimento por U de *S* não é a manifestação de Δ ativada por um desejo de defender Π, mas, em vez disso, um ato causado por Δ combinado com um desejo de que Δ seja uma causa de seu comportamento. Isso constitui o anúncio por U de uma postura defensiva com relação a uma *S* encaixada.

Para concluir: uma semântica dos atos de fala não enfrenta nenhum problema insuperável com respeito ao encaixe. As protoasserções indicam clara e suficientemente as asserções ou tipos destas. Os compostos lógicos são utilizados para expressar compromissos com tipos de asserções que correspondem às protoasserções exibidas. Trata-se de uma semântica composicional sem a distinção força/sentido. Ao contrário, o trabalho feito por essa distinção na semântica ortodoxa na explicação do encaixe é assumido pela distinção asserção/protoasserção. As protoasserções não são em nada parecidas com proposições: elas são algo do tipo que possui certa *força* da maneira que as proposições são crenças destituídas de força. O modo pelo qual se complementa uma protoasserção para produzir uma asserção não é nada parecido com o modo como se complementa uma proposição para produzir uma asserção.

## 4 De volta à asserção e ao dizer – (*R2*)

Podemos voltar agora à razão *R2* com relação à distinção sentido/força. *R2* é a alegação de que analisar uma asserção requer a referência à noção de *dizer* e isso significa introduzir as proposições. Os recursos que nos permitem enfrentar *R1*, *R3* e *R4* nos permitem desarmar *R2*.

Uma asserção envolve a produção de uma sentença com a defesa de uma propriedade Π. A propriedade Π de uma asserção A(*S*) é ontologicamente precedente a A(*S*). Por outro lado, em uma asserção literal de *S*, a propriedade Π defendida na asserção de *S* é uma propriedade fixada composicionalmente pela significação linguística de *S* e pelo contexto do proferimento. De fato, podemos conceber a significação linguística das sentenças como uma especificação de uma propriedade Π, isto é, uma especificação do tipo de propriedade Π correlacionada com aquela sentença que, complementada pelo contexto, pode fixar uma instanciação da propriedade Π.

Com essa ideia, podemos dar uma explicação simples do componente relativo ao dizer de uma asserção ou, pelo menos, de uma asserção literal. Podemos analisar as atribuições de conteúdo literalmente asseverado da seguinte maneira:

> *U assevera literalmente que P ao proferir S* como proferida por alguém que atribui *A* é verdadeira se e somente se a especificação Π-[*S*] de uma propriedade Π no contexto do proferimento no qual *S* é produzida por U fixa uma instanciação de Ψ, sendo que Ψ é a propriedade Π defendida em uma asserção de *P* por *A*.

Esta é uma explicação da asserção literal. Ela não funcionará como uma explicação de uma asserção não literal. Ao asseverar enquanto uma metáfora que *George é uma pedra*, U faz uma asserção. Ao asseverar ironicamente que *George é um verdadeiro gênio*, U faz uma asserção. E ao asseverar que *Penso que George deveria ir*, U pode asseverar que George deveria ir. Nesses casos, o que é literalmente dito não é o que é asseverado. Poderia parecer que precisamos de uma noção de proposição aqui para explicarmos os conteúdos ditos, mas não asseverados. Mas, mais uma vez, a noção de protoasserção faz todo o trabalho necessário. Nesses casos, o falante realiza uma protoasserção literal, mas carece do estado que ele anuncia, tendo, em vez disso, algum outro estado. Assim, ao asseverar ironicamente que *George é um verdadeiro gênio*, U realiza o seguinte: A $(George\ é\ um\ verdadeiro\ gênio)_{pro}$ – assim, ele diz que George é um verdadeiro gênio –, mas U carece do estado defensivo que ele anuncia, e indica que o que ele defende é a rejeição do estado correlato de sua protoasserção.

## 5 Modo [*Mood*] – (*R5*)

A razão final para aceitar a distinção força/sentido – (*R5*) – era um apelo ao modo. Nossas três sentenças modificadas segundo o modo – *Fred pula*, *Fred pula?* e *Fred, pula!* –, ao que parece, deveriam ser analisadas em termos de um conteúdo proposicional comum, combinado com operadores de força distintos. Este é o argumento, mas ele não funciona.

De acordo com a TAF, os atos ilocutórios que são convencionalmente associados com os três tipos de sentenças são dados como especificado a seguir:

Asserção:

(i) U profere *Fred pula* e anuncia a defesa de um compromisso com o estado Π.
(ii) U realmente defende esse estado.

Questão:

(i) U profere *Fred pula?* anunciando um estado que representa a ele mesmo, U, como tendo uma intenção de que H dê a informação a respeito do estatuto de A(*Fred pula*).
(ii) U realmente se representa assim.

Ordem:

(i) U profere *Fred, pula!* anunciando um estado que representa a ele mesmo, U, como tendo a intenção de que H torne verdadeira A(*Fred pula*).
(ii) U realmente se representa assim.

Há três tipos distintos de atos de fala aqui. Os componentes (i), em cada caso, são protoatos. Os componentes (ii) são os estados anunciados que realmente são possuídos pelo falante. As asserções são democráticas no sentido de envolverem defesas de estados mentais que pedem uma resposta da parte da audiência. As ordens e as questões são autocráticas no sentido de que as intenções sociais são manifestadas e se espera que as audiências ajam de acordo com isso.

Será notado que as especificações dos atos de fala para as ordens e para as questões fazem referência à asserção: A(*Fred pula*), que envolve uma protoasserção. Assim, dado que o falante realiza tal protoasserção na **Asserção** (i), pode-se argumentar que há um conteúdo comum entre todos os três atos. Mas essa admissão não nos move de forma alguma em direção à aceitação da distinção sentido/força. Isto por duas razões:

(a) Não faz parte da análise das ordens e das questões, segundo a TAF, que, ao realizar uma ordem ou uma questão, U realize uma protoasserção constituinte. U pode ter um compromisso sobre a protoasserção. Assim, nada comparável à estrutura articulada anteriormente em minha discussão original de *R5* vale para essa análise.

(b) Na análise dada, nada implica que haja uma entidade que seja *destituída de força* na composição de uma ordem ou de uma questão. Já notamos que as protoasserções são do tipo dotadas de certa *força*. Assim, mesmo que admitamos que a protoasserção $A(\textit{Fred pula})_{pro}$ é de alguma maneira um conteúdo comum aos três atos ilocutórios, ele não é um conteúdo que se ajuste ao modelo da distinção entre sentido e força.

## Conclusões

Não há nenhum conjunto forte de razões – tal como *R1* a *R5* – para aceitarmos a distinção entre sentido e força. Ao adotarmos uma abordagem teórica em termos de atos de fala para a semântica – a TAF –, apresentamos uma semântica sem essa distinção. Mas não é surpreendente que a TAF nos leve para longe do alcance especificado pela semântica ortodoxa em termos de condições de verdade. Se devemos seguir a TAF nessas paragens, isso é outra questão.

# 10
# Semântica do discurso dinâmico para os atos de fala encaixados

*Nicholas Asher*

## 1 Introdução

Uma separação tradicional entre pragmática e semântica considera que os atos de fala são computados ao nível da sentença inteira e que a força ilocutória destes não pode ser encaixada [*embedded*] sob diversos operadores de condições de verdade. Para citar David Lewis (1972, p.209):

> O aparato inteiro da semântica referencial se refere aos radicais sentenciais e aos constituintes destes. A semântica dos modos verbais [*mood*] é algo inteiramente diferente. Ela consiste em regras de uso da linguagem tais como [...] Reaja-se a uma sentença que representa o modo *imperativo* com uma significação S, m, agindo de maneira a tornar m verdadeira.

Uma vez que os atos de fala – diferentes de asserções – não possuem classicamente valores de verdade como as extensões (Searle, 1969; Vanderveken, 1990), não é possível que eles se combinem com operadores de funções de verdade, tais como os conectivos proposicionais da lógica padrão. Tudo isso está certo. Mas quando examinamos o comportamento das conjunções na linguagem natural, tais como *e, ou, se ... então,* atos de fala tais como diretivas e questões se encaixam claramente sob alguns desses operadores. Como Krifka (2001, 2002) argumentou, ao longo de anos, foram acumuladas evidências consideráveis de que a maior parte dos tipos de atos de fala se encaixa em conjunções e condicionais e os imperativos se encaixam claramente sob disjunções. A questão problemática para a semântica das condições de verdade é então a seguinte: qual é a consideração uniforme da significação dos conectivos sentenciais da linguagem natural que captura o comportamento destes em interrogativos, imperativos e indicativos?

Várias décadas de pesquisa mostraram que essa questão é difícil – se não impossível – de responder dentro dos limites da semântica padrão das condições de verdade. Contudo, se a significação dos diretivos, questões, comissivos e outros atos de fala é dada dinamicamente, abrimos um caminho para apresentarmos uma consideração da significação dos conectivos. A razão de isto ser assim é, *grosso modo*, que, na semântica dinâmica, todas as cláusulas bem formadas da linguagem natural são ações que modificam o contexto de entrada de alguma maneira. As asserções, as questões, os pedidos etc. são todos semelhantes a esse respeito, embora as maneiras pelas quais eles modificam o contexto de entrada possam diferir consideravelmente.

Tratar todos os atos de fala de maneira dinâmica, contudo, dá lugar a um quebra-cabeça diferente, mas igualmente causador de perplexidade: se todos os atos de fala são ações, se operadores tais como a conjunção e a implicação se combinam com ações, por que todos os atos de fala não se encaixam igualmente bem em todos os contextos? A semântica dinâmica não é por si mesma suficiente para explicar o comportamento de encaixe de diversos atos de fala. Para fazermos uma consideração satisfatória acerca desse comportamento de encaixe, precisamos recorrer à estrutura do discurso. Alguns encaixes não podem funcionar porque eles tornam impossível um discurso coerente.

Para desenvolver essa alegação, utilizarei a Teoria da Representação do Discurso Segmentado ou TRDS (Asher, 1993; Asher; Lascarides, 2003). A TRDS constrói uma teoria formal acerca da estrutura e da coerência do discurso em cima de uma semântica dinâmica já feita. Mas a TRDS é especialmente útil para meu propósito aqui porque ela liga explicitamente o formalismo da estrutura do discurso com o sistema de atos de fala. A consideração feita pela TRDS acerca dos atos de fala começa com a tipologia de Searle desses atos e a refina consideravelmente, acrescentando muitos tipos de atos de fala relacionais. Esses atos de fala relacionais são relações de discurso que conectam os constituintes do discurso uns aos outros na estrutura do discurso. As formalizações que acompanham as ideias de Searle utilizam, de fato, uma análise em termos de pré e pós-condições, que se presta naturalmente ao conceito dinâmico de condições de atualização. (Talvez Searle não se dê conta de que ele, de fato, fazia uma semântica dinâmica ou uma pragmática dinâmica!) Podemos incorporar facilmente as linhas gerais das análises tradicionais dos atos de fala na concepção dinâmica dos contextos, enriquecendo os estados de informação com informação acerca dos compromissos *à la* Hamblin (1987) do falante e do destinatário, mas não entrarei aqui nesses detalhes. O problema principal para as análises tradicionais dos atos de fala, e o problema que a TRDS (Asher; Lascarides, 2003) tenta despachar pormenorizadamente, é o alinhamento dos atos de fala com formas superficiais de proferimento. Sem essa questão, não podemos começar a tratar da ideia de atos de fala encaixados, que é, afinal de contas, uma questão acerca da composicionalidade.

## 2 O encaixe de diversos atos de fala

Os dados a respeito do comportamento de encaixe dos atos de fala são bastante complexos. Eu considerarei aqui apenas o encaixe sob diversos operadores modais, temporais e de condições de verdade daqueles atos de fala com um modo [*mood*] diferente, gramaticalmente determinado.[1] Por exemplo, Krifka (2002), seguindo Merin (1992), duvida que disjunções tenham alcance imperativo, e ele também alegou que não podemos quantificar em diretivas no modo imperativo com quantificadores diferentes do universal, que, para domínios finitos, se reduzem a conjunções não problemáticas. Krifka nota que apenas as questões com a quantificação universal obtêm leituras em termos de listas de pares [*pair list readings*]. Isto é, com uma questão como: *qual foi o prato que cada convidado fez?*, podemos obter a resposta: *Paul fez a lasanha, Mary, a quiche...* Mas não podemos dar o mesmo tipo de resposta de lista de pares para: *que prato diversos convidados fizeram?* Ou: *que prato algum convidado fez?*

1 A questão sobre o encaixe dos performativos é complexa e interessante, mas não tenho espaço para desenvolvê-la aqui.

Entretanto, as observações de Krifka e de Merin não são inteiramente convincentes. Primeiro, há alguns exemplos muito interessantes dados por Mastop (2005) nos quais, aparentemente, os imperativos ou algo similar a eles se encaixam sob tempo verbal [*tense*] em línguas como o holandês e o cheyenne.

(1) *Was toch naar huis gegann toen Jan het foto-album.* (Deveria ter ido para casa antes que Jan abrisse o álbum de fotos.)
(2) *Had die appel cano ook obgegeten.* (Deveria ter comido a maçã.)

Esses casos podem ser considerados como imperativos porque compartilham a mesma forma (verbo primeiro, sujeito de segunda pessoa implícito) e têm um uso estreitamente relacionado.

Eis alguns exemplos de imperativas futuras do cheyenne, mais uma vez citados em Mastop (2005):

(3) méseestse (coma!)
(4) méseheoʔo (coma mais tarde!)

Com relação à quantificação, a imagem é também complexa. Mastop também mostra que pelo menos para a posição do sujeito podemos facilmente quantificar em diretivas expressas no modo imperativo.

(5) a. Alguém tire essa mesa do estúdio.
b. Quem quer que tenha roubado essa televisão que a traga de volta.
c. Ninguém mova um músculo.

O que quer que alguém queira dizer acerca desses exemplos, está claro que estes não expressam uma diretiva para destinatário individual. Como Portner (2004) sugere, esta é uma diretiva para um grupo tal que ninguém no grupo mova um músculo. Entretanto, isso ainda implica que alguma coisa como (5c) deva ser entendida como uma quantificação no escopo de um operador imperativo, isto é, eles têm a forma lógica:

(6) $\text{Quant}(x)[x \in \text{C Imp } [\phi\ (x)]]$

Estes são exemplos contrários à alegação de Krifka.

A quantificação acerca da posição de objeto de uma cláusula dentro de um sintagma verbal de uma imperativa não é, em geral, possível com quaisquer determinadores utilizando o *PD tal como* a construção:

(7) a. *Toda garrafa que você encontrar tal que confisque-a!
b. *Alguém é tal que dê-lhe um presente!
c. Alguém é tal que Mary lhe deu um presente.

Contudo, as variáveis podem ser ligadas de fora se utilizarmos uma construção anafórica:

(8) a. Aqueles estudantes devem ter uma garrafa de bebida alcoólica. Confisque-a.
b. Para toda garrafa que você encontrar, confisque-a.
c. Para pelo menos três garrafas que você descobrir, confisque-as.

Esse tipo de dado sugere que as limitações sobre a quantificação nos contextos imperativos podem não ser uma questão de semântica, mas, em vez disso, de sintaxe. Mas a falta de uma leitura em termos de lista de pares para questões com os quantificadores diferentes dos universais é inteiramente surpreendente.

Como os quantificadores, os condicionais também exibem particularidades em interrogativos e imperativos. Os condicionais são perfeitamente exitosos com imperativos ou interrogativos no consequente.

(9) a. Deixe-me pegar suas sacolas, se você já terminou as compras.
b. E se eu aderir a esse plano, que retorno posso esperar?
c. Se eu fizer meu trabalho de casa agora, posso ir mais tarde às compras?
d. Vá para casa, se você se sente doente.
e. Se houver cerveja na geladeira, tome uma.

E há também leituras condicionais de conjunções (Asher; Lascarides, 2003):

(10) Venha para casa pelas 5 da tarde e terminaremos as prateleiras hoje à noite.
(11) Fume um maço de cigarros por dia e você morrerá antes de chegar aos trinta.

Alguns desses condicionais têm uma interpretação segundo a qual eles se encaixam em um ato de fala: por exemplo, (9d, e) contêm uma diretiva que apenas tem efeito se o antecedente do condicional valer. Enquanto tal, isso é similar ao que, nas linguagens de programação, é chamado de ação protegida, que é da forma: *se p, faça A*. Assim, para esses exemplos, é razoável falar em atos de fala encaixados. Pode-se entender o ato de fala optativo de (9a) de maneira similar. Contudo, os imperativos não produzem sempre diretivas. (10) tem uma interpretação de acordo com a qual há uma diretiva de vir para casa em torno de 5 horas que, se levada a efeito, terá o resultado de que o falante e o destinatário podem terminar as prateleiras. (11), por outro lado, tem uma leitura condicional, mas nenhuma diretiva encaixada: ela certamente não significa que se o falante disser para o destinatário que esse último fume um maço de cigarros por dia, essa outra pessoa morrerá antes dos trinta, em vez disso, significa que se essa pessoa fumar um maço de cigarros por dia, ela morrerá antes de chegar aos trinta. Em (11), temos um imperativo que não expressa uma diretiva.

Os condicionais com questões encaixadas podem ser entendidos, em alguns casos, como tendo o alcance de uma questão encaixada. Por exemplo, (9b) expressa uma questão do tipo *quê*, cujas respostas dependem da satisfação do antecedente do condicional. As respostas diretas a essa questão podem, contudo, ser da seguinte forma: *se você aderir ao plano, você pode esperar pelo menos $1.5 K de retorno por ano.* Isso sugeriria que a questão, similarmente a (9c), realmente possui um alcance condicional amplo. Isso poderia conduzir a um tipo de solução sintática para levantar o elemento do tipo *quê* no nó apropriado, de modo que, quando interpretado, ele tenha o alcance da sentença inteira. Contudo, podemos reformular (9b-c) de modo que a leitura condicional seja distribuída sobre diversas sentenças, em cujo caso não temos mais o recurso de uma solução sintática.

(9b´) Suponhamos que eu adira ao plano. Quais serão os meus retornos?

(9c´) Suponhamos que eu vá fazer meu trabalho de casa agora. Posso ir às compras mais tarde?

É claro que há uma *relação discursiva* similar ao condicional que liga as cláusulas de (9b´-c´), mas isso ainda nos leva a entender a questão como ligada às outras cláusulas via algum tipo de operador similar a um condicional. Assim, essas questões contariam como questões encaixadas e, se isso estiver certo, então, uma vez que elas são basicamente sinônimas a (9b-c), poderemos também entender essas últimas como questões igualmente condicionalmente encaixadas.

Achamos que a evidência sugere fortemente que as questões e diretivas realmente se encaixam dentro do escopo dos condicionais. Mas os condicionais com questões e diretivas encaixadas são bons apenas quando esses atos de fala ocorrem no consequente – quando as diretivas e questões ocorrem no antecedente, os condicionais são inteiramente não gramaticais:

(12) a. *Se deixe-me pegar suas sacolas, eu vou ficar muito honrado.
b. *Se você foi para o jantar, eu ficaria muito interessado em saber.[2]

Os condicionais em (12) são simplesmente não gramaticais, assim como não interpretáveis.

Em seguida, nos voltemos para os dados sobre os encaixes com a disjunção. As disjunções também ocorrem em imperativos e interrogativos, e parecem ter interpretações segundo as quais elas às vezes têm alcance de vários atos de fala, tais como diretivas, optativas e questões. Mas essas interpretações são às vezes bastante difíceis de se obter.

(13) a. Saia daqui ou eu vou chamar a polícia.
b. Abra a janela ou ligue o ventilador. Está muito quente aqui dentro!
c. Leve-a à Knightsbridge ou à Bond Street.
d. Oh, fosse eu um rei ou (oh) fosse eu pelo menos um príncipe.

(13a) transmite uma proposição condicional, aquela expressa por *se você não sair daqui, eu vou chamar a polícia*. Há também um pedido transmitido, contudo, o pedido é que o destinatário saia daqui. (13a), de fato, dá duas alternativas para o destinatário considerar: a primeira é que ele acate ao pedido de sair, enquanto a segunda é que ele não o acate e que o falante chame a polícia. (13b) envolve claramente uma disjunção que tem o alcance de dois pedidos; um deles deve ser desempenhado, mas talvez dependa do destinatário escolher que pedido satisfazer. Esta é conhecida como a leitura de livre-escolha da disjunção. (13c) é de algum modo diferente. Hamblin diz que há duas leituras dessa sentença – uma é que não eu decido qual das duas escolher, e a outra é a leitura de livre-escolha. Krifka (2002) e Merin (1992) acham as intuições de Hamblin duvidosas. Eles alegam que a leitura sem livre-escolha de (13c) não existe. Mas as intuições de Hamblin me parecem ser as corretas.

A disjunção pode também ter o alcance de interrogativos, embora tais leituras devam ser distinguidas das tão faladas "questões alternativas":

(14) a. Foi Pat ou Sue que encontrou a solução?
b. Chris tem um Mercedes ou pelo menos ele tem um carro bom?
c. Que tipo de carro sofisticado John possui ou ele é o cara do acidente de ontem à noite? (Devido a Josh Denver, em comunicação pessoal.)

2 Esse exemplo não parece ser não gramatical em português, mas a sentença original em inglês sim: "*If did you go to dinner, I'd be very interested to know*". No original, fica claro que, no antecedente do condicional, há um interrogativo, o que é difícil de reproduzir em português. (N. T.)

Quando a disjunção tem um alcance limitado no que diz respeito ao operador da interrogação, como é provavelmente o caso com (14a), temos uma questão alternativa. Ela tem um conjunto distinto de respostas diretas que consistem em três ou quatro proposições – a proposição de que Pat encontrou a solução, a proposição de que foi Sue, a proposição de que foram ambas e talvez também a proposição de que não foi nenhuma delas.[3] Quando a disjunção tem um alcance amplo no que diz respeito ao operador da interrogação, é muito menos claro o que acontece. Parece concebível que algumas dessas disjunções possam ser lidas como uma revisão da questão que foi posta, como em (14b, c). Outra possível interpretação de uma disjunção entre dois interrogativos é que o falante tenha uma lista de ações sobre as quais ele não se decidiu ainda. Por exemplo, alguém que esteja interessado em Chris e quer saber sobre suas posses poderia dizer o seguinte a um amigo:

(14c′) Chris tem um bom carro ou tem uma segunda casa? Não tenho certeza de que questão deva fazer primeiro.

Assim, parece que a disjunção pode ter o alcance de interrogativos e que diversas interpretações delas sejam possíveis.

Finalmente, eu examino rapidamente o encaixe de questões e diretivas sob o escopo da negação. Elas são em grande medida impossíveis com os imperativos e as optativas. Parece realmente existir um amplo alcance das negativas sobre as interrogativas, como em (15a), mas elas estão marcadas e provocam um viés particular do discurso. O fato de que alguém possa utilizar um elemento de polaridade positiva, como *também*, sugere que a negação deva ter seu escopo fora do operador de interrogação:

(15) a. John não vem também?
b. John também não vem?

Há também usos corretivos da negação sobre as questões, e esses também parecem ser exemplos genuínos de atos de fala encaixados sob a negação:

(16) a. A: O que fez isso?
b. B: Não o que fez isso, mas quem?

3 Alguns poderiam tomar a última proposição no conjunto de respostas como pressuposta pela questão. Nesse caso, o conjunto de respostas diretas conteria apenas as três primeiras proposições.

## 3 Uma semântica baseada no discurso para interrogativos e imperativos

### 3.1 Interrogativos

Embora haja boa evidência de que diversos tipos de atos de fala se encaixam dentro do escopo de diferentes operadores, há também evidência clara de que as cláusulas nos modos imperativo e interrogativo têm interpretações divergentes dentro desses encaixes. Nem todas as cláusulas imperativas aparecem em comandos ou diretivas quando encaixadas, isto é, o *alinhamento* dos atos de fala com os modos não é uma questão trivial. A análise dos atos de fala encaixados coloca três problemas relacionados: (1) a interpretação composicional das cláusulas com modo imperativo, indicativo e interrogativo dentro de diversos contextos discursivos e dentro do escopo de diversos operadores; (2) a determinação de quais atos de fala são expressos pelas cláusulas em dado modo e (3) como esses próprios atos de fala devem ser interpretados com respeito aos operadores que possuem alcance sobre eles, dado que realmente parece ser esse o caso. Eu examinarei esses três problemas para as interrogativos e os imperativos.

Alguns tipos de atos de fala encaixados, como as diretivas condicionais, atraíram consideravelmente a atenção dentro da semântica tradicional das condições de verdade. Mas na maior parte dos outros fenômenos examinados na seção precedente não, e por uma boa razão. Para a semântica das condições de verdade, alguns atos de fala encaixados pareceriam colocar dificuldades intratáveis, como as questões condicionais. Contudo, se as questões e os pedidos são ações em um estado informacional de uma maneira similar àquela entendida com relação às asserções na semântica dinâmica padrão, então as questões condicionais e os pedidos condicionais possuem uma semântica natural.

Antes de avançar a análise dinâmica das questões e pedidos, deixe-me brevemente lembrar o leitor de como a semântica dinâmica funciona. Na semântica dinâmica, a significação de uma sentença é uma relação entre estados informacionais ou contextos discursivos. Se entendemos um contexto discursivo como um conjunto de pares de mundos possíveis e funções de atribuição, então a significação de uma sentença transforma um contexto discursivo "de entrada" em um conjunto de saída de pares de atribuições de mundos. As asserções, tipicamente, agem em tais estados informacionais *distributivamente*, isto é, elas modificam ou testam os elementos de um contexto de entrada, cada um de uma vez.[4] Uma ilustração dessa abordagem é a teoria de Groenendijk e Stokhof (1991), que descreve a significação de uma sentença como uma relação entre pares de atribuições de mundos. Contudo, podemos elevar a versão relacional da semântica dinâmica a uma relação entre conjuntos de pares de atribuições de mundos ou estados informacionais, seguindo Asher e Wang (2003), de modo que possamos analisar os efeitos dos atos de fala que possam não ter uma significação distributiva.

Com isso em mente, consideremos o caso dos interrogativos e das questões. O que poderia ser uma ação que corresponda a uma questão? Groenendijk (1999) sugere que concebamos uma questão como o ato de dividir o estado informacional criado pelo discurso em um conjunto exaustivo de respostas diretas a essa questão. Assim, as questões, como os modais epistêmicos na análise de Veltman (1996), agem em estados informacionais *não distributivamente*.[5] Uma questão estabelece um conjunto de possibilidades epistêmicas para o discurso, cujas respostas podem às vezes identificar de maneira exata (o que seria uma resposta exaustiva) ou, mais provavelmente, identificar um conjunto de tais possibilidades epistêmicas. Assim, as respostas em geral selecionam subconjuntos da partição de entrada. As asserções atualizam diversas partes da partição distributivamente, como é costumeiro na semântica dinâmica. A combinação de ações distributivas e não distributivas em um estado informacional de entrada cria certas complexidades para a semântica que foram estudadas em alguma medida na literatura acerca dos modais e plurais epistêmicos.[6] Mas, por sorte, a maior parte dessas complexidades pode ser evitada se apenas nos ativermos

4 Quando uma fórmula funciona como um teste, um elemento do contexto de entrada ou satisfaz a fórmula e, assim, passa para o contexto de saída, ou não satisfaz a fórmula e, assim, deixa de ser um elemento do contexto de saída.

5 Assim como em Asher e Lascarides (2003), eu considero que as respostas a questões são não exaustivas e, assim, satisfeitas por diversos elementos da partição dada por uma questão. Mas diferentemente de Asher e Lascarides (2003) ou de trabalhos anteriores da TRDS, agora acredito que conceber a significação de uma questão como uma partição é a melhor e mais clara abordagem. Ao separar a significação de uma questão e o conjunto de respostas linguisticamente aceitáveis, podemos ter tanto a elegante semântica dinâmica que Groenendijk apresentou quanto a concepção linguisticamente plausível das respostas defendida por Ginzburg (1995) e adotada na TRDS.

6 Cf. Asher; McCready, 2007; Asher; Wang, 2003; Van den Berg, 1996.

à interação entre as questões, as asserções, os imperativos e seus encaixes utilizando condicionais e disjunções.

Mas atribuir tal interpretação dinâmica à questão é apenas o começo. Agora temos de examinar o problema do alinhamento: quando os interrogativos surgem em questões? Como os interrogativos devem ser interpretados nos diversos contextos discursivos e com respeito aos diversos operadores que têm alcance sobre eles? Propomos a abordagem simples à questão do alinhamento que Asher e Lascarides (2003) e Asher e Reese (2005) adotam: o modo interrogativo sempre provoca uma questão, mas ele pode também, às vezes, provocar junto com ela outra informação que um ato de fala complexo – por exemplo, no caso de questões enviesadas, o interrogativo provoca um ato de fala complexo que é tanto uma questão quanto uma asserção (Asher; Reese, 2005). Tais atos de fala complexos podem ser entendidos na TRDS nos termos de Asher e Lascarides (2003).

Se a correlação entre os interrogativos e o tipo de atos de fala que os primeiros expressam for relativamente direta, as interações entre o contexto e os interrogativos não o são. A TRDS postula que há diversos tipos diferentes de atos de fala relacionais: uma cláusula que transmite uma asserção pode ter diversas outras funções; ela pode ser uma explicação, ou tomar parte em uma sequência narrativa, ou constituir uma elaboração de algum tópico, entre outras coisas. Cada tipo de ato de fala relacional corresponde a uma relação discursiva entre constituintes. As relações discursivas ligam constituintes básicos do discurso – que a TRDS considera serem formas lógicas para cláusulas – em uma estrutura discursiva. Uma estrutura discursiva enquanto tal é um par consistindo em um conjunto de rótulos de constituintes discursivos e uma função que atribui a cada rótulo uma forma lógica apropriada, algumas das quais podem envolver fórmulas que predicam um tipo de ato de fala relacional ou relação discursiva a dois ou mais constituintes discursivos. A TRDS apresenta uma *colagem lógica* para inferir a que espécie de tipo de ato de fala relacional uma cláusula dá lugar em um contexto discursivo particular. Essa lógica é uma não monotônica para fazer inferências defensáveis sobre o que é transmitido no contexto. Essa lógica contém axiomas da forma A > B, o que é interpretado como *se A, então normalmente B.*[7]

7 Para detalhes sobre esse ponto, ver Asher e Lascarides (2003).

Os interrogativos, assim como os indicativos, fazem surgir diversos atos de fala relacionais diferentes da colagem lógica da TRDS. Enquanto todos os interrogativos fazem surgir questões, há muitas formas pelas quais uma questão pode estar relacionada com um contexto discursivo. As questões podem se elaborar a partir de outras questões, no sentido de que a segunda questão pode perguntar a partir de algo que pode ajudar a selecionar a resposta certa para a primeira questão. Elas podem se ligar com outros componentes discursivos de modo que uma resposta a uma questão forma uma sequência narrativa com os outros componentes – um exemplo de tal questão seria *e então o que aconteceu?*. Pares de questões podem também formar sequências narrativas como em:

(17) Sue ensinou sua classe? E então ela saiu para ir à conferência?

Asher e Lascarides (2003) estudam uma ampla variedade de tais atos de fala relacionais.

Aqui, devo apenas me concentrar na relação entre uma questão e sua resposta, a relação Par Questão Resposta (PQR). Isso é importante para entender como as questões agem como ações em um estado informacional. Assim, propomos o seguinte para uma semântica dinâmica dos interrogativos. Primeiro estabeleceremos cláusulas semânticas dinâmicas para as asserções padrão ao nível dos conjuntos de pares de atribuição de mundos, sendo que essas cláusulas determinam uma semântica distributiva sobre os elementos desses conjuntos. Assim, se[[.]] é a semântica relacional básica para os indicativos, estabeleceremos isso como uma relação de bissimulação $||.||$ entre conjuntos de pares de atribuição de mundos como se segue:

- $\varepsilon||\psi||\varepsilon'$ sse $\forall(w,f) \in \varepsilon \exists(w',g) \in \varepsilon'$ e $\forall(w',g) \in \varepsilon' \exists(w,f) \in \varepsilon$ tal que $(w, f)$ $[[\psi]]$ $(w',g)$.

Contudo, dada nossa semântica informal para questões, as entradas e saídas básicas para a avaliação dinamicamente falando são conjuntos de conjuntos de pares de atribuição de mundos ou, mais precisamente, partições sobre o conjunto de todos os pares de atribuição de mundos. Assim, precisamos estabelecer nossa semântica um nível acima: a significação de uma sentença é agora uma relação entre partições ou conjuntos de conjuntos de pares de atribuição de mundos. Não podemos dizer como as fórmulas em geral vão interagir com uma partição independentemente de sua função discursiva. Como uma simplificação, eu farei com que as fórmulas diferentes das questões simplesmente ajam de maneira distributiva sobre os elementos da partição. Alguns pares de atribuição de mundos vão ser eliminados, outros modificados e, ainda, outros continuarão sem modificação. Para todas as fórmulas $\phi$ diferentes das questões, que são da forma $?\psi$, definimos a significação de $\phi$ $||\phi||$ da seguinte maneira:

- $\sigma\ ||?\phi\ ||\ \sigma'$ sse $\sigma' = \{\varepsilon' : \exists\varepsilon \in \sigma$ tal que $\varepsilon' = \{(w',g) : \exists(w,f) \in\varepsilon\ (w,f)\ [[\phi]]\ (w',g).\}\}$.

Questões transformam uma partição em outra:

- $\sigma\ ||?\phi\ ||\sigma'$sse $\sigma'$ é um refinamento da partição dada em $\sigma$ tal que todo elemento $\varepsilon \in \sigma'$ é uma resposta direta para $?\phi$.
- $\sigma\ ||\ \phi \rightarrow ?\psi\ ||\ \sigma'$ sse $\forall\sigma'\ (\sigma\ ||\phi||\ \sigma' \rightarrow \exists\sigma''\ ||?\psi||\sigma'')$.

Uma relação como PQR entre dois constituintes discursivos $\pi$ e $\pi'$ com formas lógicas associadas $\phi_\pi$ e $\phi_{\pi'}$ vão ter a seguinte semântica:

- $\sigma\ ||PQR(\pi,\pi')||\ \sigma'$sse $\exists\sigma''(\sigma\ ||\phi_\pi||\ \sigma'' \wedge \{\varepsilon' : \exists\varepsilon \in \sigma''$ tal que $\varepsilon\ ||\phi_{\pi'}||\ \varepsilon'\} = \sigma')$.

Em palavras, $PQR(\pi,\pi')$ valerá somente no caso de a partição que $P$ induziu pela questão associada a $\pi$ ser uma partição que seja resultado da atualização, com a resposta, de todos aqueles elementos de $P$ que são compatíveis com a resposta. Note-se que, segundo essa semântica, uma resposta pode também atualizar aqueles elementos da partição de entrada que a satisfazem, como pode também ser não exaustiva, mas pode também ser superinformativa e eliminar elementos da partição, incluindo outra informação não aparente na significação da questão. Assim, uma resposta dá muito naturalmente informação que é modelada na maneira padrão pela eliminação de possibilidades levantadas pela questão que ela responde.

E quanto às outras relações que os interrogativos podem ter com os contextos discursivos? Aqueles que estão familiarizados com a TRDS vão saber que a relação Par Questão Indireta Resposta (PQIR), subsume PQR. Segundo essa nova semântica, as respostas indiretas vão "normalmente" selecionar um subconjunto de partições de entrada. Podemos, nesse quadro conceitual, oferecer uma caracterização teorética completamente modelo da relação PQIR. Outra relação discursiva importante na análise do discurso é a elab-Q, sendo que a resposta à segunda questão ajuda a determinar a resposta para a primeira. Sem entrar em detalhes, pode-se impor restrições sobre as partições para modelar tal relação também.

Segundo essa semântica, as questões podem se encaixar dentro de muitos contextos. As questões condicionais não são em si mesmas questões; elas são testes do estado de entrada de informação que provocam partições daqueles elementos que satisfazem o antecedente. Assim, se o antecedente do condicional é verdadeiro, então as questões condicionais realmente aparecem na questão, isto é, outra partição dos elementos da partição de entrada que satisfaz o antecedente. As negações que alcançam uma questão realmente fazem certo tipo de sentido semântico, mas apenas em certas situações. Nossa semântica prediz que, para uma questão negada, $\sigma \,||\neg?\, \phi||\, \sigma$ se e somente se não há nenhum refinamento de $\sigma$ que seja resultado de tomar a interseção paritária de elementos de $\sigma$ com as possibilidades epistêmicas que dão a semântica da questão?$\phi$. Essa condição valeria, por exemplo, se $\phi$ tivesse uma pressuposição de que fosse incompatível com o estado discursivo global $\sigma$. Mas se a questão já tiver sido respondida em um contexto discursivo particular, como em (18), ou se uma resposta não tiver sido eliminada, então tais questões negadas deveriam conduzir à inconsistência o estado informacional. Isso sugeriria então que as questões negadas são altamente marcadas e têm uma significação discursiva especial.

(18) a. A: Samantha não vem; assim, não haverá nenhum sintaxista no congresso.
b. B: A sintaxista Jane não vem também?

Essa ameaça de inconsistência forçaria uma coerção na significação – por exemplo, a negação poderia ser entendida de maneira metalinguística. Poder-se-ia esperar em tal caso uma significação discursiva especial para tais questões polares negadas, o que parece ser o caso (Reese, 2006).

Com respeito à disjunção, essa semântica admite $?\phi \vee ?\psi$ como uma construção significativa. Mas, uma vez mais, a semântica desta é bastante especial. A significação da disjunção na semântica dinâmica é uma escolha não determinista acerca de duas ações possíveis – no caso de questões entre fazer uma partição do estado informacional ou fazer outra. Isso é uma instrução semântica estranha. O que se ganha ao dar ao destinatário uma opção entre duas partições do estado informacional de entrada? Pode ser que o falante esteja querendo que o destinatário escolha uma das questões e então a responda, como em:

(14b) John tem uma Mercedes, ou ele tem pelo menos um carro bom?
(14c) Que tipo de carro sofisticado John possui, ou ele é o cara que teve o acidente a noite passada?

Se examinarmos as respostas para tais disjunções de questões no discurso, realmente veremos que os falantes, frequentemente, de fato, escolhem uma das questões para responder. Às vezes, eles respondem a ambas.

Essa semântica, finalmente, é bastante liberal com respeito à quantificação nos atos de fala interrogativos. Assim, examinemos em detalhe alguns exemplos.

(19) a. Que prato cada convidado fez?

Com a leitura de alcance amplo, isso se torna:

(19b) $\forall x(\text{Conv}(x)) \rightarrow ?\lambda y(\text{fez}(x,y) \wedge \text{prato}(y))$.

Ora, consideremos o seguinte:

(19c) Que prato a maior parte dos convidados fez?
(19d) Que prato certo convidado fez?

Com a leitura de alcance amplo, estas se tornam respectivamente as seguintes:

(19e) Para a maioria$(x)(\text{Conv}(x))$, $?\lambda y(\text{fez}(x,y) \wedge \text{prato}(y))$(19f) $\exists x(\text{Conv}(x)) \wedge ?\lambda y(\text{fez}(x,y) \wedge \text{prato}(y))$

Recorde-se que o problema era que se considerava que as questões com quantificadores com alcance sobre os elementos Q ou sobre operadores de interrogação provocam leituras em termos de listas de pares. Mas apenas (19a) tem uma leitura em termos de lista de pares. Para (19a), está claro que a leitura em termos de lista de pares pode dar uma resposta correta exaustiva para a questão. Mas para (19c), a simples resposta "prato" dará uma resposta correta e exaustiva para a questão. Nenhuma leitura em termos de lista de pares é necessária ou então ela é trivialmente equivalente em um contexto dinâmico para alguém, sendo que recolocamos a variável em algum convidado e então pareamos esse convidado com um prato. Por exemplo, quando damos uma parte do contexto, uma "leitura em termos de lista de pares" é uma resposta perfeitamente aceitável para (19d).

(19d´) Oh, você deve querer dizer Peter. Ele fez o macarrão.

Com (19c), apenas não é claro o que uma leitura em termos de lista de pares poderia nos dar. Poder-se-ia dizer: "Bem, vamos ver: John fez macarrão, Mary fez macarrão, Jim fez macarrão, Julie fez *moussaka*, Tijana fez *holupci*. Acho que a maior parte dos convidados fez macarrão". Em algum sentido, essa descrição de pares é equivalente à resposta direta de que a maior parte dos convidados fez macarrão. Mas essa última é muito mais econômica e, assim, uma leitura em termos de lista de pares poderia bem ser evitada em bases pragmáticas. Se isso estiver correto, então não haverá nada de especial sobre as conjunções de atos de fala semanticamente, ao contrário do que a maioria supunha. A diferença deve estar na pragmática. Respostas em termos de lista de pares para (19c–d) são possíveis em certos contextos pragmáticos.

## 3.2 Imperativos: lógica proposicional dinâmica + semântica dinâmica

A semântica dinâmica dos interrogativos é bastante simples, e o alinhamento entre os atos de fala e as formas de modos verbais parece ser também bastante simples, complicando-se apenas pelo fato de que os interrogativos, quando marcados de determinadas maneiras, podem expressar, além de questões, outros tipos de atos de fala.[8] A situação é diferente com as cláusulas no modo imperativo. Por exemplo, temos muitos contraexemplos para a alegação de que os imperativos sempre aparecem em diretivas. O problema do alinhamento entre imperativos e os atos de fala a que dão lugar parece ser bem complexo.

Se os imperativos nem sempre aparecem em diretivas, qual deveria ser a semântica para os imperativos? Eu proporei e defenderei aqui a perspectiva de Asher e Lascarides (2003) de que os imperativos expressam ações que reiniciam os componentes do mundo dos elementos do contexto de entrada. A semântica geral das ações expressas pelos imperativos é que eles modificam o mundo de avaliação de certa maneira e são, assim, *transições* entre mundos em uma semântica dinâmica. Depende então do tipo de regras encontradas na colagem lógica da TRDS complementar a semântica básica dos imperativos e nos permitir inferir o tipo apropriado de ato

8 Isso é provavelmente uma supersimplificação. Uma vez que as questões retóricas forem tomadas em consideração, não ficará mais claro que os interrogativos sempre expressem questões.

de fala expresso por um imperativo em um contexto discursivo particular. A colagem lógica interpretará os imperativos de certos contextos como os emissores em diretivas, enquanto, em outros contextos, as ações denotadas pelos imperativos se emitirão em diferentes tipos de atos de fala. Assim como a maior parte dos tipos de atos de fala inferidos na colagem lógica, as diretivas possuem uma semântica diferente da semântica básica para os imperativos; uma diretiva diz respeito a uma *ação discursiva* com respeito aos compromissos do destinatário. Seguindo Hamblin (1987), a maior parte dos pesquisadores analisou essa ação em termos de registros de compromisso. Os registros de compromisso são um elemento distinto dos estados de informação, assim como os mundos, momentos e funções de atribuição. Atualizar um discurso com uma diretiva para realizar uma ação $\alpha$ para essas semânticas significa acrescentar a ação $\alpha$ ao registro de compromisso da pessoa a quem nos dirigimos. Devemos notar, contudo, que a semântica proposta para os imperativos aqui é compatível com algumas outras interpretações das diretivas.

Asher e Lascarides (2003) estendem a semântica dinâmica para os indicativos a uma semântica dinâmica para os pedidos como termos de ação. Estas são como outras fórmulas na semântica dinâmica, no sentido de que elas podem afetar um contexto de entrada de informação e, assim como as fórmulas derivadas dos indicativos, elas operam sobre elementos construtivos básicos dos estados de informação: os pares de atribuição de mundos. Contudo, diferentemente das fórmulas derivadas dos indicativos – que nunca modificam o componente de mundo de um par de atribuições de mundo –, as fórmulas para ações podem modificar tanto o mundo quanto os componentes de atribuição. Em uma analogia com o operador *Stit* de Belnap, Horty e Xu (1995), a linguagem introduzida em Asher e Lascarides (2003) se constrói a partir da ideia básica de que se pode converter qualquer fórmula que descreva uma situação em uma ação por meio de um operador $\delta$: $\delta\phi$ denota uma ação pela qual $\phi$ é alcançada. O resto da linguagem é uma importação direta da lógica proposicional dinâmica (cf. Harel, 1984).

*Assegurar-se de que p*, sendo que $p$ é uma fórmula normal ou *fórmula de estado*, isto é, se $\phi$ é uma fórmula de estado (uma asserção típica), então $\delta\phi$ é um termo de ação.

Se $a_1$ e $a_2$ são termos de ação, então também são $a_1$; $a_2$ (isso representa uma sequência de ação) e $a_1 + a_2$ (isso representa a escolha).

Se $a$ é um termo de ação e $\phi$ é uma fórmula de estado, então $[a]\phi$ é uma condição DRS (isso significará que, uma vez que $a$ seja realizada, $\phi$ é verdadeira).

Se $\phi$ é uma fórmula de estado e $a$ é um termo de ação, então $\phi \rightarrow a$ é uma fórmula de estado (isso descreve a ação protegida).

Se $\phi$ é uma fórmula de estado e $a$ é um termo de ação, então $\phi > a$ é uma fórmula de estado (isso descreve uma ação protegida que pode ser anulada).

Contudo, se construirmos muito na semântica e *identificarmos* as significações das conjunções da linguagem natural com esses operadores, não seremos capazes de fazer uma consideração uniforme acerca dos conectivos. As cláusulas gerais para as conjunções e as disjunções dos imperativos parecem especialmente sem solução dessa perspectiva. Não há maneira, por exemplo, de dar a (10) e a (11) suas próprias formas lógicas diferentes, apenas com base na semântica dinâmica para a conjunção; a mesma coisa vale para a interpretação dos outros conectivos. Precisamos de uma pragmática e de um nível de discurso para realizarmos uma boa consideração acerca dos conectivos. De fato, acabaremos precisando apenas de um mínimo da linguagem de ação – a saber, cláusulas e sequências atômicas.

## 3.3. Estendendo a semântica

Apresentarei agora as cláusulas para interpretar a linguagem expandida com termos denotadores de ação que utilizam o operador δ (assegurar que) e a conjunção generalizada como uma sequência. Todas as fórmulas são interpretadas com respeito ao estado informacional distributivamente. Talvez a maneira mais fácil de fazer isso seja definindo uma relação separada de satisfação nos elementos dos elementos dos estados informacionais – lembremos que aqui consideramos os estados informacionais – o parâmetro básico em relação ao qual a avaliação dinâmica é dada – como sendo partições. Cada elemento da partição é um conjunto de pares de atribuição de mundos. Seja [[.]] a relação de interpretação sobre pares de atribuição de mundos, o que podemos elevar de uma maneira direta à operação ||.|| em estados informacionais. Estendemos a relação usual [[.]] para fórmulas da semântica dinâmica fórmulas de ação da seguinte maneira:

1. $(w,f)$ $[[\delta\phi]]_M (w',g)$ sse $(w',f)$ $[[\phi]]_M (w',g)$.
2. $[[a_1;a_2]]_M = [[a_1,]]_M \circ [[a_2]]_M$ (isto é, $(w,f)$ $[[a_1;a_2]]_M (w'',h)$ sse há um par $(w',g)$ tal que $(w,f)$ $[[a_1]]_M (w',g)$ e $(w',g)$ $[[a_2]]_M (w'',h)$).
3. $(w,f)$ $[[\phi \rightarrow a]]_M (w',g)$ sse $(w,f) = (w',g)$ e para todo $w''$ e $h$ tal que $(w,f)$ $[[\phi]]_M (w'',h)$ há um $w'''$ e $k$ tal que $(w'',h)$ $[[a]]_M (w''',k)$.[9]
4. $(w,f)$ $[[\phi > a]]_M (w',g)$ sse $(w,f) = (w',g)$ e para todo $w''$ e $h$ tal que $(w'',h) \in * ([[\phi]]_{M,} w)$, $\exists w'''$, $h'$ tal que $(w'',h)$ $[[a]]_M (w''',k)$.
5. $(w,f)$ $[[[a]\phi]]_M (w',g)$ sse $(w,f) = (w',g)$ e para todo $h$ e $w''$ tal que $(w,f)$ $[[a]]_M (w'',h)$, existem $w'''$ e $k$ tal que $(w'',h)$ $[[\phi]]_M (w''',k)$.

Nossa definição de $||.||$ para estados informacionais como conjuntos de conjuntos de pares de atribuição de mundos pode agora se aplicar às fórmulas de ação tanto quanto às fórmulas derivadas de indicativos e interrogativos.

Note-se que, graças à condição 2 anterior, a denotação de uma ação complexa (20) é aquela na qual o indivíduo que fala e o indivíduo que caminha são o mesmo e único indivíduo:

(20) $\delta$ ($\exists x$, *caminha*($x$)); $\delta$ (*fala*($x$)).

Assim, essa semântica, em princípio, dá sentido à quantificação nos imperativos e a comandos encaixados.

Como eu disse anteriormente, isso implica que não podemos utilizar muitos dos operadores que são definidos nessa linguagem diretamente, se queremos uma consideração composicional geral acerca dos conectivos. A conjunção, por exemplo, precisa ser muito mais subespecificada que a interpretação dada para a sequência dinâmica ";" porque não podemos derivar a significação condicional para as diretivas encaixadas em (9) dessa significação. Nem a interpretação lógica dinâmica da disjunção nos dará o que queremos. Precisamos examinar a estrutura discursiva para conseguirmos as interpretações corretas dos conectivos e dos imperativos encaixados associados a eles. Para compreendermos exatamente o porquê, primeiro, precisamos examinar mais atentamente uma semântica composicional dos imperativos.

9 Note-se que essa semântica é exatamente a mesma para cláusulas imperativas e para cláusulas indicativas.

## 3.4 Semântica composicional para imperativos

Vamos primeiro examinar alguns dos fatos sintáticos. Os imperativos não exibem aspectos morfológicos de tempo verbal, como os infinitivos. Os imperativos também impedem o uso de certos modais, que são admitidos em outras formas de modos verbais. Os verbos auxiliares aspectuais *ser, ter* são possíveis nos imperativos, mas não parecem trazer informação de tempo verbal da maneira que fazem com os infinitivos. Uma evidência em favor disso é que os verbos auxiliares aspectuais não aparecem na frente da negação:[10]

(21) Já não ter terminado seu trabalho de casa não é uma coisa boa.
(22) Você não ajudava muito.
(23) *Esteja não trabalhando quando eu voltar.
(24) Não esteja trabalhando quando eu voltar.
(25) *Tenha não terminado o trabalho em torno do momento em que eu voltar.
(26) Não tenha o trabalho terminado em torno do momento em que eu voltar.

A maior parte dos sintaxistas considera que esses dados indicam uma falta de aspecto temporal ou uma cláusula principal. Se isso estiver correto, imediatamente, isso explicaria por que não podemos quantificar em imperativos ao utilizar uma construção do tipo *PD tal como a construção IMP*. Isso poderia também explicar as assimetrias notadas com os condicionais. Se o antecedente de um condicional requer uma cláusula principal, de maneira que o *se* vá na frente de PC, então a falta de quaisquer projeções PModo supracitadas em imperativos explicaria a falta de correção gramatical dos imperativos no antecedente dos condicionais, como em (12a); simplesmente não há lugar para inserir o *se*. Por outro lado, quando tentamos colocar um interrogativo no antecedente do condicional, a principal de PC já está preenchida pela auxiliar; mais uma vez, não há lugar para inserir o *se*.[11]

---

10 Em virtude das modificações que a gramática do português impõe às posições das negações nas sentenças aqui traduzidas, elas podem não exibir exatamente os mesmos fenômenos que o autor do texto tenta pôr em evidência por meio dos exemplos, razão pela qual apresentamos as sentenças originais em inglês: (21) *To have not finished your homework already is not a good thing*; (22) *You were not helping very much*; (23) **Be not working when I get back*; (24) *Don't be working when I get back*; (25) **Have not finished the work by the time I get back*; (26) *Don't have finished the work by the time I get back*. (N. T.)

11 Agradeço a Brian Reese por sugerir essa explicação.

Há também evidência sintática de que mesmo as cláusulas imperativas sem um sujeito manifesto tenham um sujeito oculto, uma vez que as reflexivas devem ser ligadas localmente:

(27) Aguente!
(28) Aguente-se!
(29) *Disse [John, aguente-se].

Esses exemplos tornam plausível que haja um sujeito oculto que vincula o reflexivo na cláusula imperativa. Note-se que o sujeito inexistente dos imperativos pode ser contextualmente ligado ou explicitamente introduzido como em (5):

(5) a. Alguém tire essa mesa do estúdio.
b. Quem quer que tenha roubado essa televisão, traga-a de volta.
c. Ninguém mova um músculo.

Se seguirmos a semântica composicional padrão para as cláusulas do tipo daquelas fornecidas em Asher (1993), então, podemos levantar a hipótese de que o que cai sob o escopo do imperativo é, ao menos, uma eventualidade abstrata, o argumento de evento não é preenchido pelo tempo verbal:

(30) a. Saia.
b. Imp($\lambda e$ saia($x$,$e$))

O próprio imperativo introduz então um operador δ assim como um fechamento existencial sobre a variável de evento para combinar com o tipo de evento para produzir uma fórmula de ação do tipo atômico que eu esbocei anteriormente. O imperativo deve também especificar um operador que, nos contextos discursivos certos, seja capaz de ser um operador diretivo $\text{Dir}_u$, sendo *u* a pessoa a quem a diretiva é dirigida. Como um imperativo nem sempre aparece em uma diretiva, o operador introduzido deve ser subespecificado – algo na TRDS da forma $?_u$ que será mais especificado pelo contexto discursivo. Se $?_u$ é ou não é especificado para $\text{Dir}_u$, dependerá dos contextos discursivos nos quais a cláusula imperativa ocorrer, em particular, dependerá de como ela é acrescentada a outras cláusulas e do tipo de ato de fala que as outras cláusulas transmitem.

A variável subespecificada para o destinatário, *u*, pode ou ser identificada com o sujeito oculto da cláusula imperativa, ou servir como um delimitador contextual quando é dado um sujeito quantificacional manifesto.

Quando um sujeito é manifesto em um imperativo, parece que temos duas opções. Considere-se mais uma vez:

(5a) Alguém tire essa mesa do estúdio.

Em (5a), o falante se dirige a todos em um domínio particular contextualmente dado, tal que alguém dentre essas pessoas tire a mesa do estúdio. Segundo essa concepção, a diretiva ali deveria estar no escopo nuclear do quantificador ligando uma variável $x$, e ter alguma coisa parecida com "$\delta\exists e$-tirar$(e,x)$" dentro de seu escopo. No delimitador do quantificador, deveria haver uma variável contextual que delimitasse $x$ a um conjunto particular de pessoas.

Para realizarmos uma consideração composicional acerca da significação dos imperativos temos, então, de supor esses quantificadores explícitos de sujeito fora do próprio imperativo; talvez o quantificador de sujeito mude para Spec de PModo, se essa for a projeção maximal para os imperativos. Então um imperativo como (5a) tem a forma lógica de (31):

(31) Alguém $x$ $(x \in u)$, Imp($\lambda e$ tirar mesa$(x, e)$).

O quantificador é restrito a algum domínio de pessoas contextualmente dado, $u$; o quantificador seleciona uma pessoa desse grupo e o imperativo dirige essa pessoa para fazer a mudança. Isso significa que o imperativo, quando é transformado em uma diretiva, deve também ter um espaço de argumento que pode ou ser contextual, ou quantificacionalmente ligado. Essa diretiva faz sentido apenas quando é dirigida a um grupo que tem o compromisso conjunto de realizar "$\exists x \in u$; $u$ tira essa mesa do estúdio". Alguém no grupo deve ser tal que remova a mesa, embora a diretiva não especifique quem deve fazer isso, e, similarmente, isso vale para outros enunciados de ação nos quais haja uma quantificação sobre a posição de sujeito.[12]

Agora temos um relato composicional de como construir as formas lógicas com os imperativos. Mas como isso se relaciona com a semântica dinâmica geral? É perfeitamente possível que o operador $\delta$ se combine com um tipo de evento para produzir uma fórmula de ação do tipo atômico que eu esbocei anteriormente. Isso constituiria a semântica nuclear dos impe-

12 Alternativamente, poder-se-ia deixar o quantificador *in situ*, como Portner (2004) argumentou, e estipular que haja um grupo de destinatários que deve funcionar como um delimitador do quantificador.

rativos. Essas fórmulas podem ser quantificadas para que vincule a variável do sujeito ou para que essa variável possa ser contextualmente vinculada. Mas isso não é o fim da história. Ainda precisamos especificar como os imperativos ou as formas lógicas destes se alinham com diversos tipos de atos de fala, em particular, as diretivas. Aquilo de que sentimos falta é a função discursiva dos imperativos; isso produzirá uma resposta para a questão do alinhamento e apresentará uma consideração composicional acerca dos atos de fala encaixados.

## 4 Pragmática e discurso

A principal questão para a teoria dos imperativos encaixados é o alinhamento das diretivas e outros atos de fala às formas lógicas imperativas. Note-se que uma diretiva deve ter uma forma diferente de uma pura fórmula de ação do tipo que eu introduzi quando argumentei que os imperativos têm essa forma lógica. Quando interpretadas, as ações denotadas pelas fórmulas da forma $\delta\phi$ são realizadas, transformando assim o mundo, que é a maneira pela qual se supõe que essas fórmulas funcionem, digamos, em linguagens de programação. Mas comandar ou dirigir alguém a realizar uma ação não a faz! Nisso as diretivas são diferentes dos performativos. Como explicamos isso?

Já vimos alguns exemplos em que as cláusulas no modo imperativo não produzem comandos – sentenças genéricas como:

(11) Fume um maço de cigarros por dia e você morrerá antes dos trinta.

Mas há muitas outras. Consideremos, por exemplo, o tipo de discurso dado pelas receitas ou instruções para chegar a determinado lugar, algo que recebeu considerável atenção na TRDS (cf. Asher; Lascarides, 2003).

(32) Para fazer uma sopa de cebolas, aqueça 10 xícaras de sopa de frango ou de carne até ferver em fogo baixo. Descasque e fatie 900 gramas de cebolas brancas e acrescente à fervura. Deixe cozinhar por 30 minutos.

Essa receita envolve o tópico *fazer sopa de cebola*, que é então elaborado por uma sequência de imperativos que produzem um tipo de "narrativa". Na TRDS, as cláusulas imperativas, tal como as cláusulas indicativas, podem oferecer formas lógicas que entram na sequência narrativa, na qual cada constituinte do discurso se liga a outro pela relação discursiva de Narração. Cada uma das cláusulas imperativas descreve uma ação que deve ser realizada em uma sequência: a ação de adicionar as cebolas à *fervura* não deve ser realizada se a ação de aquecer a sopa ainda não tiver ocorrido. Nós interpretamos naturalmente as cláusulas imperativas subsequentes relativas à satisfação de cláusulas imperativas anteriores em tal sequência. E cada cláusula tem um efeito no mundo de avaliação, transformando-o via a ação descrita. Nesse aspecto, as sequências narrativas de cláusulas imperativas e as sequências narrativas de cláusulas indicativas funcionam de maneiras similares.

Uma sequência narrativa de cláusulas imperativas tem uma semântica similar a uma sequência narrativa (*Narração*) entre cláusulas indicativas. A TRDS assinala a diferença ligando as cláusulas imperativas com a relação $Narração_r$. Mas a semântica dessas duas relações é exatamente a mesma! A semântica da Narração é que cada ação suceda a outra e, assim como com a Narração entre asserções, as condições de posição do elemento de número *n* na sequência deve recobrir as precondições do elemento *n + 1* (Asher; Lascarides, 2003). A única diferença é que, quando temos uma Narração entre fórmulas da forma $\delta\phi$, a sequência de tais ações forma um plano, em vez de uma sequência de testes.

A *Narração*$(\pi_1,\pi_2)$ implica a verdade dos conteúdos das cláusulas rotuladas por $\pi_1$ e $\pi_2$. Formalmente, isso significa que a *Narrativa* é uma relação retórica verídica e que obedece ao axioma de veridicalidade da TRDS ($\phi_\alpha$ abaixo é a forma lógica associada com o rótulo $\alpha$, e $\phi_{R(\pi_1,\pi_2)}$ é a fórmula de linguagem objeto que apresenta restrições semânticas a *R*):

- Esquema de Satisfação para Relações Retóricas Verídicas:
  $(w,f)\ [[R(\pi_1,\pi_2)]]_M\ (w',g)$ sse $(w,f)\ [[\phi_{\pi_1} \wedge \phi_{\pi_2} \wedge \phi_{R(\pi_1,\pi_2)}]]_M\ (w',g)$
- Veridicalidade*:
  Uma relação *R* é verídica se e somente se é válido o seguinte:
  $R\ (\alpha,\beta) \rightarrow (\phi_\alpha \rightarrow \phi_\beta)$.
  *Muitas relações discursivas que incluem a *Narração*, mas também a *Elaboração* e outras que introduzirei logo, são relações verídicas.

Se a relação de *Narração* que liga os imperativos em (32) é uma relação verídica, a relação que liga a sequência narrativa toda de ações ao tópico não é. É por isso que as ações descritas na receita não são realizadas no mundo real de avaliação. A sequência narrativa constituída pelas cláusulas ligadas pela *Narração*$_r$ constitui uma elaboração do plano geral de fazer uma sopa de cebolas. A sequência forma um constituinte discursivo que é ele mesmo relacionado via o *Plano de Elaboração* de outra relação discursiva com o tópico da receita, que é dado pela primeira cláusula. A semântica do *Plano de Elaboração* é uma semântica intensional e não é *verídica*, ao contrário de sua parenta indicativa, a *Elaboração*. Aproximadamente, *Plan-Elab*($\pi_1$,$\pi_2$) diz que o constituinte de elaboração, $\phi_{\pi_2}$, explicita uma sequência de ações que, se realizada, fará com que o tópico rotulado $\phi_{\pi_1}$ seja satisfeito. Mas ela nem implica $\phi_{\pi_1}$, nem $\phi_{\pi_2}$. Refinando a concepção de Asher e Lascarides (2003), uma indicação-chave para essa relação é o uso do infinitivo que é naturalmente interpretado como algo que está no antecedente de um condicional. Ao utilizar nossa extensão da semântica dinâmica, a semântica para as fórmulas da TRDS que envolvem a relação discursiva *Plano de Elaboração* deixa claro que nenhuma ação se realiza. E nenhuma ação é também endereçada ao destinatário em (32). Nesse caso, o operador subespecificado apenas se transforma em um operador de identidade ou de verdade que não afeta o conteúdo do discurso. Todo o conteúdo é dado pelas relações discursivas.

- A semântica do Plano de Elaboração:
  $(w,f)$ $[[Plan\text{-}Elab(\pi_1,\pi_2)]]_M$ $(w',g)$ sse $(w,f)$ $[[[\phi_{\pi_2}]\phi_{\pi_1}]]$ $(w,f)$.

Como essa semântica deixa claro, nenhuma ação se realiza. E nenhuma ação também se endereça a um destinatário em (32).

A estrutura discursiva muda dramaticamente se mudarmos (32) apenas um pouco:

(32′) Faça uma sopa de cebola! Aqueça 10 xícaras de sopa de frango ou de carne até ferver em fogo baixo. Descasque e fatie 900 gramas de cebolas brancas e acrescente à fervura. Deixe cozinhar por 30 minutos.

O comando na posição do "tópico" muda a semântica do discurso como um todo. Intuitivamente, o tópico se associa agora ao contexto do discurso como uma diretiva e o resto das funções da receita como uma Elaboração dessa diretiva, herdando sua força diretiva. Dentro da Elaboração, é claro, há ainda a sequência narrativa que contém os detalhes da receita.

Para deixar isso claro, precisamos estar atentos às regras da colagem lógica da TRDS, nas quais as contribuições dos atos de fala são calculadas. O ato de fala com que dado constituinte discursivo contribui tem tanto a ver com o contexto discursivo, no qual ele é introduzido, quanto com seu próprio conteúdo. Consideremos um exemplo já estudado na TRDS (Asher; Lascarides, 2003):

(33) a. A: Como se pega o trem de 10h20 para Londres?
b. B: Vá ao balcão de informações e pergunte a alguém.

Note-se a diferença da significação de (33b) nesse contexto em relação a sua significação no contexto "nulo" ou quando ele é ligado a uma asserção de algum tipo como a seguir:

(34) a. A: Estou atrasado.
b. B: Vá ao balcão de informações.

O imperativo em (33b) *não* deve ser realizado. Em vez disso, sua "função retórica" é a de providenciar suficiente informação de forma que *A* possa computar uma resposta para sua questão. Os imperativos que funcionam como "respostas" nesses contextos devem ser entendidos da seguinte maneira: se você realizar essa ação, sua questão será respondida. Na TRDS, rotulamos essa relação de $IQAP_r$.

A TRDS provê uma regra de ligação anulável para os imperativos quando eles são ligados a questões:

- Regra $IQAP_r$: $(?\ (\alpha, \beta, \lambda) \wedge ?\alpha \wedge !\beta) > IQAP_r\ (\alpha, \beta, \lambda)$.

Em palavras, essa regra diz que se $\beta$ deve ser ligada a α dentro do escopo de algum constituinte $\lambda$, e se $\alpha$ é um interrogativo e $\beta$ é um imperativo, então, normalmente, pode-se inferir que a relação $IQAP_r$ vale entre $\alpha$ e $\beta$ dentro do escopo de $\lambda$.[13] Assim, enquanto tudo no contexto for consistente com a inferência dessa relação, então a colagem lógica prediz que $IQAP_r$ deveria valer entre um interrogativo e um imperativo. Esse axioma da colagem lógica tira proveito dos modos das cláusulas a serem ligadas umas com as outras.

No caso de uma relação $IQAP_r$, mais uma vez, o operador subespecificado $?_u$ introduzido pelo imperativo resolve a identidade e especificamos o sujeito oculto do imperativo como sendo $u$. Então o postulado de significação para $IQAP_r$ é:

- $IQAP_r\ ((\alpha, \beta, \lambda) \wedge A : \alpha) \rightarrow (\exists\phi(\exists u(u = A \wedge \phi_\beta) > \phi \wedge \phi$ é uma resposta para $\phi_\alpha))$.

13 Todos os axiomas da lógica de ligação têm essa forma básica. Para uma discussão sobre esse asunto, ver Asher e Lascarides (2003).

Em palavras, o postulado diz que há alguma proposição $\phi$ tal que quando quer que o falante realize a ação especificada em $\beta$, então, normalmente, $\phi$ vale e $\phi$ constitui uma resposta para a questão expressa em $\alpha$. Note-se que para exemplos como (33), que exploram $IQAP_r$, é crucial que a interpretação do imperativo não seja colocada em termos de colocar alguma ação em um registro de compromissos como em Merin (1992), Portner (2004) e outros. Pois não se consegue uma resposta para a questão apenas ao se colocar uma ação em um registro de compromissos; apenas ao se comprometer com certa ação não garante que a ação vá ser feita. É apenas a *realização* da ação que dará uma resposta para a questão, isto é, a significação intuitiva da resposta para a questão em (33b).

O ponto desses exemplos de discurso é mostrar que uma relação retórica nos diz como interpretar a ação dada pelo imperativo. E isso indica como deveríamos agora terminar nossa interpretação dos imperativos, quando eles são ligados a asserções ou em contextos que saem do nada. Eu levantei a hipótese de que, quando um imperativo ocorre em um contexto isolado (regra 1) ou se liga a uma asserção (regra 2), uma regra da colagem lógica considera o imperativo como uma diretiva e liga o imperativo com essa forma enquanto um pedido ou uma diretiva.

- Regra 1 para os Pedidos: $(\neg\exists\alpha\ ?(\alpha, \beta, \lambda) \wedge !\beta) > Dir_u(\beta, \lambda)$.
- Regra 2 para os Pedidos: $(?(\alpha, \beta, \lambda) \wedge !\beta \wedge \neg(!\alpha \vee ?\alpha)) > Dir_u(\beta, \lambda)$.

$Dir_u$ é um operador cuja semântica é entendida de uma maneira dinâmica: dado um contexto de entrada no qual ao referente de *u* é atribuído um registro de compromissos, então o contexto de saída tal como modificado por $Dir_u\phi$ ajusta esse registro de compromissos do ouvinte de modo que $\phi$ seja um compromisso do ouvinte. Essa regra diz que, se um imperativo $\beta$ não forma uma sequência de imperativos ou não forma uma resposta para uma questão, então, de um modo anulável, podemos inferir que ela é uma diretiva para algum agente *u* contextualmente especificado, usualmente, o destinatário, o que, aproximadamente, significa que o falante pretende colocar o conteúdo de $\beta$ no registro de compromissos daquele destinatário.

Esse destinatário, contudo, não precisa concordar com esse compromisso. Se ele ou ela não reconhecer ou não concordar com o compromisso, então este não parecerá como se pudesse ser seu! Porque o pedido é inferido via uma regra da colagem lógica e é parte de uma forma lógica da estrutura discursiva, esta, assim como outra parte da contribuição do discurso, pode ser contestada pelo destinatário ou por qualquer outro participante no discurso. Uma correção$_r$ pode se aplicar, transmitindo uma recusa da parte do destinatário de assumir o pedido. As regras para a negociação de Correções padrão (Asher; Lascarides, 2003) se aplicam em tais casos também. Tudo o que faz uma diretiva é implicar que o falante pretenda colocar alguma coisa no registro de compromissos do ouvinte, o que se tornará um compromisso real da parte desse último apenas quando as regras para a aceitação forem obedecidas. Pode ser que o diálogo "se estabeleça" em um ponto no qual o pedido tenha se tornado discutível também. A TRDS contém toda uma teoria do estabelecimento que se aplica aos pedidos, assim como às asserções.

## 5 Resultados e predições

A semântica dos imperativos que acabamos de propor dá sentido à quantificação liberal na posição de sujeito dos imperativos. Esses quantificadores exploram a variável *u* que se associa ao tipo de ato de fala *Dir* como uma restrição contextual. Na TRDS, tal quantificação é nova, mas não coloca problemas para a semântica. Nos casos em que o sujeito do imperativo não é especificado, a variável contextualmente especificável *u* é decidida em relação ao(s) destinatário(s) no contexto e $u = x$, sendo $x$ a variável da fórmula de ação para o sujeito da ação.

Os comandos condicionais são claros. A condicional dá lugar a uma relação discursiva não verídica na TRDS, a Consequência, a nossa regra para as diretivas produz para (35) a forma lógica de (35´),

(35) Se você quer ter um A, estude bastante.

(35´) $\langle\{\pi_0, \pi_1, \pi, \pi'\}$, $\pi$: quer um A($u$), $\pi_1\, \delta$ (estude bastante($u$)) $\wedge$ $\pi'$: $Dir_u$ ($\pi_1$) $\wedge$ $\pi_0$: Consequência($\pi$, $\pi'$)$\rangle$

Isso corresponde à formulação de uma ação protegida na semântica dinâmica, exceto pelo fato de que a semântica interpreta o consequente como uma diretiva. Poder-se-ia reforçar isso mais ainda com a implicatura pragmática de que uma diretiva que alguém assume é normalmente realizada, o que simplificaria o consequente do condicional para "δ (estude bastante($u$))".

Há provavelmente uma explicação sintática, como eu mencionei anteriormente, quanto a por que os condicionais com o imperativo no antecedente são tão ruins. Se os imperativos não têm nenhuma cláusula principal, então a expressão *se* não pode encontrar um lugar apropriado na árvore sintática. Não há nenhum lugar para ela. Por outro lado, para o consequente que é frequentemente assinalado por *então*, podemos explicar a aceitabilidade dos imperativos nos consequentes dos condicionais notando que *então*, pelo menos em português, é um advérbio que pode ser acrescentado a SV.

Agora nos voltemos para a quantificação nas diretivas sobre os argumentos diferentes do sujeito. Como vimos, uma ligação anafórica nos imperativos é algo não controverso. Assim, o problema não é o vínculo em si mesmo nesses contextos, mas, em vez disso, a quantificação interna. Segundo nossa semântica, isso deveria ser possível. De fato, o caso anafórico e a quantificação em casos são indistinguíveis semanticamente nessa semântica. De fato, na maior parte das teorias semânticas dinâmicas, a quantificação interna e a ligação anafórica com um quantificador são indistinguíveis. Mas, uma vez que elas são semanticamente indistinguíveis, então parece que deve haver ou um relato pragmático ou um relato sintático para eliminar esses casos de quantificação interna.

Mais uma vez, nossa semântica é bastante liberal em comparação com as concepções padrão. A forma lógica para (7a) é (mexendo um pouco informalmente com a notação da TRDS):

(7a′) $\forall x$(encontrar-garrafa($x$)) $\rightarrow Dir_u\, \delta\, (C(x))$.

Manfred Krifka nega que

(36) Confisque a maior parte das garrafas que você encontrar!

tenha uma forma similar. Eu discordo:

(36′) *A maior parte* $x$(encontrar-garrafa($x$)), $Dir_u\, \delta\, (C(x))$.

Essa forma lógica é perfeitamente coerente em nossa lógica dinâmica. Além disso, ela é o que parece ser verificado pelas intuições dos falantes. Consideremos que haja 5 garrafas e que encontremos 3 delas. A solicitação de (36) é satisfeita se confiscarmos 2 dessas garrafas que encontrarmos. E isso é precisamente o que a forma lógica que é dada em (36′) requer. Ela faz voltar um mundo que difere do real pelo fato de que 2 garrafas foram confiscadas.

Se o ponto de vista padrão é que não há nenhuma quantificação nas diretivas formuladas como imperativos, então deve haver uma diferença em termos de condições de verdade entre as leituras de alcance amplo e de alcance restrito e a leitura de alcance amplo não deveria estar disponível. Mas parece que é exatamente a significação de alcance amplo que é pretendida em (36). Para verificarmos isso, consideremos o que o quantificador faz na semântica dinâmica. Tomamos um estado de entrada (um par de funções de atribuição de mundo, uma vez que essas operações são todas distributivas) e (36´) produzirá uma saída somente no caso de a maior parte dos objetos que satisfazem o delimitador também satisfazerem o consequente. Quando o antecedente e o consequente forem apenas fórmulas de estado, então as fórmulas quantificacionais equivalem a testes. Mas quando o consequente é um comando, algo mais acontece: o consequente é "satisfeito" exatamente no caso de o mundo de entrada ser transformado da maneira requerida. Tanto (36) intuitivamente quanto (36´) formalmente conduzem o destinatário a colocar em seu registro de compromissos que para a maior parte das garrafas que ele encontrar, ele deve confiscá-las. Crucialmente, o que *não* se diz é que ele coloque em seu registro de compromissos que ele encontre a maior parte das garrafas; os compromissos são com os atos de confisco apenas.

Por outro lado, a leitura de alcance restrito do quantificador é dada na fórmula (36´´).

(36´´) $Dir_u$ *A maior parte* ($x$)(achar-garrafa($x$), $C$(x)).

Isso diz que destinatário deve se comprometer em tornar verdadeiro que a maior parte das garrafas que ele encontrar seja confiscada. Em linguagem natural, isso parece ser equivalente à significação de (36´), mas, formalmente, depende do quantificador ser interpretado dentro do alcance da diretiva. Se os compromissos forem entendidos de maneira modal, então isso significará que o quantificador é interpretado com respeito aos mundos de compromisso, e isso não é de maneira alguma o que se pretende. Os compromissos são com as garrafas que forem encontradas no mundo real de avaliação.

Esse raciocínio parece valer para todos os quantificadores positivos. Em particular, predizemos leituras de alcance amplo para as seguintes:

(7e) Confisque pelo menos algumas (três) garrafas que você encontrar!
(7f) Confisque uma garrafa muito bonita que eu vi com eles antes.

Para os quantificadores negativos como *nenhum*, há a questão da negação da diretiva. Mas note-se que isso é perfeitamente bem definido na semântica dinâmica.

A semântica para os imperativos e diretivas se estende naturalmente a uma semântica para os comissivos também. Além disso, nossa consideração semântica acerca dos imperativos se aplica, como ela é, muito bem aos atos de fala performativos como nomear, batizar, casar e assim por diante. Estas parecem ser fórmulas diretas de ação, que são realizadas quando os performativos são proferidos nas circunstâncias apropriadas (essas circunstâncias apropriadas são consideradas pressuposições dos verbos performativos). As formulações próprias de atos de fala apenas por ocorrerem transformam o mundo de avaliação da maneira apropriada. Podemos ser inteiramente abstratos sobre os detalhes acerca de quais ações esses atos de fala particulares fazem no mundo de avaliação. Mas sua análise pode ser feita de maneira inteiramente confortável dentro da semântica dinâmica do discurso proposta aqui.

## 5.1 A conjunção revisitada

As conjunções com sentenças transmitem algum tipo de relação discursiva coordenativa, como foi observado por Txurruka (2003). Essa observação se mostra extremamente importante: uma conjunção da linguagem natural não indica um conectivo com condições de verdade na TRDS e, de qualquer forma, a lógica dinâmica não possui tal operação; ele possui a operação de atualização sequencial. A conjunção de uma operativa com uma cláusula indicativa parece dar lugar a dois tipos de relações discursivas: Def-Consequência e algo do tipo da Narração. A primeira corresponde às leituras condicionais de sentenças como (11), repetida a seguir, enquanto a segunda corresponde à interpretação natural de (37):

(11) Fume um maço de cigarros por dia e você morrerá antes dos trinta.
(37) Vá ao escritório e lá você encontrará os arquivos dos quais lhe falei.

A primeira transmite um tipo de força genérica, mas para evitar que se pense que isso é uma propriedade peculiar das conjunções envolvendo imperativos, comparemos (11) com (38), que exibe o mesmo tipo de conexão genérica entre duas cláusulas *indicativas*:

(38) a. John caminha meio metro, e (normalmente) ele fica sem fôlego.
b. John toma alguma coisa e ele fica doido.

Embora se possa argumentar que a leitura genérica da primeira dessas cláusulas é devida à presença de *normalmente*, pelo menos alguns falantes acham o uso do advérbio completamente opcional com respeito a essa interpretação.

A interpretação genérica surge, penso eu, de uma combinação de indicações que a colagem lógica da TRDS pode explorar. O uso do tempo verbal futuro com o imperativo é crucial, porque isso nos permite interpretar a segunda cláusula como uma consequência que ocorre depois da ação realizada na primeira cláusula. Mas, claramente, isso não é suficiente, porque (37) tem a mesma sequência de tempos verbais, mas não tem uma leitura genérica prontamente disponível. Talvez a presença do *lá* torne a leitura genérica ou condicional menos disponível. Em (38a, b), o uso do tempo verbal presente ou pelo menos do mesmo tempo em ambas as cláusulas é uma indicação importante. Outra indicação importante é a prosódia. Em todos os exemplos com leituras genéricas, há o surgimento prosódico no final da primeira cláusula. Não há nenhuma quebra de entonação entre a primeira cláusula e o contorno prosódico na segunda cláusula, que pareça estar também presente quando tal cláusula é utilizada isoladamente como uma asserção. Se a entonação é mudada de maneira que haja uma queda final, digamos, na primeira cláusula de (38a), a leitura genérica desaparece.[14]

Eu não entrarei em formalizações das regras da colagem lógica apropriadas aqui, uma vez que um tratamento apropriado nos conduziria longe demais nas questões de informação prosódica e de como se lida com isso na TRDS. É suficiente dizer que inferimos em (11) uma relação de Consequência Anulável entre as duas cláusulas, e isso nos dá automaticamente a leitura condicional de tais conjunções. Com (37), temos uma leitura episódica da mesma sequência temporal e, assim, podemos concluir que a sequência

14 Eu agora penso que a análise apresentada em Asher e Lascarides (2003) está errada. Ali dissemos que era apenas o fato de que uma ação particular era indesejável que fazia com que ela não fosse uma diretiva. Mas isso não está certo. Consideremos: (39) Jogue na loteria um número suficiente de vezes e você vai ganhar; (40) Você vai morrer de qualquer forma. Assim, vá em frente. Fume três maços por dia. (39) tem claramente uma leitura genérica. Entretanto, não é que o estado final de ganhar na loteria seja indesejável. Por outro lado, fumar três maços por dia é algo a que nos dirigimos em (40), mesmo que isso tenha consequências que são indesejáveis. Assim, tais exemplos parecem ser contraexemplos à análise proposta em Asher e Lascarides (2003).

por si mesma não é suficiente. Também precisamos de certa conexão entre os conteúdos das cláusulas, mas tais requisitos são conhecidos a partir de outros exemplos da TRDS. Alguns dos dados de Han (2000) poderiam ser indicações adicionais da presença de uma leitura genérica, como a falta de elementos de polaridade negativa nos imperativos, exceto nesses antecedentes. O mesmo é verdadeiro acerca das cláusulas indicativas que são ligadas pela conjunção e têm uma interpretação genérica. Em todo caso, vemos que uma consideração com base na TRDS tem meios para considerar as variedades de leituras quando um imperativo é associado com uma asserção. Na colagem lógica, teremos um recurso mais específico que a regra 1 que suplantará a inferência anulável para um ato de fala diretivo.

Eu me voltarei agora para uma discussão de (37), quando essa carece de uma leitura genérica. Este é realmente um exemplo complexo, porque o primeiro constituinte é interpretado primeiro como uma diretiva em virtude das regras da TRDS expostas anteriormente, mas a ação que ela descreve é também parte de uma sequência de Narração. Claramente, ir até o escritório é o que dá ocasião de encontrar a pasta de arquivos, não a colocação da ação de ir até o escritório no registro de compromissos de alguém. Como expressamos isso na TRDS? Queremos algo semelhante à Narração ($\pi_1$, $\pi_2$), $\pi_1 : \delta$ (vai($u$, $x$) $\wedge$ escritório($x$)), $\pi_0$: $Dir_u$ ($\pi_1$), mas isso resulta em um conflito sobre o estatuto da ação descrita em $\pi_1$. De acordo com a Narração, ela deve ser realizada, mas de acordo com *Dir*, isso não é o caso. Assim, o princípio de Maximização da Coerência Discursiva (MCD) e a atualização da TRDS, como definida em Asher e Lascarides (2003), requereria que eliminássemos esse conflito por meio de uma nova análise da maneira pela qual os constituintes se ajustam uns aos outros. Uma maneira de resolver esse conflito é ter uma estrutura discursiva na qual a diretiva tem alcance sobre o constituinte que transmite a Narração ($\pi_1$, $\pi_2$), o que não é implausível. Assim, a análise desse discurso produziria o seguinte SDRS:

- $\pi_0$, $\pi$, $\pi_1$, $\pi_2$ (esses são os referentes discursivos de ato de fala introduzidos, enquanto a seguir estão as fórmulas associadas com eles que dão o conteúdo destes)
- $\pi_0$ : $Dir_u$ ($\pi$)
- $\pi$ : *Narração* ($\pi_1$, $\pi_2$)
- $\pi_1$ : $\delta$ (vai($u$,$x$) $\wedge$ escritório($x$))
- $\pi_2$ : (encontrar($u$,$y$) $\wedge$ pasta($y$)).

## 5.2 A disjunção revisitada

Ao contrário da conjunção, a disjunção dá lugar tipicamente a uma relação discursiva particular, a Alternação.[15] A Alternação transmite um conjunto de alternativas epistêmicas (Zimmerman, 2000); uma entonação derradeira de conclusão ou o aumento da entonação sobre a disjunção nos diz se o conjunto de alternativas foi exaustivamente especificado ou não. Um parâmetro adicional de variação diz respeito a se há uma leitura de livre-escolha da disjunção. No momento, não sei o que são esses parâmetros que influenciam essa leitura. Mas é óbvio que isso está presente em casos como:

(41) Vá ou não vá. A escolha é sua.

Admitindo que o sentido de livre-escolha da disjunção possa ser expresso via uma regra da colagem lógica, derivaríamos a seguinte forma lógica do discurso para (41):

(41′) $\text{Alt}_{FC}\ (\pi, \pi') \wedge \pi\text{: vá} \wedge \pi'\text{: } \neg\text{vá}.$

A tradução de (41′) para a forma lógica pode agora seguir facilmente via a análise apresentada em Asher e Bonevac (2005), e as regras já expostas:

(41′′) $\text{Alt}\ (\pi, \pi') \wedge \pi\text{: } (Dir_u vá(u) > OK) \wedge \pi'\text{: } (Dir_u \neg vá(u) > OK).$

As outras leituras dos imperativos disjuntivos, além daquela relativa à livre-escolha, provêm de uma análise da própria Alternação. Suponha-se que as alternativas epistêmicas dadas pela Alternação sejam entendidas como exaustivas. Então, podemos ter tanto uma simples leitura em termos de alternação quanto uma leitura condicional. A razão para essa última é que uma alternação exaustiva das possibilidades epistêmicas possui conexões muito estreitas com o condicional, como Gillies (2004) apontou. A inferência a partir de (42a) para (42b) parece completamente válida quando se dá à disjunção uma entonação exaustiva.

(42) a. Ou o assaltante cometeu o assassinato, ou o cozinheiro o cometeu.
b. Assim, se não foi o assaltante, foi o cozinheiro.

15 Como Asher e Bonevac (2005) argumenta, contudo, essa inferência para a Alternação a partir da presença de uma disjunção é anulável.

Mas, dada essa observação, a leitura condicional se segue imediatamente em favor de (13a), repetida abaixo:

(13a) Saia daqui ou eu vou chamar a polícia,

quando isso é lido com a entonação exaustiva, como é natural.

## 5.3 A negação revisitada

Vimos que o tratamento semântico dinâmico da negação, juntamente com um tratamento dinâmico das questões, prediz que as questões negadas podem existir, mas que elas têm uma significação metalinguística muito especial. Esse mesmo tratamento dinâmico da negação torna, em princípio, possível que a negação deva ser capaz de se combinar com uma significação imperativa. Mas observamos que as negações não têm alcance sobre um operador como *Dir*. Isto é, sentenças como:

(43) Não feche a porta

simplesmente não têm uma leitura segundo a qual uma diretiva para fechar a porta não esteja sendo feita. Isso é confuso de um ponto de vista estritamente semântico, mas de um ponto de vista discursivo, essa observação se acomoda. Em geral, não vemos a negação, ao contrário dos condicionais, tomar escopo sobre relações discursivas.[16] De fato, há relações discursivas negativas que correspondem a usos metalinguísticos da negação. Correções e negações, por exemplo, são a operação dinâmica de negação elevada a uma relação discursiva. Essa relação tem condições de verdade determinadas, mas sua semântica não é nada parecida com uma função de verdade. As autocorreções e a retratação de diretivas são, assim, razoáveis desse ponto de vista. Mas é preciso expressar a Correção com outra cláusula diferente daquela da diretiva:

(44) Feche a porta. Realmente, eu retiro isso.

---

16 Uma possível exceção poderia ser a própria construção coloquial e recentemente acrescentada, em linguagem natural: *John foi para a escola e então ele estudou. Não!* Se tais discursos são aceitáveis, poderíamos levantar a hipótese de que é também: *feche a porta! Não!*

De fato, nos movermos para a semântica dinâmica, na qual temos ações em diferentes níveis, nos permite unificar os usos metalinguísticos da negação com os usos objetuais mais padrão. Os assim chamados usos metalinguísticos operam não sobre o conteúdo de um proferimento, mas, em vez disso, sobre outros aspectos dele. Mas, uma vez que tenhamos meios para nos referirmos a esses últimos em um contexto dinâmico, então poderemos tratá-los a todos de maneira uniforme.

Se as negações de atos de fala fazem sentido, todavia, então temos de explicar o caráter gramatical incorreto de sentenças como (45) de uma maneira diferente:

(45) Não é o caso que feche a porta.

Eu suspeito que seja a estrutura sintática dos imperativos que impeça um escopo amplo para a negação sobre o modo imperativo. Se as negações tomarem as PVs como argumentos sintáticos ou recaírem em PC, o modo imperativo, carecendo de uma cláusula principal, impediria a aplicação da negação.

## 5.4 O que essa semântica não alega que seja consistente?

Nossa semântica é muito liberal. Mas há algumas sequências de imperativos que não funcionam sem uma reinterpretação radical.

(46) Vá! Não vá!

Esse discurso interpretado como uma sequência de cláusulas, isto é, ligada via a Narração$_r$, não pode ser satisfeito, porque o pós-estado da primeira ação é incompatível com o pré-estado da segunda ação e porque a Narração$_r$, como a Narração simples, requer essa compatibilidade entre pré-estados e pós-estados de ações sequenciadas.

# 6 Conclusões

O trabalho apresentado aqui sobre os imperativos começa com as intuições desenvolvidas nas lógicas *Stit* de Belnap, Horty e Xu (1995) que Asher e Lascarides (2003) utilizam em um contexto semântico dinâmico para fornecer uma semântica para os imperativos. Mas essa semântica tem diversos problemas: ela deixa de capturar a força diretiva dos imperativos em certos contextos. Para isso precisamos da perspectiva da TRDS acerca dos atos de fala e das relações discursivas. O ponto acerca dos imperativos é que o contexto discursivo, em particular, o lugar de anexação, é crucial para sua interpretação. Nisso a consideração proposta difere da maior parte de outras investigações recentes (Portner, 2004; Mastop, 2005). As diretivas são apenas uma função de modo anulável; os imperativos apenas produzem diretivas em certos contextos. O contexto discursivo contém informação crucial acerca da função discursiva e os tipos de atos de fala que um imperativo pode possuir. Para questões e asserções, aprendemos a mesma lição, mas talvez de maneira um pouco menos dramática. De qualquer forma, nossa semântica deve ser flexível o suficiente para permitir a ampla variedade de usos para os quais são colocados os imperativos, os interrogativos e os indicativos.

Acrescentar um nível de semântica discursiva à análise nos permite também simplificar a lógica subjacente. Podemos dispensar operadores como [ ] para a quantificação das ações, e talvez + também. Assim, o que temos é um conjunto uniforme de conectivos tanto para os indicativos quanto para os imperativos: sequência ";", negação "¬" e os condicionais epistêmicos, tanto o fraco quanto o normal: ">" e "→" , junto com diversos quantificadores. O *ou* da linguagem natural ou dá lugar a uma relação discursiva, ou, nos casos raros nos quais isso se bloqueia, a um operador que podemos definir em termos de "¬" e ";".

Em acréscimo ao trabalho detalhado acerca dos imperativos, tentei aqui integrar um trabalho acerca dos imperativos com outros trabalhos acerca dos interrogativos, principalmente aquele de Groenendijk e Stokhof. A semântica resultante admite todos os tipos de atos de fala encaixados. Muitos tipos de atos de fala encaixados podem ser raros ou difíceis por razões pragmáticas, ou não gramaticais por razões sintáticas. Em geral, contudo, minha contenda é que a semântica de diversos modos e a natureza lógica dos atos de fala que eles podem provocar não impedem o encaixe, contrariamente ao que muitos sugeriram.

# 11
# Questões sim-não e o mito da invariância de conteúdo

*Savas L. Tsohatzidis*

## 1 Dois tipos de distinção força-conteúdo

Nenhuma teoria da significação de sentenças seria adequada se deixasse de implicar que uma sentença não declarativa como "A água é inodora?" e uma sentença declarativa como "A água é inodora", embora sejam significativas, não têm a mesma significação. Apenas as teorias da significação que, como a de Searle, procuram sistematicamente relacionar as diferenças na significação das sentenças com diferenças nos atos ilocutórios potenciais têm qualquer chance de produzir tais implicações. Todavia, nem todas as formas de relacionar as significações das sentenças com atos ilocutórios são adequadas. Neste capítulo, eu quero argumentar que uma pressuposição fundamental que Searle utiliza ao analisar a significação de sentenças em termos de atos ilocutórios está errada. A pressuposição (que é muito amplamente compartilhada entre aqueles que, juntamente com Searle, apropriadamente reconhecem que nenhuma consideração acerca da significação de sentenças pode dispensar uma consideração acerca do modo sentencial) tem a ver com a maneira particular na qual Searle interpreta a distinção entre *força* e *conteúdo* dos atos ilocutórios e aplica isso à análise da significação das sentenças.

Há uma maneira inócua de interpretar a distinção força-conteúdo contra a qual não pode haver nenhuma objeção e que eu ficaria perfeitamente feliz em aceitar. Segundo essa interpretação inócua, dizer que os atos ilocutórios (e as significações das sentenças que alguém deseja caracterizar nos próprios termos) deveriam ser concebidos como algo que consiste na anexação de uma *força* a um *conteúdo* simplesmente significa que, para especificarmos inteiramente um ato ilocutório de uma maneira semanticamente relevante, não é suficiente apenas especificar o *tipo* de ato ilocutório que ele é (se, por exemplo, ele é uma questão sim-não, ou uma asserção, ou um comando etc.), mas também é necessário especificar o que há sobre sua significação que o distingue de todos os outros atos ilocutórios do *mesmo* tipo (por exemplo, o que há na significação de uma questão sim-não que a torna diferente de outras questões sim-não, o que há na significação de uma asserção que a torna diferente de outra asserção, o que há na significação de um comando que o torna diferente de outro comando, e assim por diante). Que esses tipos de especificação sejam requeridos, isso é óbvio, mas apenas registrar esse requisito, da maneira como a interpretação inócua faz, não é o mesmo que adotar qualquer maneira *particular* pela qual se possa propor realizá-la. No que diz respeito à interpretação inócua, a força de um ato ilocutório é *o que quer que seja* que resulte para distinguir propriamente esse ato, em termos semanticamente relevantes, de todos os atos ilocutórios de *outros* tipos, e o conteúdo de um ato ilocutório é *o que quer que seja* que resultar para propriamente distinguir esse ato, em termos semanticamente relevantes, de todos os atos ilocutórios do *mesmo* tipo. Mas aceitar a distinção força-conteúdo nesse sentido inócuo não envolve nenhum compromisso forte quanto aos tipos de coisas que as forças ou os conteúdos resultam ser, e é, em particular, perfeitamente consistente com a possibilidade de que possa não haver um único *tipo* de conteúdo uniformemente atribuível *pelos* tipos de atos ilocutórios. Por exemplo, é perfeitamente consistente com a possibilidade de que o que torna uma questão sim-não semanticamente distinta de outra questão sim-não seja um *tipo* diferente de coisa daquilo que torna uma asserção semanticamente distinta de outra asserção, o que, por sua vez, é um *tipo* diferente de coisa do que torna um comando semanticamente distinto de outro comando, e assim por diante.

Em contraste com a interpretação inócua, contudo, a interpretação padrão da distinção força-conteúdo, da qual Searle é um representante paradigmático, envolve compromissos completamente fortes tanto com relação ao que são as forças quanto com relação ao que são os conteúdos. Uma implicação desses compromissos nessa última área é que realmente exista um único *tipo* de conteúdo uniformemente atribuível pelos tipos de atos ilocutórios em todos os casos teoricamente fundamentais (isto é, em todos os casos nos quais o conteúdo em questão é representável por meio de uma sentença completa), e isso assegura, entre outras coisas, que o *tipo* de coisa que torna uma questão sim-não semanticamente distinta de outra questão sim-não é o mesmo *tipo* de coisa que torna uma asserção semanticamente distinta de outra asserção, o que, por sua vez, é o mesmo *tipo* de coisa que torna um comando semanticamente distinto de outro comando, e assim por diante. No caso de Searle (que, também a esse respeito, é completamente representativo das pressuposições padrão), o único tipo de coisa que desempenha o papel de *conteúdo* de um ato ilocutório em todos os casos teoricamente centrais é uma *proposição*. A diferença entre as *proposições* com as quais eles associam a mesma força explica as diferenças de significação entre os atos ilocutórios do mesmo tipo. Além disso, assim como há diferenças de significação entre atos ilocutórios que são devidas exclusivamente ao fato de que diferentes *proposições* são anexadas à mesma força, há também, segundo a perspectiva de Searle, diferenças de significação entre os atos ilocutórios que são devidas exclusivamente ao fato de que diferentes forças são anexadas *à mesma proposição*. Diferenças desse último tipo que, de acordo com Searle e muitos outros, comprovam a contribuição semântica distinta do modo sentencial: sentenças semanticamente distintas que se diferem apenas quanto ao modo verbal são sentenças cuja não identidade semântica é unicamente atribuível ao fato de que cada uma delas associa um diferente tipo de força à mesma *proposição*.

Eu argumentarei que essas perspectivas não podem ser sustentadas se alguns fatos conhecidos e fundamentais que dizem respeito à interpretação das questões sim-não devem ser respeitados. Uma vez que uma teoria do modo sentencial – e, assim, da significação das sentenças – que não pode apresentar uma análise satisfatória de um tipo tão simples e básico de sentença como as questões sim-não não pode ser aceita, eu concluirei que nenhuma teoria da significação de sentenças será adequada se ela incorporar a interpretação padrão da distinção força-conteúdo e, em particular, sua pressuposição de que os conteúdos com os quais as forças ilocutórias estão anexadas são proposicionais. Adiante no percurso, acenarei o tipo de análise das questões sim-não que encararia como apropriada. Meu propósito básico não é o de desenvolver completamente tal análise, mas, em vez disso, argumentar que certos aspectos das questões sim-não que *qualquer* análise deveria acomodar não são consistentes com certas pressuposições básicas que muitas teorias da significação endossam rotineiramente.

## 2 Questões sim-não e a análise dos atos ilocutórios

De acordo com Searle, a significação literal de uma sentença deriva (no sentido, presumivelmente, de ser uma construção lógica a partir daí) dos atos ilocutórios que as convenções linguísticas permitem aos falantes realizar ao proferirem tal sentença. Um ato ilocutório típico, indicado por $F(p)$, consiste em uma força ilocutória $F$ associada a uma proposição $p$, que representa o conteúdo do ato: "ao longo da análise dos atos de fala", explica Searle, ele observa a distinção entre "o que poderia ser chamado de *conteúdo* e *função*", sendo "o conteúdo a proposição" e "a função é a força ilocutória com a qual a proposição é apresentada" (1969, p.125). A principal virtude da distinção entre força ilocutória e conteúdo proposicional, como os dois componentes semanticamente relevantes de um ato ilocutório, sugere Searle, é que ela nos permite apreciar que as diferenças de significação entre os atos ilocutórios podem resultar ou de conservarmos uma força ilocutória constante – e variarmos as proposições às quais essa força está anexada –, ou de conservarmos constante o conteúdo proposicional – e variarmos as forças ilocutórias anexadas a ele (e como já foi mencionado, essa última possibilidade é a chave para a consideração feita por Searle e por muitos outros acerca do modo sentencial). Assim, as sentenças "A água é inodora" e "O sangue é incolor" diferem em significação porque os atos ilocutórios que as convenções linguísticas permitem a seus falantes realizar são diferentes em virtude de anexarem a mesma força (a força de asserção) a duas *diferentes* proposições (a proposição *que a água é inodora* e a proposição *que o sangue é incolor*, respectivamente). Por outro lado, as sentenças "A água é inodora" e "A água é inodora?" diferem em significação porque os atos ilocutórios que as convenções linguísticas permitem aos falantes realizar são diferentes em virtude de anexarem duas forças *diferentes* (a força de asserção e a força de questão, respectivamente) à *mesma* proposição (a proposição *que a água é inodora*). Similarmente, as sentenças "O sangue é incolor" e "O sangue é incolor?" diferem em significação porque os atos ilocutórios que as convenções linguísticas permitem aos falantes realizar são diferentes em virtude de anexarem duas forças diferentes (as forças de asserção e de questão, respectivamente) a uma única proposição (a proposição *que o sangue é incolor*).

A relação, ilustrada pelos últimos dois pares de exemplos, entre uma questão sim-não e sua asserção gramaticalmente correspondente, sempre foi apresentada por Searle como um caso excepcionalmente claro de uma relação entre as sentenças que são convencionalmente dedicadas à realização de atos com *diferentes* forças ilocutórias, mas o *mesmo* conteúdo proposicional. Esse fato justifica completamente atribuir a ele a seguinte tese, que será central na presente discussão e que denominarei de Tese de Invariância de Conteúdo:

*Tese de Invariância de Conteúdo (TIC)*
Sob interpretações uniformes de constituintes subsentenciais correspondentes, uma questão sim-não e sua asserção gramaticalmente correspondente *expressam a mesma proposição.*

Assim, ao discutir os exemplos "Sam fuma habitualmente" e "Sam fuma habitualmente?", que são justo os primeiros exemplos por meio dos quais a discussão entre força ilocutória e conteúdo proposicional é introduzida em *Speech Acts* [Atos da fala], Searle alega explicitamente que, em proferimentos nos quais o mesmo indivíduo, Sam, está sendo referido, "a mesma proposição é expressa" (1969, p.29) – a proposição, a saber, *que Sam fuma habitualmente*. Depois, em sua discussão sobre a predicação, Searle (1969, p.124) assume explicitamente que "o homem que assevera que Sócrates é sábio [e] o homem que pergunta se ele é sábio" expressam a mesma proposição – a proposição, a saber, *que Sócrates é sábio*. Em sua discussão da teoria de Russell das descrições, Searle (1969, p.150-62) sustenta que nenhuma teoria das descrições seria adequada se ela não pudesse reconhecer o fato de que *a mesma proposição* é expressa pela asserção "O rei da França é calvo" e pela questão sim-não "O rei da França é calvo?". Ao discutir o problema da opacidade, Searle (1983, p.180-96) observa que, presumindo que os sujeitos delas se referem ao mesmo indivíduo, a asserção "O Sr. Howard é um homem honesto" e a questão sim-não "O Sr. Howard é um homem honesto?" têm o mesmo conteúdo proposicional – o conteúdo, a saber, *que o Sr. Howard é um homem honesto* – e enfatiza que exatamente o mesmo conteúdo é expresso pelas cláusulas de complemento de seus respectivos relatórios de fala (isto é, pelas cláusulas de complemento de sentenças tais como "X asseverou que o Sr. Howard é um homem honesto" e "X perguntou se o Sr. Howard é um homem honesto"), não obstante o fato de que diferentes complementadores – "que" e "se", respectivamente – seriam gramaticalmente requeridos para introduzir as duas cláusulas de complemento em questão. Mais recentemente, ao resumir algumas de suas principais contribuições filosóficas, Searle (1998) começa sua discussão acerca da linguagem chamando a atenção para a importância da distinção entre a força e o conteúdo dos atos ilocutórios, oferecendo como um "exemplo óbvio" de casos que ilustram essa distinção a asserção "Você sairá da sala" e a questão sim-não "Você sairá da sala?", que, observa ele, são claramente diferentes em um aspecto (a saber, na força que cada uma carrega), mas é igualmente claro que são idênticas em outro aspecto, a saber, a proposição que cada uma expressa, que é "a proposição que você sairá da sala" (Searle, 1998, p.138).[1] Não pode haver dúvidas, então, de que, de acordo com Searle, *a mesma proposição* é expressa pela questão sim-não e por sua asserção gramaticalmente correspondente (assim como pelas cláusulas de complemento de relatórios em discurso indireto delas), sob interpretações uniformes de seus correspondentes constituintes subsentenciais. Ao sustentar que, colocadas de lado diferenças terminológicas, é claro que Searle está longe de estar sozinho nisso: o que a TIC propõe é aceito como uma questão de fato por diversos outros filósofos proeminentes – talvez não surpreendentemente, uma vez que a formulação original da tese ocorre, no contexto de uma discussão geral da distinção força-conteúdo, em um ensaio tardio de Frege (1918), que é amplamente encarado como um documento fundante da moderna filosofia da linguagem.

Eu irei argumentar que nenhuma consideração aceitável acerca ou das proposições, ou dos atos ilocutórios é consistente com a adesão à TIC e que essa tese deveria ser, consequentemente, rejeitada. (Rejeitar a TIC não precisa, é claro, envolver o compromisso com a tese de que as questões sim-não

---

1 Os mesmos exemplos, relatados em discurso indireto, são utilizados para argumentar sobre o mesmo ponto em Searle (2004, p.166).

possuem *diferentes* conteúdos proposicionais que suas asserções gramaticalmente correspondentes. Pode, em vez disso, envolver o compromisso com a tese de que, ao contrário de suas asserções gramaticalmente correspondentes, as questões sim-não não possuem qualquer conteúdo *proposicional* que seja.) O argumento se baseia em duas teses que nem Searle nem ninguém mais teria presumivelmente o desejo de atacar e consiste em mostrar que, quando tomada em conjunção com as teses não controversas, a TIC tem um domínio de implicações que resultam obviamente falsas. As duas teses não controversas, que denominarei, respectivamente, Tese de Distinção Proposicional e de Tese de Distinção Ilocutória, são as seguintes:

*Tese de Distinção Proposicional (TDP)*
Duas proposições não são idênticas se uma é verdadeira e a outra falsa com respeito à mesma situação.

*Tese de Distinção Ilocutória (TDI)*
Dois atos ilocutórios não são idênticos se eles resultam de anexar a mesma força a duas proposições que não são idênticas.

No sentido relevante para a presente discussão, as proposições são entidades que, por definição, têm condições de verdade[2] ("é saber sob que condições ela é verdadeira ou falsa"). Embora nem todos admitam que seja suficiente que duas proposições tenham as mesmas condições de verdade para que elas sejam idênticas, absolutamente ninguém negaria que *é* suficiente que duas proposições *não* tenham as mesmas condições de verdade para que elas *não* sejam idênticas. A TDP simplesmente enuncia essas condições universalmente aceitas e, portanto, deveria ser admitida por qualquer um que se importe em falar das proposições de algum modo: se, com respeito à *mesma* situação, uma proposição é verdadeira e outra falsa, então elas não são certamente *a mesma* proposição. Quanto à TDI, dificilmente ela seria negada por alguém que contemple a importação do discurso acerca das proposições em uma análise dos atos ilocutórios: *se* é corretamente considerado essencial para a identidade de um ato ilocutório a anexação da força deste a uma proposição particular, então as anexações de proposições não idênticas a uma dada força ilocutória deveriam ser consideradas algo que faz uma diferença crucial para a identidade dos atos ilocutórios resultantes. A TDI simplesmente esclarece essa diferença

2 "Saber a significação de uma proposição", Searle (1969, p.125) reconhece.

crucial esperada, a saber, que se dois atos ilocutórios consistem em anexar a *mesma* força a duas proposições que *não* são idênticas, então os *próprios* atos ilocutórios não vão ser idênticos.

Vamos agora ver que, em conjunção com a TIC, as duas teses não controversas que acabamos de enunciar têm implicações que, embora não sejam falsas no caso das asserções, são claramente falsas no caso das questões sim-não. Os poucos exemplos a serem discutidos vão nos permitir generalizar facilmente e de uma maneira óbvia. Ao admitir interpretações uniformes dos constituintes subsentenciais, a asserção em (1) e a questão sim-não em (2) expressam, de acordo com a TIC, a *mesma* proposição, a saber, a proposição *que Sam é autista*:

(1) Sam é autista.
(2) Sam é autista?

E, mais uma vez, ao admitir interpretações uniformes dos constituintes subsentenciais, a asserção em (3) e a questão sim-não em (4) expressam, de acordo com a TIC, a *mesma* proposição, a saber, a proposição *que Sam não é autista*:

(3) Sam não é autista.
(4) Sam não é autista?

Ora, a proposição *que Sam é autista* e a proposição *que Sam não é autista* não são certamente proposições idênticas, pelo tipo de razão que a TDP enuncia, a saber, porque suas condições de verdade não são idênticas. Mas então, dada a TDI, poder-se-ia esperar que essas proposições não idênticas dessem lugar a atos ilocutórios não idênticos, quando a mesma força se liga a elas. E isso *não* resulta ser invariavelmente o caso: os proferimentos nos quais as duas proposições são associadas à força de *asserção*, de fato, instanciam *diferentes asserções*, em vez de diferentes *maneiras* de fazer a *mesma* asserção: claramente, (1) e (3) não são maneiras diferentes de fazer a *mesma* asserção; elas são simplesmente asserções diferentes, de fato, incompatíveis:

(1) Sam é autista.
(3) Sam não é autista.

Contudo, os proferimentos nos quais as duas proposições estão putativamente associadas com a força de *questão não* instanciam diferentes questões, mas apenas *maneiras* diferentes de colocar *a mesma questão*: claramente,

(2) e (4) não colocam cada uma delas diferentes questões, mas apenas constituem duas *maneiras* diferentes de colocar *a mesma questão*:

(2) Sam é autista?
(4) Sam não é autista?

Que (2) e (4) instanciam a mesma questão mesmo que (1) e (3) instanciem diferentes asserções, isso é evidente a partir do fato de que, embora as alegações positiva e negativa sobre a identidade que (5) e (7) contêm sejam, obviamente, verdadeiras, não há nenhuma interpretação segundo a qual a alegação positiva ou a alegação negativa sobre a identidade que (6) e (8) contêm sejam verdadeiras:

(5) Eu já lhe perguntei se Sam é autista, e agora lhe pergunto a mesma coisa mais uma vez: Sam não é autista?
(6) #Eu já lhe disse que Sam é autista, e agora lhe digo a mesma coisa mais uma vez: ele não é autista.
(7) Eu lhe disse antes que Sam é autista, mas o que eu lhe digo agora é diferente: ele não é autista.
(8) #Eu lhe perguntei antes se Sam é autista, mas o que agora eu lhe pergunto é diferente: ele não é autista?

Esses contrastes são impossíveis de explicar a menos que se admita que, embora "Sam é autista" e "Sam não é autista" instanciem diferentes asserções (e não diferentes *maneiras* de fazer a mesma asserção), "Sam é autista?" e "Sam não é autista?" *não* instanciam diferentes questões (mas apenas diferentes maneiras de colocar a *mesma* questão). Além disso, se "Sam é autista?" e "Sam não é autista?" estivessem instanciando *diferentes* questões, seria possível que uma dessas questões fosse *decidida*, isto é, que ela tivesse sua resposta correta selecionada dentre alternativas relevantes – *sem* que a outra, com isso, fosse decidida. Mas isso é simplesmente impossível, como ilustram os seguintes enunciados contraditórios:

(9) A questão se Sam é autista agora está decidida, mas ainda não está decidido se ele não é autista.
(10) A questão se Sam não é autista agora está decidida, mas ainda não está decidido se ele é autista.

E, é claro, se (2) e (4) estivessem instanciando diferentes questões, seria possível para alguém vir a saber, ou precisar saber, a resposta para uma delas *sem* com isso vir a saber, ou ter a necessidade de saber, a resposta para a outra. Mas isso, mais uma vez, é simplesmente impossível, como os pronunciamentos incoerentes a seguir indicam:

(11) Eu sei muito bem que Sam é autista, mas o que eu ainda não sei é o seguinte: ele não seria autista?

(12) Eu não tenho nenhuma necessidade de saber se Sam é autista, mas o que eu realmente preciso saber é o seguinte: ele é autista?

Em resumo, e contrariamente ao que se esperaria dadas a TIC e as TDP e TDI inquestionáveis, é tão claro que (2) e (4) instanciam a *mesma* questão quanto é claro que (1) e (3) não instanciam a mesma asserção. E isso, com certeza, dificilmente é um fato isolado. Qualquer par de sentenças *declarativas*, das quais uma combina um termo singular com dado predicado e a outra o mesmo termo singular com a negação desse predicado, vão ser um par de sentenças cujos membros são convencionalmente dedicados a instanciar asserções *diferentes*, de fato, incompatíveis. Por outro lado, qualquer par de sentenças *interrogativas*, das quais uma combina um termo singular com dado predicado e a outra o mesmo termo singular com a negação desse predicado, vai ser um par de sentenças cujos membros são convencionalmente dedicados a instanciar a *mesma* questão. E, como seria de se esperar, o mesmo tipo de contraste pode ser observado quando as sentenças declarativa e interrogativa relevantes são da maior complexidade lógica. Por exemplo, a proposição *que não há nada divisível por zero* e a proposição *que há alguma coisa divisível por zero* não são certamente proposições idênticas, pelo tipo de razão estabelecida na TDP, a saber, porque suas condições de verdade são diferentes. Em conjunção com a TDI, então, a TIC implicaria não apenas que o resultado de anexar a força de *asserção* a essas proposições não idênticas seriam duas diferentes asserções, mas também que o resultado de anexar a força de *questão* a essas proposições não idênticas seriam duas questões diferentes. Mas isso *não* resulta ser o caso. Quando a força que está anexada é a força de asserção, os atos ilocutórios resultantes são, de fato, diferentes. Interpretadas com relação ao mesmo domínio de quantificação, as sentenças declarativas em (13) e (14) instanciam asserções diferentes, de fato, incompatíveis, e não diferentes *maneiras* de fazer a *mesma* asserção:

(13) Não há nada divisível por zero.

(14) Há alguma coisa divisível por zero.

Quando, contudo, a força que se anexa é a força da questão, os atos ilocutórios resultantes são idênticos. Interpretadas com respeito ao mesmo domínio de quantificação, as sentenças interrogativas em (15) e (16) *não* instanciam diferentes questões, mas apenas diferentes *maneiras* de colocar a *mesma* questão:

(15) Não há nada divisível por zero?
(16) Há algo divisível por zero?[3]

E isso, como antes, é facilmente confirmável. As sentenças como aquelas em (17) e (18) são, obviamente, contraditórias:

(17) A questão se há algo divisível por zero ainda não está decidida, mas já está decidido que não há nada divisível por zero.
(18) A questão se não há nada divisível por zero ainda não está decidida, mas já está decidido que há algo divisível por zero.

E embora as alegações positiva e negativa sobre a identidade que (19) e (21) contêm sejam obviamente verdadeiras, não existem quaisquer interpretações de (20) e (22) segundo as quais as alegações positiva e negativa sobre a identidade que *elas* contêm sejam verdadeiras:

(19) Eu já lhe perguntei se há algo divisível por zero, e agora lhe pergunto o mesmo mais uma vez: há algo divisível por zero?
(20) #Eu já lhe disse que não há nada divisível por zero, e agora lhe digo o mesmo mais uma vez: há algo divisível por zero.
(21) Eu lhe disse, sim, que não há nada divisível por zero, mas o que eu agora lhe digo é diferente: há algo divisível por zero.
(22) #Eu lhe perguntei, sim, se não há nada divisível por zero, mas o que agora lhe pergunto é diferente: há algo divisível por zero?

Portanto, deve simplesmente ser aceito que, dadas duas representações que, interpretadas como proposições, seriam inconsistentes, os resultados de associar a elas a força de *asserção* são proferimentos que não podem ser instanciações do mesmo ato ilocutório, enquanto os resultados de anexar

3 Embora nas formulações em inglês – respectivamente: (15) *Is there nothing divisible by zero?* e (16) *Is there something divisible by zero?* – as construções sugiram a alegada identidade das questões, nas traduções gramaticalmente aceitáveis para o português isso não é tão claro, razão pela qual apresentamos aqui as sentenças originais e modificamos na tradução ligeiramente a sentença (15). (N. T.)

a elas a força de *questão* são proferimentos que *podem* ser instanciações de exatamente o mesmo ato ilocutório.[4]

As implicações desse fato para a questão em discussão aqui são diretas: para tornar esse fato consistente com a TIC, teríamos de abandonar ou a TDP, ou a TDI. Escolher a primeira opção nos permitiria preservar a TIC junto com a TDI, mas requereria sustentar, contra a TDP, que duas proposições podem ser idênticas *mesmo quando elas possuem condições de verdade não idênticas* – o que significaria que, por exemplo, a proposição *que Sam é autista* e a proposição *que Sam não é autista*, apesar de sua diferença óbvia em termos de condições de verdade, podem misteriosamente se tornar *a mesma proposição* quando elas forem anexadas à força de questão, embora elas gozem de identidades separadas quando estão associadas à força de asserção. Escolher a segunda opção nos permitiria preservar a TIC juntamente com a TDP, mas requereria sustentar, contra a TDI, que a identidade de um ato ilocutório *não* depende de as proposições às quais a força deste se anexa serem ou não idênticas, ainda que a anexação de sua força a uma proposição particular seja de algum modo essencial para a identidade do ato ilocutório, ainda que duas proposições sejam não idênticas quando quer que elas tenham condições não idênticas de verdade. Claramente, ambas as opções são profundamente insatisfatórias, se elas sequer forem inteligíveis. Se, como a primeira opção

---

4 A alegação correta de que as ocorrências relevantes de "Sam é autista?" e "Sam não é autista?" (ou de "Não há nada divisível por zero?" e "Há algo divisível por zero?") podem instanciar exatamente o mesmo ato *ilocutório*, é claro, não deve ser confundida com a alegação incorreta de que tais ocorrências são idênticas em todas as suas propriedades pré e pós-ilocutórias. Elas são, obviamente, diferentes em suas propriedades pré-ilocutórias, uma vez que constituem atos diferentes de *proferimentos* (Searle, 1969, p.24). Essa diferença, contudo, não é relevante para a presente discussão, uma vez que, como Searle seria o primeiro a reconhecer, a identidade de um ato de proferimento não é nem necessária, nem suficiente para a identidade de um ato ilocutório. Eles podem também ser diferentes em suas propriedades pós-ilocutórias e, em particular, em suas propriedades perlocutórias (Searle, 1969, p.24), uma vez que seus efeitos perlocutórios (inclusive suas consequências conversacionais "preferidas") podem ser diferentes. Essa diferença, contudo, também não é relevante, uma vez que, como Searle reconheceria mais uma vez, a identidade de efeito perlocutório não é nem necessária, nem suficiente para a identidade de ato ilocutório. O único fato relevante para a presente discussão é que o mesmo ato *ilocutório* pode ser instanciado pelas ocorrências sob discussão, mesmo que as propriedades pré e pós-ilocutórias dessas ocorrências possam ser diferentes.

pede, duas proposições devem ser supostas idênticas mesmo quando uma é verdadeira e a outra é falsa com respeito à *mesma* situação, então é completamente obscuro que tipos de entidades podem as proposições ser e elas certamente não são os tipos de entidades que qualquer um jamais considerou que elas sejam. E se, como a segunda opção pede, dois atos ilocutórios devem ser supostos idênticos, *quer* as proposições com as quais eles anexam a mesma força são idênticas, *quer não*, então é completamente obscuro que justificação poderia ser dada para insistir que a identidade de *todo* ato ilocutório depende da anexação de sua força a uma proposição particular.

A solução, sugiro eu, consiste em sustentar a TDP e a TDI apenas com respeito àqueles atos ilocutórios (por exemplo, *asserções* positivas e negativas) cuja análise exigir, ou pelo menos tolerar, a hipótese de que seu conteúdo é proposicional, e, assim, rejeitar a TIC. Pois, claramente, se o conteúdo de uma questão sim-não *não* é uma proposição, então a questão sim-não não pode consistir em anexar uma força *à mesma proposição* como sua asserção gramaticalmente correspondente, e também a ideia de que uma questão sim-não e sua asserção gramaticalmente correspondente realmente anexam suas respectivas forças ilocutórias *à mesma proposição* era precisamente aquilo a que a TIC dizia respeito. Restringir o domínio de aplicação da TDP e da TDI da maneira indicada nos permite reconhecer o fato óbvio de que, por exemplo, *Sam é autista* e *Sam não é autista* instanciam diferentes asserções, em vez de diferentes maneiras de fazer a *mesma* asserção. Rejeitar, ao mesmo tempo, a TIC nos permitiria reconhecer o fato igualmente óbvio de que "Sam é autista?" e "Sam não é autista?" *não* instanciam questões diferentes, mas apenas constituem diferentes *maneiras* de colocar a mesma questão (constituem, como se poderia dizer, diferentes atos de proferimento dedicados à realização do mesmo ato ilocutório). Uma vez que ambos os fatos são centrais e inegáveis, qualquer teoria dos atos ilocutórios que deixar de acomodá-los seria insatisfatória. A teoria de Searle realmente deixa de acomodá-los, por causa de compromissos que, sem a motivação apropriada, ela assume em um nível fundamental: se se acredita que o conteúdo representável sentencialmente de *todo* ato ilocutório é necessariamente uma proposição, então, dado que as questões sim-não são obviamente atos ilocutórios com conteúdos representáveis sentencialmente, se é levado a presumir que seus conteúdos *devem* ser proposições. Se se aceita que o conteúdo de uma questão sim-não deva ser uma proposição, então é difícil imaginar o que poderia ser tal proposição a não ser que ela seja o mesmo que a proposição expressa por sua asserção gramaticalmente correspondente. A TIC torna-se então irresistível, com as consequências inaceitáveis que notamos. Mas essas consequências inaceitáveis não se seguem se se recusa a admitir a pressuposição inicial, e esta é, por si mesma, uma boa razão para se recusar a reconhecê-la.

Note-se que a pressuposição inicial, em qualquer caso, não tem nada de autorrecomendável acerca de si e que – ao menos no que diz respeito às questões sim-não – alternativas definitivamente preferíveis a ela podem se tornar disponíveis. Certamente, nenhum *argumento* jamais foi dado em favor da pressuposição de que o conteúdo representável sentencialmente de *todo* ato ilocutório *deva* ser uma proposição. Essa pressuposição parece ter sido motivada principalmente pelo pensamento de que, uma vez que os conteúdos das *asserções* podem ser tomados como proposicionais com proveito (realmente, segundo muitas explicações tradicionais, "proposição" *significa* apenas "conteúdo de uma asserção"), deve-se *esperar* que os conteúdos representáveis sentencialmente de todos os outros tipos de ato ilocutório vão resultar proposicionais também. Mas a única consideração que nutre essa esperança parece ter sido que, se o conteúdo representável sentencialmente de todo ato ilocutório não assertório resultou ser proposicional, então o princípio de menor esforço (que é às vezes confundido com o "o princípio de composicionalidade") teria sido justificado como um princípio metodologicamente útil na filosofia da linguagem: não se teria nada mais a fazer ao se analisar os atos ilocutórios do que reciclar uma consideração pré-fabricada acerca das proposições e acrescentar a ela uma consideração acerca da força. Contudo, como seria de se esperar, esse princípio de mínimo esforço não é um guia confiável para a verdade, e o caso das questões sim-não torna isso especialmente claro, uma vez que a hipótese de que o conteúdo das questões sim-não seja proposicional conduz, como vimos, a consequências que nenhuma consideração acerca ou das proposições ou das ilocuções poderia credivelmente endossar.

Além disso, virtualmente, nenhuma consideração existente acerca do conteúdo das questões sim-não nas discussões formais da significação[5]

5 Para uma visão geral de tais explicações, ver Higginbotham (1996).

tem qualquer uso para a perspectiva de que o conteúdo de uma questão sim-não seja uma proposição, sugerindo, em vez disso (para colocarmos isso de uma maneira que desconsidera as diferenças entre as propostas individuais, e acrescenta uma condição frequentemente negligenciada, mas essencial), que seu conteúdo é *o conjunto das alternativas* entre as quais algumas devem ser eliminadas e algumas outras devem ser selecionadas se a questão deve ser *decidida*. Essas considerações – quaisquer que sejam suas outras limitações – podem certamente evitar os problemas que fazem a fundação da consideração proposicional (mesmo que elas não tenham sido apresentadas com esses problemas em mente), uma vez que, combinadas com a interpretação *inócua* da distinção força-conteúdo, que eu distingui da padrão, elas podem facilmente reconhecer as identidades e diferenças óbvias entre as questões sim-não que a interpretação padrão é forçada a negar – o fato, por exemplo, de que ocorrências relevantes das interrogações "Sam é autista?" e "Sam não é autista?" instanciam a *mesma* questão sim-não, o fato de que ocorrências relevantes das interrogações "Não há nada divisível por zero?" e "Há algo divisível por zero?" instanciam a *mesma* questão sim-não, e o fato de que a questão que as primeiras duas dessas interrogações coinstanciam *não* é a mesma que a questão que as duas últimas coinstanciam. Ao presumir a interpretação inócua da distinção força-conteúdo e ao considerar que o conteúdo de uma questão sim-não é o conjunto de respostas que seriam relevantes para a decisão, as identidades e diferenças observadas seriam consideradas da seguinte maneira: "Sam é autista?" e "Sam não é autista?" instanciam a *mesma* questão sim-não porque, além de terem a mesma força ilocutória, elas têm o mesmo conteúdo; elas têm o mesmo conteúdo porque cada uma delas determina o mesmo conjunto de respostas relevantes (a saber, o conjunto {"Sam é autista", "Sam não é autista"}), e cada uma delas está decidida ao selecionar o *mesmo* membro desse conjunto com a exclusão do outro. Similarmente, "Não há nada divisível por zero?" e "Há algo divisível por zero?" instanciam a *mesma* questão, uma vez que, além de terem a mesma força ilocutória, elas têm o mesmo conteúdo; elas têm o mesmo conteúdo porque cada uma delas determina o mesmo *conjunto* de respostas relevantes (a saber, o conjunto {"Não há nada divisível por zero", "Há algo divisível por zero"}), e cada uma delas é decidida ao selecionar o *mesmo* membro desse conjunto com a exclusão do outro. Finalmente, a questão coinstanciada por

"Sam é autista?" e "Sam não é autista?" *não* é a mesma que a questão coinstanciada por "Não há nada divisível por zero?" e "Há algo divisível por zero?" porque, embora a força ilocutória de todas as quatro dessas interrogativas seja a mesma, o conteúdo comum das duas primeiras é diferente do conteúdo comum das duas últimas. O conteúdo comum das duas primeiras é diferente do conteúdo comum das duas últimas porque o conjunto de respostas determinado por cada uma das primeiras duas é disjunto do conjunto de respostas determinado por cada uma das duas últimas, com a consequência de que nenhuma decisão de cada uma das duas primeiras pode equivaler à decisão de cada uma das duas últimas, ou o contrário. Note-se que o que faz com que uma consideração desse tipo seja capaz de reconhecer essas identidades e diferenças óbvias entre questões sim-não é precisamente o fato de ela considerar o conteúdo de uma questão sim-não *não* como uma proposição. Embora uma resposta possa ter uma condição de verdade, embora uma proposição (supondo que as respostas regularmente expressem proposições) deva ter uma condição de verdade, um *conjunto* de respostas, ou um *conjunto* de proposições, *não pode,* enquanto tal, ter uma condição de verdade (assim como um *conjunto* de pessoas não pode, enquanto tal, ter um sexo, mesmo que cada membro do conjunto possa muito bem ter um sexo). Uma vez que um objeto incapaz de ter uma condição de verdade não pode ser uma proposição, segue-se que o objeto que, segundo essa consideração, dá o conteúdo de uma questão sim-não (a saber, o *conjunto* de respostas relativamente às quais a questão poderia ser decidida) não pode ser uma proposição.

Há, é claro, questões importantes que deveriam ser encaminhadas antes que uma consideração desse tipo possa ser tomada como uma consideração completa acerca do conteúdo das questões sim-não. Por exemplo, é usualmente dado por pacífico nas discussões formais das questões sim-não que, embora o conjunto de respostas de uma questão e, assim, o conteúdo de uma questão não possam ser uma proposição, os membros individuais desse conjunto podem muito bem ser considerados proposições. Mas eu penso que isso está longe de ser uma pressuposição obviamente correta, e que uma maneira muito melhor de conceber as possíveis respostas de uma questão (e uma maneira que Searle seguramente acolheria) seria concebê-las como possíveis *atos ilocutórios* de certos tipos (um conjunto de respostas a dada questão sim-não pode consistir em uma possível asserção e uma possível negação, um conjunto de respostas diferente para uma questão sim-não pode consistir em uma possível permissão e uma possível proibição e, ainda, um conjunto diferente de respostas para uma questão sim-não pode consistir em uma possível aprovação e uma possível desaprovação, e assim por diante). Contudo, de importância fundamental no presente contexto, a ideia de que – não importa como possíveis respostas para uma questão sim-não devam ser melhor caracterizadas – é o *conjunto* dessas respostas, que *não pode* ser uma proposição, aquilo que fornece o conteúdo da questão. Uma vez que já sabemos que a pressuposição de que o conteúdo de uma questão sim-não é uma proposição tem consequências claramente inaceitáveis, e uma vez que a ideia alternativa que acabou de ser ensaiada pode ser facilmente colocada para funcionar para se considerar pelo menos as diferenças e identidades entre as questões sim-não que uma concepção proposicional de seu conteúdo não pode explicar coerentemente, a conclusão deve ser que não há nenhuma boa razão para sustentar nem a TIC, de Searle, nem a tese ainda mais fundamental que motiva a primeira, a saber, a tese de que *todo* conteúdo de um ato ilocutório sentencialmente representável é uma proposição. Meu propósito na próxima seção será o de reforçar essa conclusão ao oferecer evidência independente a seu favor, que deriva de se considerar como a concepção proposicional do conteúdo de uma questão sim-não, de Searle, cria problemas insuperáveis para sua bastante conhecida e amplamente influente classificação dos atos ilocutórios.

## 3 Questões sim-não e a classificação dos atos ilocutórios

A classificação de Searle (1975a, 1979) assume explicitamente que todos os atos ilocutórios que têm conteúdo possuem a forma geral $F(p)$, sendo $F$ uma variável para as forças e $p$ uma variável para as *proposições* às quais as forças são anexadas, e, ao tomar tipos de ato como sendo determinados pelos tipos de força, procura chegar a um sistema de categorias dentro do qual todos os possíveis tipos de força (e, assim, todos os possíveis tipos de ato ilocutório) podem ser acomodados. O princípio fundamental de classificação proposto é o objetivo intrínseco ou propósito de um ato ilocutório com dada força – em outras palavras, o propósito que um falante não pode deixar de ter se ele deve realizar um ato ilocutório com aquela força – e, com base nisso, Searle chega a suas cinco principais categorias de atos ilocutórios (assertivos, diretivos, comissivos, expressivos e declarações), cujos objetivos intrínsecos respectivos correspondem aos cinco principais tipos de propósitos que, de acordo com Searle, são possíveis que uma proposição tenha. Um falante realiza um ato ilocutório assertivo se e somente se seu objetivo é o de apresentar como real, sem com isso tornar real, o estado de coisas representado pela proposição que ele expressa. Um falante realiza um ato ilocutório diretivo se e somente se seu objetivo é o de fazer com que seu ouvinte torne real o estado de coisas representado pela proposição que ele expressa. Um falante realiza um ato ilocutório comissivo se e somente se seu objetivo é o de comprometer-se a tornar real o estado de coisas representado na proposição que ele expressa. Um falante realiza um ato ilocutório expressivo se e somente se seu objetivo é o de expressar seus sentimentos e atitudes em relação a um estado de coisas já existente, representado pela proposição que ele expressa. E, finalmente, um falante realiza um ato ilocutório declarativo se e somente se seu propósito é o de tornar real, simplesmente pelo fato de apresentar isso como real, o estado de coisas representado pela proposição que ele expressa. "Se tomarmos o ato ilocutório (isto é, o ato ilocutório plenamente desenvolvido com sua força ilocutória e seu conteúdo proposicional) como a unidade de análise", diz Searle em um resumo apresentado depois de sua classificação,

> então descobrimos que há cinco maneiras gerais de utilizarmos a linguagem, cinco categorias gerais de atos ilocutórios. Dizemos às pessoas como as coisas são (Assertivos), tentamos fazer com que elas façam coisas (Diretivos), nos comprometemos a fazer coisas (Comissivos), expressamos nossos sentimentos e atitudes (Expressivos) e realizamos modificações no mundo através de nossos proferimentos (Declarações). (Searle, 1979, p.vii-viii)

Pode valer a pena notarmos que a pressuposição fundamental de Searle de que essa classificação é exaustiva é a base da formalização que depois será feita de sua teoria dos atos de fala em Searle e Vanderveken (1985).

Ora, se, como insiste Searle, essas são as "cinco e únicas cinco" (Searle, 1998, p.148) categorias de atos ilocutórios que existem, dever-se-ia esperar que as questões sim-não, que são, sem dúvida, atos ilocutórios centrais, pudessem ser facilmente compreendidas como algo que pertence a uma ou outra dessas cinco categorias. Contudo, pode-se ver facilmente (embora, até onde sei, isso nunca tenha sido apontado) que as questões sim-não não podem pertencer a *nenhuma* dessas categorias, *se* seu conteúdo for tomado, como pede a TIC, de Searle, como o mesmo que o conteúdo de suas asserções gramaticalmente correspondentes. Tome-se qualquer questão sim-não, por exemplo, a questão "Sam fuma habitualmente?", que, de acordo com Searle, expressa a mesma proposição que sua asserção gramaticalmente correspondente, a saber, a proposição *que Sam fuma habitualmente*. Claramente, um falante que coloca essa questão "Sam fuma habitualmente?" não tem por objetivo "apresentar como real" que Sam fume habitualmente, assim, ele não desempenha um ato ilocutório assertivo. Mas ele também não tem por objetivo "tentar fazer com que seu ouvinte torne real" que Sam fume habitualmente, assim, ele não desempenha um ato ilocutório diretivo. Nem tem ele o objetivo de "se comprometer em tornar real" que Sam fuma habitualmente, assim, ele não desempenha um ato ilocutório comissivo. Nem ele tem por objetivo "expressar seus sentimentos e atitudes em relação ao fato anteriormente ocorrido" de que Sam fuma habitualmente, assim, ele não desempenha um ato ilocutório expressivo. Nem ele tem o objetivo de "tornar real apenas em virtude de apresentar como real" que Sam fuma habitualmente, assim, ele não desempenha um ato ilocutório declarativo. Mas se o falante que, ao colocar a questão "Sam fuma habitualmente?", não anexa à proposição que se supõe que dessa maneira ele expresse – isto é, à proposição *que Sam fuma habitualmente* – nem uma força ilocutória assertiva, nem diretiva, nem comissiva, nem expressiva, nem declarativa, segue-se que as questões sim-não não podem pertencer a *nenhuma* das "cinco e únicas cinco" categorias de atos ilocutórios que, de acordo com Searle, existem. E uma vez que uma classificação dos atos ilocutórios que não ofereça nenhum lugar para as questões sim-não é obviamente inaceitável, devemos concluir que a TIC, de Searle, tem a desvantagem adicional importante de tornar impossível para ele construir uma classificação aceitável dos atos ilocutórios.

Até onde posso dizer, Searle nunca reconheceu claramente, seja esse problema, seja o fato de que, para responder apropriadamente ao problema, ele deveria reconsiderar, ou seu método de classificar os atos ilocutórios, ou suas perspectivas acerca do conteúdo das questões sim-não (ou, possivelmente, ambas as alternativas). Ao contrário, a posição dele parece ser que sua classificação é perfeitamente satisfatória tal como ela está e que as questões sim-não, com exatamente o conteúdo prescrito para elas pela TIC, podem ser facilmente acomodadas dentro de uma das categorias que a classificação oferece. Quando, contudo, alguém se volta para a análise real das questões sim-não que Searle esboça enquanto argumenta que elas podem ser acomodadas dentro de sua classificação, o que encontramos é, primeiro, que a análise proposta, sendo ou não viável, atribui às questões sim-não um conteúdo que *não* é o conteúdo prescrito pela TIC e, segundo, que a análise proposta, de qualquer modo, não é viável. Agora argumentarei em favor desses pontos, cada um de uma vez, e concluirei que não há nenhuma maneira, ou de analisar apropriadamente, ou de classificar apropriadamente as questões sim-não dentro do sistema de Searle sem rejeitar a TIC e a interpretação padrão da distinção força-conteúdo que subjaz a ela.

A perspectiva de Searle de como as questões em geral e, em particular, as questões sim-não podem ser acomodadas dentro da classificação proposta dos atos ilocutórios é enunciada de uma maneira muito simples: "As questões", diz ele, "são uma subclasse das diretivas, uma vez que elas são tentativas da parte de F [isto é, o falante] de conseguir que O [isto é, o ouvinte] responda, isto é, realize um ato de fala" (Searle, 1979, p.14).[6] Contudo Searle parece esquecer, ao apresentar essa proposta classificatória, que *se* as questões sim-não, de fato, fossem diretivas por meio das quais os falantes tentam provocar respostas da parte dos ouvintes (uma alegação que, apenas por ora, vamos deixar sem discussão), então seus conteúdos proposicionais *não poderiam* ser os mesmos que os conteúdos de suas asserções gramaticalmente correspondentes, contrariamente ao que a TIC pede. Pois, pelas próprias definições de Searle, cada diretiva é um ato ilocutório cujo conteúdo proposicional especifica *a ação que o falante tenta fazer com que o ouvinte desempenhe* (se, por exemplo, o falante pede que seu ouvinte suba o Monte Everest, então o conteúdo proposicional do pedido é *que o ouvinte suba o Monte Everest*; se o falante pede que seu ouvinte mate o descobridor da penicilina, então o conteúdo proposicional do pedido é *que o ouvinte mate o descobridor da penicilina*, e assim por diante). Consequentemente, se as questões sim-não são, como Searle argumenta, uma subclasse particular das diretivas

6 De maneira bem interessante, o mesmo tipo de consideração é sugerida por Frege (1918).

nas quais a ação que o falante tenta fazer com que o ouvinte desempenhe é a ação de oferecer uma resposta, então *essa própria ação* deve ser representada no conteúdo proposicional das diretivas. Se ela *está* representada ali, então é logicamente impossível para os conteúdos proposicionais dessas diretivas serem sempre os mesmos que os conteúdos proposicionais que, de acordo com Searle, as questões sim-não alegadamente *compartilham* com suas *asserções* gramaticalmente correspondentes. Se, por exemplo, a questão sim-não "A água é inodora?" realmente é um pedido para fazer com que o ouvinte diga ao falante se a água é inodora, então, obviamente, seu conteúdo proposicional (explicitamente dado ou não) é *que o ouvinte diga ao falante se a água é inodora*. Em outras palavras, é o mesmo que o conteúdo proposicional que seria expresso pelo mesmo falante se ele dirigisse ao mesmo ouvinte o imperativo "Diga-me se a água é inodora!". O conteúdo proposicional *que o ouvinte diga ao falante se a água é inodora* não é, certamente, idêntico ao conteúdo proposicional *que a água é inodora* – que Searle tomava como o conteúdo proposicional da questão "A água é inodora?", quando alegava que essa questão tem *o mesmo conteúdo proposicional* que a asserção "A água é inodora" –, pois a proposição *que a água é inodora* (que, é claro, *é* a proposição expressa pela asserção "A água é inodora") diz respeito apenas à água e ao seu caráter inodoro, e não a quaisquer falantes, quaisquer ouvintes ou quaisquer atos de fala (de dizer, responder, retrucar ou o que seja) que os falantes possam estar tentando fazer com que os ouvintes desempenhem. Claramente, então, nenhuma análise das questões sim-não poderia sustentar consistentemente tanto que as questões sim-não são diretivas direcionadas para provocar respostas *quanto* que seus conteúdos proposicionais são os mesmos de suas asserções gramaticalmente correspondentes.[7] E isso, é claro, significa que, mesmo que a análise das questões sim-não implicada pela proposta classificatória de Searle fosse viável, ela ainda requereria que ele rejeitasse completamente a TIC, de acordo com a qual o conteúdo proposicional de uma questão sim-não simplesmente *é* o mesmo que o conteúdo proposicional de sua asserção gramaticalmente correspondente.

Vou finalmente me voltar para a análise das questões sim-não implicada pela proposta classificatória de Searle e brevemente examinar sua alegação central de que a questão se algo é o caso equivale ao pedido de um falante

7 Note-se que Frege (1918) se vê envolvido na mesma inconsistência que Searle a esse respeito.

para que seu ouvinte lhe diga se essa coisa é o caso. Note-se antes de tudo mais que, se a indicada equivalência realmente se sustenta, é completamente obscuro que possamos considerar que ela possa fornecer uma *análise* adequada das questões sim-não, uma vez que, entendida como uma análise, a equivalência proposta pareceria não satisfazer o requisito de não circularidade que uma análise adequada deveria satisfazer. Pois se pode argumentar que uma pessoa diz *se* algo é o caso (em oposição a apenas dizer *que* algo é o caso) se e apenas se essa pessoa diz algo que decida a *questão* real ou potencial quanto a se essa coisa é o caso. Se for assim, a alegação de que a *questão* sobre se algo é o caso é equivalente ao pedido de que alguém diga *se* essa coisa é o caso não constituiria, mesmo que de outro modo isso fosse aceitável, uma análise não circular do questionar. Em todo caso, a alegação não é aceitável por diversas razões independentes. Um primeiro (e amplamente negligenciado) tipo de evidência contra ela provém do fato de que uma questão se algo é o caso e um pedido para dizer se essa coisa é o caso são dois tipos de ato de fala que, por um lado, podem às vezes nem mesmo ser gramaticalmente intercambiáveis e, por outro lado, são frequentemente obrigados a receber interpretações marcadamente divergentes, mesmo quando eles são gramaticalmente intercambiáveis. Assim, embora não haja nada errado sobre o pedido em (23), não há nada certo sobre a suposta questão em (24), mesmo que essa última fosse, se a proposta sob discussão fosse correta, a todos os aspectos relevantes, indistinguível da primeira.

(23) Se você está interessado em minha oferta, por favor, diga-me se isso é o caso.
(24) *Se você está interessado em minha oferta, isso é o caso?

Além disso, mesmo quando a questão sim-não e seu alegado pedido equivalente são corretos gramaticalmente e interpretáveis, pode-se requerer que a interpretação de uma seja diferente da interpretação do outro. Por exemplo, (25) não tem, obviamente, a mesma significação que (26), mas esse fato dificilmente poderia ser explicado se aceitássemos a ideia de que a questão de um falante quanto a se algo é o caso é a mesma coisa que o pedido de um falante de que seu ouvinte lhe diga se essa coisa é o caso:

(25) Se você não estiver ocupado, você virá à minha festa?
(26) Se você não estiver ocupado, diga-me se você virá à minha festa.

Mas a evidência mais direta contra a análise proposta provém de dois outros fatos. O primeiro é que um falante pode sem nenhuma estranheza semântica colocar uma questão e, explicitamente, negar que ele esteja pedindo a seu ouvinte para dar uma resposta. Por exemplo, não há nada de semanticamente incongruente acerca de proferimentos como aqueles em (27) e (28), mas algo seria radicalmente incongruente acerca de cada um deles se, como Searle supõe, as questões fossem *necessariamente* pedidos destinados a provocar respostas do ouvinte:

(27) O meu bilhete de loteria será sorteado? – É claro que não lhe peço para me dizer se ele será; eu simplesmente imagino se ele será.
(28) Eu realmente quero me casar com ela? – É claro que não *lhe* peço para me dizer se eu quero; apenas quero me resolver.

O segundo fato é que as questões em geral e as questões sim-não, em particular, podem ter ocorrências perfeitamente significativas em contextos nos quais seus falantes não têm nem presumem ter quaisquer ouvintes. Portanto, não podemos coerentemente pressupor que eles peçam ações verbais da parte de seus ouvintes não existentes. Por exemplo, diversos minutos depois de deixar sua casa sozinho, um falante poderia interromper sua caminhada solitária e proferir a sentença em (29):

(29) Eu tranquei a porta da frente?

Uma vez que tal falante poderia muito bem saber que ele não tem um ouvinte, dificilmente poderíamos supor que ele estivesse "pedindo a seu ouvinte para fornecer uma resposta". Mas ele teria certamente se *colocado a questão* se tinha trancado a porta da frente e qualquer conhecedor da língua poderia saber exatamente quais seriam as *possíveis* respostas em relação às quais essa questão poderia ser decidida.

De fato, dada a ausência de uma conexão *necessária* entre colocar uma questão e pedir a um ouvinte que ofereça uma resposta, poder-se-ia sugerir que o fato de que, quando uma pessoa coloca uma questão, ela é *usualmente*, mas não invariavelmente, interpretada como quem pede a um ouvinte para oferecer uma resposta, isso seria analisado por Searle (1975b, 1979) com as mesmas linhas griceanas que ele seguiu ao discutir o fato conhecido de que, ao proferir *qualquer* sentença, alguém pode frequentemente ser interpretado como quem a desempenha, além de um ato ilocutório *direto,* que é parte da significação convencional da sentença, diversos atos ilocutórios *indiretos,* que não são de maneira alguma parte da significação convencional da sentença, mas que podem com razão ser atribuídos ao falante *se* não houver nenhuma indicação contextual impedindo essa atribuição. Que esses últimos atos *não* são parte da significação convencional da sentença, então alegava Searle, isso é mostrado pelo fato de que eles são *canceláveis* – ou no sentido de que existem contextos nos quais a tendência de atribuí-los nem mesmo surgiria, ou no sentido de que, mesmo nos contextos nos quais a tendência de atribuí-los possa surgir, o falante poderia efetivamente bloquear sua atribuição negando sem estranheza semântica a intenção de realizá-los. Acabamos de ver precisamente que a interpretação de uma questão como um pedido para que um ouvinte responda é cancelável em ambos esses sentidos e não deveria, portanto, ser tomada por Searle como parte da significação convencional da questão. Uma vez que a intenção de Searle ao analisar as questões como pedidos de resposta era, evidentemente, a de elucidar suas significações convencionais (elucidar, em outras palavras, os atos ilocutórios que seus falantes *diretamente* desempenham, e não quaisquer atos ilocutórios que elas possam, às vezes, *indiretamente* desempenhar), pareceria que, se não for algo diverso, a própria doutrina de Searle dos atos ilocutórios diretos e indiretos deve tê-lo desencorajado de adotar a análise aqui em discussão.

Eu considero evidente que, se não há possibilidade importante de acomodar as questões sim-não (concebidas como uma classe semanticamente homogênea) dentro das categorias de diretivas, de Searle, há menos possibilidade ainda de acomodá-las dentro de qualquer outra de suas categorias de atos ilocutórios. Parece então que não há maneira, consistente com os compromissos independentes de Searle, de dar lugar para as questões sim-não dentro de sua classificação dos atos ilocutórios e que a única base sobre a qual ele poderia sustentar, juntamente com esses compromissos, sua alegação fundamental de que a classificação é exaustiva seria a tese claramente insustentável de que as questões sim-não não são sequer atos ilocutórios. Esse resultado não seria surpreendente. Se, como argumento, as questões sim-não possuem conteúdos que *não* são proposicionais, então se esperaria que uma classificação dos atos ilocutórios que, como a de Searle, presuma que todos esses atos têm conteúdos que *são* proposicionais não vá ser capaz de acomodar as questões sim-não. A resposta apropriada para essa situação não é, é claro, a de negar que as questões sim-não sejam atos ilocutórios, mas, em vez disso, de rejeitar a interpretação padrão da distinção força-conteúdo que é aplicada de maneira não crítica à análise de todos os atos ilocutórios, e a de explorar as opções classificatórias que essa rejeição torna disponíveis. Ao admitir a interpretação inócua da distinção força-conteúdo que eu distingui daquela padrão, uma classificação apropriada dos atos ilocutórios deveria aceitar, sugiro eu, como sua distinção fundamental a distinção entre atos ilocutórios de *primeira ordem*, cujo aspecto definidor é que eles anexam suas forças aos conteúdos que *são* proposições, e atos ilocutórios de *ordem superior*, cujo aspecto definidor é que eles anexam suas forças aos conteúdos que *não* são proposições, mas são, em vez disso, conjuntos de possíveis *atos ilocutórios de primeira ordem*. Asserções e negações, aceitações e recusas, permissões e proibições, aprovações e desaprovações são exemplos plausíveis de atos ilocutórios de primeira ordem, uma vez que não há nenhum obstáculo óbvio para presumir que os conteúdos com os quais suas respectivas forças são anexadas sejam proposições. Contudo, as questões de todos os tipos e, assim, as questões sim-não são atos ilocutórios de ordem superior, uma vez que os conteúdos aos quais suas forças são anexadas não são proposições, mas, em vez disso, conjuntos de possíveis atos ilocutórios de primeira ordem. Uma questão sim-não, em particular, anexa sua força a um conjunto cujos membros são dois possíveis atos ilocutórios de primeira ordem (em muitos casos, uma possível asserção ou uma possível negação, mas, em outros casos, uma possível aceitação e uma possível recusa, ou uma possível permissão e uma possível proibição, ou uma possível aprovação e uma possível desaprovação etc.) que são tais que, *se* um deles fosse realizado exitosamente com a exclusão do outro, a questão teria sido decidida.

É claro que isso poderia apenas ser o começo de uma consideração adequada acerca das questões sim-não. Pois apenas ao especificarmos exatamente o que está envolvido em uma questão ser *decidida* por uma escolha apropriada a partir de seu conjunto de respostas, e exatamente o que determina a propriedade de tais escolhas, estaríamos em posição de dizer exatamente o que é a *força* ilocutória de questionar; apenas ao analisarmos a força de uma questão ilocutória – e não apenas ao descrevermos o conjunto de respostas que oferece seu conteúdo – é que uma consideração completa acerca de sua significação poderia ser possível. Entretanto, uma concepção apropriada do conteúdo de uma questão é um pré-requisito essencial para abordarmos a questão de sua força. Meu propósito principal neste capítulo foi o de argumentar que esse pré-requisito essencial é impossível de ser atendido a menos que certas pressuposições amplamente sustentadas acerca do conteúdo em uma teoria da significação sejam rejeitadas. A mais importante dessas pressuposições é aquela de que o conteúdo (como algo distinto da força) de toda instância teoricamente importante da fala significativa consiste na expressão de uma proposição. Se eu estiver correto, Searle foi muito apressado em conceder "aos antigos filósofos" que as proposições podem receber um papel e em reclamar apenas que "a consideração feita por eles era incompleta, pois não discutiam os diferentes atos ilocutórios nos quais uma proposição poderia ocorrer" (Searle, 1969, p.125). Pois se atos ilocutórios tão centrais como as questões sim-não *não* consistem na anexação de uma força a um conteúdo que *é* proposicional, então parece que "os antigos filósofos" e seus muitos seguidores contemporâneos deram uma contribuição ainda mais limitada ao estudo da significação que Searle alegava que eles deram quando ele próprio ofereceu suas notáveis contribuições a esse assunto.

# 12
# Como os atos de fala expressam estados psicológicos?*

*Mitchell Green*

## 1 Introdução

John Searle (1969, p.65) lista algumas hipóteses gerais a respeito dos atos ilocutórios, a primeira das quais diz respeito àqueles atos ligados à atividade de expressão: "Quando quer que haja um estado psicológico especificado na condição de sinceridade, o desempenho do ato conta como uma *expressão* desse estado psicológico" [itálicos no original]. Searle continua a nos dizer que este é o caso, quer o ato de fala seja sincero, quer não, de forma que mesmo que eu não acredite naquilo que assevero, essa asserção ainda é uma expressão de crença. Além disso:

> asseverar, afirmar ou enunciar que *p* conta como uma expressão de crença (de que *p*). Solicitar, perguntar, ordenar, insistir, impor, rogar ou coman-

* Como um de meus primeiros professores de filosofia, John Searle inspirou em mim, quando eu ainda era um aluno de graduação em Berkeley, o entusiasmo pela filosofia e, em particular, pela filosofia da linguagem – entusiasmo que permanece depois de mais de duas décadas. Dedico a Searle este capítulo. Agradeço a Savas Tsohatzidis pelos comentários detalhados e bem elaborados a uma primeira versão deste texto. A pesquisa para este foi apoiada em parte por uma bolsa de verão da Universidade da Virgínia.

dar (que $A$ seja feito) conta como *uma expressão de uma vontade ou desejo* (de que $A$ seja feito). Prometer, fazer um voto, ameaçar ou jurar (que $A$) conta como *uma expressão da intenção* (de fazer $A$). Agradecer, dar boas-vindas ou parabenizar conta como *uma expressão de gratidão, prazer* (com a chegada de O), ou *prazer* (com a boa sorte de O). (Searle, 1969, p.65)[1]

Em suas discussões publicadas sobre os atos de fala nos anos seguintes, Searle, juntamente com seu colaborador Vanderveken, tomou a noção de expressão como um explicador não explicado com respeito às propriedades dos atos de fala. Isso em si mesmo não é questionável. Contudo, essa noção de expressão levanta questões que uma compreensão mais profunda das possibilidades e limites da comunicação esperaria responder. Antes de tudo mais, como mostro na seção 2, a suposta explicação de Searle do paradoxo de Moore é, no melhor dos casos, incompleta, e essa incompletude é devida à elucidação insuficiente da noção de expressão. Segundo (seção 3), a expressão de tipo relevante para os atos de fala *mostra* – ou pelo menos pretende mostrar – o estado psicológico do agente de tal maneira a permitir o conhecimento dele para observadores apropriados. Como resultado disso, um ato de fala sincero mostra o estado que é sua condição de sinceridade. Essa forma de mostrar que eu denomino *mostrar que*, que é demonstração (não necessariamente conclusiva). Todavia, por sua vez, isso levanta a questão de como é possível que um ato de fala demonstre o que está dentro. Poderia minha asserção de que *p* realmente ser uma demonstração de minha crença? O problema não é se, com relação a qualquer de minhas crenças, estou em posição de apresentar uma derivação formal cuja conclusão é a de que eu abrigo a crença em questão; a demonstração não requer uma prova dedutiva. Antes, o problema diz respeito à dificuldade de entender como a força ilocutória, mesmo de um ato de fala sincero, poderia demonstrar a presença de um pensamento ou sentimento, mesmo mediante um entendimento suficientemente expansivo da demonstração: a força seria compreendida como algo que tem de criar evidência *ex nihilo* para o estado de pensamento ou de sentimento de um agente. Depois de explicar (seção 4) alguns conceitos provenientes da biologia evolutiva da comunicação, eu sugiro (seção 5) uma consideração acerca de como a força mostra os estados

1 A esse respeito, ver também Searle (1979, p.4), Searle e Vanderveken (1985, p.18).

psicológicos que enfatizam o modo segundo o qual, ao desempenhamos determinados atos de fala, fazemos de nós mesmos vulneráveis à perda de credibilidade.

## 2 A expressão e o absurdo de Moore

A expressão do tipo encontrado nos atos de fala se liga estreitamente ao absurdo peculiar exemplificado em proferimentos tais como "Está chovendo, mas eu não acredito nisso". O conteúdo aqui expresso é um conteúdo que poderia ser verdadeiro, e, todavia, o falante que profere tal sentença seriamente – isto é, de tal forma que dê a ela significação de falante – está sendo absurdo.[2] Observações similares se aplicam àqueles que consideram verdadeira uma sentença como a que acabamos de citar.[3] Searle tenta explicar a fonte do absurdo de Moore da seguinte maneira: "A explicação em todo caso é que alguém não pode, com consistência, expressar um estado psicológico e, simultaneamente, negar a existência do estado psicológico expresso" (1991a, p.187). Essa sugestão tem, evidentemente, a seguinte forma: alguém que assevera "*p*, mas eu não acredito nisso", assevera tanto *p* quanto que ele não acredita que *p*. (Isso presume a seguinte distribuição de asserção: alguém que assevera *p* e *q* assevera *p* e assevera *q*.) Além disso,

---

2 Embora esse fenômeno seja com frequência indicado como o "Paradoxo de Moore", eu concordo com Moore acerca da distinção entre o que é absurdo e o que é paradoxal: o absurdo é exemplificado em proferimentos tais como "Está chovendo, mas eu não acredito nisso"; o que é paradoxal é que possa haver tal absurdo apesar do fato de que isso não constitui nenhuma contradição semântica. Para uma discussão completa dessa distinção, ver Green (2007). Também tomamos a significação de falante como algo que consiste em alguém se comprometer intencional e manifestamente com determinado conteúdo: isso não requer intenções para produzir efeitos na audiência, para não falarmos das intenções para produzir efeitos por meio do reconhecimento dessas intenções. A esse respeito, ver Green (2003).

3 As discussões sobre o absurdo de Moore, costumeiramente, reconhecem o exemplo de Wittgenstein de um locutor de uma estação ferroviária que está convencido que o trem cuja chegada programada ele é obrigado a informar não chegará. Ele anuncia sua iminente chegada e acrescenta: "Pessoalmente, não acredito nisso". Aqui o locutor não confere uma significação de falante a tudo o que ele diz quando anuncia o momento da chegada. Alega-se no texto apenas que, se alguém dá completamente a totalidade do significado de falante a uma sentença como "Está chovendo, mas eu não acredito nisso", está sendo absurdo. Para mais detalhes, ver Green (2007).

alguém que assevera *p* expressa a crença de que *p*. Contudo, alguém que expressa a crença de que *p* é inconsistente se simultaneamente nega que ele esteja nesse estado de crença.

Mas por que isso seria assim? Apenas estar na relação R com alguma coisa enquanto se nega estar nessa relação não torna alguém inconsistente: se *toco* um objeto enquanto nego que o esteja tocando, estou errado, mas não sou inconsistente. Assim, o que é distintivo acerca da expressão de uma relação que torna alguém inconsistente aqui? Ao invés disso, poderia ser que a expressão de um estado psicológico fosse evidência desse estado? Outra vez, aparentemente, não: a veia que pulsa em minha têmpora é evidência de minha raiva, mas se nego que estou com raiva enquanto essa veia pulsa, posso estar errado mais uma vez, mas não sou inconsistente.

Isso não significa negar a alegação de Searle de que alguém que expressa um estado psicológico enquanto nega a existência desse estado esteja sendo inconsistente ou, de alguma outra maneira, violando uma norma de racionalidade. Contudo, isso torna claro que precisamos elucidar melhor a noção de expressão se quisermos achar essa alegação tanto plausível quanto esclarecedora. Além disso, é hoje amplamente reconhecido que o absurdo de Moore é exemplificado não apenas por uma forma "omissiva", tal como aquela anterior, mas também em uma forma "comissiva", como a seguinte: "Eu acredito que *p*, mas não-*p*". Não está claro quanto do esquema explicativo de Searle se aplica a tais casos: enquanto a última conjuntiva pode ser a expressão da crença de que não-*p*, a primeira afirma, em vez de expressar, a crença de que *p*. Uma vez que essas duas crenças com conteúdos contraditórios são "existências distintas", onde está a inconsistência? Aqui também não alego que Searle não seja capaz de fazer uma consideração acerca desse caso, mas sim que, se queremos nos convencer de que ele é capaz de fazer isso, precisamos de uma consideração mais profunda acerca da noção de expressão.[4]

## 3 A expressão como o que se quer mostrar

Considere-se a diferença entre uma pessoa fechar a cara e dizer friamente: "Estou com raiva". O fechar a cara, ao menos se causado da maneira

4 Para uma discussão mais abrangente dos *desiderata* que uma consideração do absurdo de Moore deve atender, ver Green (2007a).

correta por um sentimento de raiva, mostra a raiva. Ele também expressa essa raiva. Ao contrário, a asserção fria: "Estou com raiva", relata a raiva da pessoa, mas não é plausível descrevê-la ou como algo que mostre, ou como algo que expresse raiva (Stampe, 1975). Mostrar e expressar podem ser instanciados conjuntamente, e alguns atos de fala poderiam não exemplificar nenhuma das duas coisas. Contudo, aqui quero argumentar em favor de uma alegação mais forte, a saber, que todos os casos de expressão são também casos de mostrar.[5]

Como o exemplo de fechar a cara sugere, a expressão difere da representação, ao menos pelo fato de que a primeira envolve tornar um estado do eu palpável. Isso é reforçado pela origem latina da palavra "*exprimere*", que significa, segundo o *The Compact Oxford English Dictionary* [Dicionário compacto de inglês da Oxford], "colocar para fora". Isso também é reforçado por alguns usos paradigmáticos. Quando Frederick Douglass (1845) relembra as canções que ele e seus companheiros escravos cantavam enquanto não trabalhavam para seus senhores, nota que: "uma expressão de sentimento já encontrou seu caminho escorrendo por meu rosto". Essa lágrima é a expressão desse sentimento porque ela é uma manifestação direta dele. Do mesmo modo, Charles Darwin (1998 [1872], p.359) fala dos movimentos expressivos como reveladores de nossos pensamentos e impressões sendo algo mais confiável que nossas palavras. Isso está de acordo com o fato de que uma expressão de emoção ou de pensamento é mais que uma indicação desse pensamento ou dessa emoção. Admita-se que a indicação é uma relação de evidência tal que se *A* indica *B*, a presença de *A* aumenta a probabilidade da ocorrência de *B*. Quando estou com raiva, minha respiração aumenta, o que tem como resultado que produzo mais $CO_2$. Um aumento de $CO_2$ em volta de meu corpo é, assim, uma indicação de meu sentimento presente de raiva. Contudo, isso não é uma expressão da raiva porque essa presença é compatível, mesmo em circunstâncias normais, com muitas outras etiologias. Ao contrário, ao invés de razões para se pensar que cebolas estivessem sendo picadas perto do lugar onde Douglass escrevia

5 Em Green (2007c), distingo entre *mostrar-que* (que permite conhecimento proposicional, mas não o garante), *mostrar-α* (que torna um objeto perceptível) e *mostrar-como* (que permite a alguém saber como uma emoção, modo ou experiência é). Os atos de fala, se mostram alguma coisa, permitem o conhecimento proposicional e, na sequência, com "mostrar" e seus cognatos, vou me referir apenas ao mostrar-que.

suas memórias etc., a lágrima que escorre por seu rosto oferece muito mais evidência que uma mera indicação.

Mais uma vez: para expressar meu amor, preciso colocar sobre a mesa a força e a profundidade de meus sentimentos (e, se possível, na forma de um ato de autossacrifício ou de um precioso artefato). Contudo, isso é apenas dizer que para expressar meu estado psicológico devo fazer com que isso possa ser conhecido por um observador apropriado. Embora a relação entre expressão e o que é expresso não seja sempre tão clara como a relação entre lágrimas e tristeza, eu sugiro que um tema que une diferentes formas de expressão é a habilidade do comportamento expressivo ou do artefato de transmitir – ou ao menos permitir – a um observador apropriado o conhecimento do que essas coisas expressam. Vimos que isso contrasta com a indicação e que também contrasta com a representação. Embora algumas representações sejam produzidas por cadeias causais suficientemente confiáveis para permitir o conhecimento do que elas representam, uma representação de um estado de coisas não é, por si, suficiente para permitir o conhecimento desse estado de coisas. Uma expressão o é.[6]

A expressão torna alguma coisa cognoscível para os observadores apropriados. Por sua vez, tornar algo cognoscível para os observadores apropriados é mostrá-la; logo, a expressão é uma espécie de mostra. Como vimos na seção anterior, mostrar é algo que pode ocorrer, quer alguém o perceba, quer não. Uma vez que a expressão é uma espécie de mostra, o mesmo ocorre com ela: embora expresse meu amor, estremecimento, remorso, os outros podem estar muito distraídos, obtusos ou voltados para si mesmos para perceberem minha onda.

6 Como vimos, Searle diz que uma asserção, por exemplo, é a expressão da crença, mesmo quando o falante mente. Como já tratamos, esse caso é principalmente uma questão de nomenclatura: eu prefiro dizer que, em tal caso, a asserção é *expressiva* da crença, mas não expressa a crença do falante (pois ele não tem nenhuma). (Isso é análogo a um uso na estética no qual um compositor pode compor uma música que é expressiva de tristeza sem expressar sua tristeza de forma alguma – ele pode estar no melhor dos estados emocionais.) Ao adotar esse uso, não faço uma petição de princípio com relação a Searle, uma vez que permanece a questão substantiva de como um ato da fala sincero mostra o que ele expressa. Do mesmo modo, poderia prontamente transpor a alegação do texto para dizer que, embora a representação não permita, enquanto tal, o conhecimento do que está representado, a expressão de um estado cognitivo de alguém, afetivo ou experiencial, realmente permite o conhecimento do que é expresso. Para ser breve, evitarei aqui tal transposição.

Expresso um estado psicológico, então, quando o mostro de maneira a permitir o conhecimento proposicional deste por parte dos observadores apropriados. Todavia, a expressão é mais do que mostrar tal estado: trata-se também de uma forma de mostrar que é produto de intenção. Suponha-se que certa veia na minha têmpora pulse quando e apenas quando estou com raiva, e que isso acontecer não está sob meu controle voluntário. Então, o pulsar dessa veia mostra minha raiva. Contudo, ela não expressa essa raiva. Qual é então a diferença entre a minha veia pulsante e a lágrima de Douglass? Eu sugiro que a diferença é que essa última, mas não a primeira, é *destinada* a mostrar um estado do agente. A tendência da veia para pulsar não está destinada a transmitir informação, mas, em vez disso, se destina a transmitir sangue em situações de agitação. Ao contrário, é uma hipótese empírica plausível que as lágrimas estejam destinadas a mostrar angústia, tristeza e emoções relacionadas a estas.[7]

O desígnio por trás da expressão – como é o mais provável no caso da cena de Douglass – poderia ser produto da seleção natural. Ao invés disso, poderia ser produto da seleção artificial. Alternativamente, pode ser ainda a obra de um agente inteligente e senciente. (Mesmo que a evolução por seleção natural seja um processo inteligente, ela não é um processo senciente.) Como se pode precisamente conceitualizar as contribuições da cultura de acordo com essa partição, esta é uma questão em aberto, mas não é uma questão que aqui se precisa decidir. É claro que a cultura realmente cria instituições expressivas. Um gesto, por exemplo, poderia começar a existir com um único caso de significação de falante e, então, chegar a ser uma expressão convencional de desprezo. Talvez um dedo do meio estendido seja um signo icônico de violação sexual, e que seu primeiro uso fosse inteligível enquanto tal na ausência de qualquer convenção que o dirigisse. Quer o caráter icônico desse gesto ajude a explicar seu papel na cultura ocidental, quer não, esta é uma questão para uma antropologia dos gestos. Por ora, contudo, a cultura dotou esse gesto de uma significância expressiva. Isso quer dizer, em nossos termos, que o dedo do meio estendido mostra – e tem

7 Eu estou sugerindo que, na visão de nosso senso comum acerca da natureza das lágrimas, está implícito que estas têm a função de mostrar emoção. Essa visão pode, é claro, ser falsa e, se ela o é, nosso senso comum está errado em atribuir às lágrimas o papel expressivo. Todavia, mesmo que seja assim, temos uma explicação de por que intuitivamente parece haver uma diferença entre as lágrimas e o pulsar da veia.

sido destinado a mostrar – desprezo. (Ainda não expliquei como ele o faz, voltarei a isso na seção 4.)

Os atos de fala, então, são dispositivos que utilizamos para oferecer evidência que permite conhecimento dos estados psicológicos. Quando faço uma asserção de que está chovendo, não enuncio que acredito que está chovendo. Entretanto, expresso sim essa crença enquanto continuar sendo sincero. Dado o que tenho sugerido até aqui, isso também significa que a asserção é um dispositivo que utilizamos para mostrar nossa crença e (enquanto continuarmos sendo sinceros), de fato, nós a mostramos oferecendo suficiente evidência a seu favor.[8] Um falante que não é sincero oferece boa evidência a favor de uma crença de que ele carece e, assim, apenas parece mostrar tal crença.

## 4 Convenções, normas e *handicaps*[9]

O que estabelecemos até aqui permite que nos concentremos em nossa questão central: como pode o uso de uma força ilocutória constituir evidência suficientemente forte de um estado psicológico para permitir o conhecimento deste para um observador apropriado? Uma resposta é sugerida pelo uso que Searle faz da locução "conta como" na citação com a qual começamos. Ao dizer que o desempenho de um ato ilocutório conta como a expressão de um estado psicológico, Searle é consistente com o *convencionalismo acerca das forças* que está por toda parte em *Speech Acts* [Atos de fala]. De acordo com uma versão forte dessa perspectiva, para cada ato de fala que é desempenhado, há uma convenção extrassemântica que será invocada para fazer com que esse ato de fala ocorra. Austin (1961) abraçou essa perspectiva, no que Searle o segue amplamente.[10]

---

8 Isso não implica que os falantes façam asserções com "a" ou com "uma" intenção de mostrar a crença deles, nem que o fato de fechar a cara, destinado a mostrar raiva, implique que aqueles que fecham a cara pretendam mostrar sua raiva.

9 O termo *handicap* tem tido uso corrente em português e em outras línguas no contexto das discussões evolutivas, contexto no qual ele foi originalmente introduzido, como o presente capítulo, aliás, explica a seguir. Por isso ele foi mantido no original. (N. T.)

10 Searle adota uma forma mais fraca de convencionalismo acerca das forças do que a de Austin, deixando em aberto a possibilidade de que alguns atos de fala possam ser realizados sem regras constitutivas: um cão pedindo para sair (Searle, 1969,

Na citação com a qual começamos, Searle parece sustentar que é também um aspecto da natureza convencional dos atos de fala que eles expressem convencionalmente o que expressam. Dada nossa consideração acerca da expressão como uma espécie de mostra, isso o compromete com a perspectiva que os atos de fala mostram convencionalmente o que eles mostram.[11] Contudo, é duvidoso que uma entidade possa ser convencionalmente imbuída da capacidade de providenciar evidência para alguma coisa distinta dela mesma. É algo fora de nosso controle o que – convencionalmente ou de outra forma – implica o quê. Como Geach (1976) uma vez o colocou, nenhum poder no céu ou na terra poderia fazer com que uma proposição implicasse outra se ela já não fizer isso. Eu assumo o mesmo ponto de vista ao transferir o assunto para o que é evidência do quê: se uma proposição ou um estado de coisas é evidência para outro, isso não é algo que possamos decidir, mesmo que por meio de um referendo unânime. Se devemos entender como a força ilocutória oferece evidência daquilo que está dentro, precisamos procurar em outra parte. Para ajudar, devo considerar alguns conceitos provindos da biologia evolutiva da comunicação.

Eis aqui alguma terminologia que é justamente padrão nessa literatura. Uma *deixa* é qualquer aspecto de uma entidade que transmita informação (inclusive informação errada). Essa informação poderia ter relação com como as coisas eram, como são, como vão ser ou como as coisas deveriam ser. Um *sinal* é uma deixa que foi escolhida por sua habilidade de transmitir a informação que ela transmite. A escolha pode ser resultado da seleção natural, da seleção artificial ou da intenção consciente.[12]

---

p.39), os pronunciamentos de Deus e as estipulações verbais (Searle, 1979, p.18) não requerem, segundo essa perspectiva, convenções extrassemânticas. Para uma discussão mais detalhada, ver Green (2007b).

11 Eu presumo que "É uma convenção que [...]" seja um contexto extensional: se for uma convenção que Hesperus é venerada à meia-noite, então também é uma convenção que Phosphorus é, quer todas as partes dessa convenção estejam cientes disso, quer não.

12 Quando o processo de seleção natural considera um traço como uma adaptação, isso mostra que esse traço foi escolhido sem justificar a inferência de que deve ter havido um *designador* inteligente. Também, essa definição de um sinal é próxima da noção de comunicação encontrada em Johnson-Laird (1991) e pode ser compreendida como uma generalização da noção apresentada na recente biologia evolutiva. Maynard Smith e Harper (2004, p.3) apresentam a seguinte definição: "Definimos um 'sinal' como qualquer ato ou estrutura que altere o comportamento de outros

Um sinal pode não ser exato, e os animais exploram esse fato em vantagem própria. Para escapar dos predadores, algumas rãs desenvolvem cores brilhantes, mesmo quando elas não são venenosas, nem perigosas. Embora um sinal possa representar mal em qualquer caso dado, a estabilidade ao longo do tempo de qualquer sistema de sinalização estipula que ele seja no geral confiável. A seleção natural, assim, tende a encontrar caminhos de garantir a veracidade dos sinais. As aranhas que fazem teias em formato de cone, *Agelenopsis aperta*, competem por teias. Duas aranhas vibrarão na teia disputada. Se as duas aranhas em competição diferem em peso na ordem de 10% ou mais, a aranha mais leve se retira 90% das vezes, em vez de lutar. Além disso, uma aranha perdedora pode se tornar vencedora quando é colocado um peso sobre seu dorso (Reichert, 1984). Isso sugere fortemente que vibrar em uma teia é um sinal da aranha a respeito de seu tamanho. E mais: na ausência de cientistas colocando pesos sobre seus dorsos, essas aranhas não podem simular esses sinais. Os sinais – que só podem ser falsificados com grande dificuldade –, como resultado de limitações físicas da parte do organismo, são *índices*. O "jogo de vibração", assim, explora não apenas um sinal, mas também um índice acerca do tamanho da aranha.

Outra maneira de assegurar a dificuldade de se falsificar um sinal é tornar mais custoso do que o requerido produzir apenas um sinal daquele tipo. Pavões machos têm caudas majestosas que os fazem menos ágeis e mais fáceis de serem localizados pelos predadores; fazer crescer tais penas também custa calorias a mais (Zahavi; Zahavi, 1997). Elas, entretanto, dão aos machos a vantagem na seleção sexual (Petrie; Halliday; Sanders, 1991). Uma aparência ostentadora é como dizer: "Apenas pense o quanto adaptado eu devo ser se posso sobreviver com essa bagagem!". Sinais como estes, que podem apenas ser simulados com grande dificuldade como resultado de serem muito custosos de se produzir, são *handicaps*. Assim, o fato de um sinal ser custoso de se produzir é, por causa das limitações de um organismo, uma maneira de torná-lo difícil de se falsificar. Um *handicap* é, desse modo, um tipo especial de índice.

Um índice não apenas assinala alguma propriedade do organismo como também mostra essa propriedade: a intensidade da vibração da ara-

---

organismos, que evoluiu por causa desse efeito, e que é eficiente porque a resposta de quem recebe também evoluiu". Em vez disso, utilizaremos uma noção mais geral que se aplica a coisas diferentes dos organismos e a processos diferentes da evolução.

nha mostra seu tamanho; o tamanho da cauda do pavão mostra sua viabilidade. Ainda, a habilidade de mostrar, em vez de meramente assinalar, uma propriedade salvaguarda a estabilidade de uma estratégia de sinalização. Todavia, os exemplos de *handicap* que forneci até aqui são bastante rígidos: a magnitude da vibração da aranha e a cauda do pavão não podem, intencionalmente ou em resposta a mudanças ambientais, ser modificadas. Alguns *handicaps* podem ser produzidos em resposta a estímulos ambientais, por exemplo, o *musth* nos elefantes africanos machos (Poole, 1989; Maynard Smith; Harper, 2004, p.35).[13] O *musth* é, assim, um sinal que é mais flexível do que a cauda de penas ou a magnitude de vibração. Entretanto, ele ainda parece estar muito longe das possibilidades de sinalização disponíveis para os primatas, sem falar de nossa própria espécie.

Como um primeiro passo para cobrir esse hiato, notemos que um tipo de custo que os mamíferos sociáveis podem ter é a perda de *status*. Em nossa própria espécie, esse custo toma frequentemente a forma de uma perda de credibilidade. Considerar alguém credível é uma questão de acreditar que o que ele diz é confiável; também é uma questão de acreditar que ele é sincero se seus proferimentos permitem a sinceridade. Um assertor credível é aquele em quem se confia que é correto e sincero; um prometedor credível é aquele de quem pode se depender tanto para fazer uma promessa quanto para mantê-la e assim por diante. Quanto mais credível for uma pessoa, tanto mais é provável que tomemos aquilo que ela profere como sendo o caso. Considerarmos isso nos permite um refinamento natural do bem-conhecido modelo de "acumular resultados" da dinâmica conversacional, tão bem defendido por Stalnaker (1972, 1973, 1974, 1984), Lewis (1979, 1980) e Thomason (1990). Segundo esse modelo, os interlocutores desempenham atos de fala cujo conteúdo é aceito em "bases comuns" enquanto nenhum deles fizer objeção às contribuições proferidas. Esse "resultado" conversacional pode ser rastreado pelos conteúdos de base comum (de modo opcional, juntamente com outros fatores, tais como as relações de saliência, padrões de precisão, domínio de discurso e assim por diante), o que, por sua vez, determina o que os interlocutores podem pressupor em atos de fala futuros; também pode determinar o próprio conteúdo desses atos de fala via o processo de implicitura (Bach, 1994b). Um refinamento natural dessa imagem conservaria identificações

13 O *musth* é um período de grande excitação e atividade sexual, acompanhado de agressividade, do elefante macho. (N. T.)

daquelas coisas sobre as quais os interlocutores são credíveis e em que medida o são, e isso, por sua vez, determinará o *peso* – como poderíamos chamá-lo – de suas contribuições conversacionais. Os pronunciamentos de um especialista em seu campo de interesse têm mais peso que aqueles de um curioso, da mesma forma que ocorre com o *London Times* se comparado a revistas institucionais. Trata-se, da mesma maneira, precisamente do agravante de argumentos *ad hominem* para minimizar o peso das observações de uma pessoa.

A credibilidade de alguém, então, determina o peso de seus pronunciamentos, e por essa razão muitos de nós zelam por essa credibilidade. Um falante cujas observações são de peso goza de certa pressuposição favorável a seu respeito: uma contribuição assertória proferida em bases comuns coloca o ônus de fornecer boas razões a favor dessa contestação sobre aquele que a contestou ("Eu sei que o consenso dos especialistas é de que *p*, mas eu proponho que uma alternativa explicativa melhor é a seguinte..."). Ao contrário, alguém cujas observações são, no sentido apropriado, levianas, não cria tal fardo e pode mesmo fazer com que sejam desacreditadas todas as suas contribuições, a não ser aquelas que ou são autoevidentes, ou que podem ser substanciadas por evidências imediatamente disponíveis.

O fato de um sinal *S* ser um *handicap* pode parecer incompatível com o fato de o sinalizador *O* ser capaz de escolher se deve ou não produzir *S*. Afinal, o fato de *O* ter uma escolha nesse assunto parece precisamente mostrar que *S* não é um índice (a não ser talvez da própria escolha de *S*) e, assim, não é um *handicap*. Eu sugiro que é aqui que entram as normas. Uma norma pode fazer com que a produção de um sinal seja custosa, não por custar calorias ou território, mas, em vez disso, por tornar o agente *sujeito a uma perda de credibilidade*. Pois uma norma poderia ter o seguinte conteúdo esquemático:

> Aquele que produz *S* deve estar na condição *C*; caso contrário, ele está sujeito a uma perda de credibilidade.

Uma perda de credibilidade reduzirá, como sugerimos, o peso dos atos de fala do falante, dificultando com isso sua habilidade de servir como um "jogador" conversacional. Na mesma medida em que a chance e a severidade de uma perda de credibilidade aumentam, ocorre a exposição ao risco para aqueles que produzem *S* sem estarem na condição *C*. É claro que a exposição ao risco não garante o prejuízo: eu poderia passar a vida toda sem usar o cinto de segurança e não sofrer um arranhão. Contudo, mesmo em tal caso, eu teria pagado um preço, no sentido de ter vedado uma possibilidade. Como Adams (2001) aponta, uma criatura pode "queimar suas pontes" ao desempenhar uma ação que veda opções que, de outro modo, estariam disponíveis. Ao transpor isso para o esquema de norma anteriormente apresentado, podemos dizer que essa norma garante que uma pessoa que produz *S* paga o preço da opção de deixar de estar na condição *C* sem se expor à censura. As normas mais específicas que formulamos abaixo vão confirmar esse padrão.[14]

Então, se uma norma em conformidade com o esquema anterior estiver em vigor, e é consensual que ela está, um sinal *S* da condição *C* será difícil de simular precisamente por causa do custo envolvido. Por essa razão, produzir *S* será um índice de *C*, por ser um *handicap*. Além disso, quando tal norma está em vigor, a produção de *S* será um *handicap* mesmo quando produzir *S* estiver sujeito à escolha do agente. Em acréscimo a isso, a condição da qual *S* é um índice não precisa ser a aptidão geral do organismo. Ao invés disso, pode ser qualquer aspecto do organismo que ele tenha razão para assinalar. Por exemplo, poderia ser alguma coisa sobre a qual *O* tenha uma introspecção se ele possuir a capacidade de introspecção. Como resultado disso, se *O* pode assinalar um de seus estados de introspecção levando a um *handicap*, então *O* pode ser capaz de expressar esse estado também. Assim se considere a expressão de agradecimento de uma única palavra "Obrigado!". O uso desta é dirigido pela norma:

> Alguém que profere "Obrigado!" e dá a isso a significação de falante deve sentir gratidão em relação ao seu destinatário; de outro modo, ele está sujeito a uma perda de credibilidade.[15]

É claro que nenhum teste decidirá conclusivamente se um falante respeitou a norma. Contudo, temos muitos modos de justificar as conclusões sobre a

14 Stalnaker (2006) explora a noção de credibilidade relacionando a teoria de jogos com a comunicação.

15 Pode ser possível ao falante querer dizer obrigado sem proferir quaisquer palavras, talvez com um gesto. Também alguém pode proferir a expressão sem dar a ela a significação de falante, por exemplo, no palco. Por isso, nenhuma das duas condições é redundante.

sinceridade de uma pessoa: meu obrigado a uma pessoa e, depois, soltar risinho pelas costas dela; minha incapacidade de mostrar qualquer inclinação a retribuir a gentileza em relação à qual eu fingidamente mostro gratidão; meu desprezo a outros que mostram uma gentileza similar – tudo isso é evidência de que minha gratidão ostensiva é vazia.

A hipótese de que alguma norma do tipo anterior dirige o uso da expressão "Obrigado!" explica como o uso sincero dela pode expressar a gratidão de alguém: ela faz isso permitindo ao falante correr o risco de uma perda de credibilidade caso não esteja sentindo gratidão. Enquanto tal, isso justifica o pensamento – quer conscientemente entretido, quer não – do destinatário: ele não diria isso se não se sentisse assim. (Compare-se: o pavão deve ser extremamente bem adaptado para desenvolver uma cauda tão elaborada!) O falante, assim, expressa gratidão ao desempenhar um ato que mostra seu estado introspectivo e que foi destinado a mostrá-lo.

Nossa hipótese não dá às comunidades linguísticas o poder de estipular convencionalmente que uma coisa é evidência de outra. As comunidades linguísticas estipulam realmente que um tipo de ação (dizer "Obrigado!" sem sentir gratidão etc.) deve merecer a censura de um agente por meio da perda de credibilidade deste. Tais normas, quando promulgadas na forma de consenso, permitem aos agentes mostrar seus estados psicológicos.[16]

## 5 Atos de fala expressivos como *handicaps*[17]

Pode parecer que, ao apresentarmos essa consideração acerca de como os atos de fala expressam o que têm dentro, nós nos colocamos em uma sinuca de bico. Para cada sentença indicativa, há muitos estados psicológicos

16 Pontos similares se aplicam ao gesto de mostrar o dedo médio que discutimos na última seção: ele é dirigido pela norma de que alguém que manifestamente estende seu dedo médio sente desprezo pelo "destinatário". Também, deveria estar claro que essa norma e aquela para o agradecimento não são apenas normas que dirigem esses atos. Essa última, por exemplo, deve ser utilizada para *reconhecer* a gratidão de alguém.

17 "Expressivo" aqui significa restringir a discussão àqueles atos de fala que têm um papel expressivo; não significa um alinhamento com a categoria dos expressivos de Searle.

que podem ser expressos – um para cada ato de fala cujo conteúdo é – e para o qual é possível – o absurdo de Moore. Contudo, com certeza, não temos tantas normas quanto estas?

Tal proliferação de normas, contudo, não é necessária. A razão é que cada tipo de força ilocutória para a qual é possível o absurdo de Moore se caracteriza, ao menos em parte, por uma norma que determina em que estado psicológico o usuário daquela força está. Além disso, em alguns casos, a norma também impõe algum aspecto desse estado, por exemplo, como algo justificado ou não. Searle (1969, p.66) caracteriza a asserção de *p* como "o compromisso para com que *p* represente um estado de coisas real". Esse compromisso coloca o assertor em posição tal que ele está certo quanto à questão de *p* se *p*, e incorreto acerca da questão se isso for de outro modo. Mas a asserção faz mais que isso: alguém que acha que *p* está também certo ou não, dependendo de como as coisas são com *p*. Quando um falante assevera *p*, às vezes, a pessoa a quem ele se dirige está no direito de replicar com o questionamento: "Como você sabe?". Em outros casos, como acabamos de ver, o ônus recai sobre o destinatário, para que ele dê razões para questionar a alegação. Em todo caso, em resposta a um questionamento apropriado, o assertor poderia ou oferecer razões próprias suas, ou deferir isso à autoridade de alguém mais, caso contrário, ele deveria reconsiderar a asserção questionada. Uma norma que dirige a asserção poderia, de acordo com isso, ser algo mais ou menos como o seguinte:

> Alguém que assevera que *p* deve acreditar que *p* com justificação adequada para que isso seja conhecimento; caso contrário, ele está sujeito a uma perda de credibilidade.

Apresso-me a acrescentar, contudo, que, para os propósitos presentes, não precisamos decidir as controvérsias comuns em torno das alegadas normas que dirigiriam a asserção. Talvez Williamson (1996, 2000) esteja correto em dizer que alguém só deve asseverar o que sabe; talvez, por outro lado, normas mais fracas sejam mais apropriadas. Para nossos propósitos, o que importa é que a asserção seja dirigida por uma norma de sinceridade, que a condição de sinceridade seja uma crença e que essa crença esteja justificada.

Compare-se a asserção com a conjectura: se ofereço *p* como uma conjectura, é inapropriado replicar com "Como você sabe isso?". Uma contestação legítima, ao invés disso, envolveria mostrar que o que digo é demonstravelmente errado ou muito improvável. Igualmente, uma conjectura poderia ser apoiada por uma ou outra justificação, caso contrário, ela seria apresentada apenas como um palpite. Contudo, se ela é apresentada como uma conjectura, a justificação requerida não precisa ser tão forte quanto aquela para uma asserção (Green, 1999b).

Asserções, conjecturas, sugestões, palpites, premonições e coisas assim são semelhantes e compartilham a propriedade de compromisso com um conteúdo proposicional. Elas diferem uma da outra nas normas pelas quais são dirigidas e, assim, na natureza desse compromisso. Consequentemente, o falante incorre em distintas fragilidades para cada um desses atos de fala – inclusive a responsabilidade de estar errado, o perigo de estar se mostrando insincero e, em alguns casos, a obrigação de defender o que disse se isso for apropriadamente questionado. Essas responsabilidades quanto ao erro, exposição da insinceridade e a determinação de defender seu ponto colocam o falante em risco de perder credibilidade na comunidade na qual ele tem uma reputação (Brandom, 1983; Green, 2000a, 2000b). Isso é precisamente aquilo em que consiste arriscar o próprio pescoço.

Então, para muitos atos de fala, ao desempenhá-los, incorremos nessas possibilidades – um *handicap* no nosso sentido técnico. A natureza dessas responsabilidades determina não apenas o ato intencional que é mostrado, mas também de que maneira ele é mostrado: assim como diferentes retratos do mesmo modelo podem mostrá-lo corajoso, ameaçador, fútil etc., diferentes atos de fala podem mostrar um único estado psicológico em diferentes formas de apresentação. A responsabilidade que um assertor admite ao incorrer em compromissos característicos daquele ato de fala dá evidência forte (mas não conclusiva) de que a asserção é tanto sincera quanto justificada. A responsabilidade é menor no caso da conjectura, com o resultado de que uma conjectura não mostra a crença de alguém como justificada de uma forma apropriada para poder ser conhecimento; ao invés disso, ela apenas requer mostrar a crença dessa pessoa como tendo alguma justificação. Os padrões são ainda menos rígidos para os assim chamados palpites abalizados. Mais ainda, para um palpite, esses padrões apenas colocam o falante em perigo de estar errado se seu palpite se mostrar incorreto. A Tabela 12.1 pode ajudar a esclarecer esses pontos. A segunda e a terceira colunas descrevem o que os atos de fala bem-sucedidos mostram, e de que maneira eles mostram isso. Embora todos os quatro tipos de atos de fala considerados aqui envolvam compromisso com um conteúdo proposicional, apenas dois requerem a crença como sua condição de sinceridade. Os palpites e palpites abalizados requerem apenas a aceitação como sua condição de sinceridade no sentido de Stalnaker (1984).[18]

Tabela 12.1

| Ato de fala | Mostra | Como |
|---|---|---|
| Asserção de que *p* | Crença de que *p* | Apropriadamente justificada para ser conhecimento |
| Conjectura de que *p* | Crença de que *p* | Justificada |
| Palpite abalizado de que *p* | Aceitação ou crença de que *p* | Justificada |
| Palpite de que *p* | Aceitação de *p* | Não se aplica |
| Presunção de que *p* | Aceitação de *p* | Justificada para propósitos conversacionais comuns |
| Suposição de que *p* (para argumentação) | Aceitação de *p* | Dirigida para a produção de justificação para algum conteúdo *r* relacionado |

A presente proposta pode ser generalizada para outros tipos de atos de fala para os quais o absurdo de Moore é possível? Eu tentarei justificar parcialmente a alegação de que podem, considerando o caso de prometer.

18 Embora uma concepção de certos atos de fala como *handicaps* e, vistos sob essa luz, como mostras de estados psicológicos é, para o melhor de meu conhecimento recente, relacionar os atos de fala uns com os outros em termos de "graus de força" pode parecer território já muito explorado à luz dos escritos de Searle e Vanderveken. Contudo, a noção de "implicação ilocutória" não tem utilidade para nós aqui. Para esses autores, a noção aparece de duas maneiras: o ato de fala *F*(*p*) *implica de maneira ilocutória forte* o ato de fala *G*(*p*) se e somente se qualquer realização do primeiro é também uma realização do último (Searle; Vanderveken, 1985, p.23). Contudo, com certeza, não é plausível que quando assevero que *p*, também palpito ou conjecturo que *p* — as implicações ilocutórias fortes não parecem relevantes para tais casos. Searle e Vanderveken também definem uma noção mais fraca: o ato de fala *F*(*p*) *implica de maneira ilocutória fraca* o ato de fala *G*(*p*) se e somente se qualquer realização do primeiro compromete o falante com a realização do último, embora ele não realize o último e não esteja comprometido com sua realização (Searle; Vanderveken, 1985, p.24). Não fui capaz de encontrar qualquer sentido nessa definição e, como resultado, não fui capaz de discernir se ela é aplicável aos casos que nos dizem respeito aqui. Para conceitualizar melhor as relações entre os atos de fala que são nosso objeto aqui, em Green (2000b), desenvolvo uma terceira noção, a de validade ilocutória.

Ao se admitir mais uma vez que uma promessa expresse uma intenção, segue-se que uma promessa mostra, ou pretende mostrar, uma intenção de desempenhar o ato prometido. Ela faz isso precisamente em virtude do fato de que alguém que promete incorre na responsabilidade de uma perda de credibilidade se deixar de desempenhar o ato prometido. (Tendemos a dar uma colher de chá para aqueles que deixam de cumprir suas promessas por razões fora de seu controle.) Uma promessa é, assim, como um adiantamento feito no lugar de um pagamento completo de um carro, por exemplo: assim como nesse caso, se a soma for suficientemente alta, isso é mostra da intenção de se retornar para comprar o veículo. No outro caso, por causa das normas estritas que valem para os que prometem, isso mostra sua intenção de cumprir a promessa. Ao contrário da asserção e de seus atos aparentados, contudo, uma promessa não parece mostrar a intenção relevante como algo justificado ou não. Embora nossas intenções sejam às vezes justificadas e às vezes não, nossas instituições linguísticas parecem não ter desenvolvido formas de indicar o estatuto de justificação das intenções que mostramos ao prometermos algo.

Em algumas situações, falar é fácil. Ao ser perguntado acerca da localização da estação de trem em um lugar movimentado por uma pessoa que estou certo de nunca mais encontrar, em um sentido não muito forte, arriscarei meu pescoço ao responder do modo como o faço. O resultado disso é que não incorro, pelo menos num sentido geral, em um *handicap* ao responder de qualquer maneira que me ocorra. Isso implicará que, mesmo que fale sinceramente, será difícil para eu expressar minha crença de que a estação está a três quadras para leste no lado esquerdo da rua quando digo: "Ela fica a três quadras a leste do lado esquerdo da rua".[19] Considero esta uma consequência atraente da presente abordagem: fora de seu "nicho ecológico" típico, os atos de fala podem não ter os poderes epistêmicos que os tornam tão especiais na cultura humana.

Em uma passagem semelhante àquela com a qual começamos, Searle e Vanderveken (1985, p.18) alegam que, em todo desempenho de um ato de fala, alguém expressa um estado psicológico com o mesmo conteúdo. Essa

19 Por outro lado, eu poderia ter internalizado as normas para os atos de fala suficientemente bem para sentir remorso se não estiver sendo sincero. Nesse caso, minha asserção ao estranho ainda pode expressar minha crença de que sou, de fato, sincero, pois ela ainda me torna vulnerável à censura (a minha própria).

alegação é duvidosa, e nada a requer na hipótese que formulamos anteriormente. Considere-se a nomeação: se apropriadamente empoderado nomeio alguém para um cargo administrativo ao dizer – mais precisamente, com a significação de falante – que eu o faço. O conteúdo proposicional é que o destinatário do ato de fala é nomeado para o cargo em questão. Contudo, é duvidoso que um estado psicológico seja expresso por um ato de fala como esse. Tal estado seria uma crença: mesmo que eu, com significação de falante, diga: "Eu aqui nomeio você, mas não acredito que eu faça isso", posso ser interpretado como estar expressando dúvida quanto à habilidade de minhas próprias palavras para fazer essa nomeação. Tal proferimento não precisa ser absurdo. Uma nomeação também não expressa uma intenção: embora a recusa da intenção de desempenhar um ato prometido possa tornar uma suposta promessa absurda ("Eu prometo encontrar você, mas não tenho nenhuma intenção de fazer isso"), o que a pessoa pretende parece irrelevante quanto à questão se o proferimento concomitante de "Eu aqui nomeio você" é bem-sucedido como uma nomeação; similarmente para excomungar, declarar o início (ou o encerramento etc.), rebaixar, demitir, vetar.

Também não é claro que as diretivas expressem estados psicológicos. Posso, por exemplo, dar a significação de falante a uma ordem sem esperar ou ter a intenção de que o destinatário a obedeça. Também posso relatar a ausência de tal estado psicológico, como em "Eu ordeno que você ataque aquele inimigo entrincheirado, embora eu não queira que você faça isso". Por que fazer isso deveria ser absurdo? Afinal, como uma autoridade militar, posso repassar ordens através de uma cadeia de comando e devo às vezes dirigir minhas tropas independentemente de meus sentimentos ou preferências.[20]

Os assim chamados diretivos e declarações, em geral, não comprometem o falante com um curso futuro de ação (como fazem comissivos tais como as promessas), ou mesmo com uma disposição para um curso futuro de ação (como fazem muitos assertivos, como as asserções). Ao invés disso, nomear, excomungar, declarar o início, comandar e coisas assim são feitas uma vez que elas são ditas (com êxito). Embora muitos atos de fala, e talvez

20 Para mais discussão, ver Heal (1977) e Green (1999a). Retornando ao tema da nota 3, observe-se que em resposta à questão: "Você quer dizer isso?", o locutor da estação ferroviária poderia não responder de forma veraz: "Sim". O comandante poderia.

os mais importantes, expressem caracteristicamente estados psicológicos, é duvidoso que todos o façam, e não admitimos isso aqui.[21]

Por que, finalmente, deveriam alguns atos de fala ter a dimensão expressiva enquanto outros não? Embora não possa fazer justiça aqui a essa grande questão, oferecerei uma sugestão que se aplica à família "assertiva" dos atos de fala que esteve sob nosso exame – asserção, conjectura, suposição e coisas assim. Como contribuintes para com as pesquisas, somos compelidos não apenas a apresentar conteúdo com bases comuns, mas também a indicar o estatuto desses conteúdos, como sabido, conjecturado, palpitado etc. Regulando o que é dito, as normas expressas nos capacitam a indicar como o que é dito deve ser tomado e o que contaria como uma resposta apropriada. Tais normas nos capacitam a fazer isso ao nos permitir mostrar o estado psicológico (crença, aceitação, crença como algo justificado etc.) a partir do qual flui a contribuição conversacional. Alguém poderia também relatar o estado psicológico a partir do qual flui a contribuição ("eu acredito que *p*" etc.), mas, para a maior parte dos propósitos, tal caráter explícito é supérfluo quando comparado com o poder envolvente dos atos de fala de comunicar nossos estados mentais.

---

21 Essa observação também abala a explicação de Searle da significação de falante em termos de uma "imposição" das condições de satisfação de um estado intencional sobre aquelas de um proferimento. Ao elucidar essa consideração, Searle (1991a, p.86) escreve: "Note-se que a estrutura do ato de fala, $F(p)$, e a estrutura do estado intencional correspondente, $S(p)$, são exatamente paralelas. Além disso, elas têm exatamente as mesmas condições de satisfação: por exemplo, meu enunciado de que chove será verdadeiro se e somente se minha crença de que chove for verdadeira. Também, o estado intencional é a condição de sinceridade para a asserção: Quando digo que chove, expresso a crença de que chove; e se digo que chove, mas não acredito que chove, estarei mentindo. Essas mesmas conexões estreitas não são acidentais e sugerem a seguinte explicação: Dizer alguma coisa e querer dizer isso é impor as condições de satisfação da crença ao proferimento. Uma vez que o próprio proferimento é a condição de satisfação da intenção de fazê-lo, a essência da significação é a imposição intencional de condições de satisfação sobre condições de satisfação". Eu depreendo que, a partir de "Essas mesmas conexões [...]", Searle dá uma explicação da significação de falante apenas para os indicativos. Para os imperativos, a posição seria evidentemente que dizer alguma coisa e querer dizê-la é impor as condições de satisfação do desejo, que é a condição de sinceridade desse ato de fala, ao proferimento. Para os outros principais tipos de atos de fala na taxonomia de Searle, dá-se o mesmo. Contudo, esse padrão de análise não pode nos dar uma condição necessária para a significação de falante, porque, como vimos, muitos atos de fala, tais como nomear e excomungar, não têm nenhuma condição de sinceridade que seja.

# Referências bibliográficas


ABEL, G. (Org.). *Kreativität*. Hamburgo: Felix Meiner Verlag, 2006.

ADAMS, E. Threat displays in animal communication: handicaps, reputations, and commitments. In: NESSE, R. (Org.). *Evolution and the Capacity for Commitment*. Nova York: Russell Sage Foundation, 2001, p.99-119.

ALSTON, W. P. *Searle on perception*. 1997. Trabalho apresentado no minicolóquio sobre a filosofia de John Searle realizado na Universidade Notre Dame em abril de 1997.

______. *Illocutionary Acts and Sentence Meaning*. Ithaca, N.Y.: Cornell University Press, 2000.

ARMSTRONG, D. M. Intentionality, perception and causality: reflections on John Searle's *Intentionality*. In: LEPORE, E.; VAN GULICK, R. (Orgs.). *John Searle and his Critics*. Oxford: Blackwell, 1991, p.149-58.

ASHER, N. *Reference to Abstract Objects in Discourse*. Dordrecht: Kluwer Academic Publishers, 1993.

______.; BONEVAC, D. Free choice permission is strong permission. *Synthese*, n.145, p.303-23, 2005.

______.; LASCARIDES, A. *Logics of Conversation*. Cambridge: Cambridge University Press, 2003.

______.; McCREADY, E. "Might", "would" and a compositional account of counterfactuals. *Journal of Semantics*, n.24, p.93-129, 2007.

______.; REESE, B. Negative bias in polar questions. In: MAIER, E.; BARY, C.; HUITINK, J. (Orgs.). *Proceedings of Sinn und Bedeutung*, 9. Nijmegen: Nijmegen Centre of Semantics, 2005, p.30-43.

______.; WANG, L. Ambiguity and anaphora with plurals in discourse. In: YOUNG, R. B.; ZHOU, Y. (Orgs.). *Proceedings of Semantics and Linguistic Theory*, 13. Ithaca, N.Y.: Cornell Linguistics Circle Publications, 2003.

AUSTIN, J. L. *How to Do Things with Words*. Oxford: Oxford University Press, 1961.

BACH, K. A representational theory of action. *Philosophical Studies*, n.34, p.361-79, 1978.

______. What's in a name. *Australasian Journal of Philosophy*, n.59, p.371-86, 1981.

______. *De re* belief and methodological solipsism. In: WOODFIELD, A. (Org.). *Thought and Object*. Oxford: Oxford University Press, 1982, p.121-51.

______. *Thought and Reference*. Oxford: Oxford University Press, 1994a.

______. Semantic slack: what is said and more. In: TSOHATZIDIS, S. L. (Org.). *Foundations of Speech Act Theory*: Philosophical and Linguistic Perspectives. Londres: Routledge, 1994b, p.267-91.

BARKER, S. J. *Renewing Meaning*: A Speech-Act Theoretic Approach. Oxford: Oxford University Press, 2004.

BARWISE, J.; PERRY, J. *Situations and Attitudes*. Cambridge, Mass.: MIT Press, 1983.

BELNAP, N.; HORTY, J.; XU, M. The deliberative Stit: a study of action, omission, ability and obligation. *Journal of Philosophical Logic*, n.24, p.583-644, 1995.

BLACKBURN, S. Wittgenstein's irrealism. In: BRANDL, J.; HALLER, R. (Orgs.). *Wittgenstein*: Eine Neubewertung. Vienna: Hoelder-Pichler Tempsky, 1990, p.13-26.

BLOOM, P. *How Children Learn the Meanings of Words*. Cambridge, Mass.: MIT Press, 2002.

BRANDOM, R. B. Asserting. *Noûs*, n.17, p.637-50, 1983.

BRENTANO, F. *Psychology from an Empirical Standpoint*. Trad. Antos C. Rancurello, D. B. Terrell e Linda L. McAlister. McALISTER, L. L. (Org.). Nova York: Humanities Press, 1973 [1874].

BURGE, T. *De re* belief. *Journal of Philosophy*, n.74, p.338-62, 1977.

______. Vision and intentional content. In: LEPORE, E.; VAN GULICK, R. (Orgs.). *John Searle and his Critics*. Oxford: Blackwell, 1991, p.195-213.

CAVELL, S. *Conditions Handsome and Unhandsome*: The Constitution of Emersonian Perfectionism. Chicago, Ill.: University of Chicago Press, 1990.

CLARK, H.; GERRIG, R. On the pretense theory of irony. *Journal of Experimental Psychology: General*, n.113, p.121-6, 1984.

COCCHIARELLA, N. B. Philosophical perspectives on quantification in tense and modal logic. In: GABBAY, D.; GUENTHNER, F. (Orgs.). *Handbook of Philosophical Logic*, 11. Dordrecht: Reidel, 1984, p.309-53.

DARWIN, C. *The Expression of the Emotions in Man and Animals*. EKMAN, P. (Org.). Oxford: Oxford University Press, 1998 [1872].

DAVIDSON, D. Thought and talk. In: GUTTENPLAN, S. (Org.). *Mind and Language*. Oxford: Clarendon Press, 1975, p.7-23.

DAVIS, W. A. *Meaning, Expression, and Thought*. Cambridge: Cambridge University press, 2003.

DEVITT, M. Singular terms. *Journal of Philosophy*, n.71, p.183-205, 1974.

______. *Designation*. Nova York: Columbia University Press, 1981.

______. Meanings just ain't in the head. In: BOOLOS, G. (Org.). *Meaning and Method*: Essays in Honour of Hilary Putnam. Cambridge: Cambridge University Press, 1990, p.79-104.

DEVITT, M.; STERELNY, K. *Language and Reality*: An Introduction to the Philosophy of Language. Cambridge, Mass.: MIT Press, 1987.

DONNELLAN, K. Proper names and identifying descriptions. In: HARMAN, G.; DAVIDSON, D. (Orgs.). *Semantics of natural Language*. Dordrecht: Reidel, 1972, p.356-79.

DOUGLASS, F. *Narrative of the Life of Frederick Douglass, an American Slave*. Boston: Anti-slavery Office, 1845.

DUMMETT, M. Realism. 1963. Trabalho apresentado na Oxford University Philosophical Society em março de 1963. Publicado pela primeira vez em DUMMETT, M. *Truth and Other Enigmas*. Londres: Duckworth, 1978 [1963], p.145-65.

______. What is a theory of meaning? (II) In: EVANS, G.; McDOWELL, J. (Orgs.). *Truth and Meaning*: Essays in Semantics. Oxford: Clarendon Press, 1976, p.67-137.

EVANS, G. The causal theory of names. *Proceedings of the Aristotelian Society*. Volume suplementar 47, p.187-208, 1973.

______. *The Varieties of Reference*. McDOWELL, J. (Org.). Oxford: Clarendon Press, 1982.

FERNANDEZ, J. The intentionality of memory. *Australasian Journal of Philosophy*, n.84, p.39-57, 2006.

FITCH. W. T. The evolution of language: a comparative review. *Biology and Philosophy*, n.20, p.193-230, 2005.

FODOR, J. A. *The Language of Thought*. Nova York: Thomas Y. Crowell, 1975.

______. *Representations*. Cambridge, Mass.: MIT Press, 1981.

______. *The Elm and the Expert*: mentalese and its Semantic. Cambridge, Mass.: MIT Press, 1994.

FORGUSON, L. W. Locutionary and illocutionary acts. In: BERLIN, I. et al. (Orgs.). *Essays on J. L. Austin*. Oxford: Clarendon Press, 1973, p.160-85.

FREGE, G. *Begriffsschrift, eine der arithmetischen nachgebildete Formelsprache des reinen Denskens*. Halle: L. Nebert, 1879.

______. Der Gedanke, eine logische Untersuchung. *Beiträge zur Philosophie des deutschen Idealismus*, n.1, p.58-77, 1918.

GÄRDENFORS, P. *Conceptual Spaces*: The Geometry of Thought. Cambridge, Mass.: MIT Press, 2000.

GAUKER, C. How to learn a language like a chimpanzee. *Philosophical Psychology*, n.3, p.31-53, 1990.

______. If children thought like adults. *Philosophical Psychology*, n.4, p.139-46, 1991.

______. Resenha de C. R. Gallister (Org.). *Animal Cognition*. *Philosophical Psychology*, n.7, p.515-19, 1994a.

______. *Thinking Out Loud*: An Essay on the Relation between Thought and Language. Princeton, N.J.: Princeton University Press, 1994b.

______. *Words without Meaning*. Cambridge, Mass.: MIT Press, 2003.

______. On the evidence for prelinguistic concepts. *Theoria* (Espanha), n.54, p.287-97, 2005a.

______. *Conditionals in Context*. Cambridge, Mass.: MIT Press, 2005b.

GEACH, P. T. Assertion. *Philosophical Review*, 74, p.449-65, 1965.

______. Saying and showing in Frege and Wittgenstein. *Acta Philosophica Fennica*, n.28, p.54-70, 1976.

GEACH, P. T. Some problems about the sense and reference of proper names. *Canadian Journal of Philosophy Supplement*, n.6, p.83-96, 1980.

GILLIES, A. Epistemic conditionals and conditional epistemics. *Noûs*, n.38, p.585-616, 2004.

GINZBURG, J. Resolving questions, 1. *Linguistics and Philosophy*, n.18, p.459-527, 1995.

GOLDMAN, A. I. *A Theory of Human Action*. Princeton, N.J.: Princeton University Press, 1970.

GOODALE, M.; MILNER, A. D. *The Visual Brain in Action*. Oxford: Oxford University Press, 1995.

______.; ______. *Sight Unseen*: An Exploration of Conscious and Unconscious Vision. Oxford: Oxford University Press, 2004.

GREEN, M. Moore's many paradoxes. *Philosophical Papers*, n.28, p.97-109, 1999a.

______. Illocutions, implicate, and what a conversation requires. *Pragmatics and Cognition*, n.7, p.65-92, 1999b.

______. The Status of supposition. *Noûs*, n.34, p.376-99, 2000a.

______. Illocutionary force and semantic content. *Linguistics and Philosophy*, n.23, p.435-73, 2000b.

______. Grice's frown: on meaning and expression. In: MEGGLE, G.; PLUNZE, C. (Orgs.). *Saying, Meaning, Implicating*. Leipzig: University of Leipzig Press, 2003, p.200-19.

______. Moorean absurdity and showing what's within. In: GREEN, M.; WILLIAMS, J. (Orgs.). *Moore's Paradox*; New Essays on Belief, Rationality and the First Person. Oxford: Oxford University Press, 2007a, p.189-214.

______. Speech acts. *Stanford Encyclopedia of Philosophy*, 2007b.

______. *Self-Expression*. Oxford: Oxford University Press, 2007c.

GRICE, H. P. Meaning. *Philosophical Review*, n.66, p.377-88, 1957.

______. Utterer's meaning, sentence-meaning and word-meaning. *Foundations of Language*, n.4, p.225-42, 1968.

______. Logic and conversation. In: COLE, P.; MORGAN; J. L. (Orgs.). *Syntax and Semantics*, 3: *Speech Acts*. Nova York: Academic Press, 1975, p.41-58.

GROENENDIJK, J. The logic on interrogation: classical version. In: MATTHEWS, T.; STROLOVITCH, D. (Orgs.). *Proceedings of Semantics and Linguistic Theory*, 9. Ithaca, N.Y.: Cornell Linguistics circle Publications, 1999, p.109-26.

______.; STODHOF, M. Dynamic predicate logic. *Linguistics and Philosophy*, n.14, p.39-100, 1991.

HAMBLIN, C. Questions in Montague English. *Foundations of Language*, n.10, p.41-53, 1973.

______. *Imperatives*. Oxford: Blackwell, 1987.

HAN, C. *The Structure and Interpretation of Imperatives*: Mood and Force in Universal Grammar. Nova York: Garland, 2000.

HAREL, D. Dynamic logic. In: GABBAY, D.; GUENTHNER, F. (Orgs.). *Handbook of Philosophical Logic*, II. Dordrecht: Reidel, 1984, p.497-604.

HEAL, J. Insincerity and commands. *Proceedings of the Aristotelian Society*, n.77, p.183-202, 1977.

HIGGINBOTHAM, J. Tensed thoughts. *Mind and Language*, n.10, p.226-49, 1995.

HIGGINBOTHAM, J. The semantics of questions. In: LAPPIN, S. (Org.). *The Handbook of Contemporary Semantic Theory*. Oxford: Blackwell, 1996, p.361-84.

______. Remembering, imagining, and the first person. In: BARBER, A. (Org.). *Epistemology of Language*. Oxford: Oxford University Press, 2003, p.496-533.

HOERL, C. The phenomenology of episodic recall. In: HOERL, C.; McCORMACK, T. (Orgs.). *Time and Memory*. Oxford: Oxford University Press, 2001, p.315-35.

HORWIGH, P. *Meaning*. Oxford: Oxford University Press, 1998.

JAMES, W. *Principles of Psychology*, 1. Londres: Macmillan, 1890.

JOHNSON-LAIRD, P. What is communication? In: MELLOR, D. H. (Org.). *Ways of Communicating*. Cambridge: Cambridge University Press, 1991, p.1-13.

KAPLAN, D. Dthat. In: COLE, P. (Org.). *Syntax and Semantics*, 9: Pragmatics. Nova York: Academic Press, 1978, p.221-53.

______. Demonstratives: an essay on the semantics, logic metaphysics and epistemology of demonstratives and other indexicals. In: ALMOG, J.; PERRY, J.; WETTSTEN, H. (Orgs.). *Themes from Kaplan*. Oxford: Oxford University Press, 1989, p.481-563.

KÖLBEL, M. *Literal force*: a defence of conventional assertion. University of Birmingham, [s.d] (manuscrito).

KORTA, K.; PERRY, J. Three demonstrations and a funeral. *Mind and Language*, n.21, p.166-86, 2006.

KRIFKA, M. Quantifying into question acts. *Natural Language Semantics*, n.9, p.1-40, 2001.

______. Embedded speech acts. 2002. Trabalho lido em *In the Mood*, um colóquio sobre o modo e a modalidade. Frankfurt: Wolfgang Goethe University, 2002.

KRIPKE, S. Naming and necessity. In: HARMAN, G.; DAVIDSON, D. (Orgs.). *Semantics of Natural Language*. Dordrecht: Reidel, 1972, p.763-9.

______. Speaker reference and semantic reference. *Midwest Studies in Philosophy*, n.2, p.255-78, 1977.

______. *Wittgenstein on rules and Private Language*. Cambridge, Mass.: Harvard University Press, 1982.

KUSCH, M. *A Sceptical Guide to Meaning and Rules*: Defending Kripke's Wittgenstein. Chesham: Acumen, 2006.

LEVINSON, S. C. From outer to inner space: linguistic categories and non-linguistic thinking. In: NUYTS, J.; PEDERSON, E. (Orgs.). *Language and Conceptualization*. Cambridge: Cambridge University Press, 1997, p.13-45.

LEWIS, D. General semantics. In: HARMAN, G.; DAVIDSON, D. (Orgs.). *Semantics of Natural Language*. Dordrecht: Reidel, 1972, p.169-218.

______. Scorekeeping in a language game. *Journal of Philosophical Logic*, n.8, p.339-59, 1979.

______. Index, context, and content. In: KANGER, S.; ÖHMAN, S. (Orgs.). *Philosophy and Grammar*. Dordrecht: Reidel, 1980, p.79-100.

LOAR, B. Review of S. Kripke, *Wittgenstein on Rules and private Language*. *Noûs*, 19, p.273-80, 1985.

MALCOLM, N. Moore and ordinary language. In: SCHILPP, P. A. (Org.). *The Philosophy of G. E. Moore*. Evanston, Chicago: Northwestern, 1942, p.345-68.

MARGOLIS, E.; LAURENCE, S. Concepts and cognitive science. In: MARGOLIS, E.; LAURENCE, S. (Orgs.). *Concepts*: Core Readings. Cambridge, Mass.: MIT Press, 1999, p.3-81.

MARTIN, M. Out of the past: episodic recall as retained acquaintance. In: HOERL, C.; McCORMACK, T. (Orgs.). *Time and Memory*. Oxford: Oxford University Press, 2001, p.257-84.

MASTOP, R. *What Can You Do?* Tese (Doutorado) – Universidade de Amsterdã, 2005.

MAYNARD SMITH, J.; HARPER, D. *Animal Signals*. Oxford: Oxford University Press, 2004.

McDOWELL, J. *De re* senses. In: WRIGHT, C. (Org.). *Frege*: Tradition and Influence. Oxford: Blackwell, 1984a, p.98-109.

______. Wittgenstein on following a rule. *Synthese*, n.58, p.325-63, 1984b.

______. Intentionality *de re*. In: LEPORE, E.; VAN GULICK, R. (Orgs.). *John Searle and his Critics*. Oxford: Blackwell, 1991, p.215-25.

______. *Mind and World*. Cambridge, Mass.: Harvard University Press, 1994.

______. The content of perceptual experience. *Philosophical Quarterly*, n.44, p.190-205, 1995.

MERIN, A. Permission sentences stand in the way of Boolean and other lattice-theoretic semantices. *Journal of Semantics*, n.9, p.95-162, 1992.

MILL, J. S. *A System of Logic*. 10.ed. Londres: Longman, Green, and Co., 1879.

MOORE, G. E. A defense of common sense. Republicado em MOORE, G. E. *Selected Writings*. GLADWIN, T. (Org.). Londres: Routledge, 1993 [1925], p.106-33.

______. Proof and an external world. Republicado em MOORE, G. E. *Selected Writings*. GLADWIN, T. (Org.). Londres: Routledge, 1993 [1939], p.147-70.

MURPHY, G. L. *The Big Book of Concepts*. Cambridge, Mass.: MIT Press, 2002.

PAGIN, P. Is assertion social? *Journal of Pragmatics*, n.36, p.833-59, 2004.

PERRY, J. Frege on demonstratives. *Philosophical Review*, n.89, p.474-97, 1977.

______. The problem of the essential indexical. *Noûs*, n.13, p.3-21, 1979.

______. *Reference and Reflexivity*. Stanford, Cal.: CSLI Publications, 2001.

______. et al. Executions, motivations and accomplishments. *Philosophical Review*, n.102, p.515-40, 1993.

PETRIE, M.; HALLIDAY, T.; SANDERS, C. Peahens prefer males with elaborate trains. *Animal Behaviour*, n.41, p.323-31, 1991.

PETTIT, P. The reality of rule-following. *Mind*, n.99, p.1-21, 1990.

PINKER, S. *The Language Instinct*. Nova York: W. Morrow and co., 1994.

PLANTINGA, A. The Boethian compromise. *American Philosophical Quarterly*, n.15, p.129-38, 1978.

POOLE, J. H. Announcing intent: the aggressive state of musth in African elephants. *Animal Behaviour*, n.37, p.140-52, 1989.

PORTNER, P. The semantics of imperatives within a theory of clause types. In: YOUNG, R. B. (Org.). *Proceedings of Semantics and Linguistic Theory*, 14. Ithaca, N.Y.: Cornell Linguistics circle Publications, 2004.

PRIOR, A. N. Thank goodness that's over. *Philosophy*, n.34, p.12-17, 1963. Reimpresso em PRIOR, A. N. *Papers in Logic and Ethics*. Londres: Duckworth, 1976 [1963], p.78-84.

PRIOR, A. N. *Past, Present and Future*. Oxford: Clarendon Press, 1967.
______. *Papers on Time and Tense*. Oxford: Clarendon Press, 1968.
______.; FINE, K. *Worlds, Times and Selves*. Londres: Duckworth, 1977.
PUTNAM, H. It ain't necessarily so. *Journal of Philosophy*, n.59, p.658-71, 1962.
______. Meaning and reference. *Journal of Philosophy*, n.70, p.699-711, 1973.
______. *Reason, Truth, and History*. Cambridge: Cambridge University Press.
PYLYSHYN, Z. Visual indexes, preconceptual objects, and situated vision. In: SCHOLL, B. (Org.). *Objects and Attention*. Cambridge, Mass.: MIT Press, 2002, p.127-58.
______. *Seeing and Visualizing*. Cambridge, Mass.: MIT Press, 2003.
______.; STORM, R. Tracking multiple independent targets: evidence for a parallel tracking mechanism. *Spatial Vision*, n.3, p.179-97, 1988.
RECANATI, F. *Les énoncés performatifs*. Paris: Éditions de Minuit, 1981.
______. *Meaning and Force*. Cambridge: Cambridge University Press.
______. Domains of discourse. *Linguistics and Philosophy*, n.19, p.445-75, 1996.
______. The dynamics of situations. *European Review of Philosophy*, n.2, p.41-75, 1997.
______. Situations and the structure of content. In: MURASUGI, K.; STAINTON, R. (Orgs.). *Philosophy and Linguistics*. Boulder, Col.: Westview Press, 1999, p.113-65.
______. *Oratio Obliqua, Oratio Recta*: An Essay on Metarepresentation. Cambridge: Mass.: MIT Press, 2000.
______. *Perspectival Thought*: A Plea for (Moderate) Relativism. Oxford: Oxford University Press, 2007.
REESE, B. Negative polar interrogatives and bias. In: WASHIO, T.; SAKURAI, A.; NAKAJIMA, K.; TAKEDA, S.; TOJO, S.; YOKOO, M. (Orgs.). *New Frontiers in Artificial Intelligence*: Joint JSAI 2005 Workshop Post-Proceedings. Berlim: Springer, 2006, p.85-92.
REICHERT, S. Games spiders play III: cues underlying context-associated changes in agonistic behaviour. *Animal Behaviour*, n.32, p.1-15, 1984.
RUSSELL, B. *The Philosophy of Logical Atomism*. PEARS, D. (Org.). La Salle, Ill.: Open Court, 1985 [1918].
SEARLE, J. R. Proper names. *Mind*, n.67, p.166-73, 1958.
______. Proper names and descriptions. In: EDWARDS, P. (Org.). *Encyclopedia of Philosophy*, VI. Nova York: Macmillan, 1967, p.487-91.
______. Austin on locutionary and illocutionary acts. *Philosophical Review*, n.77, p.405-24, 1968.
______. *Speech Acts*: An Essay in the Philosophy of Language. Cambridge: Cambridge University Press, 1969.
______. A taxonomy of illocutionary acts. In: GUNDERSON, K. (Org.). *Language, Mind and Knowledge*. Minneapolis, Min.: University of Minnesota Press, 1975a, p.344-69.
______. Indirect speech acts. In: MORGAN, J. L.; COLE, P. (Orgs.). *Syntax and Semantics*, 3: Speech Acts. Nova York: Academic Press, 1975b, p.59-82.
______. *Expression and Meaning*: Studies in the Theory of Speech Acts. Cambridge: Cambridge University Press, 1979.
______. Minds, brains, and programs. *Behavioral and Brain Sciences*, n.3, p.417-24, 1980a.

SEARLE, J. R. The background of meaning. In: ______.; KIEFER, F.; BIERWISCH, M. (Orgs.). *Speech Act Theory and pragmatics*. Dordrecht: Reidel, 1980b, p.211-32.
______. *Intentionality*: An Essay in the Philosophy of Mind. Cambridge: Cambridge University Press, 1983.
______. How performatives work. *Linguistics and Philosophy*, n.12, p.535-58, 1989.
______. Perception and the satisfactions of intentionality. In: LEPORE, E.; VAN GULICK, R. (Orgs.). *John Searle and his Critics*. Oxford: Blackwell, 1991a, p.181-92.
______. Reference and intentionality. In: LEPORE, E.; VAN GULICK, R. (Orgs.). *John Searle and his Critics*. Oxford: Blackwell, 1991b, p.227-41.
______. *The Rediscovery of the Mind*. Cambridge, Mass.: MIT Press, 1992.
______. Intentionality (1). In: GUTTENPLAN, S. (Org.). *A Companion to the Philosophy of Mind*. Oxford: Blackwell, 1994, p.394-86.
______. *The Construction of Social Reality*. Nova York: The Free Press, 1995.
______. *Mind, Language and Society*: Philosophy in the Real World. Nova York: Basic Books, 1998.
______. *Rationality in Action*. Cambridge, Mass.: MIT Press, 2001.
______. *Consciousness and Language*. Cambridge: Cambridge University Press, 2002.
______. *Mind*: A Brief Introduction. Oxford: Oxford University Press, 2004.
______.; VANDERVEKEN, D. *Foundations of Illocutionary Logic*. Cambridge: Cambridge University Press, 1985.
SOAMES, S. *Beyond Rigidity*: The Unfinished Semantic Agenda of Naming and Necessity. Oxford: Oxford University Press, 2002.
SOTERIOU, M. The particularity of visual perception. *European Journal of Philosophy*, n.8, p.173-89, 2000.
SPERBER, D. Comments on Clark and Carlson's paper. In: SMITH, N. (Org.). *Mutual Knowledge*. Londres: Academic Press, 1982, p.46-51.
______.; WILSON, D. *Relevance*: Communication and Cognition. Oxford: Blackwell, 1986.
STALNAKER, R. Pragmatics. In: HARMAN, G.; DAVIDSON, D. (Orgs.). *Semantics of Natural Language*. Dordrecht: Reidel, 1972, p.380-97.
______. Presuppositions. *Journal of Philosophical Logic*, n.2, p.447-57, 1973.
______. Pragmatic presuppositions. In: MUNITZ, M.; UNGER, P. (Orgs.). *Semantics and Philosophy*. Nova York: New York University Press, 1974, p.197-13.
______. *Inquiry*. Cambridge, Mass.: MIT Press, 1984.
______. *Content and Context*. Oxford: Oxford University Press, 1999.
______. Saying and meaning, cheap talk and credibility. In: GENZ, A.; JAGER, C.; VAN FOOIJ, R. (Orgs.). *Game Theory and Pragmatics*. Londres: Palgrave, 2006, p.83-100.
STAMPE, D. Show and tell. In: FREED, B.; MARRAS, A.; MAYNARD, P. (Orgs.). *Forms of Representation*. Amsterdã: North-Holland, 1975, p.221-45.
STRAWSON, P. F. On referring. *Mind*, n.59, p.320-44, 1950.
______. *Individuals*: An Essay in Descriptive Metaphysics. Londres: Methuen, 1959.
______. Austin and "locutionary meaning". In: BERLIN, I. et al. (Orgs.). *Essays on J. L. Austin*. Oxford: Clarendon Press, 1973, p.46-68.
THOMASON, R. Accommodation, meaning and implicature: interdisciplinary foundations for pragmatics. In: COHEN, P. R.; MORGAN, J.; POLLOCK, M.

E. (Orgs.). *Intentions in Communication*. Cambridge, Mass.: MIT Press, 1990, p.325-64.

TXURRUKA, I. The natural language conjunction "and". *Linguistics and Philosophy*, n.26, p.255-85, 2003.

VALBERG, J. J. *The Puzzle of Experience*. Oxford: Oxford University Press, 1992.

VAN DEN BERG, M. *Some aspects of the internal structure of discourse*: the dynamics of nominal anaphora. Tese (Doutorado) – Universidade de Amsterdã, 1996.

VANDERVEKEN, D. *Meaning and Speech Acts*, I. Cambridge: Cambridge University Press, 1990.

VAUCLAIR, J. *Animal Cognition*: An Introduction to Modern Comparative Psychology. Cambridge, Mass.: Harvard University Press, 1996.

VELTMAN, F. Defaults in update semantics. *Journal of Philosophical Logic*, n.25, p.221-61, 1996.

WIGGINS, D. *Sameness and Substance*. Oxford: Blackwell, 1980.

WILLIAMS, B. *Truth and Truthfulness*: An Essay in Genealogy. Princeton, N.J.: Princeton University Press, 2002.

WILLIAMS, M. Skepticism. In: GRECO, J.; SOSA, E. (Orgs.). *The Blackwell Guide to Epistemology*. Oxford: Blackwell, 1999, p.35-69.

WILLIAMSON, T. Knowing and asserting. *Philosophical Review*, n.105, p.489-523, 1996.

WILSON, G. M. Kripke on Wittgenstein and normativity. *Midwest Studies in Philosophy*, n.19, p.366-90, 1994.

WITTGENSTEIN, L. *Tractatus Logico-Philosophicus*. Londres: Routledge and Kegan Paul, 1922.

______. *Philosophical Investigations*. Trad. G. E. M. Anscombe. ANSCOMBE, G. E. M.; RHEES, R. (Eds.). Oxford: Blackwell, 1953.

WRIGHT, C. Kripke's account of the argument against private language. *Journal of Philosophy*, n.71, p.759-78, 1984.

______. *Truth and Objectivity*. Cambridge, Mass.: Harvard University Press, 1992.

ZAHAVI, A.; ZAHAVI, A. *The Handicap principle*: A Missing Piece of Darwin's Puzzle. Oxford: Oxford University Press, 1997.

ZIMMERMAN, T. E. Free choice disjunction and epistemic possibility. *Natural Language Semantics*, n.8, p.255-90, 2000.

# Sobre os autores

**Christopher Gauker** é professor titular de Filosofia na Universidade de Cincinnati.

**François Recanati** é diretor de pesquisa do Instituto Jean-Nicod do Centre National de la Recherche Scientifique (CNRS), em Paris.

**John Perry** é professor titular de Filosofia da cadeira Henry Waldgrave Stuart da Universidade Stanford.

**John R. Searle** é professor titular de Filosofia da Mente e da Linguagem da cadeira Willis S. e Marion Slusser da Universidade da Califórnia, em Berkeley.

**Martin Kusch** é professor titular de Filosofia e Sociologia da Ciência na Universidade de Cambridge.

**Mitchell Green** é professor associado de Filosofia na Universidade de Virgínia.

**Nicholas Asher** é professor titular de Filosofia e de Linguística na Universidade do Texas, em Austin.

**Kent Bach** é professor titular de Filosofia na Universidade Estadual de São Francisco.

**Kepa Korta** é diretor do Instituto de Lógica, Cognição, Linguagem e Informação da Universidade do País Basco.

ROBIN JESHION é professora titular de Filosofia na Universidade da Califórnia em Riverside.

SAVAS L. TSOHATZIDIS é professor titular de Linguística Geral e de Filosofia da Linguagem da Universidade Aristóteles de Tessalônica.

STEPHEN J. BARKER é professor associado e livre-docente de Filosofia na Universidade de Nottingham.

WAYNE A. DAVIS é professor titular de Filosofia na Universidade Georgetown.

# Índice remissivo

X



Z

SOBRE O LIVRO

*Formato*: 16 x 23 cm
*Mancha*: 27,5 x 49 paicas
*Tipologia*: Iowan Old St BT 10/14
*Papel*: Pólen Soft 80 g/m² (miolo)
Cartão Supremo 250 g/m² (capa)
*1ª edição*: 2012

EQUIPE DE REALIZAÇÃO

*Edição de Texto*
Dalila Pinheiro (Copidesque)
Camila Bazzoni (Preparação de original)
Thaisa Burani (Revisão)

*Capa*
Estúdio Bogari

*Editoração Eletrônica*
Eduardo Seiji Seki (Diagramação)

*Assistência Editorial*
Alberto Bononi

Edições Loyola

**impressão acabamento**

rua 1822 nº 341
04216-000 são paulo sp
**T** 55 11 3385 8500
**F** 55 11 2063 4275
**www.loyola.com.br**